大都會文化
METROPOLITAN CULTURE

大都會文化
METROPOLITAN CULTURE

宮花寂寞紅

不忍
細說的
後宮血淚史

虞雲國◎著

代序　糾正對宮闈史的誤讀

中國后妃史是中國宮廷史、中國婦女生活史，乃至整個中國社會生活史不可或缺的構成內容。然而，由於研究缺乏，普及不夠，一般民眾所知既有限，誤解更不少。但后妃生涯、宮闈祕史，歷來給人刺激而神祕的印象，撩撥著他們一窺內幕的好奇心。於是，便有種種齊東野語式的筆記、小說、戲劇、影視相繼問世，這些作品的摹寫刻畫往往誇張失實，卻在很大程度上迎合了搜奇獵豔的窺私心理。

對后妃史的這種誤讀，主要表現在兩方面。其一，對後宮生活不加批判，缺乏原則地美化，大肆渲染錦衣玉食與珠光寶氣的宮闈場景，滿足羨富慕貴的低俗心理。由於不去揭露貌似莊嚴榮華、花團錦簇的背後有多少紅顏女子成為后妃制的殉葬品，於是，後宮歷史上一再上演的淒涼殘酷、血淚交織悲劇，竟然都變成了謳歌帝后愛情的正劇或者顯擺宮廷豪奢的鬧劇。

其二，對后妃的權鬥不加譴責，毫無是非地展現，甚至對以惡制惡，以黑鬥黑也給出合理性辯護。由於不去著力暴露后妃制是寄生在君主專制母體上的怪胎，卻把后妃之間圍繞著金燦燦鳳冠的生死權鬥，都化解在理解的同情之中。這就在無形中誤導廣大受眾，把文藝作品中宮鬥權術當作致勝法寶，白領將其移植進職場，官員將其運用於仕途，都像一群烏眼雞似的，恨不得我吃了你，你吃了我。

筆者原不想廁身為宮闈熱的趨時者，但有鑑於這類誤讀誤導大有與時俱進之勢，深感有必要略盡史學從業者的綿薄之力。於是，也以后妃為主體，以可信的資料，據歷史的真實，掀起古代後宮的帷幕，摹繪宮掖生活的實景，讓讀者具體而真切地瞭解中國后妃史的兩個基本面相。

其一，不論哪個朝代的后妃制，無一不是君主專制母體上畸形的孳生物，都給后妃這一特殊的婦女群體帶來了無盡的不幸與深重的災難。在後宮生活中，無論愛與恨、靈與肉、生與死、淚與血，她們的人生幾乎都有過痛苦的掙扎與無助的浮沉。

其二，在君主專制下，作為一個特殊的女性群體，后妃們面對生活與命運，怎樣艱難地保存著人性中的真善美，而專制帝制又是如何驅使她們轉向人性之惡。其間人性的真與偽，美與醜，善與惡，或者涇渭分明，或者泥沙俱下，又或者只是沉渣泛起，從而合成了一部后妃人性的變奏曲。

當然，本書並不是一部完備嚴謹的中國後宮史，對這方面有興趣的讀者，盡可去參閱學界已有的專著。在這冊隨筆裡，我給自己劃定的視野是，集中關注后妃人性與君主專制之間那種剪不斷、理還亂的關係。而這種糾葛的諸多細節，都是通過宮廷生活場景展開的。隨筆雖以后妃生活作為敘事對象，卻主要擷取與人性相關的情節，而割捨了與主題關係不大的內容。

以往的宮廷史讀物，大多按朝代順序以傳記形式逐次寫來，給人以一種流水帳與雷同感。這冊隨筆圍繞著若干專題，擬定了若干篇目，專題篇目之間雖有內在關連，卻明顯有別於章節體的學術論著。我嘗試勾勒與評述宮廷生活的各個橫斷面，還兼顧點面的結合，編織進趣聞軼事，使得涵蓋面更廣闊，可讀性更強。

因為是歷史，即便是大眾讀物，馳騁筆墨，發揮想像，也是不可取的。本書拒絕戲說，力求言必有證，論當有據。但歷史隨筆也不宜板起學術的面孔，嚇退對後宮史感興趣的眾多讀者，故而敘事行文上力求淺近生動，儘量少用舊史原文，必須引用時，一般也不註明引文出處，庶幾確保行文雅俗共賞，讓讀者開卷愛讀。

至於書名，記得少時讀《唐詩三百首》，對元稹〈行宮〉印象頗深，其詩云：

寥落古行宮，宮花寂寞紅。
白頭宮女在，閒坐說玄宗。

其義當時不甚瞭然，但淒美的詩境卻嵌印腦海，揮之不去。及長，讀《唐宋詩舉要》，高步瀛提示：「白樂天〈新樂府〉有〈上陽白髮人〉，此詩白頭宮女，當即上陽宮女也。上陽宮在洛陽為離宮，故曰行宮。」再找來白居易〈上陽白髮人〉，主題是「愍怨曠也」，說這些宮女「玄宗末歲初選入，入時十六今六十」，不料「未容君王得見面」，「一生遂向空房宿」。那麼，這些白頭宮女，連皇帝面都未得一睹，就「潛配」發落，終老行宮，只能在紅豔如火的宮花叢中閒話天寶遺事。遙想入宮當年，她們也像宮花那樣靚麗明媚，如今卻已皤然老媼。這才明白，短短四句二十字，蘊含著後宮女性多少觖望與悲愴，不啻是鞭撻后妃制的千古絕唱，也有助於糾正後人對宮闈史的幾多誤讀。

於是，就取其一句作為書名。

目錄

第三章　聯姻帝王家　129

第四章　母性的沉浮　219

第五章　圍繞鳳冠的悲喜劇　313

卷頭語

后妃制的起源

后妃制，一方面屬於家庭婚姻制度的範疇；另一方面又是從屬於君主政體的基本制度之一，屬於國家政治制度的範疇。那麼，這兩者是怎樣纏繞在一起的？換言之，后妃制是如何起源的呢？這還要從人類婚姻形態的演進說起。

當人類的先民擺脫了原始人群那種不論輩分，也不避血緣的雜交狀態後，其婚姻形態相繼經歷了血緣群婚時代與族外群婚時代。血緣群婚，就是在同一血緣家族內部，同輩男女既是兄弟姊妹，又是夫妻配偶。傳說中伏羲與女媧就是這種關係。其後，人類婚姻進化到族外群婚，也就是這一血緣家族的一群男子與另一血緣家族的一群女子互為夫妻，通常是一群姊妹共夫，同時也是一群兄弟共妻。在族外群婚制下，一個男子在一群妻子中可能有一個主妻；反之，一個女子在一群丈夫中也可能有一個主夫。我們不難發現，上古后妃傳說中的正妃、元妃，與族外婚下的「主妻」似乎有著某種淵源的關係。而直到春秋時代，不僅天子與諸侯，諸國大夫中也還盛行著姊妹共夫的娣媵制，即姐姐出嫁，妹妹或同族女子一起陪嫁，共事一夫。這種娣媵制，對先秦后妃制有著直接的影響，其中顯然孑遺著族外婚俗的變異形態。

一個男子有一個主妻或一個女子有一個主夫的族外群婚制，再經進化，就進入雖不穩固卻是一男一女相結合的對偶婚。直到對偶婚時代終結以前，人類婚姻家庭屬於母權制形態。由於子女必須通過母系才能加以確認，女性自然就處於主導的地位。隨著社會生產力的發展與社會分工的形成，再加上男女生理的自然差異，男子日漸成為社會生產的主要勞動力與家庭財富的主要創造者。男子在對偶婚家庭中最終取代了女子，躍居主導地位。為把自己創造的財富傳給親生子女，男子便把過去屬於母系氏族的子女轉歸於他們的父系氏族，把夫從妻居改為妻從夫居。這樣，父權制推翻了母權制，一夫一妻制取代了對偶婚制。

但這種一夫一妻制，還不是作為人類文明時代婚姻形態標誌的真正一夫一妻制。用恩格斯的話來說，它「是作為女性被男性奴役，作為宣告整個史前時代所未有的兩性衝突而出現的」。也就是說，在這種一夫一妻制下，婚姻的排他性僅僅是男子為確保子女與自己有血緣關係而強制妻子遵守的。因而，這種一夫一妻制，只對女子有效，而並非對男子同樣有效。在論及史前時代婚姻形態的演進特徵時，恩格斯曾經指出：「其特徵就在於，婦女愈來愈被剝奪了群婚的性自由，而男性卻沒有被剝奪。」正是在這一意義上，恩格斯認為，在對偶婚制與一夫一妻制之間，插入了一個可稱之為「歷史奢侈品」的多妻制。

毫無疑問，正是這種多妻制成為孳生后妃制的直接土壤。在父系氏族社會中，氏族普通成員已經實行了一夫一妻制，而氏族、部落及部落聯盟的酋長或貴族們，憑藉所擁有的特權與所攫取的財富，卻過著多妻制的生活。隨著早期國家形態的演進，君主政體最終瓜熟蒂落。於是，那些擁有一般政治與財富特權的顯貴豪富，便以妻妾制延續著這種多妻制；而擁有全國最高政治與財富特權的君主，則把這種「歷史奢侈品」的多妻制直接嫁接到國家制度上，構建了與專制君主政體相始終的后妃制。如果說，妻妾制還只是一種畸形的婚姻制度，后妃制則在國家政治制度的層面上把這種畸形婚制推到了登峰造極的地步。

「后妃」釋義

據《說文解字》的權威解釋，「后」字的本義指「繼體之君」。在中國最古老的編年史《竹書紀年》裡，夏帝啟、相、發、桀也稱為后啟、后相、后發、后桀，足以證明《說文解字》言之有據。而據王國維研究，在殷商卜辭與金文中，「后」字「皆從女，或從母，從倒子，象產子之形」，象徵著母親生子的形狀。上古把農神稱為「后稷」，地神稱為「后土」，顯然也都從生殖神話演變而來的，其最原始的專利權，應該屬於婦女。至於國家出現後，以「后」指稱君主，毋寧說是中國君王的早期稱號還留有母權的遺蹟，是父系權威對母系權威在稱謂上的攘奪。

也許正是鑑於「后」之尊稱具有濃厚的女權殘餘，君主逐漸感到不足以表彰男性與王權。而對「上帝」與「皇天」的崇拜逐漸超越對地神「后土」的崇拜，商周已分別開始以「帝」與「天子」來尊稱人君。「后」作為尊稱，開始了重新回歸女性的進程，至遲春秋初年，「后」已經成為天子正配的專稱。

「后」的稱呼經過否定之否定的歷史圓圈，仍然落回到女性的頭上，卻賦予了另一種政治文化內涵。鄭玄注《禮記》時坦率指出：「后之言後，言在夫之後也。」《釋名》的解釋更發人一噱：「天子之妃曰后。后，後也。言在後不敢以副言也。」也就是說，皇后自居於天子之後，不敢與天子匹配相稱。這些解釋，不加掩飾地揭露了皇后在后妃制中貌似尊榮、實質屈從的定位，道出了許多后妃悲劇的產生根源。

「妃」字，古音讀作「配」，《白虎通．嫁娶》說：「妃，匹者。何謂？相與偶也」，其本義指配偶，不論尊卑，其配偶都可以稱妃。后妃制產生後，「妃」逐漸成為人君配偶的專用尊稱。但是，「天子之配，商之前皆稱妃，周始立后」，表明夏商之妃即帝王之后。西周、春秋雖稱天子嫡配為后，但妃與后混稱的現象仍未絕跡。直到秦漢以後，「妃」才逐漸專用來泛指天子嫡配以下的配偶，「后」與「妃」的等級區別才嚴格起來。「皇后」高踞後宮女性等級金字塔的頂端，其下是等級森嚴、逐級擴大的妃嬪群。

就中國后妃體制而言，大體可分先秦以前與秦漢以後兩大時段。先秦后妃制仍殘留著娣媵制的濃重印記，這一印記在戰國時期開始逐步淡出。史稱「秦並天下，多自驕大，宮備七國，爵列八品」，也就是說，直到秦代，才真正做到遍收天下美女，入充帝王宮掖，確立了後宮等級制。其後，儘管在后妃名號上屢有變動，在后妃等級上多有損益，在後宮建置上頗有發展，但只是局部的改變，而不是本質的變化。

最後，交代一下本書涉及的后妃範疇。歷代統一王朝皇帝的后妃自然是論述的範圍，但統一王朝下同姓諸侯王或者皇子皇孫的配偶，儘管有時也稱妃嬪，卻一概摒汰不論。至於分裂王朝，不論春秋諸侯、戰國七雄，抑或魏蜀吳、十六國，還是南北朝、五代十國等等，只要是立國建號稱孤道寡者，其后妃嬪御的命運，無不納入我們的視野。歷代史乘中那些追尊為帝者，其配偶也往往獲享追認后妃的殊榮；或者開國君主的配偶，在新朝未立前已經去世，對這些未能實際成為后妃的女性，一般也不在論列之內。

宫花寂寞红

第一章

立后冊妃的標準

一　未見好德如好色者

所謂「配以德升，進非色幸」

中國傳統文化從來將君主、后妃關係納入乾坤、陰陽、日月、天地能否變和協調的框架之內。在十六國時期，前趙主劉聰以匈奴立國，在他立后時，尚書令王鑑就給他上了一堂政治思想課：「王者立后，將以上配乾坤之性，像二儀敷育之義，生承宗廟，沒配后土。」因而在原則上，正如漢代杜欽所說，「后妃之制，夭壽、治亂、存亡之端也」，不僅影響到帝王的壽夭，還關係到社稷存亡、天下治亂。在家天下的君主專制下，杜欽這句司空見慣的奏語，確實蘊含著深刻的教訓。歷朝歷代都把冊妃立后視為國家大事，對哪些女性能夠選為后妃（尤其是皇后），都有一些成文的規定或不成文的習慣。當然，歷朝帝王的擇后標準並非一成不變的，而且各代即使有自己的擇后尺度，在實際政治生活中，這些標準也往往被有的帝王棄如敝屣。儘管如此，在綿延數千年的後宮制度中，立后冊妃還是有一些傾向性標準的，而首當其衝卻形同虛設的標準，就是「重德」。

早在東周，周襄王打算立狄人之女為后，大夫富辰進諫說：「婚姻是禍福的階梯，對一國之君來說，利內則得福，利外則取禍。怎樣才是利內呢？也就是立后要有利於君主尊崇貴族，彰明賢人，重用功臣，敬養老者，團結六親，禮敬國賓，親近故舊。如果立狄后，狄人是豺狼之德，你就會因而拋棄以上七德，這就會外利取禍。」富辰的論諫沒被採納，狄女立為王后，不久因與王子帶私通而廢黜，卻最終釀成狄人攻入王都的禍亂。說少數民族是「豺狼之德」，固然是時代的侷限，但注重后德，強調立后對君主政治的重要影響，卻是無可非議的。

漢成帝是位好色的君主，在其選採良家女子入備後宮時，杜欽指出：「后妃有貞淑之行，所生的嗣君才會成為賢聖之主。如果廢棄這一原則，后德就會有虧，后德有虧，人君就不能享高壽，就會放縱欲望而造成禍害。因此，選立后妃應擇行義之家，求淑女之質，而不必論其美貌麗色或樂舞伎能，這足以為萬世之法。」漢順帝立后時，名臣胡廣也上疏諫請：「宜參良家，簡求有德，德同以年，年均以貌」，把德行置於擇后標準的首位。在歷代正史《后妃傳》的序論與大臣的奏議中，類似的議論俯拾皆是、不勝枚舉。

中國文化中有一個值得注意的現象：在社會生活中往往會形成一些近乎教條的政治原則與倫理標準，作為評判人與事的準繩，其模糊性眾所周知，其重要性卻不容置疑。這種重要性，只有在提倡者強調時或者抨擊反對者時才凸顯出來，而在實際生活中往往因其模糊性而被忽略或擱置。立后冊妃的道德標準，也無法擺脫這種文化磁力場。如果誰有興趣，把歷代正史開列的后妃做一個統計，以所謂后德作為標準，恐怕就會發現：有德后妃絕不會比失德后妃多。儘管歷朝歷代無不把后妃之德作為首選標準，其實際效果卻不宜高估。

還應指出，屬於道德範疇的女德絕不是遺世獨立的。一旦接受了社會認同的所謂女德，對少數女性來說，也許在任何環境中都會引導其一生的所作所為；而對不少女性來說，當她們接受的道德原則與所處的生存環境發生劇烈的價值衝突時，為了自身的生存與發展，就會自覺或不自覺地修正乃至拋棄原先遵循的女德。進入宮闈的后妃們處在一個完全封閉的社群之中，有著這一群體所特有的鉤心鬥角。這種角逐與爭鬥往往在笑靨軟語中進行，其頻繁與無情的程度，卻是這一群體以外的女性無法想像的。歷史的經驗與現實的教訓警示她們：直到生命的盡頭，在一連串的角鬥中，沒有最後勝利可言；稍有差池，意想不到的失敗隨時會不期而至，這就意味著屈辱冷清的餘生，乃至難以逆料的橫死。許多女性，倘若讓她們生活在非后妃的群體中，會不失其女德；一旦進入后妃群體，就會不由自主地捲入烏眼雞式的爭鬥，只要她不想成為這場角力的失敗者，就會喪失乃至悖逆原先尊奉的女德。君主制提倡的女德，在后妃制下必然會發生異化。只有這樣，後人才能理解：為什麼在冊妃立后時必須那麼強調女德，而歷史上女德完美的后妃卻寥若晨星。

晉武帝的五條標準

無論古今中外，外貌從來都是擇偶的重要標準之一。和諧的婚姻也是一種審美關係，美貌當然是必不可少的條件，然而卻不是唯一至上的要素，它還應包括品行、個性、才學、趣味等綜合因素。歷代君主冊妃立后，儘管無不把容貌放在首位作為汰選標準，卻礙於重德輕色的傳統倫理，羞答答地不敢承認。《宋書．后妃傳》所謂「后妃專夕，配以德升，婭嬙並御，進非色幸」，說的就是這層意思。但這是欺世盜名的官樣文章。

還是晉武帝無恥而坦率，為自己的白痴太子（後來的晉惠帝）選妃時，他總結出五條標準：「種賢而多子，美而長、白」，與此相對的就是「種妒而少子，醜而短、黑」，其中第一條把賢妒作為女德標準的具體要求，而後三條美醜、長短、白黑，則是外貌標準。

但具體執行時，《晉書》說晉武帝「務在姿色，不訪德行」。在選美問題上，他與楊皇后還上演過一齣鬧劇。晉武帝讓候選女子露著臉進入殿庭，由楊皇后代他選取，他則拿著一把扇子掩著臉面，算是遮羞。不料楊皇后打翻了醋罈子，只選那些潔白、頎長的姑娘，把長得端正、美麗的都給淘汰了。卞藩的女兒姿色出眾，眼看也要遭黜落。晉武帝再也憋不住了，掩著扇子對皇后說：「嘿，卞家女兒好看哪！」皇后一臉嚴正道：「卞藩家三代后族，他的女兒不可用卑位委屈她。」武帝不便當場發作，便不顧羞恥，親自出面選美。他命令立起一座障子（屏風），選中美貌女子，就用絳紗繫在她的臂腕上，轉立到障子後面。這場選美戲折騰了好幾天才收場。

燕瘦環肥，一時之選

從心理學的角度來說，口頭上再三強調的實際上往往是十分稀缺的，而諱莫如深的才是寤寐以求的。冊妃立后的德行標準屬於前者，容貌標準則是後者。在中國人的世俗審美觀中，總把后妃與仙子並提，視為女性美的極致與典範。家喻戶曉的四大美女，除了貂蟬是半虛構型的人物，西施、王昭君、楊貴妃都是後宮妃嬪。在歷代正史《后妃傳》裡，十之八九都有關於她們美貌的記載。我們且隨著朝代推移，來巡視歷代君主是怎樣把天下佳麗、絕代尤物羅致後宮的。

據文獻記載，周穆王造了中天台，簡選了一大幫子曼妙嫵媚的鄭、衛處女，中天台都快住滿了。按戰國張儀的說法，鄭、衛間美女，白淨的臉龐都像敷粉似的，烏黑的眉毛都像描黛似的，在通衢上一站，簡直像天女下凡。戰國時的齊國選七尺（約今一百六十一公分）以上的女子百餘人送入後宮，頎長、白皙成為選美的尺度。

漢代選女，身高必須合乎規定，否則不能應選。漢明帝馬皇后身高七尺二寸（約今一百六十五公分），修長的身材，配上一頭秀髮，高挑而俊美。與此同時，體態輕盈也成為選美的要素之一。

《洞冥記》雖是後出之書，其中描寫武帝宮人的內容還是折射出漢代的審美觀念：肌膚柔軟，身體輕弱，不喜歡穿那種系飾帶的衣物，唯恐擦破皮膚。漢成帝皇后趙飛燕與妹妹趙昭儀都是美人胚子，膚色白裡透紅，飛燕更是體態輕盈，腰肢纖弱，行步進退之際，越顯得款款動人，也最受寵愛。據說，漢成帝與她泛舟太液池時，輕風掠來，她幾乎要隨風飄去。漢成帝就用自己衣服上的翠纓綰住她的裙裾，免得她墜入水中。後來還特為她在太液池邊造了一座避風台。

三國第一美女應推魏文帝甄皇后，她原是袁紹之子袁熙的妻子，曹操滅袁氏，曹丕捷足先登，將其占為自己的開國皇后。據說，其弟曹植也暗戀甄氏，他的〈洛神賦〉就是為嫂子作的，勾畫了一位絕代佳人的肖像畫：

《洛神賦圖卷》女主角以甄妃為原型

其形也，翩若驚鴻，婉若游龍。榮曜秋菊，華茂春松。彷彿兮若輕雲之蔽月，飄颻兮若流風之迴雪。遠而望之，皎若太陽升朝霞；迫而察之，灼若芙蕖出淥波。穠纖得衷，脩短合度。肩若削成，腰如約素。延頸秀項，皓質呈露。芳澤無加，鉛華弗御。雲髻峨峨，修眉聯娟。丹脣外朗，皓齒內鮮。明眸善睞，靨輔承權。瑰姿豔逸，儀靜體閒。

譯成現代漢語：

她走起路來，蹁躚地像驚鴻一樣輕盈，婉妙地像游龍一樣輕捷。容貌像秋天菊花一樣煥發光采，像春天松樹一樣充滿生氣。隱隱約約像輕雲遮掩著明月，娉娉嫋嫋像流風吹起了白雪。由遠處遙望，皎好如紅日從朝霞中升起；走近細看，嬌嫣如荷花在碧波中搖曳。體態適中，高低合度。雙肩就像雕成的玉石，渾圓優美；小腰就像緊束的素帛，柔軟纖細。長頸項下，袒露出雪白的肌膚，即使不敷脂粉，也沒有比她更白皙的。紅唇那麼誘人，皓齒那麼光澤。明亮的眸子攝人魂魄，含顰的笑靨攪人心情。秀美的姿態靚麗優雅，端莊的儀表嫻靜雍容。

被稱為「江東絕色」的潘美人被選入後宮，也是由於吳國皇帝孫權被其姿色所傾倒。她因父親犯法，與姐姐一起被關進織室，身分近似奴婢，專門從事紡織。關在同一織室的百餘號人，都因她美若天仙而對其敬而遠之。她悲慼身世，不思飲食，人便消瘦了許多。孫權聽說了她的美貌，就讓畫工繪了她的肖像，一見之下，忘形地以琥珀如意擊案讚賞：「悲慼之容就這樣迷人，何況歡快之時呢！」也不管折斷了如意，立馬命人將她迎入後宮。美貌幫助潘夫人脫離了厄運，她入宮後很受寵愛。一次，孫權與她遊釣台，因釣到了大魚而喜出望外。她卻說：「魚離開水，就成了枯魚。古代有涸澤枯魚之嘆，現在你卻以為喜。有喜必有憂啊！」說這番話時，她也許從魚的命運聯想到了自己，感嘆自己也只是被孫權釣去的魚而已，禍福也難以逆料啊！

兩晉南北朝的君臣似乎對秀美的長髮特有興趣，有案可稽的兩位長髮妃子都出在這一時段。十六國後趙主石虎的夫人不僅姿貌美麗，而且一頭秀髮長達七尺（約今一百六十一公分），因而寵冠後宮。南朝陳後主的寵妃張麗華也是七尺長髮，烏黑如漆，光澤照人。《陳書．后妃傳》說她神韻獨具，進退行止，雍容優雅，容貌美豔，端莊明麗，顧盼流連時越發光采奪人，四座失色。每當她對窗梳妝，臨風梳展長長的美髮，佇立在軒檻之前，遠遠望去，真是飄逸綽約，宛如仙子。

到了唐代，豐滿成為君王選后妃的審美趣味之一。後來的乾隆帝有詩云：選色唐宮不礙肥。楊貴妃無疑是這種豐腴美的典型，後人將她與漢代的趙飛燕並稱為「環肥燕瘦」。關於楊妃美，後代詩文、戲劇、小說無不馳騁筆墨，發揮想像，實際上真正親見芳容而留下寫真的，只有李白的〈清平調〉。對任何歎為觀止的美，都不適宜做正面的描繪，李白深得其中三昧，他描寫楊貴妃的美，只用烘托、渲染與聯想、比喻，而不從正面落筆：

雲想衣裳花想容，春風拂檻露華濃。
若非群玉山頭見，會向瑤臺月下逢。

白居易在〈長恨歌〉裡作了正面描寫，當然有想像的成分：

回眸一笑百媚生，六宮粉黛無顏色。
春寒賜浴華清池，溫泉水滑洗凝脂。
侍兒扶起嬌無力，始是新承恩澤時。
玉容寂寞淚闌干，梨花一枝春帶雨。

從趙飛燕到楊貴妃，我們僅僅擷取若干典型例子，來說明歷代帝王從來都是把美色置於立后冊妃的標準首位。

趙飛燕

關於裸檢

在選擇后妃時，不僅她們的外貌體形要經過嚴格挑選，甚至還要接受裸體檢查。這一做法始於哪一朝代，已難確考。著名的《馬可．波羅遊記》記錄了元世祖時的有關情況：

凡當選的美女立即送入大汗的宮廷。當她們進宮以後，大汗又任命一班人再一次進行考察，從中挑選出三四十人作為他的內宮，貴如妃子，十分尊貴，由某些年長的宮娥分別照顧和監護她們。這些宮娥在夜間認真考察她們有沒有隱祕的缺點，睡覺是否安穩和沒有鼾聲，呼吸的氣息是否芳香如蘭，身上各部位有沒有難聞的氣味。經過這樣嚴格的檢驗以後，她們才被分為五個小組，每一組輪流在大汗陛下的內宮侍奉三晝夜。

既然能知道她們身上有無「隱祕的缺點」，顯然要進行裸體檢查。

現存《雜事秘辛》記載了漢桓帝選梁皇后入宮前的裸檢過程，這位梁皇后就是梁冀的小女兒梁瑩。據此書記載，保林吳姁與宦官單超奉命來到梁邸，梁瑩款款碎步從中閣走入寢房，兩人端詳其容貌，環視其舉止，完全符合入選的法相。然後，單超迴避，吳姁與梁瑩一同進入姑娘的閨房，關閉了中閣子。陽光正透過窗戶照在梁瑩的臉上，就像紅霞映照在白雪上，光豔逼人，眼波澄澈嫵媚，殷紅的嘴唇，整齊的皓齒，長長的耳廓，端正的鼻子，顴骨雙頰，一切都是天生的完美。吳姁接著卸去她的頭飾，讓髮髻舒展下來，度量秀髮的長短，烏黑的頭髮像黑漆那樣光澤照人，可以繞手八圈，放下墜地後還長上半握。然後，吳姁讓她解開內衣，對她說：「皇帝重禮，讓我老朽來檢查。這是必須檢視的。」梁瑩流下了眼淚，閉上眼睛，側身向內。藉著日光，吳姁撫摩她的肌膚，細膩光滑，整個裸體看上去猶如凝脂塑就、白玉雕成一樣。吳姁量了她的胸圍與臀圍，檢查了她的乳房、外陰、陰道等部位，斷定她是一個謹守禮法的處女。吳姁最後向皇帝提供了一份詳細而準確的檢查報告：身高七尺一寸，肩寬一尺六寸，臀寬一尺三寸，臂長二尺七寸，手指四寸，腿長三尺二寸，腳掌長八寸；雙腳底平趾斂，沒有痔瘡，沒有皮膚病，身上沒有黑痣與疤痕。

《雜事秘辛》是明人楊慎偽托的小說，史料可靠性大有問題。不過，縱然不能據此認定漢代就對入宮后妃進行裸檢，卻可推斷明代立后選妃已有這種做法。這有明人蔣一夔的《長安客話》可以印證。其中〈三婆〉條指出，明代宮廷接生所需的隱婆都是在民間收生婆中「預選名籍在官，以待內庭召用，如選女則用以辨別妍媸可否」。這些記載表明，帝王不僅將女性的外貌美，而且將她們的裸體美也列入冊妃立后的標準之列。西漢杜欽所說的「舉求淑女，不問華色」，南朝沈約所謂的「配以德升，進非色幸」云云，只是高掛張揚著讓人瞧的幌子而已。在選擇后妃的德色雙重標準上，倒真用得上孔子的感慨：「吾未見好德如好色者也。」只不過，他們遠不如孔子那樣坦白。

女性美是陰陽造化對婦女的眷顧，在愛情婚姻中重視女性的容貌姿色也是人之常情。問題在於，后妃制是依附於君主制的畸形婚姻制度，它賦予君主對入選后妃的女性美有至高無上的挑剔權，而應選的女性卻沒有拒絕這種選擇的可能。問題還在於，歷代君主無不憑藉著絕對的君權，為滿足一己的私欲，企圖占有天下所有的佳麗。明代憲宗朝，有一次外命婦入朝皇太后，尚書施純的妻子十分靚麗，皇太后也被她的美麗深深吸引，直勾勾地看了好久，回過頭來對左右侍者說：「過去選妃時為什麼沒見到這個人？」深為兒子未能享此豔福而抱憾不平。這件小事充分暴露了皇權對國中美色的全面占有欲。在君主們看來，「溥天之下，莫非王土；率土之濱，莫非王臣」，由此推理，天下絕色自然也應該納入他的後宮。就像把天下珠寶財富藏入他的倉庫一樣，帝王還把成千上萬如花似玉的女子圈入後宮，前者供他物欲上的揮霍享受，後者供他性慾上的發洩占有，兩者都只是滿足他一己的私欲。如此而已，豈有他哉！

二　只為產龍種

在君主世襲制下，帝王把對江山社稷的牽掛直接轉換成對後代繼嗣的關注。在先秦娣媵制時代，天子、諸侯之所以一娶九女，之所以不娶一族而由同姓的二國來媵，目的都是為了廣繼嗣、防無子。后妃制作為帝王家的婚姻制度，一方面是讓成百上千的女性成為帝王放縱慾望的對象，另一方面則為了龍種廣播，龍脈不斷。於是，后妃嬪御都成為孕誕「龍子」的產婦。

西漢谷永在上給漢成帝的賢良方正對策裡說：「應該增納善生子嗣的婦人，不擇美醜，不計婚否，不論年齡。」谷永完全不像在討論帝王的擇偶，簡直在汰選配種生仔的母畜。晉武帝為白痴太子選妃有五條標準，其中第二條就是「多子」，即會生龍種。這條標準，赤裸裸地把后妃等同於簡單的生育機器。她們之所以受到關注，與其說是帝王把他們當作性行為的對象，毋寧說是關注性行為在她們身上的結果。

正是基於對龍種繁衍的重視，西周以降，立后擇妃奉行著同姓不婚的原則。《魏書．高祖紀》指出：「夏、殷不嫌一族之婚，周世始絕同姓之娶。」也就是說，至遲西周，人們已經認識到「男女同姓，其生不蕃」的優生學原理。春秋時，晉大夫胥臣論及晉文公的媵妾時說：「娶妻避同姓，是為了避免亂倫與災禍。」春秋時代，儘管魯昭公仍娶同姓吳國孟子為夫人，晉平公有四位同為姬姓的妾御，但都為輿論和史乘所不齒，認為是違禮亂俗之舉。秦漢以後，后妃與帝王出自同姓而明媒正娶的情況，十分罕見。十六國前趙主劉聰準備冊立太保劉殷的兩個女兒做貴嬪，向太傅劉景諮詢。劉聰原是匈奴人，後來才冒姓了劉氏，而劉殷則是漢人，劉景據此答以「同姓而異源，不妨聘納」，劉聰這才行聘納之禮。北魏出身拓跋鮮卑，原來並沒有同姓不婚的禁令，自魏孝文帝下詔「悉行禁絕，有犯者以不道論」，少數民族帝王選立后妃時也開始遵守這一原則。

也許出於「宜子」的考慮，帝王在冊后立妃時，並不像後人想像的那樣，有必擇處女的嗜好，選妃時似乎尤其如此。漢武帝的母親王氏乃王仲和臧兒所生，嫁給金王孫後生下一個女兒。在一次卜筮後，臧兒認定自己的女兒命當大貴，決意把女兒從金家奪回來，並將女兒送入了太子宮。不久，太子即位為漢景帝，王氏也成為夫人，生下了武帝。後來景帝的薄皇后被廢，王夫人冊立為皇后。已婚的身分，並沒有妨礙王氏成為夫人與皇后。

晉元帝皇后鄭阿春也是先嫁田氏，生子後守了寡，晉元帝當時還是琅邪王，原配王后已死，便聘她為夫人。不久，晉元帝即位，或許因倉皇南渡，他始終未立新皇后。阿春雖然沒能過一把皇后癮，但第一夫人的地位卻從未動搖過。前秦皇帝苻健把後趙降將張遇的繼母納為昭儀，還屢屢在大庭廣眾下占張遇的便宜，說：「你，是我的兒子。」從晉元帝到苻健，說明東晉十六國時期的帝王並不忌諱以再婚婦為妃嬪。

後周太祖郭威在稱帝前先後娶過柴氏、楊氏與張氏，都是再醮之婦。楊氏生前對他說起同鄉董氏的賢德，董氏這時因丈夫戰死，守寡洛陽。郭威戎馬倥傯，經過洛陽，禮聘這位再醮婦為夫人。後周立國，皇后虛位，董氏冊為德妃，主政後宮。

直到宋代，真宗劉皇后也是再婚之女。她叫劉娥，始嫁四川的銀匠龔美，隨夫來京城營生。不久，龔美因家貧想讓她改換門庭，於是就改嫁了襄王（即後來的真宗）。襄王的乳母為人刻板，不喜歡這位川妹子，也許向太宗說了她的身世。太宗責令兒子將劉娥逐出王府。襄王迫不得已，將她寄居到王府給事（總管）張耆的家裡。十來年後，太宗去世，襄王做了皇帝，才把她接回後宮，鴛夢重溫。

如果說這些后妃與帝王的婚配還在他們稱孤道寡之前，那麼，宋仁宗與曹皇后、張貴妃的先後聯姻卻都在龍飛九五以後。曹皇后是宋初名將曹彬的孫女。仁宗第一位皇后郭后被廢，聘其入宮，冊立為后。但她此前與李植不僅訂立了婚約，而且已迎娶入門。因為新郎熱衷神仙道教，不樂婚姻與仕宦，新娘剛入門，他就逾牆逃遁，曹氏即刻還家，不久就被選立為皇后。曹皇后雖已出嫁但畢竟未完婚，郭貴妃卻是貨真價實地既出嫁又完婚的。她先嫁蹇家，生了兒子，才入宮立為才人的，自進封貴妃後，其專寵之愛還遠遠超過了曹皇后。

在中國后妃史上，以再婚婦而貴為后妃的例子，還不在少數，在理學盛行以前，這一現象尤其司空見慣。其中多數固然是帝王被她們的傾國傾城貌所傾倒，也就不再計較她們是否為荳蔻未開的處女。但也不排除這樣的考慮：已有婚育史的女子，對於誕育龍種而言，是無須驗證的生育機器，符合晉武帝選妃冊后的「多子」標準。

三　在秦晉之好的背後

倫理學家會說：最完美的婚姻，應該是男女雙方出於靈與肉的相互吸引與傾慕，而實現自願的結合，這種結合不應再受到其他任何外界因素的干預，不論這種考量是出於任何物質上或政治上的因素。然而，至今為止，實際的婚姻關係也許都不符合這一本質，從而出現各種異化。其中，后妃與帝王的婚姻因與國家政治制度糾結在一起，比起民間婚姻來呈現出更違逆人性的異化傾向。

君主國家的利益、命運與前途，從來被列為擇后選妃的最重要參數之一，多少紅顏不過作為政治交易的一枚籌碼，被拋入禁宮深闈。站在君主國家的立場上，政治交易歷來視為必要，儘管總不那麼光彩。對步入宮闈的女子而言，這種交易會給她們帶來什麼呢？

「秦晉之好」的最早出典

作為成語，「秦晉之好」至今仍用作喜結良緣的典雅祝詞，這是來自春秋時代秦晉兩國君主累世互結婚姻的典故。據史書記載，秦穆公的夫人是晉獻公的女兒、晉惠公的姐姐。晉惠公即位四年，國內大飢，秦國應晉國之請糴粟賑災。次年，秦國也鬧饑荒，晉國不但拒絕發粟救災，反而乘人之危，發兵攻秦。兵戎相見後，晉國慘敗，被迫將太子圉送到秦國做人質。秦君考慮到他將是未來晉國的君主，為籠絡他，將女兒懷嬴嫁給他。太子圉後來拋下懷嬴，潛逃回國，即位為晉懷公。秦國認為他忘恩負義，惱火之餘，便把賭注押到流亡的晉公子重耳身上，將重耳從楚國迎到秦國，並將文嬴等五位秦國姑娘嫁給他，其中就包括作為媵女陪嫁的懷嬴。既然媵御的身分低於正妻，重耳就讓懷嬴捧匜端水。懷嬴伺候他洗完臉後，他漫不經心地甩去手上的水。懷嬴發怒道：「秦晉相匹，為什麼卑視我！」重耳怕她向秦穆公哭訴，便自囚請罪。穆公反而安慰這位快婿道：「我的嫡生女兒中，就數她最聰慧。先前嫁給了太子圉，這次就委屈她做嬪嬙了。原來打算讓她做嫡夫人與你成婚的，因為曾是太子圉之妻，怕讓你背上壞名聲。如果不讓她當媵女，就沒有嫁給你的理由。我太喜歡這個女兒了，如果由於未備正禮，才讓你卑視她，這是我的過錯。至於今後，這孩子的進退使令，就悉聽遵命。」

這就是歷史上所謂秦晉之好。即便秦穆公最鍾愛的女兒，也像一件贈品一樣，在太子圉與公子重耳之間傳來遞去。蒙受屈辱的卻是懷嬴，她的婚姻大事被當作兒戲，感情與自尊一再受到戲弄與蔑視。可見秦晉之好從來就不是男歡女愛的輕喜劇，其背後是赤裸裸的政治交易，是女性酸楚的婚姻悲劇。

春秋時代的同類故事

縱觀中國歷史上列國並峙的分裂時期，例如春秋、戰國、三國、東晉十六國，五代十國，宋遼金夏，各國統治者或為了確保自己國家的生存與發展，或為了削弱敵國的實力與地位，在君王之間締結過不少政治聯姻，其中尤以縱橫捭闔的春秋戰國時代最引人注目。

周桓王十四年（西元前706年），齊國遭到北狄的進攻，向鄭國求救，鄭太子忽率師解圍。齊釐公也許出於好意，準備把文姜許配給這位鄭國的儲君。鄭太子忽婉言辭謝，別人問其原因，他說：「每個人都有合適的配偶，齊國是大國，大國之女不是我合適的配偶。《詩》說：求諸自己，多受福德。凡事靠自己，何必倚賴大國呢？」這位太子忽就是後來的鄭昭公，他「齊大非偶」的慷慨陳辭頗有獨立不羈、發憤自強的味道，其實也是為鄭國自身的地位著想。鄭國居於中原四沖之地，夾在晉、楚、齊、秦四大國之間，哪一個大國都得罪不起，保持相對中立的不結盟態度，才是最好的外交方針，文姜未能成為鄭昭公的夫人，根本原因即在於此。

與鄭國相比，衛國更是蕞爾小國，它甚至沒有鄭國那樣折衝周旋於諸大國之間的起碼實力，北境還面臨著戎狄的威脅。衛懿公有個女兒，齊國、許國都先後來求婚，懿公允諾了許國。他的女兒對自己的傅母說了一段話：「歷來諸侯有女兒者，就是用作餽贈的禮物來結交大國。以我的婚事而言，許國弱小而偏遠，齊國強大而毗鄰。當今之世，強者為雄。如果國家邊境上有外敵入侵，有我在，還不好辦嗎？現在卻捨近求遠，棄大結小，一旦有戰事。誰可以一起來顧及社稷呢？」衛懿公還是固執己見，把她嫁給了許穆公。而衛國後來果然被南下的狄人一度攻滅，許穆公夫人不幸言中。她這段頗具政治家眼光的先見之論，即便後人讀來，也不能不折服其鞭辟入裡的分析、審時度勢的冷靜與權衡得失的縝密。她明明知道政治聯姻只不過把女性當籌碼，卻甘願為父母之國的存亡安危發揮自己作為贈物應起的作用。歷史把不應該由女性通過婚姻所承受的負荷壓在她的肩頭，而她竟然自覺地視其為己任，不得不令人在欽敬之餘，生出深沉的嘆息。

春秋時代是大國爭霸的時代，當金戈鐵馬殺人盈野以後，大國、強國、戰勝國趾高氣揚，小國、弱國、戰敗國則低聲下氣，進貢納質。不少所謂的「秦晉之好」，都是以城下之盟為背景的。周景王七年（西元前538年），齊國出兵攻打燕國，並準備把流亡齊國的燕國舊君燕簡公武裝強送回國。燕悼公見齊國大軍入境，立即派出使者求和，說：「敝國知罪，怎敢不聽從命令呢？請允許把先君的破舊器物拿來謝罪。」在訂立城下之盟後，燕國把燕姬嫁給了齊景公，還致送了玉斝等一批玉器。在這次會盟中，燕姬與玉斝一樣，不過是謝罪的進貢物。

歷史的回報也真是太快。齊景公在位五十八年，前期對燕國耀武揚威。到他晚年，吳國崛起，攻楚伐越，躍躍欲試，準備北上取代齊國的地位。而齊國其時已一蹶不振，這次該輪到他向吳王闔閭獻女為質了。在送女兒到城郊時，齊景公黯然淚下道：「我死，你恐怕見不到了！」有臣下說：「齊國也是面山傍海的大國。你既然愛惜女兒，就別讓她遠行了。」景公無可奈何道：「我雖有齊國，卻不能號令諸侯。不能號令天下，還不如聽令於別人。況且吳國就像馬蜂與蠍子一樣，不把毒螫到人身上，是不會善罷甘休的。我怕它螫我啊！」最後還是把女兒打發走了。如果說，齊景公在羔羊面前是獅子，獲得了燕姬；在另一頭獅子面前卻成了羔羊，送走了女兒。至於燕姬與齊女，都成為了大國強權的俎上犧牲。

當然，也有戰敗國別有心計，通過聯姻，以女色為武器，讓敵國君主沉湎其中，政荒國亂，為自己贏得養精蓄銳、東山再起的時機。當越國被吳國打敗後，越王勾踐與其夫人忍辱含恥，親往吳國服苦役，終於被允許求和，保全了江山社稷。勾踐回國後臥薪嘗膽，蓄意復仇，他採納大夫文種提出的伐吳九策，其中第四策就是「遺之好美，以為勞其志」，也就是贈送絕色美人，用來惑亂其志向。勾踐下令在全國尋訪美女，終於在苧蘿山中發現了賣薪浣紗的西施與鄭旦。越王讓人用羅縠做衣裙把她倆打扮起來，還教她們舉止步履。然後，文種把她們送往吳國，卑詞遊說道：「敝國雖有上天下凡的西施、鄭旦，但敝國汙卑貧窮，實在不敢消受，特命我來拜獻。您大王如不嫌鄙陋，就給您當箕帚之用吧！」儘管吳國大臣伍子胥說了一大套「美女是國家禍害」的諫言，夫差還是收下了這兩個絕代佳

西施

人。後來，吳王果然惑於女色，怠於政事，終致亡國。對西施是否為導致吳國滅亡的根本原因，歷來見仁見智，這裡且不作評論。但越王勾踐送西施聯姻吳國，無疑有蓄謀亡吳的初衷。

這個家喻戶曉的傳說，似乎有一個美麗的尾聲。據說，西施在吳亡以後，便追隨著舊情人范蠡，泛舟五湖，去過幸福的小日子了。唐代詩人杜牧詩云，「西子下姑蘇，一舸逐鴟夷」，說的就是這事，鴟夷即范蠡。不過，歷史上西施的結局恐怕未必如此。上距吳越之世不遠的墨翟在其《墨子》中指出：「吳起之裂，其功也；西施之沉，其美也」。明確認定西施是被拋入水中溺死的。《吳越春秋·逸篇》說得更明白：「吳亡後，越浮西施於江，令隨鴟夷以終。」照理說來，西施以自己的青春美色圓滿實現了勾踐的意圖，是大有功於越國的功臣。孰料大功告成後，卻落得如此下場。箇中原因，也許是勾踐不能容忍越國美女竟然呈身吳王帳下的往事，也許是勾踐不能接受西施始終未忘情於范蠡的現實。史實真相究竟如何，後人已無法猜測。但在這樁政治聯姻中，西施撇下了舊日的情人，承歡於敵國的君主，獲益的是越王，西施不僅什麼也沒有得到，甚至連生存權都失去了。

「秦晉之好」的戰國翻版

戰國之世，兼併戰爭在更大範圍以更大規模進行著。這是一個崇尚實力與權謀的時代，只要能壯大自己消滅敵人，在政治、外交、廟堂、床笫上，無所不用其極。七雄並立，合縱連橫，各國君主間的政治聯姻也圍繞著這一主線展開。以秦國為例，戰國期間，與六國聯姻可考的共有十四次，其中與楚國最多，達到七次，這顯然與楚國舉足輕重的地位息息相關。楚懷王與秦昭襄王在同年相互娶女聯姻，就是秦國唆使楚國背棄合縱而倒向連橫的直接產物。相反，秦與燕國的聯姻在戰國時期僅有一次，這當然與燕國孤懸東北，對秦國連橫戰略關係不大有關。但就是這唯有的一次，也是服從於這一戰略需要的。秦惠文王六年（西元前332年），蘇秦遊說趙、韓、魏、齊、楚，準備再次合縱伐秦。秦惠文王派人破壞五國合縱的同時，將女兒嫁給了燕太子。當年，燕太子即位，是為燕易王。顯而易見，秦國主動與燕結親，是其削弱合縱計劃的組成部分。

如果說，秦國這次聯姻的目的出於後人的推斷，那麼《戰國策・秦策四》有段說辭，卻頗能說明類似問題。周赧王二十一年（西元前294年），齊國孟嘗君田文入魏任相。當時魏昭王在位，公子負芻的母親出身齊王室。田文是在齊國未遂政變中逃亡出來的，入相以後對負芻的母親絕無好感，居然說動魏王，把她休回了齊國。策士韓春就遊說秦昭王娶她來做妻子，理由很直白：「這樣就可以齊秦聯合，挾持魏國，魏國的上黨就能屬秦國所有。齊秦聯合，擁立負芻，負芻的生母在秦國，那魏國不就像是秦國的郡縣嗎？」也許，秦昭王對半老的負芻之母提不起興趣，遊說未能奏效，但政治聯姻作為連橫的籌碼，已由這番說辭和盤托出。

為了滅人之國，奪人之地，甚至以聯姻為誘餌，轉移對方注意力，然後出其不意，坐取大動干戈也未必能征服的敵國，也不乏其例。據《戰國策・燕策一》，趙襄子當上趙國國君後，處心積慮想併吞與其相鄰的代國，便將自己的姊姊嫁給代王做夫人。他的姊姊並不知道這樁婚姻包藏著禍心，與代王的感情還不錯。在一次與姐夫代王會面的時候，趙襄子提前讓人鑄一把長柄銅料，當郎舅二人酒酣耳熱之際，廚子用銅料端上熱羹，到席前便翻轉銅料，猛擊代王腦袋，代王當即腦漿崩裂，一命嗚呼。趙襄子隨即發兵平定了代地，派人把姊姊接回趙國。他的姊姊聽到這一突變，號泣呼天，抽噎著說：「天啊！為了弟弟而獲罪於丈夫，這是不仁；為了丈夫而怨恨弟弟，這是不義。我不敢怨，但也絕不願歸！」說完，拿起鋒利的束髮簪子，自刺而死。她的臨終遺言，無疑是對政治聯姻的強烈控訴。政治聯姻是政治與婚姻的聯合體，但政治與婚姻往往不能和諧共居於一體，當兩者的目標與價值激烈衝突時，將不可避免地出現種種悲劇。代王夫人之死，正是在政治與婚姻之間兩難選擇後的必然結果。

「秦晉之好」的後續故事

春秋戰國以後，中國歷史上出現過多次列國並峙的分裂局面，秦晉之好式的聯姻鬧劇，也在不斷地重演。

三國時期，吳蜀聯姻頗具戲劇性。面對曹軍飲馬長江的嚴峻形勢，劉備與孫權都明白：如果不結盟，就可能被曹操各個擊破。於是，劉備便聘孫權之妹為夫人。這位孫夫人勇捷剛猛，頗有諸兄之風。隨嫁的一百位侍婢，都仗劍持刀，侍立左右從不離去。劉備每次入內見夫人，看著明晃晃、白花花的刀光劍影，心裡總不寒而慄，唯恐孫夫人稍有不滿，對自己干戈相向。這種冷冰冰的婚姻，怎麼可能琴瑟相和？倒是名副其實的同床異夢：對劉備來說，是忌憚與害怕；對孫夫人說來，同樣是猜忌與防範。政治聯姻的基石並不是婚姻，而是政治聯盟。當吳蜀交惡後，孫權就派兵迎回了孫夫人。這時，孫夫人已生了一個兒子（並非後來戲曲中訛傳的阿斗），想帶著回國，也被趙雲統兵斷江截留而去。事後，諸葛亮曾對劉備這樣評論：「您當時北畏曹操之強，東憚孫權之逼，貼身則怕孫夫人變生腋肘之間，真是進退狼狽啊！」這樁政治聯姻給後人留下了很多聯想，並添枝加葉地編成戲曲故事，京劇《甘露寺》、《龍鳳呈祥》就源出於此。然而孫夫人體驗到的，恐怕就只有對丈夫的冷漠與對兒子的思念。

劉備孫夫人

十六國時期，代國的國君拓跋什翼犍（即北魏昭成帝）先聘前燕主慕容皝的妹妹，但不久去世，便再納慕容皝的女兒為皇后；代國建國二十五年（西元362年），與前燕主慕容又相互納女聯姻。

當北魏道武帝與後燕交惡時，後燕臣下還說：「魏、燕世為婚姻，結好久遠，應該三思而行。」魏道武帝又與後秦聯姻，聘納後秦主姚興的女兒西平公主，原先說好冊立做皇后的，後來道武帝按北魏風俗另立皇后，委屈她做夫人。這下激怒了後秦，親家變成敵國，不但斷絕往來，還在柴壁幹了一仗，龍鳳花燭化作了刀光劍影。其後，北魏太武帝迎娶北涼主沮渠牧犍的妹妹做右昭儀，同時把妹妹武威公主嫁給了牧犍。而籠絡北涼這個附庸國，則是這樁換門親的根本目的。

五代十國時，吳越王錢鏐曾納婦於閩；閩主王延鈞卻迎娶南漢主劉之女清遠公主；而劉又聘立楚王馬殷的女兒做王后；前蜀也向北方後唐莊宗送去過一批宮女。這種連環套式的政治聯姻，有一個顯著的特點，就是聯姻雙方都是接壤的鄰國，其目的顯然在於謀求兩國相安無事，至於女兒的婚姻是否幸福，這些小朝廷的君主是不會認真考慮的。

還有一種遠交近攻式的政治聯姻。昇元（西元937～943年）中，南唐曾選飾宮嬪青媛等人，連同珠貝、羅綺，遣使護送，泛海北通契丹。這樣的出使，南唐還不止一次。有一首《遼宮詞》說的就是這件事：

> 絳帕蒙頭拜紫宸，菆塗小殿步逡巡。
> 氈帷昨夜新承寵，又報南唐進美人。

大意說，宮嬪們絳紅的帕子蒙在頭上，來到遼朝的殿陛上行拜見禮，在麻桿塗飾的小殿上步履有點遲疑不決；毛氈帷帳裡昨夜剛得到契丹主的寵幸，又有報告說南唐來進貢美人。

南唐的目的，據說為了離間後晉與契丹的關係，相機北取中原。此說未必可信，但希望契丹從背後牽制後晉，不對自己構成威脅，則在意料之中。

緊接五代十國的就是宋遼夏三國鼎立時期，其中遼夏兩國曾多次聯姻。遼統和七年（西元989年），時值西夏李繼遷（西夏立國後追尊為太祖）叛宋不久，國家實體正在醞釀之中；而遼朝雖在高梁河之戰中重創宋軍，但宋遼戰事依然不斷，遼夏雙方都有爭取對方、壯大聲勢的願望。於是，李繼遷便聘納了遼義成公主。遼景福元年（西元1031年），正當夏景宗元昊緊鑼密鼓準備立國之際，當然也希望取得遼國的支持與北宋相抗衡，於是迎娶遼興平公主。遼天祚帝即位後，西夏崇宗聘納遼南仙公主為皇后，婚禮如儀不久，就讓遼對宋施加壓力，以歸還從西夏奪去的土地。可見，西夏之所以多次主動與遼共結秦晉之好，無非是實力稍遜，試圖倚重這種聯姻來加強自己在鼎峙角逐中的地位。十二世紀前期，北方出現西夏、金、蒙古鼎立的局面，為了延緩蒙古騎兵的凌厲攻勢，西夏襄宗曾把女兒嫁給成吉思汗。當然，所有這些聯姻只是出於政治需要，婚姻雙方並無感情可言。例如，遼興平公主嫁給西夏景宗，雖然貴為皇后，與元昊關係始終不和睦。元昊對她更是冷漠，她產後得病，也從來沒去看望過。婚後七年，她就鬱鬱而死了。這位西夏景宗皇后的命運，與戰國代王夫人一樣，在冠冕堂皇的「秦晉之好」背後，同樣浸透了女性悲楚的血淚。

與異域之間的「秦晉之好」

還有另一種「秦晉之好」，那就是中原王朝與周邊民族或政權的政治聯姻。

從殷周時代起，中原王朝就不斷面臨來自周邊民族的挑戰。這些周邊民族或政權的活動地區，或在今中國境內，或已逸出今日中國的版圖。它們之中，有的已經融入了華夏民族，有的則與現今少數民族有著族源關係，有的則其興也勃焉，其亡也忽焉，已無從尋覓其來蹤去跡。其中幸運者，或得天時地利等機運，進入中原，建立王朝，有的割據一方，雄踞一隅，例如十六國；有的統治半壁江山，例如北魏、遼、金；有的還成為偌大中國的主宰者，例如元與清。但絕大多數卻始終活躍在周邊地區，被中原王朝（包括入主中原的少數民族王朝）視為「四裔」或「四夷」。或者為了應付這些來自周邊的挑戰，或者為了維護出於主動挑戰的戰果，中原王朝在動用兵車與戰馬的同時，也會利用嫁娶與婚姻。

早在春秋時代，晉國就對周邊的戎狄採取了這種兩手政策。晉獻公與狄人狐氏聯姻，大小狐姬為他分別生下了公子重耳與夷吾，而重耳日後也娶了狄女季隗。晉獻公後來進攻驪戎，又娶了驪戎的兩個女兒。也許因為晉君與戎狄的聯姻，儘管戎狄在邊地上與晉國交錯雜居，不僅始終未對晉國構成威脅，還成為重耳流亡的庇護者。重耳在那裡娶妻生子，先後居住了十二年。

說起來，周天子也與狄女有過聯姻。當時，鄭國攻打滑國，周襄王偏袒後者，派了兩位大夫去勸鄭國退兵，鄭文公不但不買賬，還拘留了他倆，繼續軍事行動。周襄王惱羞成怒，卻又沒有對付鄭國的實力，於是娶狄女隗氏為王后，作為交換條件，狄人出兵打敗鄭國，幫周天子出了這口惡氣。不料周襄王過河拆橋，一年後就把隗后給廢黜了。這下徹底激怒了狄人，轉而成為周王室的心腹之患，還一度把襄王也趕出了王都。與晉國眼光長遠的政治聯姻相比，周襄王與狄女的聯姻純屬短視的投機行為。

五世紀前後，柔然在漠北崛起，鐵騎不斷南下，威脅中原王朝。太平三年（西元４１１年），柔然可汗斛律向北燕主馮跋指名要求聘其女兒樂浪公主。馮跋之弟素弗認為：「前代只將宗室女嫁給夷狄。樂浪公主是你與皇后所生，不宜下嫁異族。」馮跋說：「我正熱衷於異族風俗，怎麼可以欺騙他們呢！」不論馮跋的話究竟出自內心，還是聊以掩飾，樂浪公主最終遠嫁柔然。不久，柔然內部政變，斛律失去了汗位，攜家投奔北燕，這下輪到他致送自己女兒給馮跋當了昭儀。

柔然在阿那瓌可汗時，到達了強盛的峰巔，與其接鄰的西魏既要東向對付東魏，又要北面防禦柔然，實在力不從心，決定重走政治聯姻的老路。西魏文帝即位之時，就冊立結縭十年的王妃乙弗氏為皇后。乙弗皇后不僅容貌美麗，而且生性淡泊節儉，寬容仁恕，頗受文帝敬重，夫妻感情也很好。文帝這時另聘了阿那瓌可汗的長女郁久閭氏，這年才十四歲，容貌有一種冷峻的美。西魏迎婚使節到達時，待嫁的營幕戶帳都按柔然以東為貴的風俗排列著，魏使要求按中原習慣改為南向，她說：「我還沒有見魏帝，還是柔然的姑娘，儀仗還是該面東。」振振有詞中分明有盛氣凌人之勢。

抵達長安後，郁久閭氏成為西魏的皇后，把乙弗氏趕出宮當了尼姑。即便如此，在日常生活中，郁久閭氏還時時表露出對她的妒忌與嫉恨，文帝只得再讓乙弗氏與兒子武都王一起居住在秦州（今甘肅天水）。據說，文帝不忘舊情，暗中命乙弗氏蓄髮，希望有朝一日迎她還宮。而對郁久閭皇后而言，只要文帝原配皇后還在，儘管已經廢黜出宮，遠離都城，仍是一種現實的威脅。

大統六年（西元540年），阿那瓌可汗傾國南下，渡過黃河，向西魏掩殺過來，傳言就是為乙弗氏而發動這次戰爭。文帝面對大軍壓境，無可奈何道：「難道有為一個女子而出動百萬大軍的道理嗎？不過，人們這麼傳說，我還有什麼顏面見將帥呢！」於是派宦官帶著手敕去命乙弗氏自殺。接到詔書，乙弗氏淚流滿面說：「只願皇上千秋萬歲，天下太平，我死也無恨！」她把小兒子武都王叫到跟前，母子含淚訣別；還讓幾十個隨從侍婢都出家為尼，親手為她們一一落髮。整個過程令在場的侍御都痛哭失聲，不忍正視。最後，乙弗氏轉身入室，拉過被子，把自己活活悶死了。這年，她只有三十一歲。

乙弗氏的慘死，也許消解了郁久閭皇后鬱積心頭的嫉恨，卻也在她的心理上投下了陰影。當嫉妒的狂潮消退，人性的善便向行為的惡提起審判。也許是負疚感與悔罪感，郁久閭氏的精神開始分裂，出現了視聽上的幻覺。這時，她已懷孕，即將生產，卻總聽到宮殿上有犬吠之聲，還看到盛妝婦人向她走來。驚悸和恐懼加重了她的病情，產後不久，她就去世了，年僅十六歲。郁久閭皇后的過度忌妒促成了乙弗皇后的死，而她最後也吞下了自己播下的苦果。一場政治聯姻，演出了兩位皇后的悲劇，其深層原因是什麼呢？僅僅歸咎於郁久閭氏的妒忌心，顯然還未達一間。

繼柔然稱雄塞外的是突厥。西魏、北周與隋唐帝國，先後都與其聯姻。大統十七年（西元551年），突厥土門可汗娶西魏長樂公主為可敦（即皇后）。保定（西元561～565年）初，北周、北齊為掣肘對方，不約而同都打出了聯姻牌。突厥可汗俟斤先是允諾將女兒阿史那氏許配給北周武帝做皇后，北齊武成帝見狀，唯恐對自己形成合圍之勢，也立即向突厥求婚，而且聘禮更豐厚。突厥可汗見利忘義，擬議將女兒改配北齊。北周聞訊，擔心其悔約，馬上派出使者與儀仗隊，趕到突厥牙帳迎婚。不料俟斤可汗舉棋不定，西魏迎親隊伍一等就是兩年有餘，也算是創造了迎親時間最長的紀錄。直到有一次接連十來天風雷大作，刮壞了突厥大批穹廬。俟斤認為是上天示譴，這才送阿史那氏入北周完婚，一場曠日持久的皇后爭聘戰終於塵埃落定。其後，北周與突厥基本保持了良好的姻親關係，大象元年（西元579年），北周還把宗室女遠嫁給突厥沙缽略可汗。

隋朝開皇二年（西元582年），突厥分裂為東西兩部，各爭雄長，隋朝卻利用矛盾各與聯姻。開皇十七年，東突厥啟民可汗娶隋朝宗室女安義公主為可敦，不久去世，再娶隋朝義成公主。大業十年（西元614年），隋煬帝又把信義公主嫁給西突厥處羅可汗，使其納貢稱臣。正是在這種聯姻中，隋朝坐收漁利，終隋之世，無論東西突厥，都未如唐初那樣對中原構成嚴重威脅，代價是好幾位宗女公主的婚姻幸福，對國家與人民來說，也許是值得的，但對那些貴為突厥可敦的女性而言，也許就是終生的不幸與怨恨。

四　父子在朝與椒房之親

《白虎通．嫁娶》指出：「王者之娶，必先選於大國之女。」這裡說的是春秋時期，周王室衰微，不得不在婚姻上屈尊向大國霸主聯姻，而大國則通過與周天子聯姻，挾天子以令諸侯。秦統一天下後，西周以來的封邦建國制雖不復存在，但九五之尊的帝王與威高震主的權臣聯姻的情況，在不少朝代一再上演，成為春秋時代「王者必娶大國」的翻版。當然，歷史的翻版不像一味重複的版畫翻印，而是呈現出畫面各異的歷史場景。

先後栽觔斗的兒女親家

一代雄主漢武帝去世時，繼位的昭帝才八歲，大司馬、大將軍霍光受遺詔輔佐幼主，同為託孤大臣的還有左將軍上官桀、車騎將軍金日。霍光的女兒嫁給上官桀的兒子上官安，兒女親家的關係超乎尋常。始元三年（西元前84年），上官安的女兒才五歲，上官家就想通過霍光送進宮去，猜想作為外公絕不會反對的。誰料霍光卻不同意，認為年齡還小。於是，上官安走了已經寡居的昭帝長姊鄂邑長公主的門路。他對長公主的相好丁外人說：「我的女兒容貌端莊，打算請長公主瞅個機會送進宮去，立為皇后，讓我們父子在朝而有椒房之重。能否成功，全仰仗你了。」把用意和盤托出後，作為交換條件，他還放了誘餌：「漢代制度常以列侯配公主。你辦好這事，還愁不封侯尚主嗎？」不久，上官桀的孫女果然被召入宮，月餘，冊立為皇后，年僅六歲。這年，昭帝才十二歲，他之所以立上官為皇后，就因為她是權臣上官桀的孫女，而且還是首席託孤大臣霍光的外孫女。如果不選立她，自己可能皇位難保。作為皇后之父，上官安遷為車騎將軍。他得意忘形，從宮中出來，常對人炫耀：「我剛和皇帝女婿喝了酒，爽極了！」

上官父子權力欲急遽膨脹，不久兩親家就變為了政敵。武帝時，上官桀的地位比霍光高，武帝託孤卻以霍光為首選，上官桀隱隱不快。如今父子同為將軍，幾次小試權柄，都被霍光駁回，兒女親家怨隙日深。上官父子就與鄂邑長公主等密謀，準備殺霍光，廢昭帝，擁立上官桀。同謀者問道：「拿皇后怎麼辦？」上官安說：「逐鹿的狗還顧得上兔子嗎？況且因皇后才尊貴，一旦皇帝意有所移，即便想做平民百姓也做不成了。這可是千載一時的機會！」上官安的這番話赤裸裸地道出了權臣納女為后、聯姻帝室的狼子野心。然而，陰謀敗露，霍光把他們一網打盡。上官皇后由於年少，未參與其事，更重要的，她還是霍光的外孫女，所以未遭廢黜。

漢昭帝在位十二年，去世時沒有後代。霍光迎立已故戾太子之孫（即武帝的曾孫）為宣帝，他仍以定策之功輔佐朝政。宣帝即位前已娶了許平君，即位後升其為婕妤。這時，公卿大臣議論冊立皇后事，都看好霍光的小女兒成君。宣帝這年十八歲，當然不會像八歲的昭帝即位時那樣，完全沒有自己的主張。他下了一道意味深長的詔書，要求查訪即位前的舊佩劍。有大臣心領神會，建議冊立許平君為皇后，宣帝馬上表示同意。

不料許平君只做了兩年皇后，就不明不白病死了。原來，許皇后在產後生了病，而霍光的妻子想讓女兒當皇后都快想瘋了，居然唆使宮廷女醫淳于衍在藥中投毒，並壯她的膽子道：「大將軍領天下，有誰敢說你？」許皇后服藥以後就呻吟說：「我頭痛兮兮的，藥裡不要有毒啊。」不一會兒，就毒發身死了。有人上書指控宮廷醫生大逆不道，淳于衍被逮捕入獄。霍光之妻唯恐她招供，只得向霍光道出了內幕。霍光大驚失色，默然無語。他想過舉發，但在同意立昭帝上官皇后以及反對立許皇后上，他也不是沒有私心的。於是，在給宣帝的章奏上，霍光為淳于衍開脫，還答應了妻子的要求，將女兒獻給了宣帝。這下宣帝再不冊立霍成君，就沒有了理由。霍光利用自己的權位向宣帝施壓。宣帝一見到這位輔佐大臣，總有如芒在背之感，權衡再三後，終於做出了冊立霍皇后的決定，但這事也已拖了一年多。

三年以後，霍光去世，東窗事發。霍皇后被廢，霍氏被族滅。班固在《漢書・霍光傳》結尾這樣評論道：霍光掩飾妻子的陰謀，擁立女兒做皇后，沉溺於膨脹的私欲，加劇了覆滅的災禍。

然而，在君主專制政體下，家國合一，女兒一旦立為皇后，主宰了君主的家庭，對那些權臣來說，國家最高權力不就像女兒家的私物那樣，可以覬覦，容易攫取嗎？哪個心懷叵測的權臣不知道這條捷徑呢？上官桀、霍光不過都在這條道上栽了觔斗而已。

漢宣帝

似曾相識的舊戲新演

也許有了霍光的前車之鑑，後來的君主深知選擇權臣之女冊為后妃是對君權的絕大威脅，但弔詭的歷史卻往往又驅使帝王走上那條明知危險的不歸路。選立不軌權臣之女做皇后的事件，在君主制的漫長過程中，仍一再搬演。這種形式的政治聯姻一旦出現，既是舊王朝君主苟延殘喘的絕望輓歌，更是新王朝天子龍飛九五的得意前奏。從王莽代漢到楊堅代周，在一幕幕似曾相識的鬧劇中，後人不斷能聽到幼君暗主聯姻權臣之女的無奈插曲。

當九歲的漢平帝即位之時，王莽代漢的大局已定，只是在具體操作上還有些細節尚待搞定。他決定仿效霍光的故事，讓平帝聘納自己的女兒。於是，他先請臨朝聽政的太皇太后，也就是他的姑媽王政君，下一道選女的命令。王莽一看送上來的名冊，同族的王姓女孩幾乎都上了名單，成為選女的競爭者，自己的女兒淹沒其中，勝算的機率恐怕不大。於是，他以退為進，向王政君表示，自家的女兒無德無才，應該退出競選。王政君還以為他大公至誠，便命王氏外戚的姑娘們都不參選。

這下，依附王莽的朝野勢力強烈反彈，守闕上書的，上朝廷奏的，日以千計，「讓安漢公（王莽的封號）之女母儀天下」的呼聲甚囂塵上。王莽仍然以退為進，表示應該博選眾女。一切都在王莽的掌控之中，輿論再次大嘩：「不應該再採眾女來干擾正統！」元始三年（西元 3 年），十三歲的漢平帝只能俯首帖耳地聘納十四歲的王莽女兒做皇后。兩年之後，王莽進毒酒鴆殺了皇帝女婿，讓女兒守了寡，改立年僅兩歲的孺子嬰，他自己則做上了攝皇帝。再過三年，王莽就用新朝取代了漢朝，坐上了真皇帝的寶座。

歷史往往驚人地相似。東漢末年，曹操挾天子以令諸侯，為了做好以魏代漢的前期準備，建安十八年（西元 213 年），他獻上自己的三個女兒曹憲、曹節與曹華，形同傀儡的漢獻帝只得照單全收，一律封為貴人。次年，曹操藉故逼令獻帝廢黜伏皇后，並在幽禁中將她殺害。不到兩個月，曹節就被冊立為皇后。對此，有人指責漢獻帝「自媚於操」，有人認為純粹出於無奈。這些猜測都無關緊要，在當時情勢下，只要漢獻帝還打算苟延殘喘，就只能聽從安排，如此選擇。五年後，曹操去世，誠如他生前所說的「吾其為周文王乎」。他為曹魏的立國奠定了基礎，他的兒子，也就是曹皇后的哥哥曹丕終於以魏代漢。

其後的北朝，高歡的長女被北魏孝武帝立為皇后，而東魏孝靜帝的皇后則是高歡的次女，高氏專政東魏、代以北齊的前奏曲也就由此吹響。再來看西魏，魏文帝與權臣宇文泰聯姻，為太子元欽聘娶了宇文泰之女。文帝死後，太子即位，是為西魏廢帝，宇文泰的女兒當上了皇后。與此同時，魏文帝又把女兒嫁給了宇文泰的兒子宇文覺，宇文覺建立北周，取代西魏，她反而成了周孝閔帝皇后，倒頗有失之東隅，收之桑榆的味道。不過，北周也重走西魏的老路。北周武帝與重臣楊堅聯姻，為皇太子娶了楊堅的長女楊麗華。皇太子即位，楊麗華名正言順成為周宣帝皇后。可惜宣帝在位僅一年，幼主周靜帝即位，楊堅就以外公的身分入主朝政，為隋代北周鋪平了道路。

比起上官桀與霍光這些失敗的前輩，王莽、曹操、宇文泰、楊堅，算得上是成功者。他們實施的伎倆，無一不是先讓自己的女兒戴上皇后的鳳冠，走「父子在朝，而有椒房之重」的捷徑。就此而言，上官桀父子最先歸納出來的這一策略，還是可以申請發明專利的。

五　一榮俱榮，一損俱損

從唐代李武韋楊婚姻集團說起

史學大師陳寅恪在《記唐代之李武韋楊婚姻集團》中指出，李唐皇室以關隴集團起家，在婚姻上的擇偶對象，最初自然多眷顧關隴集團；武則天入宮為一大轉折點，標誌著山東集團成為李唐皇室的聯姻對象，從而構成了所謂李武韋楊婚姻集團，適應了大唐帝國的統治情勢。這一婚姻集團居於最高統治核心層的百餘年間，也正是唐代文治武功的極盛期。安史之亂後，這一集團勢力衰竭，隨之而來的，則是李唐中央政權喪失了統治全國的實際能力。

這個著名的史學案例，其實際意義遠遠超出唐代政治史研究的視閾，在中國歷代王朝中，類似李武韋楊那樣「一榮俱榮，一損俱損」式的婚姻集團，幾乎存在於每個朝代，只是在具體表現方式上有所不同而已。在君主制下，任何皇室集團都試圖通過婚姻的紐帶籠絡或倚重一個或幾個可靠的勢力集團，使一姓的家國有一個更廣泛堅實的政治聯盟基礎。

即以唐代而言，繼李武韋楊婚姻集團勢力衰竭以後，在平定安史之亂、抗禦吐蕃、回紇過程中，郭子儀功勛顯赫，有所謂「再造王室」之譽，唐代史臣裴垍稱他「權傾天下而朝不忌，功蓋一世而上不疑」。他的子孫也多建功立業，《新唐書》本傳說他：「八子七婿，皆貴顯朝廷，諸孫數十，不能盡識，至問安，但頷之而已。」他的屬吏參佐六十餘人後來都位至將相，形成一個郭氏功臣集團。而自代宗到穆宗的近六十年間，也就形成了一個李郭婚姻集團。永泰元年（西元765年），唐代宗把第四個女兒昇平公主嫁給郭子儀第六子郭曖。貞元中，德宗又為皇孫廣陵郡王李純聘納郭曖與昇平公主的女兒為妃。李純即位為憲宗，她就成為皇后，生了唐穆宗。郭曖與昇平公主的長子郭釗娶妻孫氏，乃代宗女兒長林公主之女，即代宗的外孫女。郭曖的次子郭鏦與第三子郭銛分別娶順宗女漢陽公主與西河公主，而唐穆宗女金堂公主與饒陽公主又分別下嫁給郭釗之子仲恭與仲詞。

如果說，武則天是李武韋楊婚姻集團的關鍵核心人物，那麼，郭子儀的孫女在李郭婚姻集團中的地位約略當之。她是代宗的外孫女，德宗的外甥女，順宗的兒媳，憲宗的皇后，穆宗的母親，敬宗、文宗、武宗的祖母，直到唐宣宗是憲宗與鄭氏所生，皇帝才與她中斷了血親關係。與李武韋楊婚姻集團相比，李郭婚姻集團持續的年代沒有前者長，作用沒有前者大，關係也不及前者盤根錯節。但饒富趣味的是，李郭婚姻集團存在的代、德、順、憲諸朝，在安史之亂後也算是相對景氣的年代，這是否與郭氏功臣集團穩定發揮作用有著某種關係呢？

東漢帝室的婚姻集團

實際上，與皇室聯姻的婚姻集團早在漢代就已存在。我們不妨先考察東漢皇室與竇氏家族的聯姻。竇融之子竇穆與漢光武帝女內黃公主聯姻，光武帝另一女兒涅陽公主下嫁竇融之侄竇固。漢章帝冊立竇穆的孫女為皇后，竇憲就是竇皇后之兄，這還不算漢光武帝孫女沘陽公主嫁給竇穆之子竇勳。

竇融是光武中興的有功之臣，竇固、竇憲都是一時重臣。竇氏一門，一公兩侯，代表著河西豪右勢力，而光武帝則是南陽豪強的代表，劉竇婚姻集團的締結也就意味著兩大集團的聯手。不過，劉竇婚姻集團因永元四年（西元92年）竇憲被和帝誅殺，遂遭致命一擊（和帝是章帝與梁貴人所生，故而下得了殺手）。此後，儘管漢桓帝皇后竇氏之父竇武是竇穆之孫，漢順帝的竇貴人也是竇穆的五世孫女，竇氏勢力卻已強弩之末，在漢末政治中的作用一落千丈。但就這一婚姻集團的黃金時段而言，綿延自光武帝至漢章帝時期約半個世紀左右，恰恰也是東漢中興後最穩定繁盛的年代。

當然，每一個皇室的婚姻集團，不會是始終如一的，必然會隨著政治勢力的盛衰消長與歷史條件的推移改變而作出相應的調整。即以東漢而論，漢光武帝的第一任皇后郭聖通出身河北著姓，是劉秀在河北等待時機、積蓄實力時所娶，目的在於與河北豪強結盟。因為這樁婚姻，河北大姓紛紛率部歸附，成為劉秀擊敗更始政權、消滅赤眉軍的有力支柱。

在娶郭氏之前，劉秀已娶陰麗華，她是個絕色美人。劉秀鬧革命前就對她垂涎三尺，大發「仕宦當作執金吾，娶妻當得陰麗華」的感慨。不久，他如願抱得美人歸。然而，劉秀即位以後，被立為皇后的卻是郭聖通，而非陰麗華。因為天下未定，光武帝還要借重河北豪強集團。然而，就在劉秀統一全國的次年，儘管郭皇后怨尤憤懣，光武帝還是將其廢黜，立陰麗華為皇后。其中有一個原因不難揣測，即天下大定，河北豪強集團對他來說，已如缺少使用價值的敝屣，棄之也無所謂了。

而陰氏是南陽豪強，陰麗華的同父兄陰識在劉秀兄弟起兵時，曾率子弟、宗族千餘人前往死力相助。立陰氏為皇后，光武帝無非向他發跡所自的南陽豪強集團表態：今天下一統，當共享富貴。光武帝與郭皇后的聯姻，只是出於短期政治聯盟的需要，與陰氏則構成了相對持久婚姻集團。他讓自己的女兒酈邑公主下嫁陰麗華的侄子陰豐。而漢和帝冊立的陰皇后則是陰麗華同父兄陰識的曾孫女。當然，這一婚姻集團遠不及劉竇婚姻集

漢光武帝

團根深葉茂，卻也說明，即使在同一歷史時期，為了與各種政治勢力結盟，同一皇室可以構建起若干婚姻集團。

東漢前期，繼光武帝締結劉竇婚姻集團之後，漢明帝還著手經營劉鄧婚姻集團。鄧禹與竇融同居雲台二十八功臣前列，也是南陽豪強的主要代表，如果說劉竇聯姻意味著東漢皇室與河西豪強的聯盟，那麼劉鄧婚姻集團則是東漢皇室加強自身所在的南陽豪族凝聚力的結晶。漢明帝分別將女兒平皋長公主與沁水公主下嫁給鄧禹之孫鄧藩與鄧乾，鄧氏一門同輩之中竟然兩尚公主，盛貴無比。其後，漢和帝冊立鄧禹孫女鄧綏為皇后，並將自己的女兒舞陽長公主許配給鄧乾之孫鄧褒，劉鄧婚姻集團臻於巔峰狀態。但自建光元年（西元121年），漢安帝以「大逆不道」罪查辦鄧綏之兄鄧騭、鄧悝後，劉鄧婚姻集團也一蹶不振，其後儘管漢桓帝冊立鄧禹五世孫女鄧猛女為皇后，卻已是強弩之末，略如劉竇婚姻集團在竇憲被誅滅後的命運。

明初與淮西集團的聯姻

李武韋楊式的婚姻集團，有加強皇室與有關政治勢力聯盟的作用，其出現的重要歷史背景就是士族門閥制度的存在。這種門閥制度，往往使得地主階級按照其宗族、地域等因素，集結成若干個勢力龐大的政治集團。然而，由於這種婚姻集團具有盤根錯節等特點，也難免會帶來外戚干政而威脅皇權的隱患，唐代的武韋之禍與漢代的竇憲之誅，就是有力的例證。鑑於漢唐女禍的前車之鑑，隨著士族大姓日漸銷聲匿跡，中晚唐以後，這類根深蒂固的婚姻集團逐漸退出歷史舞台。

明太祖朱元璋因淮西集團而起家建國，明初也一度通過與淮西功臣武將的聯姻，來贏得他們對新生政權的支持。朱元璋在為第四子朱棣聘王妃時，對徐達說：「我與你，是布衣之交。自古君臣相契，大多互為婚姻。你有個好女兒，把她許配給我的兒子朱棣吧。佳兒佳婦，也足以慰藉我們兩家親翁了。」徐達只得磕頭稱謝，讓女兒做了日後的明成祖皇后。明初，朱元璋與淮西大將功臣幾乎都分別聯姻締親。除朱棣外，明太祖還讓自己的兒子朱標、朱桂與朱檀分別娶了常遇春、徐達與湯和的女兒，而郭英的兩個女兒則嫁給了朱元璋之子朱楝與朱植。明太祖的四個女兒永嘉公主、臨安公主、南康公主與壽春公主依次下嫁給郭英之子郭鎮、李善長之子李禛、胡海之子胡觀與傅友德之子傅忠。

當然，政治聯姻並不能有效防範功臣武將勢力的尾大不掉，更不能消除朱元璋的政治猜忌，終於有一連串殺戮功臣的非常之舉。然而，明太祖一度有過這樣的設想，即構築淮西婚姻集團來鞏固自己的統治，則是無可懷疑的。

少數民族政權的世婚制

以少數民族入主中原的君主政權，其皇室往往通過世婚制的形式，構成一個持續穩定的婚姻集團。他們立后冊妃不必外求，只在后族中遴選。這種世婚形式的后妃制度，其產生原因是多方面的。從人類婚姻形態進化角度而言，世婚制顯然保留著族外婚制的遺蛻，即這一族男子的配偶必從對方一族的女子中產生。顯而易見，這種世婚制與這些少數民族王朝往往不久前才從野蠻時代跨入文明門檻是密切相關的。從政治統治角度來看，進入中原的少數民族皇室，一方面迫切需要與自己有共同利益需求、休戚與共的部族締結政治聯盟，來擴大並鞏固其王朝的統治基礎；另一方面則為了維護皇室血緣上的純潔性，不讓王朝繼承者在血統上介入被統治民族的成分。

世婚制屬於交換婚方式，西周時期的姬、姜兩姓就世為婚姻，周天子的妃子必定是齊國的女兒，已然定下了這種婚制。但秦漢以後的漢族王朝，乃至十六國、北朝諸少數族王朝，實行嚴格世婚制的卻並不多見。唯遼、金、元、清四代保存下來帝王后妃世婚制的記載較為豐富。其中，遼代的世婚制最為典型，金、元則次之，清僅在入關以前有較濃重的世婚傾向，但並未確立為嚴格的制度。

以契丹族立國的遼朝，因突厥舊俗稱皇后為「可敦」，契丹語是「忒裡蹇」，尊稱作「耨斡麼」。在遼太祖耶律阿保機建國過程中，其妻淳欽皇后述律平出身大族，是一個既能帷幄運籌，又善鞍馬征戰的關鍵人物。她的兒子遼太宗說：「太后族大，像古柏之根不可移易。」阿保機必須倚重后族，立國之初就規定：王族只與后族通婚，其他諸部不獲特許，不得與二族聯姻。阿保機仰慕漢高祖劉邦，便以劉姓推尊耶律氏，又以后族比擬漢相國蕭何，便賜后族為蕭姓。契丹族的蕭姓包括乙室氏和拔裡氏，也許就是述律后的父族與母親的前夫之族二帳所構成。於是，有遼一代，后族多出自蕭姓，並世代任宰相之選；而契丹公主也多嫁與蕭姓，構成一個相對封閉的婚姻集團。這樣，就把帝后婚姻與君臣政治捆綁在一起。

當然，遼朝只有皇后必須冊選蕭姓，至於妃嬪，出於異族異姓者偶也有之。例如，遼世宗甄妃就是五代後唐的宮人，是世宗即位前隨父親太宗南征時將其俘獲的。這年她已四十一歲，也許姿色依舊而頗受寵遇，世宗即位後，還一度立為皇后。甄氏冊立為后，《遼史》與《契丹國志》的《后妃傳》都有記載。但《遼史·后妃傳》又說天祿末世宗冊立述律后之弟蕭阿古只之女為后，《遼史·世宗紀》記此事於天祿四年（西元９５０年）。蕭氏與甄氏同死於察割內亂，一后健在而更立一后，其中必有原委，可惜《遼史》未載其詳。而《遼史·后妃傳》傳首列甄氏名位只是妃，或是在蕭氏冊立後被廢。至於甄氏冊后不見於本紀著錄，大概也是此舉有違舊制的緣故。由此推見，這個特例最終還是服從了以蕭氏為后的通則。

金代規定完顏皇室不與庶族通婚，但其世婚制的后族範圍卻較遼朝廣泛，不過仍有具體的部族限定。《金史·后妃傳》指出：「國朝故事，皆徒單、唐括、蒲察、拏懶、僕散、紇石烈、烏林答、烏古論諸部之家，世為婚姻，娶后尚主。」據《金史·徒單銘傳》說，與近代皇室完顏氏通婚的還有裴滿氏。這些姓氏都是女真貴族，「天子娶后必於是，公主下嫁必於是」。金代皇室世婚的姓氏較遼代為多，而在死後追尊為皇后與在世冊立為元妃的名單中，也偶有漢人或他姓。

金章宗有寵妃李師兒，出身於監戶。金代凡戰爭中擄獲或有罪籍沒的婦女，經過挑選送入宮監，罰作奴婢。李師兒就是宮監中的婢女，這是人最不齒的身分。但她聰慧伶俐，善解人意，又識字擅書，能詩善文，最受寵愛。章宗元配已在即位前去世，中宮虛位多年。章宗有意讓李師兒入主中宮，無奈大臣堅決反對，台諫進論不已，章宗愛莫能助，只得將她進封為元妃，名位僅次於皇后。這也說明，金代帝王正式冊后，只能在規定世婚的女真貴族中挑選。章宗時期，漢化加速，他命諸王選求民家女子，廣生繼嗣。於是，尚未即位的宣宗納漢族王氏姊妹為妃，即位後，將妹妹立為皇后，賜姓溫敦氏，也算是對世婚制的一種變通吧！

成吉思汗起兵統一諸部，建立大蒙古國時，倚重了弘吉剌部族，不久就立其女孛兒台旭真為后。據說，當時他與這一族帳立誓共取天下時曾經約言：「弘吉剌氏，生女，世以為后；生男，世尚公主。」因此元代諸後多出於弘吉剌氏。元代實行多后制，皇后固然也有其他姓氏的，但按制度，正后必定是弘吉剌氏。不過，這一世婚制原則在執行中似乎並不如遼代那麼嚴格，例如窩闊台汗的皇后即乃馬真氏，而元英宗皇后則是亦啟烈氏。

元世祖皇后弘吉剌氏

清軍入關前，愛新覺羅皇室基本上實行滿蒙聯姻的方式。這是因為兩族在地理位置上毗鄰交錯，在民族習俗上大體相似，政治目標上也基本接近。然而，蒙古部族眾多，有的部族在利害休戚上與愛新覺羅氏時有衝突，乃至於干戈相向。故而滿蒙聯姻中，有些蒙古部族是其較穩定的通婚對象，例如科爾沁部的博爾濟吉特氏，清初后妃不少都出身這一姓氏。據《清史稿．后妃傳》，清太祖有一妃，清太宗有二后四妃，清世祖有二后二妃，都是來自博爾濟吉特氏。而清初下嫁的六十一位公主中，嫁給博爾濟吉特氏的就有三十一位之多。由此可見，在入關以前以及清初，清廷愛新覺羅皇室與蒙古博爾濟吉特氏結成了相當穩固的婚姻集團。這種滿蒙聯姻雖然尚不足以稱為嚴格的世婚制，但仍有著類似的傾向。清朝入關後，這種政治聯姻逐漸淡化，清聖祖其後諸帝的后妃群中，博爾濟吉特氏便明顯不占優勢，這與清室立后選妃的對象擴大到整個滿、蒙古、漢八旗女子大有關係。

無論是李武韋楊婚姻集團，還是遼金元清的世婚方式，說到底，就是一種一榮俱榮，一損俱損式的政治聯姻。對於君主國家來說，這種聯姻，或許有時能發揮鞏固政權的積極作用，有時則會帶來削弱統治的消極因素，可以說利害兼有，禍福並存。而對於捲入這種政治聯姻的后妃來說，只不過是一根加強聯盟的籌碼，一枚任人擺布的棋子，她們的遭遇與被拖入其他方式政治聯姻的后妃命運，在本質上並無二致。君主政體下后妃制所固有的不人道與非人性，對所有后妃來說，都是無計迴避的。

六　從貴族聯姻到民女入宮

後人也許認為，作為君主的配偶，后妃必出自名門，才能與天下至尊相匹配。出身門第當然是帝王立后冊妃的重要標準之一，但在實際執行中，也並不以一把名門高第的卡尺做簡單化處理。從整體趨勢來看，對后妃的出身，不同朝代各有其具體要求；即使同一朝代，對皇后與妃嬪的出身門第也往往是區別對待、靈活處理。

漢代，從「多出微賤」到「微賤不宜」

實行娣媵制的周代，按《周禮》規定：天子娶大國之女，諸侯相互婚嫁，后妃自然多出自貴族。不過，自春秋禮崩樂壞，諸侯國君多娶如夫人，廣置嬪嬙妾御，這些人中，有些尚是大夫之女，有的卻是出身卑賤，故而稱之為賤妾。據《左傳．昭公二十年》，晏嬰說齊景公「內寵之妾，肆奪於市」，這種從市井上公然豪奪來的後宮寵妾，出身門第肯定不會高貴。到了戰國，這種趨勢更為嚴重，亡國之君趙王遷的母親是邯鄲從事歌舞的娼妓，這在當時屬於低賤的職業，但她卻受到趙悼襄王的寵變，還為她廢掉了嫡子而立遷為嗣君。春秋戰國時期對正后嫡夫人以外妃嬪在門第上的忽略，與歷史舞台上領主貴族逐漸退出，新興地主階級日益崛起的時代主旋律是合拍的。

秦漢之際，地主階級作為統治階級，其內部身分等級的結構性劃分尚未嚴格與凝固，漢初出現的布衣將相之局就是明證。與此相對應，在冊后立妃的標準上，君主也不太強調出身門第。正如趙翼在《廿二史箚記》中論定：「漢初后妃多出微賤」。漢武帝皇后衛子夫，身分低微，是武帝姐姐平陽公主家的歌女；李夫人也是歌舞樂人，出身於趙地娼妓之家。漢宣帝許皇后的父親在她出生後，因過失被處宮刑，後來雖做到俸祿千石的宦者丞，門楣卻並不光彩。趙飛燕出身官婢，儘管皇太后嫌她身分太卑賤，還是被漢成帝立為中宮。西漢雖有不少皇后出自公侯將相之門，例如惠帝張皇后、武帝陳皇后、昭帝上官皇后、宣帝霍皇后與王皇后、成帝許皇后等，但倘若與門第微賤的后妃結合起來考察，可以看出門第高下並不是西漢納后選妃時不可踰越的標準。

東漢是世家大族睥睨百官、稱雄天下的時代，這也折射到選擇后妃的標準上，那就是門第成為不可忽視的因素。東漢一代，雖然也有靈帝何皇后那樣屠夫家的女兒，但列入《後漢書．皇后傳》的其他皇后無不來自大族豪門或功臣名將，何皇后僅是特例而已。漢桓帝在鄧皇后被廢后，采女田聖正受寵幸，於是準備立她做皇后。而這時竇武之女已是後宮貴人，竇武是東漢功臣、河西豪族竇融的玄孫。於是司隸校尉應奉、太尉陳蕃等紛紛上書進諫，認為竇氏良家，田氏出身卑微，不宜入居中宮。桓帝不得已，只好立竇貴人為皇后。這次君臣較量的結果說明：皇后宜出自世家，已經被確認為擇后的先決原則。

門閥時代：必擇世德名宗

漢魏六朝是士族門閥占統治地位的時代，這種政治局面不能不左右著這一時期各朝君主的擇后標準。

三國時代的曹魏是由非世家大族出身的曹操奠基創立的，在立后上倒並不強調門第。魏明帝在未即位前曾娶河內世族虞氏為妃，虞氏在其即位後卻沒能立為皇后，怨望之餘說了一句：「曹氏本來就喜歡立賤人！」就為這句話，她被黜出宮掖，送還舊都鄴宮。不過，虞氏這句話卻是言之有據的。魏文帝曹丕在賜甄皇后自殺後，打算立郭貴嬪為后，而郭氏只是在喪親流離中被人收養的女子。消息一出，中郎棧潛上疏反對：「立后是一件慎重的事，一定要娶先代世族之家，選擇賢德淑女來統率六宮。現在如讓賤人榮貴，恐怕將來會亂從上起。」但是，文帝還是冊立了郭氏。棧潛的上疏與文帝的決定，說明皇后娶世族的標準雖被世人認同，曹魏皇室卻並不買賬。接下來的明帝郭皇后，全家在魏初因反叛而籍沒入宮，從門第來說仍不脫卑賤，難怪虞氏要發出曹氏好立賤的不平感慨。

晉代立后，已經無不聘自大族名家。若將兩晉諸帝在位期間冊立的皇后姓氏族望與父祖三代官職列一簡表，便可一目瞭然。

晉武帝	楊皇后（楊豔）	弘農楊氏	父楊炳，祖上四世三公。
晉武帝	楊皇后（楊芷）	弘農楊氏	父楊駿，鎮軍將軍；祖上四世三公。
晉惠帝	賈皇后	平陽賈氏	父賈充，尚書令、侍中、車騎將軍；祖賈逵，魏豫州刺史。
晉惠帝	羊皇后	泰山羊氏	父羊玄之，尚書郎；祖羊瑾，尚書左僕射。
晉明帝	庾皇后	潁川庾氏	父庾琛，會稽太守；祖輩貴盛。
晉成帝	杜皇后	京兆杜氏	父杜乂，丹楊丞，襲封當陽侯；祖杜錫，尚書左丞；曾祖杜預，鎮南將軍，當陽縣侯。
晉康帝	褚皇后	河南褚氏	父褚裒，豫章太守；祖褚洽，武昌太守。
晉穆帝	何皇后	廬江何氏	父何准，征拜散騎郎；伯父何充任宰輔；祖何叡，安豐太守；曾祖何惲，豫州刺史。

晉哀帝	王皇后	太原王氏	父王濛，司徒左長史；祖王訥，新淦令；曾祖王佑，北軍中候。
晉廢帝	庾皇后	潁川庾氏	父庾冰，中書監、揚州刺史；祖庾琛，會稽太守。
晉簡文帝	王皇后	太原王氏	父王遐，光祿勳；祖上為華族。
晉孝武帝	王皇后	太原王氏	父王蘊，尚書吏部郎；祖王濛，司徒左長史。
晉安帝	王皇后	琅邪王氏	父王獻之，中書令；祖王羲之，右軍將軍，會稽內史。
晉恭帝	褚皇后	河南褚氏	父褚爽，義興太守；祖褚歆，散騎常侍、祕書監；曾祖褚裒，豫章太守。

據《晉書．后妃傳》，兩晉諸帝在位時共冊后十四人，出自太原王氏的三人，弘農楊氏、潁川庾氏、河南褚氏的各二人，琅邪王氏、泰山羊氏、京兆杜氏、廬江何氏各一人，即便那個被後世唾罵的惠帝賈皇后，平陽賈氏也不失為響噹噹的世家大族。

十六國與北朝儘管是少數民族建立的王朝，卻也深受漢晉以來擇后立妃門第觀的影響。前趙主劉聰立后時，尚書令王鑑就主張「必擇世德名宗，幽閑令淑」。孝文帝改革後，北魏皇室利用自己掌控的最高統治權，把許多名門望族之女納入後宮。孝文帝納博陵崔挺之女為嬪；宣武帝的九嬪之一是清河崔亮的女兒，李彪之女也成為其婕妤，琅邪王肅的孫女則是他的夫人；孝明帝又聘王肅的另一孫女為嬪。這些都是大家閨秀。北魏胡靈太后在為兒子孝明帝選擇后妃時，出於光宗耀祖的私心，想讓堂侄女當皇后，故意壓抑送選的博陵崔氏、范陽盧氏、隴西李氏等名門大族之女，只給她們世婦的名位，激起這些世族的強烈不滿，聯手上朝訴訟。北魏晚期后妃門第之高貴由此可見一斑。

與北朝先後對峙的南方各朝，寒族勢力有所抬頭，在擇后立妃上對出身門第不再像兩晉那麼苛求。《宋書．后妃傳》說：南朝劉宋的后妃「所選止於軍署之內，徵引極乎厮皂之間，非若晉氏，採擇濫及冠冕也」，也就是說，劉宋徵選后妃的對象只限於軍隊將領與僕役小吏的女兒，不再像兩晉那樣把大姓高門一網打盡。據說，南宋明帝迷信卦筮，他為太子聘妃，認為選送上來的名家大族之女都不合適，最後相中了北中郎長史江智淵的女兒江簡珪，成為後來後廢帝皇后。江氏是小族，沒有世家大族的強勢背景，卜筮下來卻最吉利。南齊鬱林王納妃何氏，因她出身孤門，曾有過不與聯姻的意圖，朝臣王儉說：「作為將來的外戚，只須士族門第就行了，不必強門峻族，何氏正相宜。」這才把婚事定下來。南朝擇后之所以不求大門望族，無非擔心外戚族大勢盛，威逼皇權。在這一方面，南朝諸帝也許是汲取了兩晉的前車之鑑。

唐宋：擇后觀的轉變

隋唐之際皇室婚姻觀念，仍然崇尚門第，用陳寅恪的話來說：「不僅同於關中人之尚冠冕，兼具代北人之尚貴戚。」這是因為隋唐皇室同為關隴胡漢集團的緣故。不過，地主階級中庶族與士族勢力消長盈虛、趨同融合的勢頭，在隋唐之際已經開始，而出身漢族的武則天被立為皇后，則是唐代擇后觀念的一大轉折，也是寒族勢力不容忽視在立后問題上的折光。陳寅恪指出：

> 唐皇室之婚姻觀念，實自武曌后而一變。所謂變者，即自武后以山東寒族加入李唐皇室系統後，李唐皇室之婚姻關係經武氏之牽混組織，遂成為一牢固集團。

這就是李武韋楊婚姻集團，而牽入這一婚姻集團的高宗皇后武則天、中宗韋皇后、玄宗武惠妃、楊貴妃等多是山東寒族，比起東漢以來到隋唐之際那些出身名門的后妃來，她們的門第相形遜色。難怪駱賓王起草《討武曌檄》，指斥她「地實寒微」，「竊窺神器」。武后之立對以往擇后門第觀的強勁衝擊，具有開闢荊棘的作用。據兩《唐書．后妃傳》，安史之亂後諸帝在位時所立的皇后，除憲宗郭皇后是郭子儀的孫女，代宗沈皇后「世為冠族」，尚稱大族名門，其他諸後，或是不詳其裡貫（例如代宗獨孤皇后），或是失載其譜系（例如德宗王皇后、昭宗何皇后），或是曾沒入掖庭（例如肅宗吳皇后），至於諸妃幾乎都是族系不彰，出身卑微。當然，地主階級的士庶差別要遲至唐末五代才基本消泯，故而武則天以降，因門第顯貴而入選后妃，仍時有所見。除上述代宗沈后、憲宗郭后外，睿宗竇皇后、玄宗王皇后也都是名門世家。據《因話錄》記載，玄宗納柳婕妤，就是柳氏乃蒲州大姓，朝廷聯姻，「奕葉貴戚而人物盡高」，也就是說，世系尊貴，族脈發達，人物都高雅，女子多賢淑，才可以勝任後宮內職。

經過唐宋之際的社會變動，進入宋代以後，已經填平了庶族地主與士族地主的鴻溝。「婚姻不問閥閱」，逐漸成為社會普遍認同的婚姻觀，宋代立后選妃也沒有了門第方面的限制。唐宋兩代在后妃門第上的這種深刻變化，有史家根據《新唐書》與《宋史》的《后妃傳》及相關列傳，統計列表揭明如下。

表反映出宋代立后選妃標準的三種走向：

其一，選於衰舊之門。宋真宗劉皇后以皇太后身分為仁宗立后，選了中書令郭崇的孫女，道出了個中隱衷：「自古外戚之家，很少能以富貴來保全自己的。所以要從衰舊之家選擇后妃，這樣或許可以避免將來擾亂朝政。」所謂衰舊之門，就是指先世曾做過顯宦，今已家道中落的人家。表中宋代十一位后妃出身三品以上高官家庭，基本上屬於這種情況。仁宗沈貴妃是太宗朝宰相沈倫的女兒，但沈倫死後，家道困頓，子孫甚至靠變賣銀器來維持家計。神宗向皇后是真宗朝名相向敏中的曾孫女，但也家世敗落，後代子孫清貧一如寒士。理宗謝皇后的祖父謝深甫在寧宗朝任相，但到謝皇后少年時，家業早已破敗，以至她不得不親自汲水煮飯。

其二，不選貴戚之女。宋哲宗選立皇后時，他的祖母高氏正以太皇太后身分垂簾聽政，對宰執大臣交底道：「不要選自貴戚之家。這些人家的女兒恐怕很驕，一驕，入宮後就難教化。」與這一原則相適應，由表中體現出來的，就是出身於中低官僚家庭的后妃占有明顯的比例。高氏之所以為哲宗選立孟皇后，就因為她的父親只是從八品的小官，而其祖父也不過是從五品的防御使，屬於那種居家不驕而入宮易教的對象。高宗邢皇后的父親官僅七品，孝宗夏皇后家只有祖父做過九品縣主簿，度宗全皇后的父親也不過是六品知州。這些皇后都是出身於小官門戶的所謂小家碧玉。

其三，不避寒微之家。表中顯示，宋代后

時代＼項目		后妃總數	三品以上高級官僚家庭		五品以上中級官僚家庭		九品以上初級官僚家庭		非品官家庭	
			人數	百分比	人數	百分比	人數	百分比	人數	百分比
唐代	安史亂前	12	11	91.7	0	0	1	8.3	0	0
	安史亂後	12	6	50	1	8.3	1	8.3	4	33.4
	合計	24	17	70.8	1	4.2	2	8.3	4	16.7
宋代	北宋	24	9	37.5	3	12.5	1	4.2	11	45.8
	南宋	17	2	11.8	1	5.9	4	23.5	10	58.8
	合計	41	11	26.8	4	9.8	5	12.2	21	51.2
說明		1. 后妃數指見於《后妃傳》者，本人死後及所配皇帝死後追封者除外。 2. 后妃家庭出身以選納時為據，如父祖兩代皆為官者則按品階高者計。 3. 本表據張邦煒《婚姻與社會》，四川人民出版社，1989年，106頁。								

妃約有半數來自於非仕宦出身的寒素之家。宋真宗劉皇后的遭遇最為典型。她是個家世貧寒的川妹子，嫁給鍛銀匠龔美後輾轉來到東京，沿街打造妝奩器皿。大概難以維持生計，龔美又將她改嫁給當時尚是襄王的真宗。真宗即位，她晉陞為美人，因為娘家無人，就把前夫龔美認為兄弟，讓他改姓劉。她聰敏能幹，自郭皇后死後，真宗有意立她為后，朝中卻有大臣激烈反對，認為她出身太寒微，不能母儀天下，不如立出自相門的沈德妃。但真宗堅持冊立她為皇后。雖然入主了中宮，門第始終是劉皇后的一大心病。她曾向真宗說起，權知開封府劉綜是親戚。不料面對真宗詢問，劉綜斷然否認：「臣本河中府人，出身孤寡，從未有親戚在宮中。」即便她以皇太后身分在仁宗初年臨朝聽政時，仍試圖讓自家的門楣光彩些。有一次，她單獨召見權開封府尹劉燁說：「聽說你家是十幾代的名族，我想看一下你的家譜，恐怕我倆是同宗吧！」劉燁連稱「不敢」。後來，劉太后多次窮追不捨，劉燁知道這事不好辦，便在一次殿對時，假裝中風倒地，這才找到請求外放的藉口，避免了一場麻煩。劉皇后認宗，固然暴露出她自卑而虛榮的內心世界，但她出身卑微仍能尊為國母，畢竟反映了宋代擇后觀的巨大轉變。

有宋一代，出身平民的皇后還不止劉皇后一人，哲宗劉皇后也家世寒素，將立之時，有言官甚至諫阻道：「這是以妾為妻，傷風敗俗。」徽宗鄭皇后的父親原是開酒肆的；高宗吳皇后的父親是一個珍珠商；孝宗謝皇后幼失雙親，由別姓收養成人；寧宗楊皇后連自己的姓氏籍貫都不知道。這些還都是冊立為后的，至於妃嬪中出身寒微的更不勝枚舉，以致司馬光說：「致有軍營、市井下俚婦人雜處

宋真宗劉皇后

其間」。例如，徽宗劉安妃出身酒保之家。而高宗生母韋賢妃與其姊姊在少女時代都是名臣蘇頌的家婢，她在蘇家每夜遺尿不止，蘇頌說：「這是大貴相，不是我這裡所能安頓的。」這才被送入宮掖。

總之，宋代立后冊妃，不但沒有隋唐講究的門閥標準，而且不崇尚仕宦之家，以至小官門戶與平民家庭的女子也大量進入後宮，這是趙宋皇室婚姻觀較之前代的重大進步。然而，只要君主體制沒有變，后妃制也不會有本質的變化，即便擇后立妃觀念的改變，也絕不會為那些小家碧玉與平民姑娘們帶來福音。

明代，后妃多出民間

如果說宋代選后立妃，勳戚大臣之家還占一定的比例，明代則連這條都儘量避免。除了明成祖徐皇后，朱元璋出於與淮西集團政治聯姻的考量，選立了開國大將徐達的千金。其後，明代各帝的后妃無不選自民間的儒族單門。綜觀《明史．后妃傳》，成祖以後的后妃，幾乎都不列其父祖的仕宦；而據《明史．外戚傳》所載，這些后妃之父在其女入選以前，即使擔任中低級官職者也屈指可數，而門第寒微者卻為數不少。

明憲宗邵貴妃出身貧寒，其父以淘沙換錢來養家餬口，後來當上了漕運卒，還是養不起女兒，把她賣給了杭州鎮守太監。她的聰慧伶俐討得了太監的喜歡，教她讀些唐詩宋詞，幾年後出落得知書識禮而楚楚動人。太監就帶她回京入宮，遇上了皇后遴選掌禮的宮嬪，相中了她。

明熹宗張皇后出身更苦，是不知其父母的棄嬰。養父張國紀是一個管糧的役吏，在清晨去收租的路上發現了她，見她一夜霜雪居然還未凍死，便抱回家收養。養到十四五歲，見她姿色絕世，養父打算納為偏房。不料三次進房，每次都暈倒在地，認定她是大貴之人，這才仍以父女相處，直到她入選為皇后。

對明代后妃必選自民間，明人於慎行在《穀山筆塵》裡有一段議論，大意說：

本朝后妃大多出自民間，動戚大臣的女兒都不能選立。這也是時勢使然，而對國家有益。民間女子，平生所見，本來就很少有奢侈華麗的東西，一旦享受到最尊貴的待遇，就會出乎意外而不敢造次，她對服飾器物，一定會珍惜，不至於暴殄天物。而且在人主左右也一定能把民間見聞，朝夕向人主陳說，讓人主知道民間疾苦，這比師保臣下對人主的訓誡進諫還要勝過萬倍。

說得似乎有點道理，不過仍未透徹指出這是時勢使然。首先是門第觀念的歷史嬗變使然。到了明代，士農工商同為天下四民，四民之間並無判若涇渭的等級差別，這一觀念已為社會普遍認同。這是明代擇后冊妃門第等級觀進一步淡化的歷史大背景。其次是封建統治的歷史經驗使然。后妃之家越是寒素，她家與整個官僚集團的聯繫越是隔絕，外戚干政的可能性就會相應遞減。而君主對后妃也更容易擺布與掌控，因為在君主看來，只消稍稍給她一點物欲享受，她就會感激涕零而不敢造次。當然，恐怕這是人君的一廂情願，實際上，出自民間而一入宮闈的后妃，窮奢極欲而暴殄天物者何嘗少見。至於說人君能因此知察民瘼，也許只是對君主賢明的粉飾而已。

整體回顧

總之，在立后擇妃的門第觀念上，經歷了一個橫 S 形的演變過程：由三代春秋娣媵制下的貴族通婚，下降到西漢時期不重出身；自東漢以後聯姻世家到隋唐之際的妙擇令族，是最講究后妃出身門第的時代；自唐代開始，門第觀念有所鬆動，經唐宋之際社會變動，門第觀念又呈下降趨勢，降至宋明兩代，平民之女也可以入主中宮。

整體而言，每個朝代的立后標準總要比擇妃來得嚴格，這是受嫡庶名分的傳統影響。即便最重閥閱的六朝，只要是妃嬪，在門第出身上也還是可以通融從寬的。例如，晉惠帝謝夫人，家世貧賤，父親以屠羊為職業，只因姿色嫻美而入選後宮，封為才人。南朝宋明帝的陳貴妃，也是屠家女出身，窮得只有兩三間草屋。陳後主的寵妃張麗華則是大兵之女，家境貧寒，父兄只能織席謀生。遼金元實行世婚制，皇室與后族世為婚姻，立后有一定之規，選妃卻並不拘泥於族姓。金廢帝完顏亮有個侍寢妃，號為「花不如」，最受寵愛，白天擊毬打獵，晚上抱衾侍寢，出入無不隨從，卻來自於長安貧民之家。金宣宗的妃嬪也多出自微賤，後人有宮詞譏諷道：「承恩原不嫌卑賤，新得佳人白酒龐。」龐指的是龐貴妃，看來她的出身與酒肆有關，應該是酒店主或酒保的女兒。

反之，即使在不重門第的宋代，對皇后的出身總要比妃嬪來得挑剔。宋仁宗在郭皇后被廢后，不顧大臣反對，準備立京城富民陳子城的女兒為皇后，正在翻查黃道吉日，見一個貼身宦官進來，就喜滋滋道：「你還不祝賀我嗎？我選得皇后了！」宦官問明情況，說：「子城原是大臣家奴僕，富民的身分是用錢買來的。陛下如娶奴僕之女正位中宮，難道不羞對公卿大臣嗎？」仁宗這才改立曹皇后。同樣，宋高宗即位，曾打算立潘賢妃為后。她的父親做翰林醫官，當時是被人瞧不上眼的伎術官，有大臣以此為諫，高宗也只得作罷。可見，儘管宋代小官門戶與平民女兒都可以入選後宮，但在立后時，對有些太低賤的出身還是有所避忌的。

宋仁宗曹皇后

七　才藝也是入宮的資本

在君主選擇后妃時，較之其他標準，一般說來，才藝似乎並不放在重要的地位。當然，某些帝王雅好歌舞，也有少數女性就是在輕歌曼舞中以其曼妙的歌喉與輕盈的舞姿而博得青睞入選後宮。漢成帝皇后趙飛燕，唐玄宗的王賢妃，宋仁宗的張貴妃等等，都是最初以歌舞為媒介而終於貴為后妃的。這種情況，主要是帝王為了滿足歌舞詩文等精神生活需要，有意選擇具有特殊才藝的女子進入宮闈。自秦漢起，歷代都設有諸如樂府、教坊等主管宮廷歌舞的機構，這些有特定伎藝的年輕女子選入宮掖後，大都隸籍其中。她們名位低微，多數只是隸籍的宮女而已。

北齊樂人曹僧奴是一個藝術家，他的兒子就是著名音樂家曹妙達，他的兩個女兒也因擅長樂舞而步入後宮。大女兒後因「忤旨」被殘忍地剝去面皮致死，小女兒由於彈得一手好琵琶，做了齊後主的昭儀。與曹昭儀同時的李夫人，也是以善奏五弦而入選宮廷。

唐玄宗雅好藝術，宮伎念奴就以高亢的歌喉獲得這位風流天子的鍾愛。據說，她只要一展歌喉，就聲遏行雲，縱使鐘鼓笙竽等樂器嘈雜齊奏，也壓不住她的歌聲。念奴長得也嫵媚，每當她手執檀板顧盼四座時，玄宗總忍不住對身邊妃子說：「這妮子太妖麗，眼波能勾人魂呢。」有一個時期，玄宗每天都讓她侍從左右。

張紅紅也因藝名四播才被唐代宗召入宮中的。大曆中，她與父親沿街賣唱，乞食為生。一天，他們到將軍韋青的邸第獻藝演出。韋青見她頗有姿色，歌喉婉轉嘹喨，便將她父女倆接進府內，娶她為姬妾，把她的父親也安頓下來。

在音樂上，張紅紅天資絕倫。有一次，一個宮廷樂工創作了一首新曲，還未獻演給皇帝聽，先給韋青表演，她在屏風後邊聽邊記下了節拍曲式。樂工一唱罷，韋青到屏風後問紅紅，她說：「我已經會唱了。」韋青出來對樂工說：「我有女弟子早就唱過這首歌，可見不是什麼新曲。」就讓紅紅隔著屏風引吭高歌，竟然一聲不差。樂工驚詫萬分，欽佩不已。紅紅又說：「你唱曲時，有一個節拍不工穩，我已為你更正了。」

紅紅的名聲當天就傳入宮禁，第二天，代宗便將她召入宜春園，宮中號為「記曲娘子」，不久就拜為才人。後來，韋青去世，代宗將消息告知紅紅，她泣不成聲道：「我原是流落風塵討飯的，老父老有所養，死有所歸，都是由於韋青。我不忍心忘了他的恩！」說完，竟悲慟而死。她雖被代宗迎入宮中，懷恩殉情的卻是那個救她出風塵的韋青。

唐文宗時，飛鸞、輕鳳擅長舞蹈，寶歷二年（西元826年）從浙東送入宮掖。據《杜陽雜編》，她倆舞姿美麗飄逸，似非人間所有。歌舞一起，百鳥就翔集在庭上。文宗還特地命人為她們雕琢了玉芙蓉狀的歌舞台。

元順帝時，才人凝香兒也是以才藝入宮的舞蹈家。她知曉音律，擅長鼓瑟，尤其會跳翻冠飛履舞。起舞時，她的冠履都會翻覆騰空，瞬間復歸原位，百試不爽。因身懷絕技，凝香兒由官妓而入選後宮。

十三應選入宮來，便舞梁州送御杯。
交袂當筵小垂手，回頭招拍趁盧催。
——王仲修〈宮詞〉

這首宮詞描寫了類似凝香兒那樣的少女，荳蔻年華，色藝雙絕，應選入宮，君王筵前獻舞《梁州》，柔婉輕盈。舞罷斂袂，當筵玉立，低垂雙手。招呼樂隊，趁著間歇，續奏新聲。她們輕歌曼舞只是為了「送御杯」，讓皇帝喝得痛快酣暢，這就是她們入宮的全部價值所在。

「近被君王知識字，收來案上檢文書」，王建這兩句〈宮詞〉反映了以才藝入宮的另一種類型。即有些女性因能詩善文獲得君主的賞識，被入選後宮。不過，較之以樂舞等藝術才華而召入宮掖，這種以文翰應召的情況較為罕見。唐太宗的徐賢妃可說是其例之一。她自幼聰穎過人，四歲就能讀懂《論語》、《詩經》，八歲領悟出作文的門道。父親曾讓她模擬〈離騷〉作〈小山篇〉，她已能吟詠出「仰幽光而流盼，撫桂枝以凝想」這樣情文並茂的佳句，父親知道她的文名是難以隱沒了。不久，她的作品不脛而走，唐太宗得知後，便召其為才人。入宮後，她手不釋卷，撰文揮翰立就，詞藻博雅而文思暢美。

唐代後期，宋氏五姊妹若莘、若昭、若倫、若憲、若荀也都以才學召入宮闈。她們出身在一個儒學世家，都好學善文，卻生性淡泊，鄙視濃妝豔抹，希冀才學名家。大姐、二姐文章尤稱清麗，老大著了《女論語》十篇，老二為之作傳注闡釋。有官吏向朝廷表彰了五姊妹的才學文名，她們就被召入宮。德宗親自考了她們的經史文章，大為讚美，一併留在宮中。德宗頗能詩，每與侍臣唱和，總讓五姊妹參加，她們也總是以佳作獲得賞賜。老大、老二先後主管過內廷的珍祕藏書，當若憲繼承二姐職務時，其他四姊妹都已去世。大和中（西元827～835年），朋黨之爭白熱化，李訓、鄭注為了排斥宰相李宗閔，誣陷若憲曾接受賄賂，為宗閔入朝打通關節。唐文宗不問青紅皂白，將她幽禁賜死，家屬也流放嶺南。

女性不論以色藝侍君，還是以才學事主，宮廷鬥爭同樣在她們人生道路上布下荊棘與陷阱。即便若憲那樣生性淡泊的人，也不能苟全性命。

第二章

通向宮闈之路

一 選女：離散天下之子女

從「不下漁色」到「納娶國中」

《禮記‧坊記》引用孔子的話說，「諸侯不下漁色」。鄭玄解釋說：諸侯不能納娶國中的女子，納娶國中就是向臣下漁獵美色，這無異就像捕魚一樣，橫江撒網，魚兒都入網中了。孔子這句憂心忡忡的話，恰恰反證春秋後期，諸侯已有了納娶國中、漁色天下的傾向。但在嚴格的娣媵制下，天子、諸侯只能聘納於諸侯之間，而且只能一娶，擇女國中的現象就不會出現。及至戰國初期，齊國後宮選入七尺以上頎長女子百餘人，便是采女國中的明確例證。

不過，春秋戰國時期，選女並沒有成為制度。據《後漢書‧皇后紀》，漢代每年八月徵收十五歲以上男女的人頭稅，名叫「算賦」，這時，朝廷派遣中大夫與掖庭丞，帶上看相的人，到洛陽周邊鄉閭閱視良家童女，凡是年齡十三歲以上，二十歲以下，只要姿色端麗合乎相法的，便載還後宮，再進一步篩選檢查，就可供皇帝「登御」了。這種採選，當然不侷限在京畿附近，據《三輔黃圖》記載，明光宮竣工後，漢武帝一次就選燕趙美女二千人送入後宮。而漢桓帝在位期間博採宮女竟達五六千人，這還只是供他「內幸」的（與「登御」都是皇帝與后妃上床的雅稱），如把役使的宮女也算上，至少兩倍於這一數字，達萬餘人。總之，從漢代開始，選採全國適齡女子，擇其佳麗，充納宮闈，已成為定制。兩漢時期，景帝竇皇后、元帝馮昭儀、桓帝鄧皇后等，都是由良家女子選採入宮的。從此，歷代君王便撒開那張橫江之網，一代代妙齡美女就像美人魚那樣被驅趕入網，扔進後宮這只巨大黑黝的魚簍。

東吳西晉與北朝隋唐

魏晉南北朝時期社會動盪，戰亂頻仍，帝王選女卻照樣進行。吳末主孫皓時儘管內外交困，後宮數千卻仍選女不止。他命宦官分赴全國州郡採選將吏之女，二千石大臣家女兒每年必須申報姓名與年齡，年滿十五就接受簡閱，採選不中者才准出嫁。

在歷史上，晉武帝是縱情女色出了名的皇帝。泰始九年（西元２７３年），他先下詔選納公卿家女兒備位六宮，採擇未畢，暫停婚嫁，有朝臣諸葛沖等五十餘家女兒入殿備選。他意猶未足，再派宦官，或乘專車，或跨快馬，傳詔全國：採選未完，禁止天下嫁娶；有隱匿抗選者，以不敬論罪。次年，晉武帝又詔取低級將吏與平民百姓家女兒五千人入宮揀選。這一記錄，後來被十六國後趙主石虎刷新，他一次就徵選天下十三歲以上至二十歲以下少女達三萬餘人。

在入主中原前，北魏就實行選女的做法，魏獻明帝賀皇后就是少女時因容貌出眾而選入後宮的。其後，魏宣武帝曾命宦官出使徐州、兗州，採召民女入宮。魏明元帝杜皇后、太武帝郁久閭皇后都經採選入宮，表明選女在原拓跋姓地區與漢人地區同時推行。北齊後主在亡國前一年還下令，國內雜戶各將年二十以下十四以上未嫁女兒悉數送到國都待選，如有隱匿，處以死刑。與北齊並峙的是北周，周宣帝也是「內逞其欲」，「採擇無厭」。大成元年（西元５７９年），他派使者到京兆（今陝西西安）及各州簡閱士民家美女充實後宮，還規定儀同三司以上公卿大臣家女兒必須採選不中才能出嫁。

隋煬帝荒淫之名後來居上，蓋過了晉武帝，他聽信王世充江淮多美女的遊說，大業八年（西元

612年），密詔江淮州郡歲歲挑選資質端麗的民間童女進貢後宮，由王世充總負選送之職。如果送上中意的佳麗，隋煬帝就重賞世充；如有不合意者，則轉賜給他。後來隋煬帝下江南，與選美也是大有關係的。

據《唐會要．內職雜錄》，唐代嬪妃等內職如有闕員，宮內如果沒有才行適當的宮女補充，就「旁求於外，採擇良家」。唐太宗曾親自頒敕為太子（即後來的唐高宗）選擇良家女充實東宮。開元十六年（西元728年），唐玄宗也曾下詔從九品官的女兒中採閱可為太子妃的姑娘，有待終選。後來又讓高力士傳旨京兆尹，從民間選五名細長潔白的女子賜給太子李亨（即後來的肅宗）。高力士說：「我過去奉旨讓京兆採選女子，民間囂然。還是從因罪籍沒入宮的女子中挑選幾個出身衣冠世家的吧。」這一答覆透露出玄宗朝採選民女顯然很頻繁。白居易〈上陽白髮人〉說：上陽宮的老宮女「玄宗末歲初選入」，「同時採擇百餘人」，確是歷史的真實寫照。

五代與金元

五代戰事頻仍，十國割據倜促，但選女依舊騷擾民間，使飽受動亂的人民又平添一種騷擾。後唐莊宗進入洛陽後，看到唐代遺宮空蕩蕩的，就命宦官王允平、伶人景進到各地採選民間女子。景進先在鄴選美女千餘，也不管出身良賤，一併遣送洛陽，車輛不夠，就用牛車替代，只見運載采女的車馬連綿相銜，塞滿道路。而後又遠赴太原、幽州、鎮州等地，選女總數不下三千人，都送入了後宮。前蜀主王衍一即位，就迫不及待地下詔選良家女二十人，不久又讓仗內教坊使嚴旭強取士民女子納入後宮。後蜀主孟昶沉溺於方士鼓吹的房中術，大選民間十三歲以上二十歲以下美貌女子充實後宮，還親自在皇宮後苑揀選絕色佳麗，姿色稍遜者便賜給宗室諸王。有臣下勸諫，他總是賞賜優厚作為酬獎，但採擇卻依舊進行。楚主馬殷則讓僧民為他暗訪士庶家的女兒，只要姿貌端麗就強納入宮，前後數達百人，還意猶未盡道：「我聽說黃帝是交合了五百個女子才升天成仙，我或許也會那樣吧。」

金元皇室雖實行世婚制，但一般僅限於立后，不少嬪妃與眾多宮女仍在民間採選。皇統七年（西元1147年），金熙宗派使者帶著相士到兩河諸路選取十三歲以上二十歲以下的民間室女四十人。貞元元年（西元1153年），金廢帝完顏亮親選良家女兒一百三十餘人入後宮。金章宗時也選良家女子入宮為諸王妃嬪。天興二年（西元1233年），在蒙古鐵騎進逼下，金都陷落，金哀宗率眾皇室大臣逃到蔡州（今河南汝南），置迫在眉睫的亡國之禍於不顧，密詔宦官宋圭與御史大夫烏古論鎬的妻子蒲察氏為他選擇室女，備位後宮。老百姓對此議論紛紛，十分不滿，臣僚也不得不進諫道：「下民雖然愚昧，但神明不可不敬畏啊！」

蒙古窩闊台汗（元太宗）九年（西元1237年），大汗下詔揀選天下室女，耶律楚材進諫說：「不久前已選女二十八人入宮，現再採選，恐怕擾民。」這才作罷，但不久左翼各部流傳大汗括征民女，窩闊台聞報大怒，乾脆讓訛言成真，將括來的民女賜給部下。從耶律楚材的諫言與無端盛傳的流言，說明了大汗此前就有過多次大括民女的舉動。元代君主與弘吉剌氏世婚，不但皇后，許多妃嬪也出自這一部族，其時也須採選。馬可波羅對元世祖時世婚制下的採選這樣描述：「除四位皇后之外，他（元世祖）還有許多嬪妃供他享用。她們都選自韃靼的一個地方，名叫弘吉剌省。該省的居民素以容貌秀麗，膚色光潔而著名。大汗每隔兩年或不滿兩年，憑他的興致，派人到那裡遵照他諭旨中規定的選美標準，挑選一百名或一百名以上最美麗的妙齡女子。」元世祖不但在弘吉剌部族中選女，還在漢地採選童女充實後宮。

元世祖忽必烈

據《元史》本紀，至元十九年（西元1282年），耶律鑄上疏說，朝廷採擇室女，宦吏乘機害民，今後只令大郡每年取三人，小郡二人，選擇佳麗，送入後宮。這才限定了選女人數。次年，因崔彧再諫，元世祖才停止每歲選取室女的規定。但有元之世，選女之舉仍累朝不絕。元順帝時，熱衷於西藏番僧傳習的房中供養術與十六天魔女，大肆擇取良家婦女，或做「供養」，或充舞女。元代選女還遠及附庸國高麗，元順帝時有御史說：「近年多次遣使前往選擇，致使高麗國中，祈盼者女長而不嫁，以求獲選；怨望者生女而不養，以免生離。」可見其流毒廣遠。

明清時期

明代自成祖後，無論后妃、宮女都選自民間良家女子，故而新皇帝即位後，一般都選秀女。明代選秀女並不遍及全國，大致說來，前期兩京（北京、南京）並重，中葉以後多在北京附近採選。在北京附近採選時，主事者為能選得好女，往往借重擔水庸工為耳目，這些擔水工專為人家挑水，即使官宦詩禮之家也能自由出入，可以窺見深閨女兒的妍媸。所以每遇揀選采女，大興、宛平二縣必拘刷水戶，報名定籍，讓他們提供消息。《戒庵老人漫筆》卷二〈選妃〉記錄了嘉靖九年（西元1530年）南京選女時如臨大敵的場景：

> 當日三山街、內橋諸處皆把絕行人，（選女）隨地方抬至西華門下轎，惟母隨行走過，出東華門針巷口，原轎俟候抬回。比常年雖父亦不容入，最為嚴謹。

洪武十四年（西元1381年）明太祖命在蘇州、松江、嘉興、湖州及浙江、江西等地閱選十三歲以上十九歲以下處子為宮女，又採擇年三十至四十的無夫婦女為宮官。天順三年（西元1459

年），明英宗也曾密令鎮守浙江、江西、福建三省太監暗訪民間，選取讀書學字、諳曉算法年十五以上的良家女子與無夫婦人充任宮中女官。明武宗時，所選婦女多送後宮浣衣局，以至工部奏報稱，原定一年支用十六萬斤柴炭竟然供不應求，可見這位荒淫君主選女之多。明世宗時，採選的多是幼女，年齡在八至十四歲之間，僅據嘉靖二十六年（西元1547年）、三十一年、三十四年、四十三年有案可稽的選女記錄，就選了一千零八十名幼女入宮。

清兵入關後，福王朱由崧在南京建立南明小朝廷。他完全不顧亡國之痛，在崇禎十七年（西元1644年）八九月間，一而再、再而三地派宦官分路四出，赴蘇杭等地搜選淑女。他親自詔諭選女的宦官說：「挨門嚴訪淑女，富室官家隱匿者，鄰人連坐。」

清代從順治朝起就實行選秀女。當時分為兩種情況：其一由戶部主持，三年一選滿洲、蒙古、漢軍八旗秀女，這種秀女地位較高，可以進一步選為皇帝的妃嬪貴人，或者指配給宗室王公大臣子弟。其二由內務府主持，一年一選府屬正黃、鑲黃、正白三旗秀女，由於內務府屬三旗旗人是世代「包衣」（即奴僕），選出的秀女也稱宮女子，地位較低，入宮後一般只能充任宮中使役差遣的宮女，而不能立即正式位列嬪妃或配與宗室聯姻。不過，二者在選閱規定與程序上是基本相同的。

按清代制度，凡八旗女子年滿十一歲（一說十三歲），就由本旗按年齡幼長造入秀女挑單名冊，上報至戶部。入選秀女合格的年齡，一般在十一歲至十六歲，其中十四至十六最為合適，也稱「合例」；十七歲以上謂之「逾歲」，但「逾歲」未必意味著逃脫了這一厄運，一定要選驗不中才算倖免。因為《八旗則例》規定：「凡應選之秀女，未經選驗之前，不准私行許嫂出嫁，違者交部治罪。」如果引閱時恰因病等緣故，未能赴部選驗，則下屆再須補選。由於八旗女子十一歲就造入挑單名冊，況且又三年一選，恰如層層布網，沒有旗女能過逃過這一關的。兼之《八旗則例》還嚴飭：「初次選閱女子，若十八歲以上至二十歲者，該旗都統查明遲誤緣由，具奏請旨。」經過選閱，到規定選期，各地各旗選女都赴京候選。前一天，每一備選旗女乘坐一輛騾車，車前懸掛雙燈，各有標誌，由該旗的參領、領催等旗官會同戶部官員將該旗按滿洲、蒙古、漢軍次序分三處，每一處按年歲冊上幼長次序先後雙行排定車次位置，俗稱「排車」。每天選閱二旗，只以候選旗多少均勻調配，不按旗分次序。傍晚發車，半夜入後門（即今地安門），至神武門外，等候開門後，待選秀女依次下車入宮。為了不堵住後面待選車輛的進路，各隨乘車輛則在選女入宮後，即由神武門夾道出東華門，經崇文門大街至北街市，再折入後門至神武門外等待選畢的旗女，這時已是第二天近午時分。秀女入宮後，即由太監帶至指定殿門外等候。每五人或六人一班，帶著事先準備的名牌，上面寫有旗分、父親姓名、本人年紀，按班引入，立而不跪，接受選閱。主選者認為姿貌合適的，人品中意的，就吩咐留下名牌，謂之留牌子；不留的，謂之撂牌子。然後選女再由神武門出宮，登上已在那裡等候的自家車輛回家。被撂牌子的選女，允許自由聘嫁；而留牌子的秀女，還要複選一次。經過複選，有的秀女直接被選入宮，即使那些未選入宮的秀女，只要記名在冊，仍不許婚嫁。按制度規定，秀女記名期是五年，如果複選被撂牌子，即可退出記名，方能嫁人。倘若記名秀女久不複選，過了記名期仍未通知其退出，便只能終身不嫁了。選閱內務府屬三旗秀女的規定與程序，與引選八旗秀女基本上大同小異。

二　從呂不韋的陰謀到無鹽女的調侃

《禮記．曲禮》說：「納女於天子，曰備百姓，於國君，曰備酒漿。」漢儒鄭玄認為，「納女」就是「致女」，即天子一娶十二女，或諸侯一娶九女，正式禮聘後，女方把女兒送到天子與諸侯處去做配偶。漢儒趙良認為二者不同：「致女」，一如鄭玄所說；「納女」，則是不經正式禮聘，女方自願送女兒去做妾媵。而「備百姓」與「備酒漿」都是謙卑之詞。前者是說，天子除了皇后，還要有一百二十姓的女子來廣衍子嗣；後者等於說，讓我送上女兒給你端酒送水吧。顯然，趙說要比鄭說更接近春秋時期的歷史實際。澄清名詞之爭，也就知道：獻納作為君主後宮的來源之一，是由來已久的。

商紂王時，九侯有一個靚麗的女兒，把她送給了紂王。不料九侯之女對男女床笫之事不感興趣，紂王一怒之下將她殺了，還遷怒九侯，把他剁成了肉糜。當時，西伯姬昌（即周文王）被紂王關在羑里的大牢裡，為了解救姬昌，閎夭找來了有莘氏的女兒，搜求了生長在驪戎的文馬與有熊氏出產的九駟，獻給了紂王。紂王高興地說：「有這樣一個尤物，就完全可以放西伯了，何況進納得這麼多呢！」於是，西伯昌得以龍歸大海，虎回深山，去籌劃他鳳鳴岐山的興周滅商大業。或許，這是臣下向君主獻納後宮女子的最早記載吧。

兩個經典案例

臣下把自己的女兒、姊妹或姬妾獻給君王，總有這樣那樣的動機與目的。其中，尤以戰國呂不韋與李園之舉，富有政治野心與陰謀色彩。

戰國後期，陽翟大賈呂不韋最擅長做一本萬利的大買賣。他經過趙國首都邯鄲（今屬河北），看到在這裡做人質的秦國王子異人一副落魄潦倒相，便認定他奇貨可居。異人的父親是後來的秦孝文王，這時還在做太子，封為安國君。安國君有二十來個兒子，都不是正夫人所生。異人的母親夏姬已經失寵，所以才被發落到趙國當了人質。呂不韋先與異人套上近乎，又走了安國君嫡妻華陽夫人的門路，居然把異人立為嫡嗣，改名子楚，成為未來秦國王位的繼承人。其後，呂不韋不惜血本，一擲千金，讓子楚大把花錢。

邯鄲歷來是出能歌善舞的美女之地。呂不韋寵愛其中一個姿容絕美的舞姬，並使她懷上了孕。一次，子楚應邀來喝酒，一見就魂不守舍地喜歡上了趙姬。先是舉杯祝賀，繼而耐不住請呂不韋割愛相讓。呂不韋頓時大怒，過後一想，為了穩住這個奇貨，家產都花得差不多了，現在必須進一步釣牢這條大魚。於是，他就以趙姬為誘餌，慷慨地送給了子楚。趙姬也配合默契，隱瞞了身孕，此後便生下了嬴政，也就是後來的秦始皇。

秦孝文王即位後，子楚被立為太子。僅隔一年，秦孝文王就一命嗚呼，子楚登上了王位，也就是秦莊襄王。呂不韋的舊情人當上了秦國的王后，呂不韋則做了丞相，封文信侯，享受著洛陽十萬戶的租稅。三年以後，嬴政即位，年約三十左右的趙姬成了王太后，呂不韋當了相國，號仲父。仲父就是次父，有准父親的意義。應該說，呂不韋圓滿完成了「納姬」的既定目標。近來有學者認為，趙姬足月而生嬴政，因而秦始皇不是呂不韋的親骨血。即便如此，並不能改變呂不韋通過獻納實現預謀的根本性質。

大約同時期的趙人李園，與呂不韋可謂所見略同。當時，楚國考烈王在位，他沒有兒子，眼看王位後繼無人。春申君獻納了不少善於生育的女子，卻依然播不進龍種。李園想把妹妹女環獻上去，可是，一來沒有獻納的門道，二來又恐考烈王沒有生育能力，進獻以後也不會長久得寵。女環後來給哥哥出主意，讓李園先做上春申君的門客，然後再相機行事。

一天，李園預約去謁見春申君，卻故意逾時不至。趕到以後，春申君問起原因，李園不經意地說：「齊王派使臣來聘納我的妹妹，與他一塊喝酒，所以失約了。」春申君問聘定與否，回答說還沒有。又問起他妹妹的擅長，回答說：「會彈琴奏樂，也知書讀經。」再問明天能否見上一面，李園一口答應。

第二天，兄妹赴約，酒酣情熱，女環一曲未終，春申君就情不自禁了。這夜，女環就留宿春申君處。不久，她知道自己已經懷孕，兄妹又有一番密謀。女環瞅了個機會對春申君說：「楚王尊敬器重你，即使親兄弟也不過如此。你做楚相已二十餘年，楚王卻年老而無子。如果他百年之後，改立兄弟，各親其親，你還能長久受信任尊崇嗎？不僅如此，你執政多年，有不少地方得罪了楚王的兄弟，如果他的兄弟被立為王，你就會大禍臨頭，還能保住相印與江東這塊封地嗎？我懷了你的孩子已經一個月了，別人還都不知道。假如憑藉你親近重要的地位，把我獻給楚王，他必然會與我發生關係。如老天保佑生個兒子，你的兒子就是將來的楚王，整個楚國都唾手可得，與大禍臨頭相比，哪種結局好呢？」

春申君認為女環說得在理，就對考烈王說：「國中有一個美女，就是相書所謂會養繼嗣的那種。」於是，女環應召入宮，不久果然生下個男孩，被立為太子，女環圓上王后夢，李園也終於貴幸無比。至於春申君，卻沒能像呂不韋那樣幸運，楚考烈王一死，眼看他的親生兒子就要當楚王了，李園兄妹擔心他洩露天機，驕縱難制，派殺手先下手為強，將他殺死滅口了。

獻納換取利益

大多數臣下向君主獻納往往只是希望得到君王的寵幸或重用，並沒有呂不韋、李園那樣的深謀遠慮。不過，大音樂家李延年把自己的妹妹獻給漢武帝時，其細節設計也是獨具匠心，頗為戲劇化的。當時，受過宮刑處罰的李延年以其藝術天才大受漢武帝賞識，脫離為天子養狗的狗監還不久，正值漢武帝寵愛的王夫人妙齡早逝，衛皇后則色衰失寵。大約元狩元年（西元前122年）前後，一次宮廷歡筵上，酒酣耳熱之際，李延年奉詔歌舞助興，他不無深意地邊舞邊唱起他的新作：

漢武帝李夫人

北方有佳人，絕世而獨立。
一顧傾人城，再顧傾人國。
寧不知傾城與傾國，佳人難再得！

歌舞一停，武帝大加讚賞，卻又長嘆道：「世上有這樣的佳人嗎？」平陽公主對弟弟武帝說：「延年的妹妹，正是這樣的佳人。」李延年出生的中山（治今河北定縣），正是歌詞裡所謂的北方。於是，他的妹妹當即應召進宮獻舞。李妹妹確實「妙麗善舞」，綽約動人的少女風姿通過裊娜多變的舞姿表現出來，平添一種動態的曲線美，頓時大得歡心，成了武帝的寵妃。明眼人不難看出，李延年的即席之作顯然有意為之，難怪後人刻薄地說他，為了把妹妹獻給武帝而先作此歌，實屬倡優的末技。事實的確如此，李夫人一入後宮，武帝便「召貴延年」，任協律都尉，入主宮廷樂府，有了佩戴二千石印綬的資格。

五代後唐時，孔循擔任樞密使，他是個生性狡佞的人，聽說明帝準備為皇子迎娶重臣安重誨的女兒，就對重誨說：「你職位近要，不宜再與皇子聯姻，會招疑忌的。」於是，重誨辭去了這門親事。孔循卻派人打通了最受明帝寵信的王德妃的門路，把自己的女兒獻納給皇子李從厚，讓她當上了後唐閔帝的皇后。

比孔循的年代略晚，還有宦官納女的新鮮事呢！南漢小朝廷在五代十國時最烏煙瘴氣。宦官李託有兩個養女，晚唐五代宦官有養子養女，可是司空見慣的事兒。他把兩個養女進獻給南漢後主劉鋹，大的冊為貴妃，小的封為美人，一時並寵，勢傾後宮。李託也因此當上了內太師、六軍觀軍容使，開府儀同三司。劉鋹還下詔，今後國政都必須稟告李託才能執行。李託的權勢頓時炙手可熱，與他獻納養女是密不可分的。

南明弘光朝君昏臣佞絕不遜色於五代南漢。首輔馬士英購求了一批絕色雛妓，寄養在親信阮大鋮家內，不時乘機進獻給福王。福王往往喝得酩酊大醉，與雛妓交媾，肆意蹂躪，致其斃命，就抬出宮門讓鴇兒安葬。而馬、阮卻繼續蒐羅，不斷獻納，致使南京六院少女殆盡。這種獻納行徑令人髮指，但他倆卻滿足了弘光帝的獸慾，得到了他的信任和重用。

未曾在朝供職的平民老百姓中，偶爾也有獻納自己女兒的醜行陋舉，那往往是被皇親國戚夢沖昏了頭。寶元（西元１０３８～１０３９年）中，就有人攔住宋仁宗的御駕，獻上自己的一對孿生女兒。仁宗唯恐有累聖德，怯而不受。嘉靖十四年（西元１５３５年），河南延津人李拱宸進京，向明世宗進獻自己的女兒，世宗賞他錦緞與錢幣，並賜宴光祿寺。次年，他的女兒位升敬嬪，他也借光，當上了錦衣衛正千戶。時隔十年，他的兒子李應時又把敬嬪的妹妹獻進了宮，賞賜供宴一如其父。為了自己那麼點好處，這對父子竟然不惜犧牲女兒與妹妹，其奴顏婢膝不禁讓人齒冷。

也有自薦的女性

一般說來，獻納入宮的女子總是被動的，即使像呂不韋獻趙姬，李園納女環，她們至少在形式上仍是被動的。不過，在中國后妃史上，也有個別毛遂自薦的女性。

戰國時期，齊湣王被淖齒謀殺，國內大亂，湣王之子法章喬裝改扮，隱姓埋名，逃到莒太史敫家做灌園的傭工。太史的千金覺得他狀貌奇偉，很同情他，常常私下裡給他些衣服與食物，逐漸由同情發展到愛情，與他發生了關係。法章也把自己的真實身分告訴了她。不久，內亂平定，法章即位，是為齊襄王，太史敫的女兒也做了齊國的王后，史稱「君王后」。不料太史敫對女兒自薦枕席的舉動大為不滿，儘管她已經貴為一國之后，太史敫仍斬釘截鐵地聲稱：「姑娘家不請媒聘而自己嫁人，玷汙了我家的門風，就不再是我的女兒。」發誓終身不相見。儘管父親這種做法有點絕情，君王后卻沒有失去做女兒的情義與禮節。

太史敫女兒自薦式的獻納，頗有後代落難公子後花園的味道。而類似的喜劇總是代有其人，被後世所津津樂道。後唐明宗即位，把父親莊宗的嬪御遣散出宮。其中有一位是柴三禮的女兒，在前來迎接的父母陪同下來到了洛陽。恰巧碰上了大風雨，一連十來天都不能啟程。這天，一個衣衫襤褸的男子走過她們歇腳的旅舍，只見他黝黑的頸項上有一個雀兒形狀的文身標記。柴家女兒就問旅舍主人：「這是誰啊？」旅舍主人答道：「他是這兒馬遞鋪卒的隊長，人稱郭雀兒。」她就招呼他搭起腔來。相談之下，一見傾心，就對父母說：「他會成為一個了不起的人，我要嫁給他。」父母氣惱地說：「你曾經是皇帝旁邊的人，回家好壞也得嫁個節度使，怎能嫁這樣的乞丐呢？」女兒執拗不聽，說：「我把行囊中的錢一分兩份，你們拿一半回家罷。」父母知道女兒意願已決，就讓他們在旅舍裡成了婚。這位郭雀兒就是未來後周開國太祖郭威，柴家女兒則成了後周太祖的皇后。

在歷代開國皇后中，確有一些是皇后的父親看到尚未發跡的皇帝有龍飛九五的天子徵兆，才主動獻上女兒的，最著名的就是呂后她爸呂太公。據史書記載，呂太公見到劉邦的無賴相，對蕭何說他「多大言，少成事」卻大不以為然，敬重地對劉邦說：「我相人也算多了，沒有誰能及得上你的相。我有個女兒，希望能嫁給你做箕帚之妾。」呂雉就這樣被許配給了劉邦，後來果然當上了漢高祖的皇后。儘管如此，呂雉還是處於父親指配的被動地位，像柴氏女這樣一見傾心，自擇夫君的例子卻不多見。戰國的君王后與五代後周的柴皇后依據感情的判斷，自主地決定自己的婚姻與命運，這在視「非媒自嫁」為越軌非禮的中國古代，無疑是一種大膽的反叛行為，在中國后妃史乃至古代婦女史上也是空谷足音。

無鹽女的輕喜劇

君王后與柴皇后的自薦，都在帝王即位以前，當時雙方的身分基本上是平等的，她們也絕不是衝著自己將來母儀天下的目標才做出抉擇的。唯有奇醜的平民女子無鹽向齊宣王自薦，雙方在地位上是不平等的。然而無鹽卻以卓識與雄辯，不僅維護了自身的人格尊嚴，還把齊宣王大大調侃了一番，最終還贏得了他的尊重。

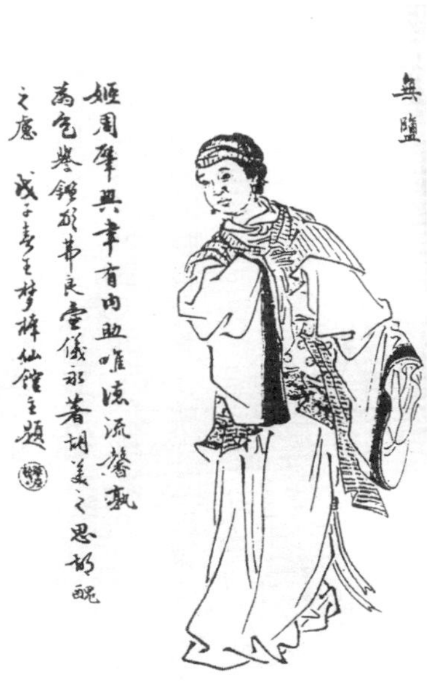

無鹽

當時齊宣王的後宮已經美女三千。這天，有一個名叫鐘離春的醜女子忽然前來求見，說是願意備位後宮的箕帚掃除之列。她來自無鹽邑，後人就以邑名稱呼她，本名反而鮮為人知了。因為長得醜，將近四十歲還是嫁不出去。她走入巍峨豪奢的漸台，三千美人頓時哄堂大笑。只見她粗碩的頭頸支撐著一顆扁圓的臼形頭顱，頭髮稀少，額角凸出，下面是一對深陷的眼睛，鼻孔朝天，皮膚漆黑；鶉結襤褸的短褐分明遮不住她的雞胸與水桶腰。

齊宣王一見，忍不住說：「嘿，你來見我，是存心羞辱我的後宮吧？」無鹽說：「嗯，不敢！」宣王說：「你看我左右這些美人，個個膚如白雪，腰如束素，穿著絲縠的衣服，走起路來就像行雲流霞。對這樣靚妝多姿的佳人，我還看不上眼。你的姿貌能蓋過她們嗎？」答道：「不能。」宣王又說：「我飲宴時，她們都能搦管張弦，輕盈而舞，曼妙而歌，讓我豪飲千鐘，小酌百盞，樂而忘死。你的技藝能超過她們嗎？」又答道：「也不能。」詰問道：「那麼，你將以什麼令我歡娛，使我的後宮感到羞辱呢？」隨著宣王的話，宮嬪們又是一陣哄笑。

無鹽忽然仰天大笑，轉而撫膺而泣，說：「危險啊，危險啊！」宣王說：「願聞其教。」無鹽說：「你現在君臨齊國，西有暴秦之患，南有強楚之仇，這是危險之一；大起漸台，困擾萬民，敲骨吸髓，雕金砌玉，這是危險之二；賢者隱於山林，讒者進於左右，這是危險之三；夜以繼日，沉湎醇酒，通宵達旦，縱情女樂，外不修諸侯之禮，內不理國家之治，這是危險之四。所以說危險啊，危險啊！」

宣王聽了，悚然而驚，喟然而嘆：「說得太痛切了。我現在才明白處境的危險。這是老天把無鹽君賜給寡人哪！我的國家快要亡了，無鹽，你幫我存亡繼絕吧！」於是，他立即停止了漸台的女樂，黜逐了朝中的讒佞，立無鹽為王后。一時間，齊國大治，號稱中興。

無鹽自薦，在歷代獻納中堪稱是一幕少有的輕喜劇，它是對女性自信力的一曲頌歌。對其真實性，歷來頗有人持懷疑態度。然而，其事蹟早在漢代劉向的《列女傳》與《新序》裡就有記載，山東嘉祥武梁祠漢代畫像磚裡也摹刻有宣王立無鹽為后的場面。無鹽的故事，縱然有傳說的附會，卻不會完全出自虛構。

不過，在獻納入宮的女性中，無鹽畢竟是特例。成千上萬被獻進後宮的年輕女子，其命運就像各地進貢的物品，或是被皇帝恣意揮霍享受，或是未獲青睞而被遺忘、被冷落，直到悄悄地朽壞、消殞……。

三　劫奪臣民之妻女

陳顧遠在《中國婚姻史》裡指出：「掠奪婚者，男子以掠奪方法取女子為妻妾，而未得該女子及其親屬同意之謂也。」不過，這位婚姻史專家認為，這只是早期型的婚姻方法，也就是初民社會後期，或人類社會進入文明門檻後未開化民族的婚姻方式。然而，在歷代後宮中，也有相當部分妃嬪來自於帝王的直接掠奪，這還不把實際上具有掠奪性質的採選入宮者包括在內。這裡敘述的僅僅侷限於帝王赤裸裸的劫奪。

令人髮指的劫奪行徑

在君主制下，君權至高無上。「溥天之下，莫非王臣」，順理成章，王臣之女，也就莫非王妾了。如果說，選女制還為君主掠奪天下女子掩上一層薄薄的遮羞布，那麼，有時候皇帝為了滿足自己的私欲，連這層遮羞布也會扯下，公開強行劫奪臣下的妻女，作為自己的嬪御。三國魏明帝時，強奪了許多已嫁的士女。明帝一度允許她們的家庭用生口來贖取，後來覺得到手的獵物不能輕易放手，又揀選了其中容貌出眾的女子納入掖庭。五代楚主馬希范前後強娶有姿色的士庶家女兒達數百人之多。西夏毅宗每過酋豪大家，就奪其婦女，攜載回宮。

掠奪總是伴隨著暴力、流血與死亡。帝王每把一個絕色女子劫奪到後宮，就意味著又一個家庭的破碎、瓦解乃至族滅。三國吳後主孫皓即位以後，驕恣橫暴。他知道侍中張布等對他不滿，就把張布流放嶺南，半道上又派人將其追殺。張布的小女兒是後宮的美人，吳後主殺了張布後還揚揚得意地問：「你父親在哪裡啊？」張美人憤憤道：「被賊殺死了！」後主一怒之下把她也給殺了。後來又懷念起她的美貌，聽說她有個姐姐已嫁給了馬純，就把她也奪進宮來。

北齊文宣帝李皇后的姐姐頗有姿色，嫁給了北魏安樂王元昂。文宣帝先占有了她，準備納她做昭儀，就把元昂召來，命這個前朝皇室伏在地上，用響箭朝他射了一百多下。元昂血流如注，凝結起來將近一石，終於慢慢慘死。葬禮上，文宣帝還裝模作樣前往弔唁臨哭，卻又在當場逼擁死者之妻。其殘忍、無恥都無以復加。

五代前蜀主王衍巡幸過閬州（今四川閬中），看到州民何康的女兒長得標緻，就把她奪了過來。時值姑娘大婚在即，王衍竟賜其未婚夫家帛百匹。她的未婚夫看到以如花似玉的未婚妻換來的匹帛，傷心之下，一慟而絕。

劫奪臣下妻女最喪心病狂的，大概要數金廢帝完顏亮。他與崇義節度使烏帶之妻定哥原來就有私情，即位後就傳語定哥說：「自古以來，天子娶兩個皇后的也不是沒有。你能殺了丈夫跟我嗎？」定哥回話：「少年時的荒唐事，已經很羞恥了。現在兒女都大了，怎麼還可以這樣呢？」完顏亮再傳語道：「你不忍心殺丈夫，我將族滅你家。」定哥害怕了，就以兒子烏答補作為託辭：「烏答補常跟隨父親，我找不到機會。」廢帝就召烏答補入宮為侍衛，定哥再也找不到藉口，就在丈夫喝得酩酊大醉時，派人把他勒死了。完顏亮假惺惺地表示哀傷後，隨即把定哥納入宮中封為貴妃。

定哥有個妹妹叫石哥，姊妹倆的姿色不相上下。石哥也已經出嫁，完顏亮私下占有了她，還想把她接進後宮，就傳話給她的丈夫一定要與妻子離婚，否則將別有處置。家人對石哥的丈夫說：「皇帝說的別有處置，就是殺你。你難道為一個女人而惹殺身之禍嗎？」不得已，夫妻倆抱頭痛哭著訣別。

石哥入宮後，完顏亮還特意把她的前夫召入宮中，命石哥與前夫談些淫穢的話讓他取樂。

耶律察八已經許嫁給蕭堂古帶，也被完顏亮奪進宮來，封為昭媛。她難忘舊情，讓宮女習撚把幾隻軟金鵪鶉袋轉贈給蕭堂古帶。完顏亮知道後，召來了全體后妃，把察八帶到宮中門樓上，先親自用刀刺她，再將她推下門樓活活摔死，還把習撚也殺死了。耶律察八與元昂的慘死，血淋淋地揭露了歷代帝王在劫奪臣民妻女充實後宮妃嬪中慘絕人寰的暴行。

明武宗在豪奪臣民妻女的數量上，比起金廢帝來毫不遜色。錦衣衛都督同知於永迎合其房中之好，說色目女子白皙美豔，更勝漢女。武宗就讓他到色目都督呂佐家索取十二名擅長西域舞的回女，歌舞達旦，意猶未足，又召諸侯王、伯中原色目籍的婦女入宮，託言教習歌舞，把其中美貌出眾的留在宮中不再遣返。他聽說延綏總兵馬昂的妹妹天生麗質，既會騎射又解胡樂，只可惜早就嫁人，而且已經懷孕。即便如此，他仍命太監把她奪進宮來，竟大受寵幸。馬昂頓時勢傾京城，連宮中太監都稱他為國舅。此後武宗常到馬昂私邸飲酒，又看上了他的小妾杜氏。馬昂以小妾生病推託，武宗大怒而出，他只得再巴結太監，趕快把杜氏送進宮去。

明武宗性喜出巡。他在太原大索女樂伎，見樂工楊騰的妻子面容姣好而歌舞擅場，就載之而歸，封美人，飲食起居必在左右，隨從巡遊，大獲寵幸。武宗巡幸宣府時，常常夜昏出遊，看見高第大舍就策馬馳入，除了索討酒漿，就是搜索婦女。每次車駕所至，就命近侍先掠奪良家女子供他御幸。所擄掠者甚至多達幾十車，路上每天都有死亡的婦女。凡是巡幸經過的州縣，民女或逃亡，或遠嫁，十室九空。

武宗南巡至揚州，太監早就先期到達，把壯麗的民居改為提督府，大索寡婦、處女，民間驚恐萬狀，奪城門出逃者不計其數。後經知府冒死請命，太監佯放她們回家，夜半卻傳令皇帝駕到，命大街上點起燭光，亮如白晝，率校吏徑入所知民家，強行搶奪。白天放歸的女子無一逃脫，大街上哭聲震天，慘不忍睹。這些被劫奪的婦女先寄住在尼庵中，有的憤恚絕食自盡，個別富家以重金贖回，至於貧家妻女就全被送入提督府，供武宗滿足淫慾。

在劫奪臣民的妻女上，如果說，金廢帝以手段上的喪盡天良而劣跡昭著，那麼，明武宗則以數量上的不可勝數而臭名遠颺，以至臣下奏章中說他「已婚未婚，有娠無娠」都不顧及。

形形色色的抗爭行為

對君主的劫掠，大部分臣民迫於君權的淫威，只能逆來順受。但也有忍無可忍而做出激烈反應的。春秋時，齊懿公奪取了閻職的妻子，納入宮中，還命他做自己乘車時的隨從。懿公還在做太子時曾經與邴歜的父親爭奪田地，沒能占上風。他即位後為了洩憤掘出了邴歜父親的屍體，還砍去了腳。也出於羞辱對方的用意，他還命邴歜為他駕車。盛夏的一天，懿公在申池遊玩，閻職與邴歜在池子裡洗澡戲水。邴歜用馬鞭子抽打了閻職，閻職十分惱怒。邴歜說：「別人奪了你的妻子，你倒不生氣。打你一下，又有何妨呢？」閻職回敬道：「比砍了他父親的腳，卻不敢發作的人怎麼樣？」於是，一個罵「斷足子」，一個回罵「奪妻者」。一個被奪妻，一個被辱父，兩人都感到很怨憤，就合謀殺了齊懿公，把他的屍體扔入竹林後逃之夭夭。

西夏景宗元昊霸占了大臣野利旺榮（元昊皇后野利氏的叔父）的妻子沒藏氏，讓她懷上了孕，又準備強納剛朗凌的女兒。兩人一個妻子被占，一個女兒被奪，便合謀在

明武宗

元昊與剛朗凌之女成婚的當晚，邀請元昊到野利家帳中宴飲，乘機伏兵殺了他。不料密謀洩露，野利旺榮遭族誅。沒藏氏先是削髮為尼，不久就被接進後宮，冊立為后，生下了諒祚。元昊雖然逃過了野利旺榮的報復，但自從納了沒藏氏，前皇后野利氏越加失寵，她本來對自己叔父野利旺榮被族誅就心存怨恨，荒唐的元昊不久又奪取太子寧令哥（野利氏所生）的妻子沒，準備再立新皇后。母子倆仇恨交集，決定鋌而走險。元昊最終遭到親生兒子的行刺，傷重流血而死。

面對君主的劫奪，不僅有丈夫或家人的反抗，也有不少女子寧為玉碎，不為瓦全，不惜一死，無畏抗爭。

戰國時期，宋康王見大夫韓憑的妻子何氏長得美麗，就將她奪進宮來，韓憑又氣又恨。宋康王便製造藉口，把他囚禁起來，罰他去修青陵台。何氏思念結髮夫，以詩歌的形式偷偷寫信給他：「其雨淫淫，河大水深，日出當心。」宋康王查到這封信，卻不解其義。這首詩的實際意思是這樣的：

相思之情啊，宛如綿綿細雨陰鬱綿密，
康王之舉啊，就像大河水深阻隔夫妻，
忠貞之心啊，彷彿皓月當空始終如一。

何氏又寫了一首〈烏鵲歌〉向宋康王表明了堅貞不屈的心志：

南山有烏，北山張羅。
烏自高飛，羅當奈何？
烏鵲雙飛，不樂鳳凰，

妾是庶人，不樂宋王。

忍受不了失去妻子的痛苦與沉重勞役的折磨，韓憑自殺了。何氏聽到消息，有意偷偷將自己的衣衫磨損老化。一天，宋康王與她登台，她猛地奔向高台的邊緣縱身跳下去。左右的人拉住她的衣衫，一下子就腐化拉斷了。人們從何氏的衣帶中發現了一份遺書，大意說：大王只想著生，我卻只想死。願把我的屍骨與韓憑葬在一起。她以悲壯的殉情對君主掠奪人妻的無道行徑發出了強烈的抗議。

類似宋康王的君主，歷史上多有其人。王建建立前蜀政權後，詞人韋莊曾任門下侍郎，同平章事。他有一個姿質豔麗而又擅詞工書的寵姬。王建謊稱讓她進宮教宮人作長短句，強奪入宮。寵姬在宮中讀到韋莊懷念她的一首詞：

空相憶，無計得傳消息。
天上嫦娥人不識，寄書何處覓？
新睡覺來無力，不忍把伊書跡。
滿院落花春寂寂，斷腸芳草碧。

她懷念與韋莊吟詞對書的日子，絕食而死。諺云：有其父必有其子。王建的兒子王衍繼位，也豪奪強取臣下的妻女。他看到軍使王承綱的女兒長得嬌美，不顧她即將出嫁，強奪進宮。王承綱苦苦哀求，王衍一怒之下把他流放到茂州（今四川汶川東北）。女兒聽說後，請求削髮為尼來贖回父親。王衍不允許，她就憂憤自殺了。

在被君王劫奪入宮的臣民妻女中，像韓憑的妻子與王承綱的女兒那樣以死抗爭的例子並不少見。

她們以自己無畏的死，表達了對君主強權淫威的蔑視與反抗，捍衛了女性的人格尊嚴，彷彿是一道劃破沉沉後宮的耀眼閃電。

四　衝冠一怒為紅顏

在新舊王朝更替之際，或者在列國政權並峙之世，通過武裝戰爭打敗或消滅了敵國，或者通過宮廷政變推翻並取代了前朝，這時，肆無忌憚地掠奪敵國人民的妻女，或無所顧忌地接收前朝掖庭的妃嬪，也是歷代君主擴展後宮的主要來源。這實際上是另一種劫奪，只是把劫奪的範圍擴大到了敵國與前朝。

不斷上演的保留劇目

據古史記載，夏桀伐有施氏，得到了有施氏的麗人妺喜；商紂王討有蘇氏，獲取了有蘇氏的尤物妲己；周幽王征有褒氏，奪回了美女褒姒。所有這些，構成了三代克國得妃的著名系列。由此可見，《拾遺記》說商紂王往伐諸侯國，「殺其君，囚其民，收其女樂，肆其淫虐」，不是沒有一點根據的。春秋時，晉獻公進攻驪戎，掠獲驪姬，揚揚自得地道：「克國得妃，這個吉利該多大啊！」克國得妃，堪稱歷代君主不斷上演的傳統節目。

春秋時期，楚國的郢都一度被吳國攻破，吳王闔閭把楚國的後宮完全據為己有。他的兒子吳王夫差打敗了越國，也從越國獲得了絕代佳人西施。秦一統天下的過程中，每破一國，就仿造其宮室，把這個國家的美人、鐘鼓悉數遷入。曹操擊敗袁紹，袁氏妻女也多遭侵侮與掠奪。西晉滅吳，吳後主掖庭留下了五千吳姬，晉武帝照單全收進自家的後宮。唐高祖李淵剛從晉陽（今山西太原）起兵反隋不久，就把隋煬帝在晉陽行宮的五百宮女收歸己有，以至清人趙翼在《廿二史箚記．唐女禍》中感嘆：「是高祖之舉兵，實以女色起也。」

宋太祖平後蜀，後蜀主孟昶的宮人有不少被送入北宋的宮闈，其中最著名的就有花蕊夫人。而宋平南唐，南唐後主李煜的小周后也被趙匡胤、趙匡義兄弟染指，李煜的宮人臧氏則成了宋太宗的昭儀，生了舒王趙元偁與晉國長公主。可見宋在統一過程中，對各國後宮也是毫不客氣地一併收入「囊中」。

再來看遼朝。遼太宗南滅後晉，入宮時，後晉嬪姬列隊迎謁，他連看都不看一眼，晚上駐宿宮外，儼然一派不好聲色的氣象。然而，當他率師北歸時，卻沒有忘記把後晉的宮女與工匠一塊兒帶上。途經相州（今河南湯陰），遼軍遭到抵抗，城破以後，城內男子不論長幼一律屠殺，婦女卻全數驅趕著北行。

金亡北宋的過程中，亦復如此。據《大金國志》，金太祖「自入燕以後，所擄中原士大夫之家，姝姬麗色，光美秀娟，凡二、三千人。北歸其國，酣歌宴樂，惟知聲色之娛，至此形神已病」。三千脂粉竟讓這位一代雄主形神俱病，只好把滅宋大業留給弟弟金太宗去完成。乃弟一如乃兄。天會九年（西元１１３１年），他征取了留徙在燕山、中京（今北京）的北宋宮廷與宗室女子，以及俘掠為奴隸的漢人妻女，揀選其中二十四歲以下的一百多名送入後宮。被金軍擄掠到北方的北宋婦女，原先大多送到浣衣院做女婢。自此以後，浣院日空，宮掖日盛，大量宋人婢女就這樣轉成了金宮嬪御。

在蒙古鐵騎所向無敵縱橫歐亞大陸期間，克國得妃的範圍空前擴大，蒙古大汗與元朝皇帝都先後劫奪過大量敵國的宮嬪與婦女。據《蒙韃備錄》，南宋趙珙出使成吉思汗大帳，就看到四個長得燦白美色的金朝貴嬪在旁侍宴。金貞祐二年（西元１２１４年），蒙古騎兵臨城下，包圍了燕京，金宣宗遣使求和，把衛紹王女兒岐國公主送給成吉思汗做公主皇后，同時入宮的還有五百童男女。《金宮詞》說：「上國知名小姐姐，眼看玉貌委胡塵。」《元宮詞》卻說：「捷書奏進金公主，齊揭氈簾看美人。」兩首宮詞說的是同一件事，但一悲一喜，戰敗者與戰勝者的立場不同，悲喜哀樂也是絕不相通的。據《元代掖庭記》，南宋宮人也被選入元代掖庭。元軍攻破緬國（今緬甸一帶），曾把當地的童男女八十人送進後宮。

克國得妃的手筆，也許要數元代最闊大。但明代推翻元朝，將其趕到大漠以北時，蒙古皇室也嘗到了自家後宮女子落入對方掖庭的滋味。明軍北征，俘獲元朝后妃、諸王數百人。明太祖的妃嬪中就有不少是從元宮接收過來的蒙古女子，其中還包括入貢元宮的高麗婦女。天聰三年（西元1629年），清太宗也把進攻朝鮮所俘掠的朝鮮美婦納入宮闈。

在克國得妃上，歷史不斷在上演輪迴與報應的活劇。每一朝代的開國帝王從前朝亡國之君那裡接收其後宮的嬪御，乃至其臣民的妻女；而他的不肖子孫成為亡國之君時，又拱手垂淚把自家後宮的嬪御作為遺產，悉數移交給後朝的開國之君。究其根本原因，就是君主制下，君權的至高無上與無所制約必然導致皇帝在性慾上的氾濫放縱與毫無節制。一旦推翻舊朝，成為新主，戰勝敵國，成為勝者，這種性慾上的人性之惡就像決口的洪水，出欄的猛獸，不會放過任何可以發洩的渠道與滿足的機會，其中自然也包括從戰敗者與滅亡國那裡網羅對象。當然，無論是克國得妃，還是亡國失妃，直接受害者，還是成千上萬在開國之君與亡國之君之間轉手交割的婦女，也不論她們原來是宮廷妃嬪，還是民間女子。

傷心豈獨息夫人

面對君主的瘋狂劫奪，那些敵國的臣民妻女與前朝的宮掖后妃，往往會以不同形式表達自己的抗議與報復。

春秋時，蔡哀侯與息侯分別娶了陳國國君的兩個女兒。息侯夫人息嬀出嫁時經過蔡國，蔡哀侯把小姨留下來相見，這是有失當時禮節的。息侯聞知，就請楚文王出兵打敗了蔡國，俘虜了這位連襟。蔡侯被俘後，就向楚文王盛讚自己小姨的美貌。楚文王順手把息國也給滅了，把息嬀帶回楚國。息嬀被送入後宮，卻從不主動與楚文王說話。文王再三問她，她慘然答道：「作為一個女人，卻侍候兩個丈夫。即使不能死，還有什麼可說的呢！」

《列女傳》還有與《左傳》不同的記載：楚文王滅息以後，命息侯為他守宮門，而把息嬀納入後宮。有一天，息嬀見到息侯，對他說：「人生不過一死而已。我沒有一天能忘掉你。與其生離地上，還不如死歸地下。」說完，就自殺了，息侯勸止不住，也跟著自盡了。唐代詩人宋之問為息夫人作詩：

可憐楚破息，腸斷息夫人。
仍為泉下骨，不作楚王嬪。
楚王寵莫盛，息君情更親。
情親怨生別，一朝俱殺身。

玩味詩意，儘管楚王對她「寵莫盛」，但息夫人還是銘記「息君情更親」，而「一朝俱殺身」，則表明她最終是被楚王殺死的，原因當然是她不忘舊情。

王維也有〈息夫人〉詩云：

莫以今時寵，能忘舊日恩。
看花滿眼淚，不共楚王言。

據《本事詩》，這詩後面還有另一個悲劇故事。寧王是唐玄宗的長兄，有一天，他在王府附近見到一位餅師之妻，纖白明麗，一見難忘，便給其丈夫一筆錢財，娶了他的妻子，「寵惜逾等」。一年以後，問她：「你還想念餅師嗎？」她默然不答。寧王召來餅師，讓他們相見，其妻注視前夫，雙淚垂頰，若不勝情。當時坐客十餘人都是文士，無不同情，寧王命他們賦詩紀事。王維率先成詩，委婉曲折地借古諷今。清朝鄧漢儀的〈題息夫人廟〉，卻直言抨擊類似悲劇的一再上演：

楚宮慵掃黛眉新，只自無言對暮春。
千古艱難惟一死，傷心豈獨息夫人！

息夫人無論是沉默無語，還是殉情自殺，都是對楚王劫奪她的絕望抗議。

比起息嬀的軟弱行為，伯嬴的反抗就顯得剛烈無畏。戰國後期，吳國大軍攻破楚國都城郢（今湖北江陵），吳王闔閭視楚國後宮如同自家掖庭。他凌辱了楚昭王夫人後，又打起昭王的母親、楚平王夫人伯嬴的主意來。伯嬴見闔閭走近，就操起一把刀，嚴正

息夫人

地對他說：「我聽說，天子是天下的表率，諸侯是一國的儀範，夫婦之道是人倫的根本，男女之亂是敗亡的開端。現在你不顧儀表的檢點，放縱亂亡的欲望，還怎麼能施行政令，教化人民呢？我還聽說，與其生而受辱，不如死而受敬。你如放棄諸侯的儀表，就不能治國；我如犯下淫邪的醜事，就沒臉苟活。你如這樣，就是一舉而兩辱。我縱拼一死，也不會從命的。況且，你想親近我，無非為了快樂。但你走近我，我就自殺，你的快樂怎麼得到呢？你如果先殺了我，對你又有什麼好處！」面對伯嬴正氣凜然的痛斥，闔閭無計可施，不得不洩氣退出。伯嬴就與保母閉上宮門，手不釋刃地堅持了一個月，直至秦國援兵到來。她以無畏的抗爭保衛了自身的尊嚴與女性的節操。

有的戰敗者妻女被劫奪後，懷著不共戴天的復仇心理，表面上隱忍順命，暗地裡窺伺機會，聯手他人以求一逞。

夏自太康失國後，有窮氏后羿成了實際上的國君。他在消滅樂正氏伯封時，把伯封的母親玄妻也奪進宮來。玄妻是有仍氏的女兒，生著一頭黑黝黝的長髮，光可鑑人，貌美多姿。在國破家亡之際，她飲泣吞聲，尋找為家國報仇的機會。她看出了夏羿身邊的寒浞有取而代之的心跡，就與他聯手合謀，終於殺死了夏羿。這樣，寒浞遂了野心，玄妻則報了宿仇。《楚辭．天問》有幾句就是說玄妻的陰謀，大意是這樣的：

寒浞和后羿的妃子純狐，兩人通姦，一道陰謀，
為什麼射死了后羿，還把來煮了，吃他的肉？
（郭沫若《屈原賦今譯》）

十六國時期，西秦王乞伏熾磐滅了南涼，酖殺了歸降的南涼王禿髮傉檀，把他的兩個女兒納入後

宮，長者為后，幼者為左夫人。其長女與自己的弟弟、原南涼太子密謀說：「西秦是我們的仇人，儘管現在以婚姻關係相處，不過一時之宜罷了。父王死於非命，做子女的，難道可以向仇敵稱臣做妾，而不思報仇嗎？」於是就與西秦武衛將軍越質洛城密謀，準備刺殺熾磐。她的妹妹正有寵於熾磐，恬然事仇，竟告發了這件事。南涼王的長女與兒子等數十人都遭熾磐的殺戮。對玄妻與禿髮傉檀長女的這類復仇，後人僅僅從政治權力的角度糾纏其正義性或非正義性，而給出的評價往往未中肯綮；倘若轉換視角，從被劫奪女子對君主悖逆人情、違背人性的強烈心理反感上去理解，也許會更全面也更準確些。

勝國婦女，多能覆邦

也許正是從復仇心理這一角度出發，歷來認為：「勝國婦女，多能覆邦」。也就是說，把戰敗國婦女納入後宮，往往會使國家滅亡。

早在晉獻公征伐驪戎擄回驪姬時，大夫史蘇就告誡道：「有男兵，也就必有女兵。如果說，晉國以男兵戰勝了戎人，那麼戎人也必定會以女兵戰勝晉國。」他接著列舉戰敗的前朝之女妹喜亡夏、妲己亡殷、褒姒亡西周的歷史，認為「從政者對此不能不引以為戒。晉掠回驪姬，亂亡也不會很遠了。」史蘇的議論，主調當然還是女色亡國論，但他能從人所具有的復仇心理出發，指出：「對那些戰敗國的美女，不讓她攫據國政，

洛神

她還能懷著切齒之恨從內部報復嗎？不讓她親近君王，她還能銜著刻骨之仇在朝中害人嗎？」比起晉獻公喜不自禁地聲稱「克國得妃，其有吉孰大焉」，其識見還是高出一頭，也更符合君王統治術的需要。然而，欲望的失控卻一而再、再而三地使帝王把這一統治術的基本常識置之腦後，甚至把劫奪佳麗作為攻城滅國的主要目的之一。

曹操打敗袁紹、攻破鄴城後，他的兒子曹丕急不可待地率先進入袁府。這時，袁紹的妻子劉氏自縛待罪，一個少婦披髮垂頭，流淚立在她身後，見有人進來，就驚怖地把頭埋到了劉氏的膝上。曹丕說：「劉夫人何必如此？這位少婦是誰？」答道：「是袁熙之妻甄氏。」曹丕令劉氏鬆綁後說：「請少婦抬頭吧。」甄氏依舊低首垂淚，劉氏替她收攏髮髻，用巾帕抹去她的淚珠，捧起她的臉蛋。曹丕一瞥之下，只覺她猶如梨花帶雨，嬌美絕倫，就把她帶回了自己的軍帳。她就是前文說到的〈洛神賦〉原型，後成為魏文帝曹丕皇后的三國第一美人甄氏。誰知曹操對甄氏之美也垂涎已久，入城後也馬上派人去迎娶甄氏，不料回報說：「早被五官中郎將曹丕帶走了。」對兒子的捷足先登，曹操怏怏不樂，嘆了口氣，道出了破鄴的目的：「唉！今年破賊正為你啊！」

金廢帝完顏亮在正隆（西元1156～1161年）末有《題西湖圖》云：

萬里車書盡會同，江南豈有別疆封！
屯兵百萬西湖上，立馬吳山第一峰。

據載，他之所以不久就悍然發動侵宋戰爭，一個重要原因就是其左右大談江南富庶，子女玉帛多，宦官梁珫更是極口盛讚宋高宗劉貴妃如何絕色傾國。完顏亮垂涎三尺，迫不及待地吩咐後宮準備好潔淨的新被褥，以便掠回劉貴妃後供其床上之用。揮師南下之際，他躊躇滿志道：「就像走路要甩膀子一樣，這次出兵也是一舉兩得」。儘管正隆南侵以完顏亮在長江邊折戟沉沙而告終，但他把這次戰爭目的之一卻供認得赤裸裸，就是為了奪取未睹其面但聞其美的劉貴妃。

滅其國家，還奪其妻女，畢竟不光彩，更兼所謂「勝國婦女，多能覆邦」的前鑑古訓，因而臣下勸諫、君王掩飾之事也就屢有發生。

明太祖朱元璋攻滅陳友諒後，把他的次姬納為妃嬪。這件事終究有虧「聖德」，於是他在《大誥》中辯解道：「我攻城略地十四年，未嘗掠過一個婦人女子。只有陳友諒，我實在惱恨他擅自以兵入境，攻破以後才納了他的姬妾。我有時也自疑，這樣做，究竟是好色呢，還是豪氣？知者鑑之。」把劫奪弱女子說成英雄豪氣，也真虧他說得出口！大明臣子沈德符在《萬曆野獲編》裡肉麻地吹捧道：「陳友諒故妾一說，稍為日月之食。然《大誥》中明白說出，則又佛菩薩心事。」即便陳友諒可惡，他的姬妾卻無辜，倘若這種理由也成立，那麼任何滅人國家，奪人妻女的行徑都能找出相似的理由。將無辜女子掠為己有，有這樣的佛菩薩嗎？實際上，秦皇漢武，唐宗宋祖，一代天驕成吉思汗，都有過這類佛菩薩的豪舉，明太祖完全可以引為同道的。

生死莫測的無常命運

對於被劫奪的敵國婦女，君主既貪婪其色，又猜防其心，稍有不遜，便橫加殺戮。據《南渡錄》，金太宗曾先後立北宋肅王之女、荊王之女為后，她們都是宋徽宗的孫女。肅王之女被立以後很受寵愛，不久，太宗的皇后去世，她差點繼立為后。她別有用意地教金太宗虐殺左右，作為對金國的報復。這天，她聽到太宗準備把宋徽宗、欽宗進一步流放到僻冷荒涼的五國城（今黑龍江依蘭），便求情道：「陛下如因我的緣故，讓他們不受凍餒，這就是恩典了。」金太宗呵斥道：「外朝事你怎能管？」妃答：「父兄骨肉，怎能坐視不管？陛下你也有父兄的！」金帝勃然大怒：「留你在宮中，外有父兄之仇，內有妒忌之意，一旦禍起，我後悔都來不及。」妃也憤然道：「你們不行仁義，使我父兄蒙難，將來也會遭人這樣夷滅的！」金太宗盛怒之下，操起匕首將她刺死。

不久，金太宗冊立荊王之女為皇后。一天，兩人對弈，爭執起來，荊王之女出言稍有不遜，太宗就板下臉，厲聲喝道：「不要說我敢殺趙妃，我還敢殺趙后！」皇后流淚而起，太宗怒不可遏，命將其廢為庶人，送宮中囚所外羅院。隨後，他聽說趙皇后每月初一、十五都焚香南向祭拜，又垂淚與同擄入金的宋高宗生母韋太后在殿內密語，就下令賜死。金太宗使一妃一后先後橫死，說明了因戰敗或亡國而被劫奪入宮的女性，比起其他途徑送入宮闈的嬪御來，其生死存亡更沒有保障，完全取決於君主喜怒莫測的一瞬間，她們的遭遇更慘，命運更無常。

五　刑戮之家，憂怨所積

中國古代，素有連坐法。籍沒罪人妻女，作為帝王妃嬪的來源之一，是連坐法與后妃制的畸形結合。這一做法，自秦漢起已成定制。漢文帝的母親薄姬就是籍沒入宮，因漢高祖召幸才生下文帝。籍沒入宮的女子，一般是父祖、兄弟、丈夫或兒子犯了性質嚴重的族誅之罪，其家成年男子皆當誅殺，女子與年幼子孫則沒入掖庭。籍沒的對象，不僅有罪人的妻妾、女兒、媳婦、姊妹，有時還包括家伎、婢女等。例如，唐懿宗時，國子司業韋殷裕被決殺，其家被籍沒，連同音聲人（即家養女伎）鄭羽客與婢女唯娘、紅子都配入掖庭。

十六國前趙主劉曜準備族誅靳康再將其女納入後宮，其女號泣著但求一死，說：「陛下既然誅滅我的父母兄弟，還納我幹什麼呢？我聽說，誅戮大逆之人時，唯恐他玷汙宮殿，還要伐樹來消災，何況罪人的子女呢？還是讓我死了罷！」劉曜聽後，略生惻隱之心，居然刀下留了她一個兄弟。唐代宗誅殺元載後，將元載的女兒，自幼出家為尼的真一籍沒入宮。時隔多年，唐德宗時才告知她，父親早被賜死，她悲憤不已。從靳康與元載女兒的詛咒號泣，足見籍沒入宮是何等不近人情。

配入宮廷的罪人妻女，最初一般送入織室、浣衣院做奴婢，也有隸籍教坊樂戶，或充當使役宮女的。例如唐文宗時，有宮人為他表演《河滿子》舞蹈，舞姿婀娜，聲腔婉轉。問她怎麼進宮的，才知道她是吳元濟的家伎，吳元濟被平定後沒配入宮，因擅長樂舞而做了宮娥。當然，不論是織室女奴，還是樂舞宮娥，或是使役宮婢，只要其色貌才藝被君主看中，就可以位升妃嬪，乃至皇后。三國魏文帝郭皇后與北周宣帝朱皇后，原來就都是沒配入宮的罪家之女。

唐太宗時，尚書上奏說：「近來掖庭，或是微賤之族，禮教不習；或是刑戮之家，憂怨所積。請求今後都選良家女子。」然而，唐玄宗時，高力士奉命為太子（即後來的肅宗）擇選籍沒入宮的衣冠女子五人，其中就有後來生下代宗的肅宗吳皇后。可見由籍沒女子位升妃嬪，歷朝都視為慣例。即使被推為歷代明君之首的唐太宗也未能免俗。貞觀初年的一天，侍中王珪入見，有一個妃嬪在側侍從，太宗對他說：「她是廬江王李瑗的姬妾，籍沒入宮，現在位列美人。」接著不無感慨道：「廬江無道，賊殺了她的丈夫而納取了她，豈能不亡！」王珪離席進言道：「陛下認為廬江奪取她，對還是不對？」太宗說：「殺人而取其妻，你卻還來問我對錯！」王珪說：「古人說，知善而不能行，知惡而不能過，所以亡國。現在這女子近在陛下左右，我以為陛下大概覺得廬江王的做法是對的。如覺得不對，還留在身邊，這就是知惡而不能改了。」王珪邏輯嚴密的進諫，令太宗無法躲閃辯解，只能連連稱善。據《貞觀政要》說，太宗便把她送還家屬了。而據新舊《唐書．王珪傳》，太宗並沒有讓這位美人出宮。廬江王因與太子李建成、齊王李元吉有牽連而被誅殺，而李元吉被誅後，其妃也為太宗所納，不僅沒有被送出宮闈，還因寵幸幾乎立為皇后。由此推斷，《王珪傳》的記載似乎更靠譜。連這樣的明君也因物欲所蔽，在這個問題上居然也知惡而不去。

問題的癥結在於，在君主制下，帝王不可能把罪人的妻女與罪人區分開來，將她們籍沒，是出於遷怒；對她們召幸，是出於洩慾。這種一為恨、一為愛的矛盾表現，本質上都沒有把她們當作平等、獨立、有尊嚴的人來對待。

不僅如此，有的君主為了滿足自己的色慾，竟利用至高無上的君權濫加誅殺，然後把所謂罪人的妻女籍沒入宮。北周宇文溫的妻子尉遲熾繁長得頗有姿色，久為宣帝所垂涎。趁一次宗婦按例入朝的機會，宣帝慇勤勸酒後強占了她。宇文溫的父親上柱國宇文亮就以「主上淫縱，社稷將危」倡言起兵而最終被誅，宇文溫儘管已出繼給叔父，仍遭殺戮。這樣，宣帝就公然將其妻籍沒入宮，初拜為長貴妃，不久立為皇后，永久占有了她。

在這種事上，五代南漢主劉晟做得更變本加厲。他猜忌功臣、宗室，大開殺戒，凡男子或誅或鴆，他們的妻女則納入後宮，凡姿貌靚麗的就升置於嬪御之列。有一次，他一天就殺了八個自己的同父兄弟，竟把他們的女兒，也就是自己的親侄女都籍沒入宮，其淫亂與殘忍同樣令人髮指。

至於對被籍沒的罪人妻女來說，無論入為宮婢，還是冊為妃嬪，都不是她們心甘情願的。唐代宗時，宰相元載獲罪被殺，代宗打算將他三十六歲的妻子王氏沒入宮掖，擔任後宮統管箴規的女官。王氏長嘆道：「我王家十三娘，做了二十年節度使的女兒，十六年宰相的妻子。誰又能寫清楚長信宮、昭陽殿那些個事情呢？」寧願自盡也絕不入宮。元載為相，權勢太盛，劣跡不少，其妻尚且不願進宮苟且偷生，更何況那些確有冤濫而被籍沒的女子呢！

唐貞元八年（西元792年），竇參流放被殺，頗有陸贄等朋黨傾軋的因素在內。死前，竇參對寵妾上清說：「我身死家破，你必籍為宮婢。如皇帝問起真相，你可一定要為我說個明白啊！」在籍配入宮的幾年後，由於善於應對，精於茶道，上清被調至唐德宗左右侍奉。一次，德宗問起她的出身來歷，她就把竇參在流放地被栽贓誣陷的情況一一說出。德宗便略為竇參昭雪，並放上清出宮。

薄太后輸織室（漢畫像磚）

宮花寂寞紅

也是唐代，武則天時，有一個剡川士人身陷冤獄，妻子配發掖庭。她善吹觱篥，就自作了一首詩，譜上曲，表達對入獄丈夫的思念，對不幸離別的哀怨。她最初把這首曲以丈夫的排行取名為「大郎神」，後來唯恐被人知道，又改稱「悲切子」，還擔心被人追問，便取了個毫不相干的曲名，叫作「悲回鶻」。她常吹這首曲子，寄託對籍沒入宮的幽怨哀恨。《全唐詩》保存了這首歌詞，其開首兩句說：「此別難重陳，花飛復戀人」，最後兩句說，「剡川今已遠，魂夢暗相親」。像這樣滿懷怨尤被沒入宮的罪人妻女，又豈止這剡川士人的妻子呢！她們連完整保存與追憶往日夫妻之情、父女之情的自由與權利，都因籍沒而被帝王踐踏蹂躪，這對她們的人格尊嚴是一種怎樣的蔑視與摧殘啊！

六　也當一回姦夫與嫖客

憑藉權力聽任欲望氾濫，君王在追求女色上也就失去節制，沒有限度。儘管後宮妃嬪成群，宮女上千，他們往往意猶未盡，尋找各種機會，在宮廷內外尋芳獵豔，來追求性刺激。

偷情臣下之妻女

春秋時，鄭穆公的女兒夏姬嫁給了陳國大夫御叔，生下了徵舒。儘管年過不惑，夏姬仍然妖媚豔麗。陳靈公與她通姦，三天兩頭往她家所在的株林跑。《詩經．陳風．株林》寫的就是這件事：

駕著我的馬車喲，
我到株林去住一晚；
跨著我的馬駒喲，
我到株林去吃早餐。

陳國大夫孔寧、儀行父也都與夏姬偷情。君臣對各自的穢行不以為恥，反以為榮，在朝堂上都貼身穿著夏姬的內衣互相取樂。有一天，君臣兩人在夏家喝酒，陳靈公喝得來勁，笑嘻嘻地對儀行父說：「喲，徵舒長得像你啊！」儀行父回敬道：「也像君王你。」徵舒聽後十分憤恨。喝完酒，陳靈公醉醺醺出門，徵舒從馬棚裡用箭將這個荒淫的君主給射死了。

春秋時的齊莊公也是陳靈公式的淫君。他與大臣崔杼的妻子棠姜私通，還順手牽羊把崔杼的帽子拿來公開賜人。崔杼懷恨在心。當他知道齊莊公鞭打了自己的侍衛賈舉，就去拉攏他，讓他找機會殺死莊公。這天，莊公設享禮招待崔杼，崔杼託病不到。齊莊公正好有了去崔家問候的理由。到了崔家，他又與棠姜混在一起。棠姜進入內室，莊公好不快活，拍著柱子唱起歌來。賈舉禁止其他隨從入內，自己跟了進去，就關上了大門。事先安排好的甲士一擁而起，包圍了崔家。齊莊公狼狽地登上高台百般求饒，賈舉回答說：「陪臣搜查淫亂之人，不知道有其他的命令。」齊莊公跳牆想溜，不料大腿中箭，掉到牆裡，被甲士殺死了。

這種私通臣僚妻女的醜行，在帝王的性史中時有所聞。五代後梁太祖幾乎把大臣張全義家的婦女都搞遍了。他還與知崇政院事敬翔的妻子劉氏長期保持著姦情，劉氏出入梁太祖的臥室一如自家的內房。她還盛氣凌人地譏誚丈夫：「哼！你看不起我失身於他嗎？論成敗，你比得上他嗎？論門第，你也辱沒我了。咱們從此分開吧！」敬翔只得示弱。因為有這層關係，劉氏封號「國夫人」，車服驕侈，貴盛無比，交結藩鎮，恃寵弄權。當時的達貴之家對其羨慕不已，甚至讓自己家的婦女傚尤。

咸康元年（西元925年），五代後蜀主王衍忽然決定從成都遠巡秦州（今甘肅天水西北）。浩大的出巡隊伍，長途的顛簸跋涉，在當時交通條件下，純粹是勞民傷財的舉動。大臣上書進諫，他把諫表扔到地上；太后不食勸阻，他仍無動於衷。此去目的何在呢？原來駐紮秦州的天雄軍節度使之妻長得美麗，這位皇帝早就與她有染，所以要不顧一切地長途巡幸。

獵豔市井之名妓

除了對臣僚的嬌妻美妾有濃厚的興趣，宮禁之外的名娼藝妓也是君主絕不放過的對象。即位以前，唐玄宗就聽說長安名娼嬌陳色藝雙絕，京城士人趨之若鶩，可惜一直沒有入手的機會。稱帝以後，就把她召進宮來，準備一飽豔福。不料她已經嫁給大族柳家做了媳婦。嬌陳一見玄宗就哭著說自己年紀大了，又有病在身。玄宗見她不願意再做馮婦，只得說：「聽說柳家女子好，你為我找一個備職後宮吧！」於是，嬌陳推薦了自己的小姑，做了玄宗的婕妤，這才算了事。

宋徽宗與李師師的那段風流豔事，更是人所周知的。李師師是色藝冠世的東京名妓，住在金錢巷，自政和（西元1111～1118年）後期起，徽宗經常微服出行，乘上轎子到金錢巷去。為此還設立了行幸局，凡是徽宗去李師師處，就說「聖上有排當」；倘若第二天還沒回宮，就傳旨說有瘡痍不坐朝。大約宣和元年（西元1119年），一個叫曹輔的耿直諫官在給徽宗的奏疏中挑明真相：「易服微行，宿於某娼之家，自陛下始。」滿京城的人都知道了這件緋聞。當時人有一首〈南鄉子〉記這樁獵豔公案，上半闋寫李師師，下半闋寫宋徽宗：

閒步小樓前，
見個佳人貌似仙。
暗想聖情渾似夢，追歡，
執手蘭房恣意憐。
一夜說盟言，
滿掬沉檀噴瑞煙。

報導早朝歸去晚，迴鑾，
留下鮫綃當宿錢。

滿把的山盟海誓，卻像沉香吐煙一樣飄忽無蹤，回宮以前，留下一段鮫綃當作宿妓嫖娼費，挖苦地寫出宋徽宗作為獵豔君主的逼真形象。

明武宗出宮去游龍戲鳳的癮，可比宋徽宗還大。他南巡到南京，早就聽說這裡有個叫王寶奴的名妓，又慧黠，又美豔，就命人將她召來。寶奴一聽到武宗駕臨，料定不會放過自己，就佯裝生病，數日不吃飯，讓自己形容瘦瘠，再用藥塗滿全身，似乎自己一向有皮膚病。召見時，她故意步履蹣跚。不久，她被遣出，應該是她的一身藥膏迫使風流成性的武宗皇帝退避三舍。為了防止再召，她果決地削髮為尼。這位妓女雖然身處風塵，卻長有傲骨。她機智地拒絕召幸，顯然把帝王看得比一般嫖客還不如，不啻對獵豔君主的絕妙嘲諷。

據《清朝野史大觀》，清咸豐帝經常召雛妓朱蓮芬入宮。她善唱崑曲，歌喉嬌脆，姿貌秀美，還會寫小詩，工書法。有一位姓陸的御史也是這個雛妓的狎客，因為皇帝權大手長，總讓他不得開心顏，便引經據典上章諫止皇帝的豔舉。咸豐帝看了諫章，大笑道：「陸都老爺吃醋了！」隨手御批云：「如狗啃骨，被人奪去，豈不恨哉。欽此。」野史畢竟是野史，其可信度大可懷疑，但是把君王獵豔比作搶骨頭啃的狗，令人發噱之餘，卻仍讓人有一針見血之感。

君主們妃嬪如雲，宮嬙如雨，卻還要姦淫臣下的妻女，染指市井的娼妓，把她們當作編外嬪嬙，其行徑不啻是任意發情的狗彘。至於那些被帝王獵獲的女性，有的始終未入掖庭，有的則臨時召幸進宮，她們中絕大部分沒能獲得後宮的正式名位。而帝王對她們的占有，就原本畸形的后妃制度而言，顯然是一種更為變態的補充。她們的遭遇，與那些正式納入宮闈的女性是相通的。她們中的少數人以此作為尊榮的捷徑，也有少數人進行了機智的抵制，而絕大多數人只能聽憑君主的玩弄與擺布，而這正是歷代眾多后妃的共同命運。

七　只怕連貓狗都不乾淨

標題借用了《紅樓夢》裡柳湘蓮罵賈府的一句話：「除了那兩個石頭獅子乾淨，只怕連貓兒、狗兒都不乾淨。」賈府號稱詩禮簪纓之家，但其內部性關係的糜爛無異於禽獸，以至焦大罵道：「爬灰的爬灰，養小叔子的養小叔子。」然而，倘若反觀君主制，不少帝王在性生活上的淫亂，更是駭人聽聞。明代郎瑛在《七修類稿．帝王淫亂》中列舉了帝王亂倫的各種類型與一長串君主名單，慨然長嘆道：「人有恣其淫性而不顧五倫者，真禽獸也！」

在這些因帝王亂倫而被納入宮廷史視野的女性中，有的處於偷偷摸摸的狀態，有的淪於被強暴的境地，故而在後宮沒有正式的名位；有的本來就是先君的后妃，有的則因此堂而皇之被正式冊妃立后。現在，我們就來揭開宮闈帷幕沉沉掩蔽的淫猥死角。

子烝庶母

在中國古籍裡，把下輩淫及母輩叫作「烝」，而把下輩淫及旁系上輩稱為「報」。中國古代關於烝報的記載，主要有三方面內容：一是春秋時期的諸侯、大夫，二是少數民族的酋長、可汗，三是歷代的帝王、皇室。其中，第三類在當時社會倫理規範中即被認為是亂倫之舉。第二類則是原始婚俗在少數民族剛入文明門檻後的殘餘，也就是《北史．突厥傳》所說的「父兄伯叔死者，其子及弟及侄等妻其後母、世叔母及嫂」，這在當時這些少數族的道德觀念中並不視為亂倫，本書便不涉及。唯對第一類記載，先秦史名家童書業在《春秋左傳研究》裡，一方面傾向於也是原始婚俗的殘餘，另一方面則認為：《左傳》與《國語》記及此類事情，多出以鄙夷的筆吻，似已反映出這類性行為是違背當時倫理規範的，因而也屬於討論的範圍。

可以舉出一連串帝王的名單，例如春秋時期的衛宣公、晉獻公，魏晉南北朝時期的魏文帝、前趙主劉聰、後燕主慕容熙、前涼主張祚、南齊鬱林王、隋唐時期的隋煬帝與唐高宗，還有五代閩主王昶、楚王馬希范，包括已經完全漢化的金章宗等。他們把生母以外先君留下的后妃嬪御全都占為己有，有的還立為自己的后妃，演出了無視人倫的醜惡一幕。

魏文帝曹丕建立魏國後，就把其父曹操當魏王時的宮人占為己用。他病重時，生母卞太后前去探病，入戶一看，見侍候使喚的都是丈夫當年最寵愛的姬妾。問明她們都是曹操一死就受召入侍的，卞太后氣得不再走近兒子的病榻，氣憤地說：「狗鼠都不吃你，死了也活該！」直到文帝臨死，她都沒再去看過他。作為母親，她對兒子這種悖逆人倫的行為傷心透了。

魏文帝曹丕

前趙主劉聰即位後，尊生母張氏為帝太后，尊父親劉淵的嫡配單氏為皇太后。單氏姿色絕麗，劉聰就占有了她。單氏的兒子劉乂（也就是劉聰的同父異母弟）知道後，屢次對母親說這樣不光彩。單氏又羞愧又悔恨，不久就鬱鬱而死。在這種悖逆倫常的性關係中，女性背負的十字架總是最沉重的。

由文學家駱賓王起草的《討武曌檄》有這麼幾句：「昔充太宗下陳，嘗以更衣入侍。洎乎晚節，穢亂春宮。密隱先帝之私，陰圖後庭之嬖。」說的就是武則天以太宗才人轉而成為太宗之子高宗的皇后，檄文鋒芒直指武后，通篇立論則把逆倫的惡名一股腦兒推給了武則天。在後來的宮廷鬥爭中，武則天確實大有泯滅人性處，但追究其再次入宮的主要責任，高宗恐怕不能辭其咎。

武則天十四歲入宮，成為太宗的才人。她一定是嫵媚動人的，否則太宗怎會欽賜她「武媚娘」的稱號。她以更衣的機會為太宗臨幸，應該並非駱賓王捏造。太宗晚年生病，高宗作為太子入宮探視，見到這麼媚人的尤物，自然心旌搖盪，兩人早有過眉目傳情，也是意料中事。據說，有一次，這位武才人端上一盆熱水讓太子洗手，太子故意把水濺到她嬌嫩的臉蛋上，吟道：「清水洗粉面」，武才人才思敏捷聯句道：「恭承雲雨情。」在歷代典故中，雲雨是男女床笫歡愛的代名詞。武則天的下聯分明是一種暗示求歡的性挑逗。

唐太宗死後，高宗即位，武則天與後宮其他嬪御一起，按慣例被送進感業寺，出家做了尼姑。如果不出現奇蹟，她也許就伴隨著青燈黃卷默默度過餘生。然而，第二年轉機出現了，武則天不失時機地抓住了機會。這年，高宗到感業寺行香，武則天設法讓高宗見到了她。兩人會面時，武則天流下了傷感的眼淚。嫵媚女人的眼淚最有殺傷力，高宗深深為之感動。

這時，高宗王皇后因為無子正與深受寵愛的蕭淑妃在勾心鬥角，急需引進一個同盟者，來壓一壓蕭淑妃得寵的勢頭。當高宗回宮說起這事時，王皇后竭力慫恿接回武則天。高宗本來舊情繾綣，一經勸誘，就把父皇的舊嬪御重新接進宮來，封為昭儀。由於高宗這一舉動，歷史上又多了一樁父子聚麀的醜聞，也為武則天此後的垂簾聽政與自立為帝開闢了道路。可見，即使武則天事先有挑逗煽情和設計做作的成分在內，讓她重新進宮的關鍵一步，畢竟是高宗決定的。

如果說以上帝王在前代君主駕崩前還是偷偷摸摸做出這類醜事的，那麼五代閩康宗王昶就更無恥了。他在做福王時就烝淫了父親閩惠宗的宮人春燕，惠宗風疾加重後，王昶乾脆堂而皇之地通過陳皇后向父親指名索取春燕。閩惠宗雖然怏怏，卻只得賜給了他。他得了父親的宮嬪還嫌不滿足，事隔數月，乾脆發動政變，入宮殺了老爸自立為帝，徹底做一個「無父無君」的亂臣賊子。

父奪子婦與父淫子妻

所謂父奪子婦，就是帝王以君主與父親的雙重權威把原來兒子聘娶的女子奪歸己有，還把她立為后妃。有的婚姻史家將其歸入劫奪婚，但這已非一般意義上的劫奪，因為它把劫奪的魔爪伸進了家庭這一社會基本細胞的內部，直接踐踏了家庭倫理規範，由此引發的家庭危機，將會吞噬家庭本身。在歷史上，幹了這種醜行而有案可查的君主有魯惠公、衛宣公、楚平王、唐玄宗與西夏景宗等。

衛宣公即位後，先是烝了自己的庶母夷姜，生下了伋。宣公因為喜歡夷姜，立她為夫人，還立伋為太子。太子伋長大後，宣公為他在齊國聘了妻子。然而，他見未過門的兒媳婦美麗動人，就自己娶了她，這就是宣姜。宣公後來又為太子則另娶了妻子。夷姜見到宣姜比自己年輕漂亮得多，奪寵在即，又見兒媳變成了情敵，又氣又羞，上吊自殺了。

衛宣公唯恐宣姜不順從自己，為她在黃河邊建造了一座新臺，讓她從齊國嫁到衛國經過黃河邊上時就能入住，兩人在新臺共享新婚燕爾之樂。新臺又高敞又堂皇，似乎成了衛宣公父奪子媳的告示牌。衛國人都感到羞辱，唱開了一首名為〈新臺〉的民謠，挖苦這個有點醜陋的昏暴君主：

新臺色澤明朗，黃河大水洋洋。
為求新婚燕爾，得到這個醜陋漢不像樣。

新臺造型高峻，黃河大水盈盈。
為求新婚燕爾，得到這個醜陋漢不像人。
張網為捕魚蝦，落網卻是老鴨。
為求新婚燕爾，得到這個醜陋漢真氣煞。

歷來被譽為中國古代第一美人的楊貴妃，也是唐玄宗從他的兒子壽王那兒奪來的。後人的標準也真牴牾：衛宣公奪子婦成了諷刺劇，而類似的複製版卻演變為迴腸蕩氣的愛情劇。早在開元二十三年（西元735年），楊玉環就嫁給了壽王，玄宗還正式頒布了冊立她為壽王妃的詔書。兩年後，壽王的生母，也是玄宗最寵愛的武惠妃撒手人寰。一時間，玄宗心灰意懶，宮中妃嬪沒有一個他看得上眼。他命高力士訪尋可以替代武惠妃的女子。開元二十八年，高力士發現容貌酷似武惠妃的壽王妃。玄宗急召其入宮，見她天生麗質，儀態萬方，依稀如武惠妃，嬌美則更過之。一曲歌舞以後，玄宗就不忍割捨了。但畢竟是兒媳婦，馬上立其為妃，唯恐世人譏議，有失天子臉面。玄宗便下了一道詔旨，藉口楊玉環自願出家為女道士，居住宮內太真宮，道號就叫太真。這樣，楊玉環就以道姑身分入宮，玄宗既能障天下耳目，又能與她在太真宮偷情做愛。

不過，這畢竟只能偷偷摸摸地進行，還要防備諸子入宮時撞見。張祜有一首詩就是描寫楊太真這種怕人撞見的忐忑心態：

日映宮牆霧半開，太真簾卷畏人猜。
黃番綽指向西樹，不信寧王回馬來。

大意是太真捲起垂簾，冷不丁看到壽王的兄弟寧王回馬過來，這可夠她驚乍的。天寶四年（西元745年），玄宗認為事過五年，世人已經淡忘，便下了兩道詔書：一是為壽王再聘左衛中郎將韋訓的女兒；一是正式冊立楊太真為貴妃。

既然身為貴妃，難免要在宮廷宴會上與前夫壽王相見。李商隱有一首詩題為〈龍池〉，就是描寫這一尷尬難堪的場面：

龍池賜酒敞雲屏，羯鼓聲高眾樂停。
夜半宴歸宮漏永，薛王沉醉壽王醒。

唐玄宗以父皇的身分在大明宮龍首池邊賜酒，在羯鼓樂舞聲中兩人又見了面。夜半宮宴結束，諸王各自回王府。薛王無憂無慮早已酩酊大醉，在宮漏沉沉中，壽王卻痛苦地回想起自己的嬌妻被父皇奪去，這一夜他還能睡得著嗎？

與父奪子婦不同，父淫子妻是作為君父的帝王與兒媳有淫亂的性關係，但在名分上卻並不把她作為自己的后妃。在歷史上，春秋時期的蔡景侯與五代的梁太祖都是這樣的君主。蔡景侯為太子般在楚國娶了新婦，又與她私通。太子般知道後，一怒之下殺了父親，自立為君。後梁太祖朱溫有八個兒子，其中一個是養子朱友文。這些兒子駐兵在外，他卻經常讓他們的妻子進宮，發洩他的獸慾。其中朱友

楊貴妃

文的媳婦王氏在妯娌中相貌最出眾，也最受寵愛。愛屋及烏，梁太祖雖然還沒有立太子，但這種意向很明顯。病重之際，他讓王氏把友文從洛陽召進宮來，準備交代後事。第二子朱友珪的妻子張氏也朝夕入侍，知道這事，就通風報信給自己的丈夫。於是，朱友珪率兵連夜殺入宮禁。梁太祖病中驚起，叱責道：「你悖逆如此，天地豈能容你！」話音剛落，就被刺死了。以子弒父，天地固然不容，但以父淫媳，天地就能容許嗎？歷史學家胡三省在為《資治通鑑》這段紀事作注時感慨道：「古人有言：淫而不父，必有其禍。豈不信哉！」

兄奪弟婦與弟奸兄妻

在中國婚俗中，兄弟去世，在對方認可的情況下，叔嫂或伯嬸通過合法的婚娶形式，結成夫婦，是完全正常的。這裡涉及的仍是帝王憑藉君權對弟婦或兄妻的強奪與淫亂。

唐太宗通過玄武門之變登上了皇位，他把齊王李元吉的王妃納入自家的後宮，就是兄奪弟婦的有名例子。這一舉動，也給這位中國歷史上的明君形象投下抹不去的陰影。清世祖最為之痴情的董鄂妃，也是從他弟弟手裡搶過來的。據當時來華的西方傳教士湯若望記載：

> 順治皇帝對於一位滿籍軍人之夫人，起了一種火熱愛戀。當這位軍人因此申斥他的夫人時，他竟被對於他這申斥有所聞知的天子親手打了一個極怪異的耳摑。這位軍人於是乃因怨憤致死，或許竟是自殺而死。皇帝遂即將這位軍人的未亡人收入宮中，封為貴妃。

這位貴妃就是董鄂妃。從湯若望的回憶可以明確兩點：第一，清世祖與她偷情在先，納其為妃在後。第二，她的丈夫之死完全是清世祖一手造成的。根據清史大家孟森的考證，她的丈夫，即那位滿籍軍人，只能在皇室成員的範圍之內，而據《清實錄》，董鄂妃是在順治三年（西元１６４６年）七月入宮為妃，但對她的冊立卻在八月以後進行，說是皇帝因和碩襄親王去世，不忍舉行這一吉禮。世祖把冊妃與親王之死聯繫在一起，正是欲蓋彌彰。可以推斷，董鄂妃正是這位親王的未亡人，而他就是清世祖的弟弟，清太宗的第十一子博穆博果爾。儘管清世祖與董鄂妃的愛情歷來被人傳頌為帝王鍾情的美談，然而為了滿足自己的情慾，演出兄奪弟婦的一幕，畢竟不是佳話，而是醜聞。

史家趙翼在《廿二史箚記》裡指出：「古來宮闈之亂，未有如北齊者。」不妨就循著這一指點，來揭開北齊宮闈的齷齪帷幕吧！

在北齊正式立國前，高澄與弟弟高洋的妻子私通。等到高洋建立北齊，當上了文宣帝，就無恥地對寡嫂元氏說：「我哥哥過去強姦我的妻子，今天我要報復。」於是就姦汙了她。為了發洩報復心，凡是高澄家的婦女，不論親疏，高洋都命自己的左右侍從當著自己的面與她們交合，堂皇的宮殿竟如一個動物交配場。

有其兄便有其弟，高洋之弟高湛即位為武成帝後，也效其兄文宣帝所為。他不但占有了文宣帝的嬪御王氏、彭氏、任氏，把她們立為夫人，還把主意打到文宣帝那個頗有姿色的李皇后身上。武成帝威脅她說：「你不順從我，就殺你的兒子！」李皇后唯恐他真要這麼幹，只得任他發洩獸慾。她最終懷上了孕，兒子太原王紹德來看望母親，被她拒之門外。紹德就隔著門說：「我做兒子的豈有不知情的？媽媽你的肚子被睡大了，

清順治帝

所以不見兒子。」李氏聽後，羞愧交加，所懷的女嬰一生下後，就親手把這個小生命給扼殺了。

武成帝知道後，橫刀大罵：「你殺死我的女兒，我難道不能殺你的兒子嗎？」就當著李皇后的面，把紹德給刺死了。目睹兒子的慘死，李皇后呼天搶地。武成帝卻益發怒不可遏，把李皇后的衣服扒光，亂撾猛撻，直打得她皮開肉綻，然後命人裝入囊袋，扔在溝渠邊，淋漓的鮮血把囊袋都染得殷紅。李皇后好久才甦醒過來，被拋上了牛車，送進了一座尼庵，這才活了下來。

趙翼感慨道：「天道之報施，所謂淫人妻女，妻女淫人者，亦昭然可見也。」天道報應，當然還是歸之冥冥，說到底，還是文宣帝、武成帝滅絕人性，兄行弟效，才使元氏與李皇后先後遭到凌辱。

侄妻叔母與侄納姑母

在歷史上，侄納叔母的帝王先後有南朝宋前廢帝、五代後晉出帝與金廢帝等，尤其以後晉出帝最為醜態百出。晉出帝的叔叔早就去世，他的妻子馮氏頗有姿色。晉出帝久已垂涎，他剛即位，先帝晉高祖還沒有下葬，就迫不及待地把馮氏立為皇后。皇太后李氏也無可奈何，就吩咐他，時值大喪，就別大事慶典了。馮道率群臣來賀大婚，出帝傻兮兮地對眾大臣說：「皇太后有命，你們就不要大慶了。」他與馮氏喝得醉眼矇矓，經過高祖靈柩前，以酒酹地作為祭奠，然後對著靈柩大聲狎侮道：「皇太后有命，與你先帝就不要大慶了。」一旁的皇太后又氣又恨，左右的人都忍不住笑起來。他自己也笑得前仰後合，不無得意地對左右說：「今天我做新郎官，做得怎麼樣？」馮氏與左右又是一陣哄堂大笑。在喪服中行亂倫之婚，還揚揚自得，以丑角自居，真不知人間有羞恥二字。以致後來契丹滅晉，竟以「納叔母於中宮，亂人倫之大典」作為聲討他的罪名。

比起納娶叔母，把出自同一血緣的姑母納入後宮，在亂倫的道路上可就走得更遠了。南朝宋文帝的第十個女兒劉英媚封新蔡公主，嫁給了撫軍諮議參軍何邁。不料前廢帝即位後，淫邪的念頭打到了這位親姑媽的身上。他召她入宮，玩了個李代桃僵的花招，殺了一個宮女代替公主，送回了何家。然後，對外宣布公主已死，還煞有介事地舉行隆重的葬禮。然後，前廢帝把同姓的姑媽改姓謝氏，作為自己的宮人，野獸般占有了她。過了不久，又冊立「謝氏」為貴嬪，賜與鸞輅、龍旗等儀仗，堂而皇之地出警入蹕，以為這樣就可以遮盡天下人的耳目。前廢帝唯恐何邁說出真相，何邁也擔憂會被皇帝進一步加害，便糾集死黨準備在前廢帝出行時劫持並廢黜他。消息洩露，前廢帝搶先一步殺死了何邁，從此高枕無憂地把姑媽當作自己的貴嬪了。

亂及姊妹

在人類婚姻史上，兄弟與姊妹的性行為在矇昧時代的血緣婚階段曾經發生過。但進入文明的門檻以後，這種關係就被視為亂倫而遭到禁止。然而，在文明時代，仍有荒淫的君主違人倫之大防與婚姻之進化，行兄妹亂倫之穢行醜事。

魏孝武帝是北魏最後一位君主，他有三個堂妹：一個是平原公主明月，一個是安德公主，還有一個名叫蒺藜。三人都未出嫁，都被孝武帝納入了後宮。當時北魏分裂徵兆已經顯現，在一次宮廷內宴上，孝武帝讓宮闈婦人們詠詩。有人吟誦起鮑照的樂府詩：「朱門九重門九閨，願逐明月入君懷。」孝武帝最終帶著平原公主明月入關投靠宇文泰。宇文泰先命人殺了明月，而後又鴆殺了孝武帝，擁立西魏文帝。而蒺藜則被孝武帝拋棄在洛陽，自縊而死。

如果說北魏孝武帝與堂姊妹的性關係已屬不倫，那麼，與自己同胞姐妹發生這種亂倫關係，就更淫亂放蕩。

齊襄公四年（西元前６９４年），魯桓公帶著夫人姜氏到齊國去商討國事。魯桓公的夫人是齊襄公的親妹妹，在出嫁前兄妹就有淫亂關係。逗留齊國期間，兄妹倆故情復萌，舊夢重溫。魯桓公知道後，嚴厲譴責姜氏。姜氏告訴了哥哥。齊襄公倚仗著大國地位，蓄意報復。在一次饗宴中，他把魯桓公灌醉，再命力士公子彭生抱他上車，乘機將他殺了。姜氏因這件醜事不敢回到魯國去，乾脆留在了齊國，與齊襄公維持著姦情。孔子在《春秋》中記述了這件事，認為齊襄公與姜氏的兄妹亂倫應對魯桓公之死負責。

另據《管子．小匡》，齊襄公之弟，那個春秋五霸之首的齊桓公也有類似的穢行，占有姑母或姐妹共七人，不讓她們出嫁。《春秋公羊傳．魯莊公二十年》說「齊侯亦淫，諸姑姊妹不嫁者七人」。王充力辯齊桓公作為雄主，九合諸侯，一匡天下，千世一出，絕不可能有如此舉動。然而，這一記載赫然在案，且不止《管子》一書。以政治功業來替代對同一人物的道德評價，無乃失之偏頗。後人倒不妨借用他在《論衡．書虛》中的辯難之語，來評論齊襄公、桓公這對亂倫的兄弟：「夫亂骨肉，犯親戚，無上下之序者，禽獸之性，則亂不知倫理。」

十六國時期，前涼主張祚在即位前就烝淫了太后馬氏，她是張祚同父異母弟張重華的生母。張重華死，子靈曜繼立，張祚對馬氏說，靈曜年僅十歲，應該立年長的君主。馬氏於是廢黜了靈曜，改封他為西涼王。張祚當上前涼皇帝後，在繼續私通馬氏的同時，又對其父張駿以及張重華尚未出嫁的女兒濫加姦淫，其中有的是他的親侄女，有的甚至是他的親姐妹。涼州人都唱起了《詩經．牆有茨》來痛罵他的亂倫：

牆上有蒺藜啊，沒法掃除，
夜半那事情啊，沒法說出，
如果要說出啊，說它也醜惡！

南齊東昏侯是齊明帝的次子，他的姊姊山陰公主是明帝的長女。早在他以皇太子身分納妃褚氏時，就公然感嘆：「太子妃如能像山陰公主那樣，我就沒有遺憾了。」希望配偶的姿色或品性如同親姐姐那樣，這樣的心理尚屬正常；但由東昏侯嘴中說出時，已有淫邪的意念潛埋其中。山陰公主雖已嫁給了中軍大將軍徐孝嗣之子徐況，也未能逃脫東昏侯的淫慾。他即位後不久，就鴆殺了徐孝嗣，殺死了徐況，維持著親姊弟的亂倫行為，直到他在宮廷政變中被殺為止。《南史・齊本紀》說他「竊與諸姊妹淫通」，可見他這種亂倫之舉還不僅僅與山陰公主一個人。

面對人倫的審判

性倫理是一個嚴重的道德問題，後人對歷史上的性倫理問題，包括帝王的性亂倫問題，也應該放到當時通行的社會倫理中去考察評價。在人類性史上確實有過雜婚、血緣群婚、族外群婚等在後人道德觀念中視為亂倫的婚姻狀態，但是，人類自身的再生產也伴隨文明的步伐向前邁進。人類進入文明時代的門檻以後，那些在矇昧時代與野蠻時代的性行為與婚姻狀態，都已被社會道德視為亂倫。帝王在後宮的那些亂倫行徑，就是他們在性心理與性道德上的倒行逆施。正是他們，讓人類性史上已被否定與拋棄的矇昧野蠻重新復活起來，演出了喪心病狂的一幕。

按照精神分析學說，嬰幼兒都經歷過「性慾的亂倫期」。這一階段的男孩懷有戀母忌父的「伊底帕斯情結」，與此相對，女孩則懷有戀父忌母的「伊萊克拉特情結」。這一「亂倫期」最初的對象是父母，稍後改為兄弟姊妹。這種幼稚的亂倫情結經過社會上道德觀念、法律條文、宗教習俗的矯正、規範與引導，成為一種潛意識，而代之成為主宰意識的則是整個社會規範所認同的正常健康的性心理與性道德。精神分析學派把人類在性心理與性道德上個體發達史與社會發達史結合起來分析，有一定的借鑑作用。

不妨借用這一理論，來分析導致帝王后妃中亂倫行為的社會原因。這種幼稚期的伊底帕斯情結，在嬰幼兒成人後成為一種潛意識，然而從根本上並沒有也不可能連根剷除淨盡，只不過被社會道德與法律的堅固堤防約束規範著。這種約束與規範，當然也依賴於個人的正常人格與健全理性，為伊底帕斯情結或伊萊克拉特情結構築起一個安全閥。而那些帝王之所以恣意亂倫，就是倚恃著天下獨尊的帝王權位，即使觸犯倫理的網羅，也可以逃避法律的制裁，於是就肆無忌憚地鬆動道德的安全閥，把潛意識中的人性之惡像魔鬼一樣釋放出來，幹出那種傷天害理的亂倫行徑，墮落為衣冠禽獸。在這些穢行醜聞中，帝王作為亂倫行為的主動發起者，誠然十惡不赦；作為女性的絕大多數，雖是被動的受害者，但對這種亂倫逆來順受，也應該受到道德的譴責。至於個別女性以此作為進入宮闈、備位后妃的途徑而恬不知恥，同樣是人性中醜惡根性的沉渣泛起。

在這些後宮亂倫中，有些皇帝素以淫亂昏君而著稱，例如南朝宋齊之際的那些君主，南齊的鬱林王、東昏侯、宋孝武帝、宋前廢帝，還有金廢帝完顏亮等等；有些卻是一代雄主，例如齊桓公、唐太宗、武則天等。對於後一類型的帝王，後人往往對他們的歷史貢獻給予積極的評價，這點無可非議。然而，克里奧神殿中對歷史以及歷史人物的評價標準不應該只將其對歷史進步的作用持為唯一的尺度；人格、道德也應列為衡估歷史人物的價值參數。中西傳統史學早有這種標準，其缺陷在於唯道德史觀。在批評唯道德史觀不足時，絕不意味著把道德、人性的評判準繩從歷史評價中完全驅逐出去，否則何以用歷史教育後人，垂訓來世？

八　初釋后妃夢：夢入後宮

皇后傳記多預言

在穩定的君主政權下，一般臣民想當皇帝的不臣夢想，相對說來，遠遠要比婦女渴求做后妃的嚮往少得多。前者要犯大逆的罪名，冒殺頭的危險，而後者則敞開著可能性的門扉。唯其如此，十六國後燕段儀的大女兒元妃敢於宣告：「我終不做凡人妻！」他的小女兒季妃也接著聲稱：「妹也不為庸夫婦！」姐姐後來成為後燕主慕容垂的皇后，妹妹也嫁給了南燕主慕容德。

為了迎合人們祈望女兒貴為皇后、母儀天下的心理，一些相術之士也盡揀對方喜歡的說，歷代皇后傳裡就頗多這類預言。北魏宣武帝胡皇后降生不久，其父問卜，相者說：「你女兒大貴之相，應該為天地之母，生天地之主。不過，別讓第四個人知道。」武則天還在嬰孩時，穿著男孩的衣服由乳母抱著看過相，術士說：「小男孩神采清朗，不卜可知。」其父堅請，術士說：「龍睛鳳頸，貴到極點。如是女娃，就會做天子。」宋光宗李皇后幼時，看相者見後驚懼著不敢接受她的拜謁，說「這女孩兒會做天下之母的。」值得注意的是，胡皇后與李皇后都是相士之語傳入宮禁才應選入宮的，令人懷疑相士是否與后妃之家串通起來偽造的。

據《西京雜記》，漢元帝皇后王政君在璽盒裡放著一顆白石，自稱做姑娘時，有一隻白燕銜著這顆石子放到她的針線盒裡，拿起一看，白石竟一分為二，中有「母天地」三個字，當她合上兩瓣，石子竟又渾然為一了，所以珍藏至今。關鍵在於，這顆石子從那以後再也沒能分開過，究竟有沒有那三個字，也就無從驗證了。

明月入懷或霞光照室

至於皇后降生時，赤光照室、異光穿空之類的「異兆」，在正史后妃傳裡俯拾皆是。例如，南朝梁武帝隙皇后、陳武帝章皇后、遼道宗蕭皇后、宋高宗吳皇后、金章宗蒲察皇后等，都有過這種幸運的光環；而前蜀主王衍金皇后降生時，風雨大作中居然有赤龍繞庭。對這些相卜之語與神光之異，在斥為荒誕的同時，還應看到其背後隱藏的一種社會心理，那就是父母企盼女兒母儀天下，而女兒們也懷著同樣的夢想——焉知有些卜語與異兆，不是她們編造出來的呢？

從精神分析學說來說，貌似離奇怪誕的夢絕不是毫無意義的，都是欲望的一種滿足，這種欲望在現實生活中或是遭到壓抑，或是尚未實現，或是正在追求，於是，在睡夢中就戴上了荒誕古怪的假面具，頑強地展開了潛意識活動。

在形形色色的后妃夢中，有的是后妃在入選前自己做的夢，有的是后妃的母親在生她之前做的夢。這些夢往往沒有曲折錯亂的顯相或隱義，只是白日的願望以圖像轉換的方式在夢境中展現。金章宗生母徒單氏出生前夕，她的母親夢見神人授她一顆寶珠，光焰照得滿屋子通紅，就是希望即將出世的子女像寶珠那樣被人珍視。

《禮記》說：「天子之與后，猶日之與月」。後人就日月對舉而各指帝后。在后妃母親所做的夢裡，最多的也是明月入懷。例如漢元帝王皇后、東魏孝靜帝高皇后、遼道宗蕭皇后、宋真宗劉皇后、明孝宗張皇后，她們的母親在懷孕時都做過同樣的夢。據《北史．后妃傳》，北魏武成帝的母親盧氏尚在其母腹中時，一胡僧經過其門，說：「這屋子的葫蘆中有月亮。」這是對明月入懷夢最恰當的解釋：葫蘆隱喻母親的子宮，月亮借指所孕育的女兒。

《焚椒錄》記載了遼道宗皇后蕭觀音出生時其母耶律氏的夢境：「夢月墜懷，已復東升，光輝照爛，不可仰視，漸升中天，忽為天狗所食。驚寤而後生。」耶律氏對丈夫、南院樞密使蕭惠解夢說：「此女必大貴而不得善終。」夢月墜懷，乃是盼望女兒能做上皇后的心理表象；明月東昇而不可仰視，則是祈願女兒在走向皇后寶座時一帆風順。蕭氏是遼代皇室世婚的后族，期盼女兒入選為后，在蕭妻的意識中可謂是久久縈繞的。然而，歷代皇后中不得善終的前車之鑑，卻像陰雲一樣時刻掠過母親的心頭。這種深沉的憂慮在夢中就轉換為天狗吞月亮的顯相，而將母親清醒時的憂慮在潛意識裡釋放出來。

對后妃夢境的精神分析

這類夢也經常有與天、日相關的夢境。漢和帝鄧皇后在永元四年（西元92年）例應選入後宮，適逢父親去世而守喪。期間她做了一個夢，夢見自己用手摸天，天體青蕩蕩、光溜溜的，向下隆起，彷彿一個鐘乳，她就仰頭吮吸起來。占夢的人說，堯夢見自己攀天而上，湯夢見自己舔天而食，都是大吉之夢。按精神分析學派的釋夢理論，這個夢與性有關。鄧皇后因故排除在入選名單之外，內心有一種焦灼感，唯恐永失選入後宮的機會，在性上面得不到皇帝的撫愛，就在夢中主動採取攻勢（這種意識在清醒時即使產生，也會遭到壓抑），於是就有了捫天之舉。至於清平光滑的天體與吮吸鐘乳，不過是將少女的自戀移位到對象身上而已。

遼聖宗皇后蕭耨斤的母親懷她時，也做過相似的夢：一根金柱擎天而立，其他人想攀上去，無不失敗；她雖然晚到，卻攀援成功了。按照佛洛伊德的釋夢理論，擎天柱是男性生殖器的象徵，攀天與捫天同樣隱喻交媾。蕭耨斤的母親沒能通過婚姻實現自己的后妃夢，壓抑著的遺憾在夢中顯相為別人在她之前攀緣金柱，她卻遲來後到；而現實中未能滿足的願望，在夢中顯相為雖然遲到卻攀天成功，其隱義是指望生一個女兒來圓自己未做成的后妃夢。

北魏孝文帝高皇后未入後宮前，連續幾夜做著雷同的怪夢：自己立在堂內，太陽光從窗外照進來，灼熱逼人，儘管東躲西避，陽光始終緊隨著照定了她。占夢人說：「這是貴不可言的奇異徵兆，太陽照定了你，意味著皇帝要聘納你，你推辭不了的；過去有夢月入懷生下天子的，何況現在是日照的好兆頭呢！」占夢者從日喻帝王的象徵意義來解析夢境，其顯相後的隱義就是希望成為天子選中的后妃。傳統文化中的類比象徵一旦形成，對人們的意識容易造成思維慣性，徑直以象徵物（太陽）取代被象徵物（帝王）來思考問題。佛洛伊德把這一過程稱為夢的移置作用。這類夢境中直接出現的象徵物，也就不難索解。

有一個例子也能說明這點。宋理宗謝皇后是庶出，她的生母毛氏懷她時曾夢見五色霞光罩住自己。次日，為嫡妻洗足時，毛氏說起這夢境，嫡妻氣惱地用腳踹她的頭頸說：「你難道生皇后嗎？」可見，太陽、霞光作為象徵物，以及孕婦所做與其有關的夢，都成為一種思維定勢；這類夢頻頻出現在后妃傳記中，其心理隱義是顯而易見的。

榮格在討論到夢的象徵意義時認為：在受挫的渴望得到滿足的希冀中，夢具有雙重的象徵意義，既有追溯過去的方面，也有展望未來的方面；在某一象徵背後，既有一種作為原因的推動力，也有作為目標的吸引力；在分析象徵的追溯性的同時，不應忽視象徵的展望性。據此可知，形形色色的后妃夢境，既再現出那些此生已與后妃無緣的母親們受挫欲望的虛幻滿足，這是夢所象徵的追溯性層面；又表達了她們對女兒當皇后的熱切嚮往，這是夢所象徵的展望性層面；當然，也折射出那些尚未入選後宮的女兒們當下的失望與未來的追求。毋庸諱言，在君主制下，自己或女兒能進入掖庭成為皇后，在婦女中是被廣泛認同的社會心理，她們無法擺脫占統治地位的價值標準。然而，即便如此，對自己命運的憂慮與恐懼，仍時時襲擊她們的思緒，因而夢境中才會象徵性地出現天狗吞月、日光灼身等景象。在歷史上，不少君主對那些后妃而言，確實就是「時日曷喪，予及汝偕亡」的毒日頭。

第三章

聯姻帝王家

一 冊后與大婚

《禮記．昏義》說：「禮之大體，而所以成男女之別，而立夫婦之義也。男女有別，而後夫婦有義；夫婦有義，而後父子有親；父子有親，而後君臣有正。故曰昏禮者，禮之本也。」基於中國文化對婚禮高度重視的傳統觀念，帝王的立后與大婚，歷朝都視為一代大典。

在歷代君主中，未婚登基再通過大婚冊后的皇帝，在數量上遠比已婚即位後冊立原太子妃或王妃為皇后的君主來得少。大婚冊后時，在應選入宮的女子中究竟選誰為皇后，不僅僅是一個選擇程式，而且對各方都是至關重要的大問題。漢順帝即位後，四個貴人都有寵，不知究竟立誰做皇后才好，乾脆想把這個難題拜託神靈去解決，準備用掣籌的辦法讓神來定選。臣下進諫說，祖宗典故從未有此先例，他這才打消了恃神任筮的荒唐念頭。但十六國與北朝諸少數民族向來有鑄像以卜吉凶的習俗，北魏入主中原後仍沿襲這一風習，作為能否立為皇后的慣例。《廿二史箚記．後魏以鑄像卜休咎》說：「魏故事，將立皇后，必令手鑄金人，以成者為吉，否則不得立也。道武帝妃慕容氏有寵，帝令后鑄金人，成，乃立為后。后薨，又寵劉氏，以鑄金人不成，不登后位。明元帝妃姚氏，鑄金人不成，未升尊位。」這種做法，雖是風俗使然，但讓所謂天意來決定立后大事，無乃荒誕不經。

皇太后的決定權

不過，未婚帝王冊后時，只要皇太后健在，她的傾嚮往往舉足輕重。林語堂在《中國人》中指出：「在中國，有許多慈禧太后式的人物，無論是在政治上，還是在平常人家，家庭就是皇朝；而儒家也給予母親一個在家裡受尊敬的地位。」同樣，家國一體，皇朝也是一個家庭，尤其是成為皇太后以後，她對皇帝兒子冊立誰做皇后，就有決定性的支配權。這種支配權，往往是皇太后實現自己好惡利害的手段，然而，卻往往造成了帝后的婚姻悲劇。

呂后為了親上加親，讓兒子漢惠帝立他的外甥女張氏為皇后，張氏生母即呂后的大女兒、惠帝親姐姐魯元公主。不過，這樁有乖倫序的舅甥婚姻並不美滿和諧，呂后希望親外孫女為自己的兒子生下太子來，使盡解數卻未能如願以償，惠帝立后僅四年就命赴黃泉，撇下這位年僅十幾歲的外甥女冷清清地做了寡婦。

宋仁宗冊立皇后時，對於姿色冠世的王氏一見鍾情。然而，劉太后卻認為王家姑娘妖豔過分，恐怕不利於少主，就把王氏嫁給了自己的侄子劉從德，卻讓仁宗冊立了郭皇后。仁宗對王氏一往情深，在劉從德去世後，封她為遂國夫人，經常出入內廷，據說還有點兒曖昧關係；對於郭皇后，則是勉強不來，仁宗一親政就藉故將她廢黜了。

宋理宗即位，將冊立中宮皇后，楊太后因故相謝深甫在援立自己時起過不小的作用，作為報答，就命選謝氏諸女入宮。當時，賈涉的女兒也在入選之列，姿色殊麗，勝過謝家孫女謝道清。理宗鍾情於賈氏，楊太后卻發話道：「謝家女兒端莊有福相，應正位中宮」。理宗沒法違拗，謝道清入主中宮，賈氏只得屈居貴妃之位。

《明史．后妃傳》說：「故事，宮中選大婚，一后以二貴人陪，中選，則皇太后幕以青紗帕，取金玉跳脱系其臂。不中，即以年月帖子納淑女袖，侑以銀幣遣還。」足證明代大婚選後，皇太后仍握有最終決定權。

西太后的一著棋

晚清慈禧太后脅迫光緒帝立自己侄女做皇后，更是其掌控德宗的重要一著棋。

光緒十四年（西元1888年），光緒帝快十八歲了，慈禧太后再不歸政，讓他大婚與冊后，無論如何也說不過去。於是，她就處心積慮要讓自己弟弟副都統桂祥的女兒做上皇后，這樣才能把愛新覺羅的帝室血統與自己母族葉赫那拉氏融匯在一起，既為自己今後仍能主宰大清皇權準備了可能，也讓自家侄女成為安插在皇帝身邊的耳目，牢牢控制住光緒帝。

選后這天，依次排列備選的共五人，為首的就是慈禧的侄女葉赫那拉氏，其後依次是江西巡撫德馨與禮部侍郎長敘的兩個女兒。慈禧太后端坐上首，光緒帝在側侍立。前設一長案，上放著一柄玉如意和兩對紅底繡花荷包，作為定選的證物。清代慣例，選中為后的，便遞給如意；選中為妃的，就授以荷包。據《前清宮詞》說，「選定為后者，太后以金玉如意插其鬟，定制也」，表明皇太后仍有權直接為皇帝選定皇后，故而宮詞說：「不知誰恃慈宮愛，如意雙雙插鬟時。」

也許，慈禧太后自認為已將光緒帝調教馴順，完全可以在一旁充當袖手旁觀的耍猴人，便對光緒帝說：「皇帝，誰能夠入選，你自己裁擇，合意的授與如意就行了。」說著把如意遞給了他，光緒帝回答說：「這是大事，應由皇爸爸（光緒帝對西太后的稱呼）決定。」太后堅決讓他自選。光緒帝看了一眼面前的五人，慈禧的侄女比光緒帝還大兩歲，而且其貌不揚，相比之下，德馨的兩個女兒顯得美麗可愛。於是，光緒帝捏著如意，越過了桂祥的女兒，向德馨家兩姊妹走去，準備遞過如意。

事到如今，慈禧太后不得不出面干預，大喝一聲：「皇帝！」一努嘴向他示意站在排頭的親侄女。光緒帝一愣，但很快明白其意思，無可奈何把如意遞了過去。唯恐光緒帝會再選德馨兩個女兒為貴妃，將奪皇后之寵，慈禧不讓他繼續選下去，匆匆命在旁的公主把兩個荷包遞與長敘家兩姊妹，她們就是後來的瑾妃與珍妃。這樣，慈禧太后硬把自己侄女塞給光緒帝當皇后，不僅加劇了她與光緒帝母子之間的感情危機，而且埋下了光緒帝與隆裕后、隆裕后與珍妃之間的感情糾葛，演出了晚清宮廷一幕幕的悲劇。

冊后大婚的六禮程式

未婚繼位的皇帝在皇后選定以後，接著就是舉行冊后與大婚的隆重典禮。

自西周以來，形成以納采、問名、納吉、納徵、請期、親迎六禮為主體環節的婚儀程式。西周、春秋時期，天子立后、諸侯立夫人時也是遵用的。即使貴為天子、諸侯，在聘娶後、夫人納采時，禮物之中雁是必不可少的，取其順應陰陽變化、不失往來時節。問名就是問所納后、夫人生母的姓名。據《左傳．襄公十二年》，周靈王到齊國求娶王后，齊靈公問晏桓子：「周王來求取王后，按周之禮法，我該如何回答？」晏桓子對齊靈公說：「應該回答：夫人所生有多少人，妾婦所生有多少人。如沒有女兒，而有姐妹和姑母，就應該回答：先君某公的遺女多少人。」反映的就是春秋時天子、諸侯問名的禮儀。納吉，就是問明女方姓名後，通過占卜如果得到吉卦，再告知女方同意合婚。據《左傳．僖公四年》，晉國欲立驪姬為夫人，

隆裕后

用龜甲占卜下來不吉，而筮草占卜結果卻是吉兆，晉獻公命依據筮草占卜的結果行事，即是納吉的程序之一。納徵，也就是送交聘財給女家，諸侯在皮帛以外還加上大璋，天子則加上穀圭。《左傳・莊公二十二年》就有魯莊公到齊國納徵的記載。請期，即天子、諸侯擇定大婚吉日，通知女家。親迎，便是把王后或夫人從女方所在國迎接回來，一般說，天子派大夫為代表，諸侯派卿為代表，也有自己親去迎接的，《左傳・莊公二十四年》，魯莊公就到齊國去親迎夫人哀姜。而《左傳・文公四年》，魯文公聘齊國姜氏為夫人，沒派卿前去迎接，君子由此斷定姜氏在魯國不會有好結果，並大發議論道：「用尊貴的禮節去行聘，卻以低賤的禮節去迎接，身分是夫人，卻以小君來輕視她。失去信用而損害內主的地位，國家必然會動亂，家族也必然會滅亡。」

親迎以後，六禮已畢，但還有同牢、告廟等儀式。同牢，亦稱合巹，即舉行夫婦共同飲食的禮儀，表明夫婦從此正式結為一體。告廟，亦稱廟見，就是祭祀祖廟，把締結婚姻的事情告訴祖先。據《左傳・隱公八年》，鄭公子忽（即後來的鄭昭公）到陳國親迎嬀氏，回來後先行回房而後再去告祭祖廟，陪送嬀氏的陳國大夫認為：「這不能算是夫婦，不合乎禮。」

秦漢以後，帝王冊后與大婚的儀式，大體以上述六禮為基礎發展而成，但在排場上越來越隆重浩大，在聘金采禮上越來越奢靡豪華，在程序細節上越來越繁縟複雜。即以漢代聘皇后的黃金數而言，漢高祖時規定為二百斤，漢惠帝聘后時已升至萬斤。其後以此數作為定制，而漢平帝納王莽之女，聘金增為二萬斤黃金。王莽稱帝，立杜陵史氏女為皇后，聘禮升至黃金三萬斤，車馬、奴婢、匹帛、珍寶數以萬計。對歷代冊后與大婚的禮儀鋪排，這裡不擬逐一介紹，僅略述清代情況以見一斑。

清代冊后大婚禮

清代通過大婚禮冊立皇后的只有幼年即位的世祖順治帝、聖祖康熙帝、穆宗同治帝與德宗光緒帝；其他諸帝都是成婚在前即位在後，只須將原來的嫡福晉冊立為皇后，便完成了程序；而宣統帝更是被廢黜後才在紫禁城內操辦冊立大婚禮。

完成了議婚選后的程序，接下來就舉行納采之儀，向皇后家贈送訂婚的彩禮，主要有鞍轡齊全的文馬十匹，甲冑十列，緞百匹，布二百匹。納采這天早晨，正副納采至太和殿丹陛下，朝上行三跪九叩禮後，立在東階丹陛上。宣判官入殿宣制：「皇帝欽奉皇太后懿旨，納某氏某女為后，命卿等持節行禮納采。」正使受節畢，與副使從中階左側走下丹陛。內務府官員率校尉將事先放好采禮的龍亭從丹陛中階上抬著從行，衛士從丹陛下左右兩側牽文馬隨後，御仗前導，由太和中門出發赴皇后府邸。皇后之父（或祖）早就朝服在大門外跪迎，正副使升中階，將節陳放在正廳面南的節案上，向跪在大廳中門外的皇后之父授禮。禮畢，后父率子弟朝皇宮方向行三跪九叩禮謝恩，再至大門外跪送正副使節回宮覆命。這天，皇后府設納采宴會慶賀。

其後便是大徵禮（由納徵、請期融合而成），即向皇后家送大婚禮物，告知將迎娶皇后入宮。其儀式與納采禮相同，大徵禮物有黃金二百兩，白銀一萬兩，金茶器一套，銀茶器二套，緞千尺，文馬二十匹等。

大婚典禮中，最隆重的是冊立禮。這時，宮內各處御路都鋪上紅地氈，各宮門、殿門紅燈高掛，三大殿與坤寧宮懸掛喜宴字綵綢，甚至京城內外都家家張燈結綵，人人穿紅戴綠，表現出所謂萬民同慶的氣氛。行冊立禮的前一天，皇帝須遣官告祭天地與太廟。冊立當天早晨，太和殿內設立節案、冊案與寶案，上面各放節、金冊與金寶。殿外陳列皇帝的法駕鹵簿，殿前廊下兩側設中和韶樂，鳳輿、龍亭放於殿前中階下，鳳輿內放著「御筆用寶龍字金如意」一柄。太和門內廊下設丹陛大樂。慈寧宮前排列皇太后儀駕。皇后儀駕則陳設在太和門至午門兩側。吉時到，皇帝禮服赴慈寧宮向皇太后行禮，再到太和殿閱視冊、寶，升座，然後向正副奉迎使宣制、授節。冊、寶分別放入龍亭後，皇帝還宮。正副使節持節前導，其後依次為冊亭、寶亭與皇后儀駕，內大臣、侍衛等在後隨從。浩浩蕩蕩的奉迎儀仗隊，先後出太和門至大清門的中門，向皇后府邸進發。據記載，同治帝大婚時，儀仗從午門一直排到皇后府邸。宮燈數百盞，對馬數百匹，十六人抬的鳳輿將到時，由侍立兩側的宮監拍手傳達。有一首宮詞記下了這一場面：

昭陽儀仗午門開，夾路宮燈對馬催。
隊隊宮監齊拍手，後邊知是鳳輿來。

皇后府邸的內堂正中設節案，左右分設冊案與寶案，節案前供香案，香案前設皇后拜位，兩側各立兩名侍儀女官。后父（或祖父）率子弟穿戴朝服跪迎奉迎的隊伍，使臣升中階，鳳輿放在階上正中，階下左右排開皇后儀駕。正使傳制畢，后父行三跪九叩禮退出。使臣將節、冊、寶分授內監入內，請皇后出立內中門之右，后母率女眷朝服跪迎。內監再將節、冊、寶分置各案，皇后在拜位跪聽女官在冊案南邊宣讀冊文、寶文，然後接受冊、寶，行禮，冊立禮至此完成。等升輿入宮的吉時到，皇后在女官恭導下升鳳輿，后母率女眷送至輿前，后父則率子弟在大門外跪送。正副使乘馬在前，其後依次為皇后儀駕、冊亭、寶亭、鳳輿。鳳輿近前有四命婦前導，後有命婦七人扈從，一律乘馬，內監在左右扶輿步行。內大臣、侍衛在最後乘馬護從。

入宮後，皇后鳳輿由九鳳曲柄蓋導引，經太和門正門抬至乾清宮。下輿後，太監執提爐前導，步行至乾清宮，換乘八人孔雀頂轎入鐘粹宮，這是皇后平時居住的東六宮之一。而大婚的洞房卻在坤寧宮，帝后在這裡進合巹宴，行合巹禮。合巹吉時到，皇后乘禮轎由鐘粹宮至坤寧宮洞房等候，皇帝吉服入宮。帝后登龍鳳喜床，食子孫餑餑畢，即進合巹宴。其時，皇帝在南面炕上居左，皇后居右，對面而坐，有四名福晉夫人恭立侍宴，宮外則有結髮侍衛夫婦念「交祝歌」。宴罷，禮成。晚上，帝后同吃長壽麵。

次日，在洞房內進團圓宴，其食肴精美豐富，器具豪華講究，非常人所能想像。宴畢，帝后同赴壽皇殿，拜見列代帝后的聖容。回宮後，帝后向皇太后行三跪九叩禮，遞金如意，太后亦回贈。再回養心殿，皇帝升座，皇后跪遞金如意，皇帝也還賜。然後，皇后還鐘粹宮升座，接受各妃嬪、公主、福晉、命婦等三跪九叩禮。第三天，行朝見禮，皇太后至慈寧宮升座，皇后前往行六肅三拜三叩禮，皇太后賜宴，宴罷各還宮。第四天，行慶賀禮，皇帝拜見皇太后畢，在太和殿接受百官朝拜慶賀，頒詔宣示中外。第五天，皇帝在太和殿，皇太后在慈寧宮，分設大宴，宴請皇后父母及親族，文武大臣及其命婦等分別入宴作陪。宴罷，大婚禮全部程式始畢。

至於那些已婚即位的皇帝，即位初，必須冊立原來的嫡福晉為皇后，也須行冊后禮。這種冊后不在皇后府進行，禮儀與大婚冊后稍有不同。冊立前，皇帝遣使向皇后家補行納采禮與大徵禮。冊立前一天，除派官祭祀天地與太廟後殿外，皇帝還要親自或遣官到奉先殿行禮。冊立當天早晨，太和殿一應陳設與儀式均與大婚禮冊立、奉迎皇后入宮時基本相同。然後，正副使與儀仗隊仍由中路出太和門中門，經協和門至景運門外，正使將節授與皇后宮中內監，內鑾儀衛接過裝有冊、寶的龍亭，舁至皇后宮外，內監取冊、寶隨節入宮，皇后朝服朝冠出宮，由引禮女官導至宮門內右側，迎節、冊、寶入宮，然後在皇后宮中舉行冊立儀式，其過程與大婚時在皇后府中的儀式大抵相同。授冊、寶畢，皇后行六肅三跪三叩拜禮後，仍恭送內監之後還宮，內監再至景運門，將節授還正使，正副使持節到後左門覆命。次日，行慶賀禮，皇帝禮服率百官赴皇太后宮行慶賀禮，皇后禮服率妃嬪、公主、福晉、命婦亦赴皇太后宮行禮。皇帝升太和殿接受百官朝賀，詔告天下。皇后禮服到皇帝處行禮，遞金如意，皇帝還賜。皇后還宮，接受妃嬪、公主、福晉、命婦與皇子的慶賀禮。

光緒大婚的賬單

清朝冊后大婚禮在物質上竭盡鋪張揮霍、窮奢極欲之能事，即以光緒帝大婚費用為例，開列一張粗略的清單，就令人瞠目結舌（如表）。

表上所列僅僅是光緒大婚時個別靡費的項目，至於帝后大婚用物、皇后妝奩、妃嬪用物以及后妃嬪御的鋪宮耗銀達四百萬兩以上。僅皇后的一件明黃江綢繡五彩金龍珠寶棉朝袍，上綴正珠二萬一千零一十三顆，珊瑚豆三千三百五十四粒，米珠二百零八顆，金結二百二十五件，各色真石四百一十件，可謂價值連城。皇后妝奩儘是金銀珠寶等珍貴工藝品，竟達二百抬。光緒大婚共用折銀五百五十萬兩，以當時糧價折算，可供一百九十萬人吃一年。

然而，烈火烹油的大婚與立后儀式只是一種體面的排場，並不能掩蓋與消融帝后之間感情的衝突與危機。就以光緒帝與隆裕后的大婚為例，儘管靡費了五百五十萬兩白銀才締結而成，但兩人之間不僅沒有絲毫愛情可言，簡直就是一對互相折磨的冤家仇人，兩人都成了慈禧太后政治權謀的犧牲品。

納采禮折銀	約 2,000 兩
賜納采宴折銀	7,289 兩
大徵禮	黃金 474 兩， 其他折銀 25,700 餘兩
帝后轎輿折銀	38,148 兩
皇后儀駕折銀	48,500 餘兩
各宮地氈折銀	179,000 餘兩
	41,400 餘兩
	30,780 餘兩
宮燈門燈折銀	33,300 餘兩
修繕裝潢折銀	313,497 餘兩
筵宴用具膳品折銀	46,500 餘兩
樂官儀駕用物折銀	65,400 餘兩
差役人員食銀	44,000 餘兩

清光緒帝大婚圖

儼然至尊的中宮皇后

皇后正位中宮，母儀天下，成為所謂內主與女君，六宮其他妃嬪與宮女即便再受皇帝寵幸，就身分而言，對皇后也只能自稱「臣妾」。在後宮女性構成的金字塔中，皇后是至高無二的塔尖，一個等級森嚴差別分明的后妃體制就此構築成功。

即就后妃入宮路線而言，就有著不可踰越的等級區分。明代天子大婚，奉迎皇后時，從大明門中門入宮。大明門在清代改稱大清門，是紫禁城第一正門，規制極其隆重。清代除了皇太后與皇帝輿駕可以進出外，皇后也只有在大婚時才能由此正門入宮，這就給中宮皇后在心理上帶來虛榮感與滿足感，因為一般秀女只能從紫禁城北的神武門出入內廷。即便與皇后同時冊封的貴妃，也只能由神武門迎入宮內，而且她須在奉迎皇后入宮前一天入宮受冊，以便次日皇后鳳輿到達中宮之際前往跪迎，她的入宮排場與奉迎皇后的壯觀場面遠不能同日而語。

慈禧太后與同治帝皇后阿魯特氏婆媳不和時，

左右勸同治后主動與慈禧太后親暱些，否則恐怕對她不利，同治后傲然說：「尊敬是應該的，親暱則不必要。我是奉天地祖宗之命，由大清門抬進來的，不是那麼輕易可以動搖的。」這句話傳到慈禧耳朵裡，氣得她夠嗆，因為她是以名位低微的貴人身分入宮。阿魯特氏沒料到，這句話竟埋下了慈禧太后必欲置之死地而後快的禍因。她想得太天真了，中宮皇后儘管是內主與女君，但只要皇太后還健在，尤其像慈禧太后那樣執掌實權的時候，她不過是一個小媳婦，必須夾著尾巴侍奉好做皇太后的婆婆，否則絕沒有好果子吃。她還應該明智地認識到，她的地位與尊榮來自於皇帝的恩賜，他高興時可以給你，不高興時也可以冷落乃至廢黜你。皇后儘管是整個後宮金字塔的頂端，但構築與控制後宮金字塔的是皇帝，只有他，才是真正獨一無二、至高無上的。說到底，即使貴為中宮皇后，仍是帝王玩弄於股掌的玩物而已。

清代后冠

中宮虛位

一般說來，一位皇帝只能有一位皇后。然而，在歷史上，卻也有中宮虛位的局面。所謂虛位，也就是在位的已婚皇帝因故不立皇后。

中宮虛位最常見的原因，就是皇帝追懷原配皇后的情分與賢德，不忍再立新皇后取代她的地位。金世宗完顏雍原為葛王，娶妃烏林答氏。他們夫妻感情篤摯，烏林答氏有疾，他親自問醫侍藥，數日不離左右。當時，金廢帝完顏亮在位，他淫亂宗室妻女，下詔召烏林答氏入都。其時，烏林答氏正隨完顏雍在濟南尹任上，她立志不願受辱，但倘若在濟南自殺，完顏亮必然藉機株連殺死完顏雍，只有赴京才能保全丈夫，就對他說：「我會自勉的，不能因此連累你。」在行至離中都（今北京）還有七十里的良鄉時，就乘隙毅然自盡了。金廢帝南侵被殺，世宗即位後就追冊烏林答氏為皇后，此後在位近三十年，因感念為他而死的故妻，始終未立新皇后。他曾說：「我之所以不再立后，就因為現在後宮中沒有再像皇后那樣賢德之人了。」明太祖在馬皇后去世後，回想起與她「同起側微，弘濟艱難」的一幕幕往事，不由得痛哭失聲，多次在大臣與子女面前曆數馬皇后種種賢德，直言自己的思念感激之情。此後十五年中，他一直讓中宮虛位，只命李淑妃攝領六宮事。這個草根皇帝誅殺功臣心狠手辣，對馬皇后倒是一片真心。

有的皇帝為標榜清心寡慾、不嗜聲色，特意讓中宮長期虛位。南朝梁武帝即位以前，原配隙氏已經去世，他在即位後四十餘年間始終不冊立皇后，在公眾面前刻意塑造崇佛獻身的自我形象。《梁書．武帝紀》說他五十歲後斷絕了房事，其時他即位僅十餘年。他的不立皇后，或許出於自塑形象的矯揉造作。乾隆三十一年（西元１７６６年），皇后烏喇那拉氏死，清高宗在其後三十年間也一直不再冊后。乾隆四十三年東巡途中，有個名叫金從善的人上書首論建儲，次請立后。乾隆帝一本正經地頒下聖諭道：「朕春秋六十有八，豈有復冊中宮之理。」命大臣議金從善之罪，會議的結果是斬首。這位上書人馬屁拍到了馬腳上，腦袋也搬了家。不過，根據這兩位皇帝在位時後宮妃嬪一個也未裁減的事實，後人有理由對他們矯飾寡慾而不立中宮的舉動嗤之以鼻。

也有出於政局特殊等原因而導致中宮虛位的。宋高宗以康王即位時，他的原配王妃邢氏已被金人擄至北方。在曹勳攜宋徽宗的衣帶詔從金國脫險南下前，邢氏從手腕上擼下所帶的金環交給他說：「請為我告訴康王，希望能如此環，早日團圓。」高宗即位，既顧念邢氏的不幸遭遇，更為了維護自身的外在形象，就遙冊她為皇后。紹興九年（西元１１３９年），邢氏死在金國，金人祕不將訃聞告知南宋。直到紹興十二年高宗生母韋太后由金歸宋，高宗才獲知其死訊，而中宮虛位已整整十六年。次年，高宗冊立吳皇后，入主中宮。

諸后並列

出於種種原因，中宮虛位還是后妃史上的正常現象；而諸后並立，除了元代屬一代之制，另當別論，其他朝代則都是帝王好色縱慾的表現。

對元代諸后並立之制，《西峰淡話》認為元時始有三宮之制，《草木子．雜制篇》也說：「自正后之下，復立兩宮，其稱亦曰二宮皇后、三宮皇后。」似乎元代實行三宮並立的制度。對此，《廿二史劄記．元宮中稱皇后者不一》考證最稱詳確。實際上，元代每朝並立皇后並無一定之規，固然有三宮，例如元武宗、英宗、順帝，然而也有多於或少於三宮的情況。據《元史．后妃表》，元太祖的皇后共二十三人；元太宗的皇后數也不少於六人，因為乃馬真氏（即脫列哥那）僅列為六皇后；定宗也至少擁有三個皇后，因為斡兀立海迷失后稱為三皇后。憲宗五后並立，世祖則八后同設，泰定帝同時冊立十位皇后，明宗也是七后並存。元代少於三宮的皇帝僅有成宗、仁宗（均二后），文宗、寧宗（均僅一位皇后）。因而，趙翼指出：「可見元代每帝皇后本無定數，西峰所云三宮之制，猶未得實也。然細考《元史》及《經世大典》諸書，則並稱皇后中，嫡庶仍自有別。」太祖后孛兒台旭真則稱大皇后，太宗后孛剌合真則稱正宮皇后，世祖后帖古倫也稱大皇后。順帝的伯顏忽都皇后死，奇皇后見其衣服敝陋，笑道：「正宮皇后何至服御如此！」至正二十五年（西元１３６５年），順帝詔立次皇后奇氏為皇后，改奇氏為肅良合氏。《元史．別的因傳》說傳主隨其祖母在三皇后宮。由此足證，元代即便同稱皇后，又有正宮及大皇后、次皇后、三皇后之分，因而儘管諸后並立，但因僅有一位是正宮皇后或大皇后，只有她的身分才相當於其他朝代的中宮皇位，故而元代一帝諸后制不過是其他朝代一帝一后制的變相而已。

趙翼另有《一帝數后》指出另一種情況：「一帝一后，禮也。至荒亂之朝，則漫無法紀，有同時立數后者。」三國吳末帝即位後，立滕氏為皇后，不久寵衰。吳末帝有意廢立，但太史據運歷推算說，皇后不宜更易。出於迷信，末帝打消了廢黜滕氏的念頭，卻讓新寵的宮姬都佩戴上皇后璽綬。十六國前趙主劉聰，先納中護軍靳准二女為左右貴嬪，大的叫月光，小的叫月華。未幾，先立月光為皇后，再升格為上皇后，又立劉貴妃為左皇后，右貴嬪月華為右皇后。後來，他聽說上皇后有淫穢之行，便予廢黜，月光慚恚自殺。其後，劉聰再立樊氏為上皇后，依舊三后並立，又增立宦官宣懷的養女為中皇后，而後宮同時佩皇后璽綬的多達七人。北周宣帝即位，先冊立楊堅長女為皇后。不久，他自稱天元皇帝，就號楊皇后為天元皇后（後改稱天元大皇后），又立妃朱滿月為天元帝后（後改稱天皇后、天大皇后），德妃陳月儀為天左皇后（後改稱天左大皇后，當長貴妃尉遲熾繁立為天左大皇后以後，她改封為天中大皇后），貴妃元樂尚為天右皇后（後改稱天右大皇后），於是，這位天元皇帝便五后並立了。一后群妃構成的后妃制本身就是畸形的婚制，但這些荒淫君主意猶未盡，遍立諸后，充分表明了后妃制及其諸種變相，只不過是他們發洩欲望的產物而已。

二 後宮佳麗三千

宮掖女性的兩大系統

通過各種途徑驅入後宮的女性，分別納入兩個既有聯繫又有區分的系統之中：一個是后妃系統，一個是宮官系統。兩者有時雖都稱為內職，或籠統徑以後宮稱之，卻有所區別。簡言之，前者明確作為帝王的性配偶群而存在；後者則以協助帝后管理後宮日常事務為職責。後者之中，有的年齡較大，有的甚至是已婚有夫的女性，往往以才學特長才入選宮闈的，一般情況下，帝王並不將她們視為性配偶。不妨將歷代後宮中這兩個系統的概貌與演變，做一個簡略的鳥瞰。

自從以娣媵制為基礎的先秦后妃制在春秋戰國之際逐漸解體，《周禮》所勾畫的一后、三夫人、九嬪、二十七世婦、八十一御女的後宮模式，儘管在制度上時有損益，在名號上頗多更動，大體上卻成為秦漢以降后妃制的基本架構。對歷代後宮的制度沿革與名號變化，不擬就其細節做連篇累牘的介紹，這裡只說幾點傾向性的結論。第一，秦漢時期的后妃名位體制，相對說來，上述《周禮》模式的影響尚屬有限，這是由於秦朝畢竟不是以儒立國，而《周禮》模式最終確立與移用，應在秦漢之際以後。第二，魏晉以後，經過兩漢儒學的廣泛傳播，《周禮》稱述的后妃制已經成為後宮制度的主流；元清兩代因少數民族入主，似乎有點逸出《周禮》的規範，但畢竟是總體趨向中的支流現象。第三，從總體上看，歷代後宮名號隨著時代推移而日趨繁複，相對而言，越是腐朽昏亂的王朝，這一現象越是突出。

宮官系統在《周禮》勾勒的後宮體制中已具雛形，出現了女祝、女史等女官名稱。漢代皇太后、皇后都有自己的宮官，例如大長秋、衛尉卿、少府丞、太僕丞等，但這些宮官多以宦官充任，由於僅主其事，並不深入宮寢，故而也參用士人。與此同時，後宮另有女官。據《漢書．翼奉傳》，西漢未央、建章、甘泉諸宮各有才人數以百計。《漢書．藝文志》有〈未央才人歌詩〉，顏師古認為這些才人就是「天子內官」；翼奉說這些才人「皆不得天性」，也就是「絕男女之好」，皇帝不把她們作為性配偶（直到魏晉以後，才人才由女官職名變為妃嬪位號）。其他還有《漢書．外戚傳》提及的宮長、中宮史、學事史，也都屬於女官系統。不過，兩漢女官系統因史料闕如，已無法復原。南北朝時期，南朝宋與北朝魏都有系統的女官名號保存下來。隋代採摭漢晉舊儀，設立了仿效外朝尚書六部的六尚官，構建起六局二十四司的龐大宮官系統，奠定了唐宋以後女官系統的規制。這一系統完全是為帝王及其後宮女性的飲食起居、禮樂排場服務的，同時也讓帝王占盡天下佳麗的欲望得到一種心理滿足。後蜀花蕊夫人有一首宮詞道：

> 六宮官職總新除，宮女安排入畫圖。
> 二十四司分六局，御前頻見錯相呼。

對於帝王來說，不論是有名號的妃嬪，還是有職位的女官，只要把海內絕色都納入帝王御覽的美人圖中，呼錯姓名，乃至終生不識面，又有什麼關係呢！

六宮羅綺有幾何？

歷代宮廷究竟有多少妃嬪、宮女？歷史記載沒有留下詳實可靠的統計數據，這在當時也屬於國家機密。據《三國志．楊阜傳》，楊阜當上魏國的少府，準備裁省宮人，向御府吏詢問後宮人數，吏說：「禁密不得宣露。」楊阜怒責這個小吏一百杖說：「國家不把機密告訴九卿，反而告訴你這小吏嗎？」也許正因如此，後人無法確知人君的後宮之數，就以三宮六院七十二嬪妃的籠統話頭來形容其多。實際上，自秦漢以來，幾乎每個帝王所占有名號的嬪妃數都遠遠超過七十二人。有時古典詩詞也寫到後宮女性的數字。五代詞人毛熙震的《臨江仙》說：「南齊天子寵嬋娟，六宮羅綺三千」。白居易的〈長恨歌〉說：「後宮佳麗三千人，三千寵愛在一身」，〈後宮詞〉說：「三千宮女胭脂面，幾個春來無淚痕」。杜甫的〈劍器行〉則說「先帝侍女八千人」。三千乃至八千，這些數字是不是詩人的誇張呢？

據《帝王紀》，商紂王征發美女以充傾宮，穿綾紈的婦女就有三百餘人。曹共公不過是春秋時小國之君，《史記．晉世家》說他也有乘軒美女三百人。二者都是三百人，顯然是大受寵愛的嬪姬，未把後宮其他女性包括在內。春秋後期，楚靈王與吳王夫差都有宮伎數千，似乎都已超過了三千。

秦漢以後，帝王宮闈在萬人以上者已司空見慣。東漢延平元年（西元１０６年），詔書承認：「自建武之初以至於今，八十餘年，宮人歲增，房御彌廣」；陽嘉二年（西元１３３年），顗郎上書說：「今宮人侍御，動以千計」；到漢桓帝、靈帝時，宮女達五六千人，再把為之服務的宮婢計算進去，總數超過一萬，以至「衣食之費，日數百金」。南朝齊武帝妃嬪萬餘，宮內住不下，移居太樂、景弟、暴室等處，也人滿為患，他仍意猶未足。

隋煬帝后宮人數之多有名於史，不僅京師後宮，絕色佳麗無院不滿，而且從西京長安到東都洛陽的沿途，乃至於并州、涿郡等地，都大造離宮別館，把大批宮女送入其中，以便他巡幸途中隨時隨地都能發洩淫慾。在晚唐諸帝中，唐憲宗還算不上昏亂荒淫，但連他也承認「嬪御已多，一旬之中，資費盈萬。」

值得一提的，還有宋高宗。據《建炎以來朝野雜記》，建炎四年（西元1130年）金兵南下，他倉皇渡江狼狽逃竄時，還帶了六宮三百八十三人。在金人騎兵追擊下，這些後宮婦女大多或死亡或失散。

清代學者唐甄在其《潛書．去奴》中說：「降及末世，宮中女子數千人，多至萬人」。這個結論，大抵是不錯的。然而，這種情況並不像唐甄所說，僅僅限於各朝季年，漢武帝、晉武帝、南齊武帝、唐玄宗等，後宮也都是數以萬計的。

歷代後宮人數多寡，固然有制度上沿革因素在內，但對一己的欲望是較有理性地予以節制還是毫無人性地任其放縱，君主個人品德還是起著相當大的作用。據《容齋三筆．周武帝宣帝》說，北周武帝「後宮唯置妃二人，世婦三人，御妻三人，則其下保林、良使輩，度不過數十耳。一傳而至宣帝，奢淫酗縱，自比於天，廣搜美女，以實後宮，儀同以上女不許輒嫁，遂同時立五皇后。父子之賢否不同，一至於此！」當然，即使那些以後宮人數少而著稱的帝王，所占有的嬪妃數量也是令人咋舌的。文景之治，宮女不過千餘，已被頁禹稱頌為循古節儉的明君。清康熙帝自稱宮中不過四五百人，乾隆帝晚年也說：「宮中嬪御以及給使女子，合之皇子、皇孫乳媼、侍婢，約計不過二

隋煬帝

歷代後宮婦女人數

帝王	後宮婦女數	資料出處
秦始皇	10,000+	《史記・秦始皇本紀》《正義》注引《三輔舊事》
漢武帝	3,000+	《漢武故事》
漢桓帝	11,000+	《後漢書・桓帝鄧皇后傳》
三國魏明帝	3,000+	《三國志・魏書・明帝紀》注引《魏略》
三國吳末帝	10,000+	《晉書》卷二七〈五行志上〉
晉武帝	10,000−	《資治通鑑》卷八一
後趙主石虎	30,000+	《晉書》卷一〇六〈石季龍載記〉
前燕主慕容暐	4,000+	《晉書》卷一一一〈慕容暐載記〉
南朝宋前廢帝	10,000+	《宋書》卷七〈前廢帝紀〉
南朝齊武帝	10,000+	《南史》卷四二〈豫章王嶷傳〉
隋煬帝	100,000−	《隋書》卷二四〈食貨志〉
唐玄宗	40,000	《新唐書》卷二〇七〈宦者傳上〉
後唐莊宗	3,000+	《資治通鑑》卷二七二
宋徽宗	6,000+	《青宮譯語》
明崇禎帝	9,000	《國朝宮史》卷二〈訓喻二〉

百人。」這祖孫二帝或許有自飾的成分，但也號稱康乾盛世。即令如此，對這數百上千的後宮女性，不也是青春的蹂躪與人性的踐踏嗎？

後宮的幼女

在納入後宮的女子中，不少尚是幼女就被奪去自由與純真，圈禁在深宮高牆之中。中國古代世俗婚齡，女子一般在十五歲左右，然而，在后妃嬪嬙及宮人采女中，入宮年齡更有大大低於此者。《漢舊儀》卷下說：「擇宮婢年八歲以上侍皇后以下。」說明漢代宮婢入宮之年還有小於八歲的。漢昭帝上官皇后六歲已冊立為后；王莽的女兒九歲就當上了漢平帝皇后。南朝陳文帝沈皇后十歲剛出頭便選入掖庭。宋仁宗馮賢妃也是九歲便以良家女入宮，張貴妃八歲即與姊妹三人進宮歸於宋仁宗。明憲宗的萬貴妃選入掖庭當宮女時，就更小了，年僅四歲。嘉靖三十四年（西元１５５５年），明世宗一次就選了十歲以下幼女一百六十人入宮。至於十三四歲入宮為妃嬪的，更是不勝枚舉。

帝王對這些幼年入宮的女孩子，有的則因入宮之初就已經明確其妃、后身分，即與之發生性關係；有的則稍待年長後，才被「御幸」。前者對未通男女情慾的幼女來說，無疑是滅絕人性的摧殘與蹂躪。即便後一種情況，也完全悖逆了人性，八九歲乃至四五歲，女孩正是天真爛漫，童心盎然的年齡，卻當上宮女，侍奉帝王與后妃，宮廷中的等級、規矩與傾軋鬥爭完全泯滅了她們的童真，扭曲了她們的天性，在幼小的心靈上烙下了可怕的陰影，以至不少人將來不是逆來順受，奄無生氣，就是爭寵作惡，喪盡人性。

刻骨銘心的後宮等級

后妃制是以等級制為基礎，在有名位的后妃嬪御之間，根據等級的差異，其身分地位、待遇享受都有不可踰越的差別，其涉及面之廣泛，幾乎包括衣食住行、生老病死的各個方面。歷代根據后妃的等級，在儀仗、導從、冠服、印章、冊寶、車輿、居所、葬儀、謚號上制定了繁瑣的規定。以清代為例，皇后下有皇貴妃、貴妃各一，妃四、嬪六，分領十二宮，只有她們才能稱為主位。后妃嬪嬙役使的宮女數依等級遞減，皇后宮十名，皇貴妃、貴妃位下八名，妃、嬪位下六名，貴人位下四名，常在位下三名，答應位下二名。她們的宮份（即按年撥給各名位下的銀兩及衣料、食品的品種與數量）與鋪宮（即各宮位配備的生活器具），也是依次遞減的。皇后的生日稱千秋節，皇帝恩賜金九兩、銀九百兩、表裡（即衣料）六十三端，如皇后生育子女，則恩賜銀一千兩，表裡三百端。皇貴妃以下生日或生育，所受恩賜的金銀與表裡，則依等遞減，最低等的答應與皇后的差別簡直不可以道里計。

宮官系統的等級區別也是嚴格分明的，清代唐宇昭有〈擬故宮詞〉道：

牌子夫人與女官，
尊卑品級別衣冠。
隔屏走過渾難認，
窄底鞋弓總一般。

除了窄底弓鞋難以辨別外，衣冠上的尊卑品級是一目瞭然的。

與有位號的妃嬪和有職位的女官相比，後宮更多的是一無名位的宮女。她們在各個朝代的叫法並不一致，一般統稱為宮人、宮女或宮婢，漢代則稱為家人，明代稱都人，清代則稱宮女子。她們供人役使，仰人鼻息，地位低卑，待遇微薄，處於後宮女性金字塔的最底層。

唐代的官女

漢文帝竇皇后就是宮人出身，呂后將宮人出賜諸王，她也在其中。她的娘家在清河（今屬河北），就請託主事宦官將其列入送給趙王的名單，以便離家近些。不料人微言輕，宦官早將這要求忘了，誤將她劃歸代王（即後來的文帝）。名冊奏上後，她哭泣著不肯去，也已無濟於事。到那裡後，代王與她生下了景帝。漢景帝時，她尊為皇太后。轅固生議論儒學與黃老之學優劣時，鄙夷地稱老子書為「家人言」。由於出身家人，竇太后對這一鄙稱深惡痛絕，統治思想上的分歧與個人經歷上的不幸糾結在一起，她怒不可遏地下令把轅固生投入野豬圈中，必欲置之死地而後快。

明神宗的母親李太后也以宮人受到明穆宗「御幸」才生下神宗的。神宗即位，她被尊為皇太后。一次，她問神宗為什麼還不立其長子為皇太子。神宗不無輕蔑地答道：「他是都人之子。」李太后馬上勃然作色道：「你也是都人子！」神宗這才知道觸犯了母親的隱痛，惶恐伏地謝罪。從竇、李二太后在尊貴後仍對家人、都人稱呼的忌諱，足以反映出一般宮女所承受的心理創傷有多麼刻骨銘心。

後宮等級制的最終操控者

當然，最終主宰後宮等級制的是皇帝。後宮等級制度並不是凝固不變的，只要討得皇帝的歡心，即使一無位號的下層宮女，也可以在等級的階梯上獲得陞遷。

明神宗的生母原以宮人侍奉裕王，裕王即位為穆宗，她被冊封為貴妃，就是其例。還可以舉西太后為例，她以秀女入宮，初封為蘭貴人，名位並不尊貴。因受咸豐帝寵愛，數年後進封懿嬪；後來生下了同治帝，不到兩年又晉封懿妃；未過一年，再冊立為懿貴妃。這時，她在后妃的等級金字塔上已位居第三，僅次於皇后與皇貴妃。

清代還規定，貴人以下只要能為皇帝生下兒女，就可以升入嬪以上的主位。早在宋徽宗時，就有類似慣例，掖庭宮女只要能被道君皇帝「御幸」，就可以升位號，續幸一次則再進一階。這就誘使不少後宮女子希望得到皇帝青睞，把皇帝的「御幸」與自己的生育作為位號陞遷的可靠捷徑與有效保證。

妃嬪倚愛恃寵，向帝王爭位邀名的情況，也時有所見。南齊武帝深寵荀才人，遂將她進位為采女，依照舊制，才人進采女例賜玉鳳凰，荀氏投之於地道：「我不能照例受這勞什子。」齊武帝便破格拜她為昭華。

納入宮官系統的女官，也可以通過敘遷沿著等級階梯向上爬。據《明會要．宮官》，「凡諸宮人通文理者，先為女秀才，遞升女史，升宮官，以至六局掌印，則為清華內職。」

總之，等級制是帝王操縱後宮女性的指揮棒。一方面，帝王利用等級制把所有後宮女性安置到相應的位子上，便於控制與管理；另一方面，他又憑藉著對後宮等級的遷升降黜權，誘迫她們心甘情願或俯首帖耳地供其玩弄與摧殘，甚至為名位的陟遷而對他感恩戴德。而對後宮女性來說，君主握有的後宮名位遷黜權，就像一根鞭子，驅使她們去爭奪哄搶更尊貴顯赫的名位，直至把那頂最耀眼的鳳冠從別人頭上奪過來。在這種情勢下，要麼為了保持僅有的一點人性，成為這場競爭的落敗者，要麼為了達到目的，無所不用其極，甚至不惜喪盡天良。從根本上說，後宮女子的人性裂變，首先要歸咎於后妃制本身，最終則應問罪於孵化后妃制的君主專制。

三　在抑制與優寵之間搖擺

拋給君主的無解難題

君主制就是家天下。每一個后妃背後都有一個龐大的家族，后妃一旦走入後宮，也把娘家親戚們引進了帝王的關係網。於是，帝王就面臨著一個棘手而頭痛的外戚問題。一些原先與君主權力並不那麼貼近，甚至相當遙遠的外戚，由於婚姻這根紐帶，一下子與天子皇權近在咫尺之間。他們有機會也有資格享受家天下所能給予的政治特權與經濟利益。由於地位的特殊，他們甚至有可能覬覦家天下的主人位置，取而代之，改朝換姓。

從西漢起，就出現了所謂外戚之禍。呂后一死，呂氏外戚集團幾乎使剛剛建立不久的西漢王朝陷入絕境。而其後每個朝代也都或多或少、或輕或重地存在外戚干政的問題，晉、唐更因外戚干政造成了社會與政局的激烈動盪。怎樣才能妥善處理外戚問題，正確制定外戚政策，成為君主的一大心病。只要翻開歷代正史《后妃傳》與《外戚傳》，瀏覽其連篇累牘的序論，就可知道歷代帝王對此從未掉以輕心。但歷史卻不斷上演或大或小的外戚亂政的鬧劇，一再嘲諷君主制無法徹底破解這一難題。

而家天下的政權性質，又使君主自然而然地把妻黨與母黨的外祖父、舅父、大小舅子視為政治上「一榮俱榮，一損俱損」的可信任勢力。於是，對自己寵愛的后妃，對養育自己的太后，君主對她們的娘家親戚必然給予政治上與經濟上的利益，而這種權益的賜予一旦失控，嚴重的就會成為外戚之禍，至少也會導致外戚的驕縱不法，構成不利君權的因素。在君主制下，這種給予的度，只能由君主個人來權衡把握。《新唐書．外戚傳序》說：「凡外戚成敗，視主德何如。主賢則其榮，主否則先受其禍。」《舊唐書．外戚傳序》也說：「明哲之君，知驕侈之易滿，榮寵之難保，授任各當其才，祿位不過其量，告之以天命不易，誡之以大義滅親，使居無過之地，永享不貲之福，與國終始，不失其所以親也。」對這些原則，從常理上講，中等才智的君主都不難明了，三國魏文帝就說：「舅后之家，但當養育以恩而不當假藉以權。」但是，正如《宋史．外戚傳序》所指出：「自西漢有外戚之禍，歷代鑑之，崇爵厚祿，不畀事權；然而一失其馭，猶有肺腑之變焉。」這是因為，無論授任使才，還是崇爵厚祿，都馭於君主一人，既少制度保證，又無監督機制，僅僅出自君主的個人好惡，且不說明君罕出，即便是明君，也絕難保證其時時事事處處都能明智正確，唯其如此，在君主制下，外戚之禍就絕無可能徹底根絕。

兩手政策

歷代都頒布了外戚榮寵的制度規定。西漢后父、帝舅封為恩澤侯，成為一代典制。北魏皇后的父兄也多賜爵，封以公位或郡公。宋代對后妃親屬推恩賜官也有具體條例，稱為捧香恩例。明代自仁宗起對皇后的父兄一般以恩澤封以侯、伯等爵位，授予指揮千戶、百戶的職銜。清代凡皇后、皇太后的娘家，可以享受抬旗的殊榮，原屬內務府旗下的，可以抬入滿洲八旗，原屬滿洲下五旗的，可以抬入上三旗；外戚還可以封為承恩公。不過，除了遼代制度明文規定后族世任宰相共治國政外，一般說來，歷代帝王對外戚僅在爵祿、禮儀上給予優遇，而在限制外戚染指事權、干預朝政上大多採取抑制政策。從歷史長過程來看，這種抑制政策呈現出不斷強化而漸趨嚴厲的整體趨勢。

東漢光武帝鑑於西漢外戚干政的歷史教訓，其后族陰、郭之家，職位不過九卿，並規定後宮之家不得封侯預政。三國距東漢末年外戚之禍未遠，魏文帝頒詔說：「后族之家，不得當輔政之任，又不得橫受茅土之爵，以此詔傳後世，若有背違，天下共誅之。」隋文帝本身就是以外戚禪代北周政權的，唯恐隋朝重蹈覆轍，絕不把大權交給外戚，皇后的兄弟位秩不超過將軍、刺史。五代前蜀主王建臨終前諄諄囑咐輔政大臣，對其生前寵愛的徐妃兄弟只可崇爵厚祿，千萬不能讓他們掌兵預政。宋代儘管有外戚封王建節之例，卻只是有名無實的虛銜，一律不除授正副宰相、樞密使、侍從、監司、郡守等實職，並以祖宗家法的方式著為甲令，更不允許外戚統帥軍隊。明代后妃必選自民間儒族單門，只給外戚以高爵厚祿與良田群僕，絕不讓他們預聞政事，外戚雖擁有豪富的資產，卻無實際的事權。

關鍵當口不手軟

對那些驕縱不法、行將坐大的外戚，帝王往往絕不手軟地予以打擊。軹侯薄昭是薄太后的弟弟，據說他與外甥皇帝漢文帝玩博陸賭酒，文帝贏了，薄昭被罰酒，斟酒者斟不滿杯，一位侍者在旁邊呵責了斟酒者。薄昭啣恨在心，後來趁這個侍郎出使時，派人殺了他。文帝因薄太后只有這個兄弟，卻又不能放任而亂法，就讓公卿與薄昭一塊飲酒，暗示他自裁。薄昭不肯，文帝就讓群臣穿上喪服到軹侯府去哭吊，終於迫使帝舅自殺以抵法。

獨孤懷恩是隋文帝獨孤皇后的侄子，獨孤皇后的姐姐又是後來的唐高祖李淵的母親，因此獨孤懷恩成為隋唐兩代開國皇

隋文帝

帝的雙料外戚。有一次，唐高祖和這位舅表兄弟開玩笑：「你幾位姑姑的兒子都做了皇帝，隋煬帝不是你姑姑的兒子嗎？我也是你姑姑的兒子，接下去也許是舅舅的兒子吧！」懷恩沾沾自喜，真的以為天命當歸。不久，見自己仍庸庸碌碌，便扼腕說：「我家難道只有女子才能富貴嗎？」便起兵謀反，陰謀敗洩，對這位想當皇帝的舅表兄弟，唐高祖絕不含糊地誅殺其人，族滅其家。

唐開元初年，尚衣奉御長孫昕與御史大夫李傑有嫌隙，他自恃是當今皇后的妹夫，便與自己的親戚埋伏在李傑必經的里巷口，把這位御史大夫痛毆了一頓。唐玄宗這時尚未昏聵，下令將長孫昕杖殺在朝堂之上。

明仁宗張皇后的哥哥張昶犯了過失，其時仁宗還是太子，成祖將張昶召來，嚴厲訓責說：「外戚應該守法，否則其罪倍於常人。你如再奢傲驕縱，凌虐下民，絕不饒你。你小心著！」張昶連連磕頭認錯，氣焰從此收斂。

歷代帝王不但對外戚之禍訂立了防微杜漸的制度條文，而且在實際政治生活中，對外戚的舉止動向處處猜忌，時時防範，甚至到了杯弓蛇影、草木皆兵的地步。

南朝宋明帝王皇后的哥哥王彧，官至尚書左僕射、揚州刺史。明帝疑心極重，對宗室與外戚都不放心，他見外戚王彧位尊勢盛，而護軍將軍張永握有重兵，屢經戰陣，將來都不可靠，就自編謠言道：「一士不可親，弓長射殺人。」「一士」暗指王彧，「弓長」影射張永。他一病不起時，擔心自個兒駕崩以後，皇后臨朝，王彧自然做宰相，王氏門族強盛，日久難保忠誠，就派使者持毒藥攜詔書賜大舅哥自殺。他讓使者帶話：「我並不認為你有罪，但我不能獨自先死，請你走在我前面吧！」其手詔則說：「我想周全王氏門戶，才有這樣的處置。」使者到後，王彧為一門百口考慮，就飲毒酒自殺了。

北周宣帝諸后並立，其中楊皇后就是重臣楊堅的女兒。楊堅位望日隆，宣帝深為忌防，適逢各家爭寵，互相詆毀。宣帝經常怒不可遏地對楊皇后吼：「終會族滅你家的。」他懷疑皇后會傳話給父親，特地召見楊堅，並對左右侍衛說：「他如神色有變，就殺了他。」不料楊堅神態自如，這才免遭殺戮，最終還是以外戚的身分奪取了外孫皇帝的天下。

四 與其愛而失節，曷若懼而致福

謙抑低調的外戚們

歷史上外戚之禍殷鑑不斷，現實中帝王出於猜忌心理，推行裁抑政策，讓那些明智的外戚時刻意識到自己家族正處於如履薄冰的險境中。胡奮的女兒作為晉武帝的貴人，也頗受寵遇。雖同為外戚，胡奮對楊皇后的父親楊駿很看不慣，一針見血地說：「你倚仗著女兒，還要再驕縱些嗎？歷觀前代，與天子家聯姻，少有不滅門的，僅僅早些晚些罷了。我看你的舉措，正是讓禍患早些到來啊！」裴頠也勉強算得上是外戚，晉惠帝賈皇后的父親賈充是他的姨父。他曾說：「后族怎麼才能夠自我保全呢？就在於明白：即使是親戚，到了節骨眼上，還是免不了被禍罹難的。」外戚理智的做法應如《新唐書．外戚傳序》所說：「用福甚者得禍酷，取名少者蒙責輕。」歷史上不少外戚正因其謙恭謹慎，遠名避位，才得以自我保全的。

郭況是漢光武帝郭皇后的弟弟，郭皇后寵衰被廢，外甥也由皇太子黜為中山王，他依舊一如以往，小心謹慎，禮賢下士，在其後十餘年間，仍得到光武帝與明帝的信任與尊寵。光武帝好幾次與公卿諸侯親臨他家飲宴，賞賜金錢難以估算，以致京城人都稱其家為「金穴」。

唐高祖竇皇后是竇威的堂侄女，李唐代隋，竇威就被任命為內史令，唐高祖還請他到臥室縱論今古。竇威惶恐磕頭說：「我家先世在漢代二為外戚，至元魏三為后族。現在陛下立國，我又以姻戚任內史令，我是日夜擔憂不勝其任啊！」高祖開玩笑說：「你這是用三后族來向我誇耀哇！」然而，竇威的憂懼與惶悚卻出自內心，這種不奢望攀龍附鳳的複雜感情，這種當了外戚又試圖遠離權力的微妙心態，確實代表了部分外戚的真實心理。

武攸緒是武則天的親侄子，武后時官至鴻臚少卿。武周代唐，他隨從封嵩山時，堅決要求辭官隱居。武則天疑其有詐，派人暗中窺察其作為。他盤桓於龍門與少室之間，冬以茅草為廬，夏以石室為居，從不使用朝廷與王公賜贈的金銀、服飾、器具，在潁陽買了塊田，命家奴耕作，宛如平民。唐中宗時兩度請他入朝做官，他謝官辭賞，苦求還山。唐睿宗即位，武氏家族遭到追究，他卻倖免。

郭釗是唐憲宗郭皇后的兄弟，又是代宗的外孫，一代名將郭子儀就是他的祖父。作為功臣之後，外戚之尊，他謙和待人，恭慎律己，無論居家，還是治民，都沒有驕怠的神色，也沒有奢侈的行為，深得人心。憲宗病危，紛紛謠傳掌權的宦官要準備廢立，他的皇太子外甥（即後來的穆宗）心裡很憂慮，派人到郭釗處問計，郭釗傳語說：「你身為皇太子，只要朝夕照顧皇帝，謹慎自守，有什麼可擔心的呢？」當時，宦官任意廢立、誅殺大臣，為外甥計，也為郭氏計，郭釗的回答都在理而得體。

夏執中是宋孝宗夏皇后的弟弟。皇后出身貧寒，初入宮掖，只是高宗吳皇后的侍御，等她貴為皇后，才尋訪到夏執中。他帶了貧寒時的結髮妻子到了臨安。宮人暗示他與出身低微的髮妻分手，再擇配個官宦的女兒，執中不為所動。有一天，夏皇后親自來勸弟弟，執中引東漢宋弘拒絕休妻娶光武帝寡姊陽湖公主的話作答：「貧賤之知不可忘，糟糠之妻不下堂。」宋孝宗聽說他有才，準備召用他，他婉謝道：「今後能不牽累陛下，自我保全，就心滿意足了。」

宋寧宗韓皇后的父親叫韓同卿，而宋寧宗朝權勢顯赫的韓侂冑則是同卿的叔父。同卿貴為后父卻不敢干政，遠避權勢，總擔心物極必反，以致當時人只知道侂冑是后族，竟不清楚同卿是后父。與韓同卿善始善終成為對比，韓侂冑的下場卻是身首異處。

耶律制心是遼聖宗蕭皇后的外弟，恩寵日重。每次內廷歡宴，他都儘量避席，蕭皇后不快道：「你還有什麼不高興的呢？」制心憂心忡忡道：「恩寵富貴很少能長久保住的，我擔心的就是這點啊！」

萬貴妃最受明憲宗寵愛，其父萬貴因而屢受賞賜，但每次受賜後，萬貴總是憂形於色。他的弟弟萬通、萬達與兒子萬喜都恃寵倚勢，驕橫奢靡。萬貴見子弟揮霍賜物，不止一次告誡道：「我起家不過小掾史，現在成了天子姻戚，子弟都做了官。福過災生，還不知怎樣結果呢。皇上所賜財物，都應記錄下來。今後如果索還，你們就會罪上加罪了。」子弟都譏笑他迂腐。明孝宗即位，其生母紀太后被萬貴妃迫害致死，當然嫉恨萬氏外戚，就借言官彈劾奪了萬喜等官爵，追回封誥與賜物，儘管萬貴已死於前朝，但萬氏的命運卻被他不幸而言中。

在君主制下，外戚竇威、夏執中、耶律制心、萬貴等誠惶誠恐，並非杞人憂天，正是見識高人一等處。誠如《後漢書．外戚傳論》所說：「愛升，則天下不足容其高；歡墜，故九服無所逃其命。」一旦帝王對后妃移情別戀或對外戚由疑而忌，外戚往往會從榮華富貴的巔峰跌進抄家滅門的深淵。縱觀一部后妃外戚史，每朝每代不都上演著內容雷同的悲喜劇嗎？

規箴后妃的娘家人

在某種程度上，外戚的榮辱盛衰與生死存亡，取決於后妃的榮辱；準確地說，是維繫在帝王對后妃的好惡上。誰也逆料不到帝王的寵愛能維持多久，因而不少外戚，不僅自己遠名避權，夾著尾巴做人，還一有機會就規諫選入後宮的自家親屬，希望她們善始善終，使得后族在政海風波中能夠保全。

傅喜是漢哀帝祖母傅太后的堂弟，頗有人望，被視為輔政大司馬的合適人選，但他託病婉辭。傅太后染指朝政時，傅喜一再進諫，傅太后權力欲很強，很不喜歡這位堂兄弟。不久，傅太后要與成帝母親王太后（即元帝皇后王政君）平起平坐，又要求稱尊號。傅喜認為不妥，據理力爭，傅太后氣得將其免職，趕出京城，回到自己的封地上去。哀帝死後無子，漢平帝即位，傅太后權勢頓失，而傅喜終因不趨附傅太后，論諫正直，未被追究，壽終正寢。

陰麗華是漢光武帝的愛妃，愛屋及烏，光武帝召其兄弟陰興，準備封他為侯，面對印綬，陰興堅決謝絕。陰貴人問其緣故，他說：「外戚家最怕的就是不知謙退，嫁女兒想配給侯王，娶新婦又希望是公主。人該知足，富貴應有個限度。」陰貴人深感他說得在理，不但自己更謙恭謹慎，也不再為外家求祿位。

漢安帝時，和帝鄧皇后以太后身分臨朝聽政，鄧氏一時權勢赫然。太后堂兄弟鄧康卻屢請鄧太后推崇朝廷，損抑私權。鄧太后不聽他的，鄧康心懷憂懼，稱病不朝。鄧太后命親信前去慰問。當時老資格、有身分的宮人能在太后前抑揚毀益，往往傲慢地自稱「中大人」。鄧太后派遣的宮人原先正是鄧家婢女，卻也自報「中大人」，鄧康痛罵她一頓：「你是從我家進宮的，也敢如此倚勢驕人嗎？」宮女回來說鄧康假裝生病，還出言不遜。鄧太后一怒之下免其官職，把他趕回到侯國封地上。次年，鄧太后一死，鄧氏就遭誣陷，免官籍沒，自殺者不計其數，鄧康卻免禍，還被征為侍中。

晉惠帝賈皇后無論對朝廷政務，還是宮闈人事，都恣意妄為。侍中賈模是她的族兄，對其所作所為深感憂慮，唯恐一旦傾敗連累自己，多次向她陳說禍福。賈皇后不但不聽，反而認定他在詆毀自己，有意疏遠冷落他，賈模終於憂憤而死。

晉孝武帝對王皇后嗜酒與「吃醋」勁深感不滿，便召見老丈人王蘊，列述其女過失，讓王蘊訓誡她。王蘊惶恐地免去官帽，連稱不是。經過父親的規勸，王皇后的酒勁與「醋勁」才有所收斂。

吳琚是宋高宗吳皇后的侄子。宋光宗晚年患精神病不能聽政，大臣請求她以太皇太后的身分垂簾聽政，冊立寧宗，讓南宋安然渡過一次皇權更迭的危機。吳琚對太后說：「垂簾只能暫時，而不能長久。」太后次日就撤簾歸政。

哭笑不得兩場戲

在帝王優寵外戚的外衣下，卻深藏著一顆冷酷嚴峻的猜防之心。不僅對后妃來說，伴君如伴虎，外戚稍有閃失，也要遭殺身滅門之禍。

北齊文宣帝納段韶之妹為昭儀，北朝風俗，女婿到新娘家，娘家婦女可以用竹杖打新郎官。成婚之夜，段韶之妻元氏如法炮製，戲弄文宣帝。不料文宣帝惱羞成怒，對段韶說：「我會殺了你妻子的！」嚇得元氏躲到皇帝生母婁太后處，終文宣帝之世，再也不敢與妹婿皇帝見面。這位暴虐的皇帝根本不把外戚視為姻親。有一次，他到李皇后家，一時興起，竟用響箭射岳母崔氏，罵道：「我醉時連母太后都不認，你這老婢算什麼！」邊罵邊用馬鞭亂打崔氏百餘下。

即使不像文宣帝那樣暴虐無道的君主，外戚也必須隨時檢點言行，免得人主因疑忌不滿而對后族或后妃本人開殺戒。據《椒宮舊事》，一天，郭德成入宮見他的姐姐郭寧妃，明太祖賞他兩錠黃金，並親手放進他的袖口說：「你回去吧，不要聲張。」德成唯唯答應，快出宮門時，將其放入鞋中，在宮門口佯裝醉意脫下鞋子，露出了金錠。守門人報告上去，明太祖說：「這是我賜他的。」有人知情後，說德成多此一舉，他卻回答說：「宮禁森嚴，這樣懷金出宮不就與偷竊一樣嗎？況且姐姐深處宮闈，我經常出入，怎麼知道皇帝不是試探我是否可靠呢？」

有一次，他陪明太祖在後苑喝酒，這次可真的喝高了，趴在地上免冠磕頭謝恩，露出稀稀拉拉幾根頭髮。明太祖說：「醉瘋漢，頭髮禿到這地步可不是酒喝多了？」德成回答：「我還嫌多呢，薙光了才痛快。」明太祖臉色不快，一聲不響。酒醒後，德成知道闖下了大禍，對和尚出身的朱元璋來說，自己的回答正觸痛了他的瘡疤。於是，索性將錯就錯，剃了光頭，穿上僧衣，成天裝瘋賣傻，唸經拜佛。明太祖信以為真，不再在意，對郭寧妃說：「原以為你哥哥說著玩，現在真如此，真是瘋漢。」明初大獄屢起，郭德成終因裝瘋而未被株連，保全了郭氏家族與郭寧妃，也真可謂別出心裁的苦肉計。

東漢第一賢后

深明事理的后妃深知，娘家的富貴榮華與自身的寵愛息息相關，能否挽留住這種寵幸，不僅有賴於自身的努力，還取決於外戚的所作所為，倘若娘家親戚作威作福，引起帝王不滿與猜忌，不僅自己既得的寵幸與娘家已有的恩澤都會毀於一旦，甚至可能面臨萬劫不復的滅門之禍。有見識的后妃規正父兄、抑制外家的事例，在歷史上也並不少見。

歷來被奉為后妃典範之一的東漢明帝馬皇后，就是這方面的代表人物。明帝生病時，皇后之兄馬防奉召入宮，負責明帝的醫治事宜。明帝去世後，她以皇太后身分自撰明帝的《起居注》，刪去了馬防奉參醫藥之事。章帝說：「舅舅供養先帝近一年，不記錄他的勤勞，不太過分嗎？」太后說：「我不希望讓後世知道先帝屢屢親近后妃外家，所以不記。」

章帝一即位就想封爵諸舅，也有臣僚上奏請封外戚。太后堅絕不同意：「那些上奏請封的人，無非想取媚於我，邀求爵祿罷了。前漢田蚡、竇嬰這些外戚，寵貴驕橫，自取傾覆。先帝所以防慎舅氏，不讓他們處樞機近要之位。我怎能有負先帝的旨令，重蹈前漢的覆轍呢？」章帝說：「太后您出於謙遜，不封外家，但我不加恩舅氏，如果不諱，豈不是讓我長懷遺憾嗎？」太后說：「漢高祖時已有約定，無軍功者非劉氏不侯。我自忖兄弟沒有柱石之功。俗語說，時無赭，澆黃土。沒有赭色染料，就用黃泥漿濫竽充數，這是不行的。馬氏無功於國家，怎能和陰皇后、郭皇后這些中興后族攀比呢？」

過了幾年，章帝執意封馬氏廖、防、光為列侯，馬氏兄弟一再辭讓，最終受了關內侯（位同列侯）的爵位。太后知道後對兄弟說：「我儘管老了，但還知道『戒之在得』。所以教兄弟一起遵從這一古訓，就是希望閉眼那天，沒有什麼可遺恨的。怎料連我晚年之志都不能遵從呢？我死時就要永遠抱恨地下了！」於是，馬廖三兄弟受封爵後，辭去了全部有實權的官職，退位家居。

馬皇后不僅在兄弟封侯時一再謙抑，在其他問題上對外戚也從不放縱。章帝剛即位，她以太后身分下詔給三輔二千石官，不許馬氏親族因權請託，干亂吏治，如有違詔者一律繩之以法。她母親墳高稍微超過了規定，隨即就讓兄弟去削低。有一次，她到濯龍門會見外家，詢問親人起居，看到馬家車如流水，馬如游龍，排場闊綽，聲勢浩大，連隨從的蒼頭也都是簇新的綠臂衣、白領袖，比其他外戚家僕神氣多了，便隱隱不快。回宮後，她就暫絕娘家的歲用，讓他們自覺慚愧。由於她言傳身教，衣食儉樸，律己執法，嚴格及時，東漢外戚之賢德，咸推馬氏為最。

宋代多有賢后妃

《宋史．外戚傳》說：「仁、英、哲三朝，母后臨朝聽政，而終無外家干政之患，將法度之嚴，禮貌之正，有以防閑其過歟？抑母后之賢，自有以制其戚裡歟？」說宋代「終無外家干政之患」，這是閉著眼睛說瞎話。韓侂胄、賈似道以外戚干政，致使宋季政局烏煙瘴氣，這是盡人皆知的。但就宋孝宗以前而言，能自覺誡飭與制抑外戚的后妃確實不乏其人，在歷代君主制下，確是罕與其比的，其中尤以宋英宗高皇后最為著名。

宋神宗去世後，高皇后以太皇太后垂簾聽政，成為最高權力的掌控者。一些新黨趨炎附勢，試圖獻媚高氏，保住自己。蔡確上言，建議恢復太后叔父高遵裕的官職，太后說：「靈武之戰，生靈塗炭，禍起自遵裕，能免去誅戮，已經大幸。我怎能回顧私恩，有違天下公議呢？」蔡確顫顫慄慄退了下去。邢恕代太后之侄高公繪上書，請求尊禮高氏，她知道後，一怒之下把邢恕罷黜到地方上去了。上元節時，按前朝規定，她的母親可以入宮登樓觀賞綵燈，她勸阻道：「我母親如入宮，皇上（指哲宗）一定要加倍禮遇，這就勢必為我而違背祖宗典制，我心裡會不安的。」於是只賜給娘家燈燭，今後視為慣例。按宋代官制，英宗時她的弟弟內殿崇班高士林可以遷轉，她卻說：「士林列名朝籍，分量已過，怎能攀比前朝恩例呢？」哲宗時，她的侄子公繪、公紀本可援例轉為觀察使，她還是出面制止，經哲宗再三請求，才允許遷一官，到她去世，沒再遷改過。

高皇后還親以太皇太后的身分下詔損抑高氏娘家恩例人數的四分之一，作為其他后妃的表率。據《高齋漫錄》，熙寧間有一年上元節，按例要推恩頒賞，她對神宗說：「我自會有安排。」然後把娘家親戚召集到御樓前，大人各給絹二匹，小孩分賞糖獅子兩個。這種推恩在當時也夠儉約的。神宗屢次欲為高家營造富麗堂皇的府第，她堅絕不同意。高太后嚴於律己，對族人則抑絕私恩，故而高氏外戚多能遠嫌守法，頗有時譽。

也許前有高太后的示範，哲宗孟皇后、徽宗鄭皇后在抑損外家上也都值得稱道。高宗即位，孟皇后尊為皇太后，高宗下詔讓公文奏議避太后父親的名諱，她不允許。宋代重文輕武，高宗把太后兄孟忠厚改為文職，遭到台諫論列，太后知道後，就命哥哥仍改武秩，還特地下詔戒飾，不許他預聞朝政，私謁宰執，結交近貴。按慣例，外家可以推恩受官八十人，她也從

宋英宗高皇后圖

未陳請過。徽宗時，鄭皇后族子鄭居中知樞密院事，她對徽宗說：「外戚不應該主國政，一定要用的話，也只能讓他任副職。」不過，徽宗未採納這個建議，居中依然被重用。一次歸寧後，鄭皇后對徽宗說：「鄭居中與父親鄭紳互相往還，人們都說他招權納賄，請你下令禁止，並准許台諫論劾。」在君主制下，鄭皇后能建議皇帝按法制對待娘家父兄，應該說是難能可貴的。

裁抑外家的金元明后妃

金元兩代也頗有知機識理的少數族后妃。金章宗即位，尊母親徒單氏為皇太后。她一再教誡諸侄說：「皇帝因我之故，推恩外家。你們不要認為小善無補大局而不做，小惡無礙大事而不改。不要憑藉我的地位，胡作非為，違法亂紀。」娘家人把一只玉盂送進宮來，她退回去說：「我不希望你去羅致珍異用品而靡費錢財。何況我賜予你們的都有限度，現在你們獻我這麼貴的玉盂，哪來這麼多錢去購求呢？浪費了你們的錢財，對我卻一無用處。今後再也不許這樣。」

元成宗即位，其生母弘吉剌氏尊為皇太后，成宗為她專設徽政院，掌管屬於太后的財賦。有院官接受浙西獻田七百頃，隸屬為院田，她知道後說：「我，一個寡居婦人，衣食不愁。江南土地都是國家所有，我怎敢私自占有呢？」即令還田給地方，並命中書省把那批接受獻田的官員全給撤辦了。她的弟弟指望姐姐給他謀求官職，太后對他說：「你要想當官，你自己去。不要連累我！」

在明代后妃中，太祖馬皇后、成祖徐皇后、穆宗李貴妃在裁抑外戚上也值得一提。馬皇后在世時，後宮即以東漢明帝馬皇后相提並論。她是郭子興的養女，親生父親早已過世。明朝立國，準備派人尋找后族，授予官爵，她堅決謝絕：「爵祿，天下公器，私於外家，不合法度。」制止了尋訪后族的舉動。

徐皇后之弟增壽，靖難之役時，把京師情報傳遞給起兵的成祖，被建文帝誅殺。成祖即位後，為了表彰增壽的功績，準備贈予爵位。徐皇后不同意，成祖說：「你想做東漢的馬皇后嗎？我哪裡是因為外戚而封他的？」終於追封為定國公，命皇后的侄子襲爵。當成祖告以封命時，徐皇后說：「這不是我所希望的。」始終不向成祖表示謝意，臨終前還對成祖說不要驕縱外族。

明神宗在位，生母李貴妃尊為皇太后，知道娘家有人犯法，她命宦官前去譴責，把家人交出抵法。在法律允許議親的君主時代，這一舉動確可譽為大義滅親了。

董鄂妃的肺腑言

自古以來，歷朝不乏對娘家親戚戒飭裁抑的后妃，她們朝乾夕惕，謙恭謹慎，用心何在？

在聽到生父訃聞後，最受眷寵的董鄂妃對清世祖說了一席肺腑言：「我所以痛哭，當然是對養育之恩的追思。不過，父親去世，我私下也就放心了。為什麼呢？我父親性情愚執，不識道理。我就擔心他自以為女兒在皇帝身邊，榮寵至極，沒有什麼可畏懼的，就所作所為越位出格。現在幸而壽終正寢，我還有什麼可悲慟的呢！」在哥哥善終後，她又說了類似的話。可見，即便董鄂妃這樣寵極一時的后妃，日夜擔憂的無非外戚驕縱，招致后族的不測，連累自己的地位。

對權勢與財富出自本性的淡泊，這樣的后妃與外戚並非絕對沒有。然而，那些能夠自我約束、互相戒諭的外戚與后妃，絕大多數都出於董鄂妃那種持盈懼滿、避禍遠害的心理。對煊赫的權勢與無窮的財富，她們不是不嚮往，而是看到這種瘋狂的追逐後可能墜落的深淵，適當地節制或明智地取消了這種追逐。這種心理，說到底還是君主制下一種防衛性反應，也許還不乏矯飾與做作。不過，比起那些恃寵倚貴、弄權貪賄的外戚與后妃來，他們畢竟沒有跌入人性惡的泥淖。況且面對權勢與利益，人性善也是相對的，對環境作出理智的應對，較之於率性胡為，仍不失為一種善。

五　君今看女作門楣

女寵之興乃禍福之宗

楊貴妃受唐玄宗寵幸，楊氏外家顯赫一時。她的三個姐姐分別封為韓國、虢國、秦國夫人，出入宮掖，勢傾天下。她的叔父楊玄珪拜為光祿卿，嫡兄楊銛官任鴻臚卿，授三品，拜上柱國，堂兄楊錡做了侍御史。就連再堂兄楊國忠（楊釗）也當了監察御史，很快做上了總理朝政的宰相，兼職使名多達四十餘種。連當時民謠都說：「生男勿喜女勿悲，君今看女作門楣」。白居易把民間心態的反常轉換寫進了〈長恨歌〉：

姊妹兄弟皆列土，可憐光彩生門戶。
遂令天下父母心，不重生男重生女。

在重男輕女的古代社會，這種心態確實有點反常。

君主因眷寵某個后妃，就憑藉至高的君權，愛屋及烏，把他的恩澤無度地賜予外戚。於是，后妃恃寵為娘家向君主索取權力與財富，外戚憑藉后妃之寵作威作福。由此可見，歷史上的外戚之禍，必然是外戚本身與后妃、帝王三方面因素互動共謀的結果。三者缺一，就釀不成外戚之禍。《漢書．外戚傳》說：「女寵之興，由至微而體至尊，窮富貴而不以功，此固道家所畏，禍福之宗也。」意思是說，后妃獲寵發跡，完全是由低微的身分與至尊的君主結成婚姻的緣故，她及其娘家之所以能至貴極富，並非功績所致，可惜能從中參透禍福之機的后妃太少，她們往往不能持滿懼盈，謹始善終，反而倚寵恃愛，利令智昏，權欲熏心，不僅為娘家父兄弟侄爭權丐利，而且成為他們驕縱不法的保護傘。

恰要同時拜列侯

入朝秉政，列土封侯，既抓實權，又享爵祿，有多少外戚夢寐以求！在這一過程中，后妃的作用至為關鍵。

漢成帝即位，他的生母元帝皇后王政君理所當然地尊為皇太后。王氏外戚逐漸崛起，成為左右西漢後期政局的主角，王政君在其間採取了默許縱容的態度。河平二年（西元前２７年），漢成帝一天就封其五個舅舅為侯，世稱「五侯」，王政君的同母兄弟，只要在世的，都享受了封侯的尊榮。其他王氏子弟也都以卿、大夫、侍中等要職，布列朝廷。不僅如此，連王政君的三個姊妹也都成為封君，享受公主那樣的待遇，擁有名為湯沐邑的封地。皇太后娘家先後有十人封侯，五人官至大司馬。大司馬這一要職在王家兄弟子侄間猶如擊鼓傳花般傳來遞去，中央最高權力成為皇太后娘家的囊中之物，最終上演了王莽代漢的鬧劇。

與王政君「四世為天下母」相比，作為漢哀帝祖母的傅太后，以外藩諸侯王太后入居宮禁，頗有點暴發戶的味道。不過，越是暴發戶，其貪婪索要越是變本加厲。傅太后的堂兄弟已有兩人封侯，她仍意猶未足，逼孫子漢哀帝再封她的另一位堂弟傅商為侯。尚書僕射鄭崇拿過案上的封侯詔書，憤然諫諍說：「再封傅商，壞亂制度，違背民心，決非傅家之福！」傅太后大怒道：「豈有做天子的反被一個臣下控制的！」哀帝無可奈何，只得頒下了詔書。侍中傅遷是傅太后的堂侄，為人傾邪，連哀帝都深致不滿，罷了他的官，準備打發他回老家。丞相孔光、大司空師丹認為理應如此處置，傅太后又懷怒出面，橫加指責，哀帝不得已，只好仍命他留任侍中。

漢順帝梁皇后是梁冀的妹妹，桓帝初以皇太后臨朝，梁氏外戚先後七人封侯，兩人任大將軍，梁氏妻女食邑封君的有七人，其餘任卿、將、尹、校等要職的達五十七人，在長達二十餘年間，權勢煊赫，以至百僚側目，天子聽命。

有一首題為〈漢宮新寵〉的唐詩寫道：「位在嬪妃最上頭，笑他長信女悲秋」；「妾家兄弟知多少，恰要同時拜列侯。」在那些為娘家親戚爭權奪利的后妃心目中，不趁著皇帝眷寵時狠狠為娘家撈上一把，徒然傷春悲秋，不是太不值當嗎？這種心態，又豈止漢宮的新寵！

宋仁宗張貴妃獲寵後，因幼年喪父，門第孤寒，便企圖表彰門楣來塑造形象。於是，她的兄侄都拜官，宗族赫然俱貴。尤其她的伯父張堯佐，在仕宦遷擢中一路綠燈，從中下級官員提拔至權知開封府、三司使等要職。張貴妃意猶未足，想讓伯父當上宣徽使。消息傳出，朝論嘩然，仁宗也不敢堅持。然而，張貴妃不停吹耳邊風，仁宗準備再申前命。這天上朝前，張貴妃殷切送仁宗到殿門口，撫著他的背說：「官家，今天可別忘了這宣徽使唷！」仁宗忙不迭道：「知道，知道。」一天之內，他竟連拜張堯佐為節度使、群牧制置使、宣徽南院使、景靈宮使，還特賜其兩個兒子進士出身。這在宋代絕無先例，遭致群臣激烈的諫諭。退朝後，張貴妃派小宦官來探口風，知道包拯犯顏直諫，尤其激切，就迎拜道不是。仁宗說：「你只管要宣徽使、宣徽使，難道不知道包拯是監察御史嗎？」儘管如此，仁宗仍讓張堯佐任節度使與群牧使，不久後還是把宣徽使加給了他。

類似這樣一女得寵雞犬升天的歷史場景，幾乎每朝每代都在搬演。元順帝皇后奇氏是朝鮮女子，朱有燉《元宮詞》說：

奇氏家居鴨綠東，盛年才得位中宮。
翰林昨日新裁詔，三代蒙恩爵祿崇。

皇后得寵，娘家三代都封爵賜祿，浩蕩皇恩居然澤被鴨綠江東的奇氏外戚，也可謂中國后妃史上一樁奇談。

那麼，這些外戚因皇恩澤潤而封侯拜官，其才具見識是否與爵位官職相匹配呢？三國魏明帝毛皇后的父親毛嘉封為博平鄉侯，任光祿大夫，明帝讓朝臣到毛家會飲，這位后父驟然顯貴，言行舉止呆滯可笑，一開口就自稱「侯身」，赴飲者引為笑柄。

李祖勳是北齊文宣帝李皇后的長兄，位至丹陽王、光州刺史，《北齊書．外戚傳》說他為人貪婪，為政怠慢，時論鄙嗤，好幾次因貪贓免官，卻一再起用，「無才幹，自少及長，居官皆因內寵，無可稱述」。

鄭光是唐宣宗生母鄭太后的弟弟，歷任平盧、河中、鳳翔節度使，為方鎮大員，入朝奏對節鎮政事，卻鄙俚不知所云，連宣宗也很不高興，對這位舅大人大失所望，留其在京城任右羽林統軍。鄭太后對宣帝訴說，他家生機短缺，宣帝只是厚賜金帛，再也不派他出任方鎮。

外家封賞與后妃身價

那些眈求物欲的后妃無不認為，既然婚姻紐帶已把娘家與帝室連接起來，自己正受著眷寵，代娘家索取點財物，也在情理之中。況且帝王家業大著呢，「溥天之下，莫非王土」，取九牛之一毛，就足夠娘家親戚享受一輩子乃至好幾世的。她們不僅把本人在後宮中物質待遇的高低優劣視為獲寵程度的標尺，也把娘家從帝王那裡獲取權位財富的多寡厚薄作為自估身價的參數。

南朝宋文帝與袁皇后的感情還算不壞，皇后娘家貧賤，常向皇帝求取金帛，文帝也給上三五萬錢或三五十匹帛。後來潘淑妃寵傾後宮，只要她一開口，文帝沒有不答允的。袁皇后試圖檢驗潘淑妃受寵度，托她向文帝求三十萬錢，次日，錢就如數賜給了袁氏外家。這下袁皇后恚恨在心，託病不再與皇帝親熱。文帝每次來，她都躲開去，好幾次突然「襲擊」，也不能得手。最後，她妒憤鬱積，一病不起。文帝流著淚握著她的手，問有什麼要說的，她看了文帝很久，最終一言不發，拉過被子掩住了臉。不久就抱恨而終。袁皇后所懷之恨，固然有嫉妒潘淑妃受寵過己的忿火，也摻雜著皇后外家獲賜居然不及寵妃之家的怨懟。

楊貴妃寵冠後宮，她的姊姊秦國、虢國、韓國夫人與兄弟楊銛、楊錡也都富埒王侯，三位國夫人的車服堪與大長公主爭雄。《舊唐書·后妃傳》說，楊貴妃：「姊妹昆仲五家，甲第洞開，僭擬宮掖。車馬僕御，照耀京邑，遞相誇尚。每構一堂，費踰千萬計，見制度宏壯於己者，即撤而復造，土木之工，不捨晝夜。玄宗頒賜及四方獻遺，五家如一，中使不絕。開元以來，豪貴雄盛，無如楊氏之比也」。

據《明皇雜錄》，虢國夫人府第原為韋嗣立舊宅，一天，韋氏子孫正午憩在堂間，虢國夫人走下步輦對他們說：「聽說這宅子要賣，價錢多少。」韋氏子孫說：「先人舊廬，不忍棄去。」話還沒說

唐玄宗臥榻吹簫像

完，就有數百工匠拆屋撤瓦，重建虢國府邸。新第落成後，僅圬墁之費，所耗工值就達二百萬錢。而《開元天寶遺事》說，楊國忠在府第中造沉香閣，以檀香木為欄干，以沉香木為閣身，再以麝香、乳香摻和篩土塗飾閣壁，其豪麗超過宮禁中的沉香亭。

三位國夫人每月有十萬錢的脂粉費，至於平日扈從、宴飲時所受玄宗賞賜更不計其數。有一天，清元殿樂舞，舞蹈名家謝阿蠻起舞，大音樂家李龜年奏觱篥，楊貴妃親彈琵琶，唐玄宗也擊羯鼓助興。舞曲罷，玄宗見只有秦國夫人在一旁端坐著看演出，就開玩笑說：「今天我阿瞞（玄宗在宮中自稱）隸樂籍，有幸供養夫人，請賜我一纏頭吧！」秦國夫人接過玩笑道：「豈有大唐天子的阿姨沒有錢用的？」一下子出手三百萬錢，作為這局樂舞的賞錢，足見她平日獲賞不知多少倍於此。至於楊貴妃姊妹昆仲受賞的金玉珠寶更是世所罕見。虢國夫人有夜明枕，放於房內，光照一室，完全可以不點燈燭。秦國夫人獲賜的七葉冠，楊國忠受賞的鎖子帳，也都是稀世之珍。而這些還只是楊貴妃獲寵後，代娘家親戚向唐玄宗所開身價的一部分。

不法外戚的保護傘

從根本上來說，后妃代外戚向帝王求賞賜，帝王、外戚乃至后妃本人都把帝王對后妃的寵愛物化了。而就后妃與其外戚而言，他們物欲的擴張與權力欲的追逐又總是孿生的。當這兩種欲望經過三者推波助瀾，必然導致人性中醜惡因子急遽膨脹，既把后妃與其外戚推入危險的境地，也把朝政大局捲入動亂的漩渦。漫長的中國君主制已歷驗不爽地證明了這點。這些位居要津的外戚，在從政治民上鮮德寡能，而恃寵倚貴作威作福卻是當行本色。他們為非作惡一旦遭到追究，后妃又成為他們逍遙法外的保護傘。

張忠是東漢靈帝母親董太后的外甥，在南陽太守任上倚勢貪贓達數十萬。荊州刺史徐璆前往巡察，董太后派中常侍去托情說項。不料徐璆不買賬，回答道：「身為國家，不敢從命。」董太后十分惱火，乾脆把張忠提為司隸校尉，地位比荊州刺史還略高些，壓徐璆一頭。

路太后是南朝宋孝武帝的母親，她不僅為侄子路瓊之三兄弟謀取顯職，還賜予大量財富，路瓊之居室、服飾、器具之奢豪堪與皇子媲美。年輕氣盛的瓊之與王僧達並門，經常鮮服盛車前往拜訪。世家大族出身的王僧達打心底裡瞧不起這個暴發戶，愛理不理的。瓊之向路太后告狀，太后大怒，對孝武帝說：「我還活著呢，別人就凌辱我家。一死，怕討飯都沒門了！」竟欲加罪於王僧達。孝武帝說：「王僧達是貴公子，怎麼能以這點小事開罪於他呢！」這樣才算了事。但像路太后這樣為娘家子侄硬出頭，正是外戚有恃無恐為非作歹的原因之一。

唐高祖晚年惑溺於女寵，那些妃嬪的外家就仗勢恃寵，胡作非為。尹阿鼠是德妃的父親，尤為驕橫。有一天，秦王李世民的幕僚杜如晦騎馬經過尹家，阿鼠指使幾個家僮上前把他從馬上拉下，一頓痛打，竟打折了他的一個手指，還氣勢洶洶教訓道：「你是什麼人，竟敢過我門前而不下馬！」阿鼠還惡人先告狀，唆使德妃先對高祖哭訴：「秦王身邊人凌轢我家。」高祖怒責李世民：「連我妃嬪家還被你左右人欺侮，何況小民百姓呢？」李世民說明真相，高祖根本不信。後人由此會生出感慨：連秦王左右都受外戚毆辱，何況小民百姓呢！

明孝宗張皇后有兩個弟弟鶴齡與延齡，出入宮禁，驕橫不法，招納無賴，濫殺無辜，致使群臣共憤。戶部主事李夢陽上書論列，鶴齡從其奏疏中斷章摘句，誣稱李夢陽譭謗張后，其罪當斬。張皇后之母金夫人也到孝宗面前譖訴不已，李夢陽竟被關進大牢。有一次，二張入宮與孝宗飲酒，孝宗起身如廁時，二張竟取過他放在案上的皇冠輪流戴著玩，又藉著酒意汙辱宮人。在君主制下，這些無疑屬於大不敬之舉。太監何鼎見後義憤填膺，準備二張再入宮時，用大瓜（武器名）擊殺他倆，並上疏極論二張大不敬。張皇后知道後，用話激怒孝宗，把何鼎押入錦衣衛大牢，活活杖殺。

類似這樣倚仗著自己的權勢與地位，徇情枉法，為虎作倀，一味庇護娘家惡勢力的后妃，在歷史上又豈止董太后、尹德妃、張皇后區區幾人呢？在她們心中，親情高於一切，小民性命、士宦身家、朝廷法律、國家制度、朝野輿論、人間正義，都可以因娘家親情而毀棄、蔑視，乃至踐踏。

六　君失其御，咎由自取

外戚「用之如虎」

縱觀歷代外戚，其驕奢放縱，枉法作惡，乃至干亂朝政，威逼君權，原因固然複雜，外戚本身的賢惡無疑是主因之一，后妃對娘家親戚究竟裁抑訓誡，還是縱容庇護，也是不可忽視的原因，但所有這一切最終還是取決於人主。在君主制下，就整個國家機器及其子系統而言，至高無上的君權是其唯一的終端按鈕，而控制者就是君主本人。許多外戚之所以能作威作福，乃至干政坐大，與其說是后妃裙帶的作用，還不如說是君主的默許放縱，這才是根本原因。

西漢成帝時，太后王政君的弟弟王商向成帝借得明光宮，供自己養病避暑之用。成帝駕臨其府第，發現他竟擅引灃水穿過長安城流入第內大陂中，行船遊宴，嘴上沒說，心中卻很不滿。後來他又發現另一個舅舅王根，居然將府上的漸台造成宮內白虎殿的規格，這下終於發作了，怒責諸王氏外戚。王商、王根準備自己黥面與劓鼻來向太后謝罪。這倒將了成帝一軍：讓諸舅在母親面前自黥自劓，豈不太傷慈母之心？於是，他下令王氏諸侯都到大司馬王音府上等待詔命，再讓尚書奏上漢文帝誅殺母舅薄昭的故事。王氏外戚接詔後，王音地位最高，以坐在稾草上等待刑戮的方式來謝罪，王商、王立、王根都背著用刑的大斧，匍匐在砧墊上來請罪。最後，成帝讓步，不忍誅殺諸舅，這台乾打雷不下雨的戲才草草收場。緊接著，外戚王莽便肆無忌憚開演篡漢的醜劇，這到底怪得了誰呢！

竇憲因妹妹立為東漢章帝皇后，賞賜累增，寵貴日盛，連皇室的諸王、公主以及光武帝、明帝的外戚陰家、馬家都畏憚他。他仗著宮掖聲勢，用賤價奪取了明帝女兒沁水公主的園田，連公主也不敢與他計較。一次，章帝出宮經過這片園田，指著問竇憲，他支支吾吾，答非所問。後來，章帝知道底細後，把他召來怒斥道：「你好好考慮自己的過失吧！奪公主田園時，不比趙高指鹿為馬差勁吧！現在連公主的田園都被你欺奪，何況小民百姓呢！國家誅棄你竇憲，就像除掉一隻小鳥與死鼠那麼容易。」竇憲這才深感震懼，竇皇后也穿著破衣表示請罪。好久，章帝才息怒，讓他把園田還給沁水公主，既不繩之以國法，卻也不再授以重任。《資治通鑑》記完這事，司馬光大發感慨：「人主對於臣下，就怕不知道他的奸邪，如果知道卻還赦免他，那還不如不知道要好些。為什麼這麼說呢？他們中有的做壞事而人主不知道，還心存畏忌，已經知道卻不聲討處罰，他就知道皇帝是不值得畏忌的，就會放縱而無所顧忌。因此，知善而不能用，知惡而不能除，人主應引以為戒。」

唐高祖時，秦王李世民在權限範圍內把數十頃田賜給了有功之臣李神通。不料高祖所嬖倖的張婕妤之父也看中了這片土地，便讓女兒私下乞求高祖賜給他，高祖便下了手詔。李神通認為李世民教令先下，不肯讓出。張婕妤便對高祖編派說：「詔賜我父親的地，被秦王奪去給神通了。」高祖大怒，攘袂訓責李世民：「我的詔敕不實行，你的教令州縣倒照辦？」高祖後期，妃嬪競相為娘家親戚請官乞田，都是高祖溺於女寵，濫加賞賜的緣故。

天寶十年（西元751年）上元節，楊貴妃的姊

漢成帝

妹兄弟五家連騈出遊，與唐玄宗女兒廣寧公主的騎從爭過西門市，按禮儀，楊氏外戚應讓公主先行。不料楊家奴僕狗仗人勢，揮鞭清道，鞭子竟誤打到公主身上，公主墜馬。駙馬程昌裔去扶公主，也吃了幾鞭子。公主便向父皇哭訴。一邊是自己的女兒，一邊是自己寵妃的兄弟姊妹，倘若站在皇家立場上，公主應占上風。但玄宗卻決殺楊氏家奴一人，算是撫慰女兒，同時又將絕無過錯的駙馬程昌裔停官，不許朝謁，來討好楊氏姊妹兄弟。這下，楊家外戚更加驕橫跋扈，出入宮禁無人敢問，京師長吏，都為之側目。由此可見，楊氏外戚之禍究竟由誰親手釀成，是不難找到答案的。

馮玉是後晉出帝馮皇后的哥哥，自妹妹立為皇后，他便大受信用，從知制誥不斷提升，轉眼位至右僕射，出帝把軍國大政一股腦兒交給了這位妻兄。他有病在家，出帝竟對宰相說：「自刺史以上的官職，等馮玉病癒，問過他才可以除授。」對他的倚重如此。馮玉便肆無忌憚，乘勢弄權，四方賄賂，不絕於門，後晉政治急遽衰亂。

宋真宗楊淑妃的堂弟楊景宗自幼就是無賴子弟。淑妃入宮後，他因犯法被黥面隸軍，在軍中也不安分，以致臉上黥得沒有一塊好顏面，與淑妃也失去了聯繫。一次，楊淑妃隨真宗出宮，見他站在御溝邊服役，就派人上前問其姓氏。他知道堂姐在後宮，直呼淑妃小名與排行。楊淑妃哭著說：「這是我弟弟。」一認上親，楊景宗就被任命為右班殿直，臉上黥跡也用藥消褪淨了。然而，他暴戾無賴的本性一無所改，每至一處，便成大患。在滑州鈐轄任上，喜歡用滑搥打人，人稱「楊滑槌」，還使酒性把通判毆打在地。因為淑妃，真宗不僅不追究，還不斷升他的官。仁宗也因淑妃待他猶如慈母，稱她為「小娘娘」，即位後儘管知道景宗貪虐，卻也優容寬大，未予重責。

外戚成敗視主德

平心而論，在歷代帝王中，宋仁宗對外戚的恩澤，還說不上失控。像漢成帝、唐玄宗那樣，對外戚養患貽禍而終致不可收拾，這種局面難道還少嗎？倘若追究原因，認為禍起於外戚，不過複述歷史表象而已，歸咎於后妃的請求庇護乃至共同作惡，仍未中肯綮。外戚也罷、后妃也罷，之所以能對政局與歷史產生負面影響，歸根到底是君主誤用最高權力。從這一意義上說，《新唐書·外戚傳》認為，「凡外戚成敗，視主德如何。主賢則共其榮，主否則先受其禍」，是有一定道理的。西漢東方朔打過一個比喻，他說，外戚對於君主說來，「用之則如虎，不用則為鼠」，關鍵在於帝王是否用以及怎麼用。然而，對外戚的控馭與對后妃的愛戀，是君主面對的頭痛問題。三國魏文帝曾說，對外戚只應養育以恩，而不當假藉以權。沈約以史臣身分在《宋書·后妃傳》指出，君主應該「愛止帷房，權無外授」，這才是值得稱道的。這些議論都是從歷代政治中總結出來的經驗教訓。

然而，只要產生這種教訓的歷史條件依然存在，今人哀古人，復有後人哀今人的現象，就會一再輪迴。君主后妃制的基本特點就是家國一體，帷房之愛與外戚之寵必然成為一種割不斷、理還亂的關係。君主對寵妃的情慾投入，往往與對外戚的權物假貸成正比。這幾乎成為君主制下少有例外的定律。所謂賢德的君主，無非在二者比例關係上，處理得稍微妥當些。然而，以怎樣的比例去把握才算妥當，由於缺少對君權的制約機制，運用之妙，便只能由君主「存乎一心」。在世襲制下，賢德之主不世出，稍失其馭，就會出現外戚之禍。可見，外戚之禍的根源在於君主制本身。

七　認親的喜劇與鬧劇

在歷代后妃中，或因自幼入宮，名位未顯，宮禁森嚴，不通往來；或因戰亂發生，政局變動，千里相隔，音訊杳然，不乏與娘家親人失去聯繫的情況。出於對娘家親人的思念，后妃千方百計地打聽尋找，也是人之常情。但一與后妃特定地位掛上鉤，就上演了一齣齣認親的悲喜劇。

認親一掬辛酸淚

漢文帝竇皇后出身貧寒，有個弟弟叫廣國，四五歲時就被販賣，輾轉十餘年，連娘家都不知其下落。多年後，廣國曆劫不死，跟著主人家來到長安，聽說新冊立的皇后姓竇，老家在清河觀津，他被掠賣時年紀雖小，卻還記得自己姓氏與老家地名。於是，他就上書自陳，說曾與姊姊一起採桑葉，從樹上掉下來，作為印驗的往事依據。竇皇后對文帝說了這事，把廣國召來盤問對證，進一步問他童年往事。他說：「姊姊離家入宮前，在驛傳的客舍中與我告別，為我洗了澡，還拿來了飯讓我吃，這才分手的。」這一番話，勾起了竇皇后離家前的姊弟情，當即相認，對持而泣，文帝厚賜給他田宅金錢。景帝即位，封這位帝舅為章武侯。

宋真帝李宸妃入宮時才十餘歲，只有一個七歲的弟弟，叫李用和。姊弟分別時，李宸妃親手編了個刻絲鞶囊交給他，撫著他的肩膀說：「你不管怎樣顛沛流離，也不要把這丟了。將來我有好運，一定會尋找你的，就用這做憑證吧！」李宸妃生下皇子（後來的仁宗）後，便派人到處尋訪弟弟的下落。這時的李用和在一家紙錢鋪做傭工，得了痢疾，眼看不行了，被鋪主趕了出來，臥病道旁。一位奉命查訪的院子出於憐憫，收養了他，發現他襤褸的衣衫中，當胸掛著的正是宸妃尋弟的證物。院子問清楚他的小名、世系，一切都吻合，就拿著鞶囊報告了李宸妃。后妃史上這種悲喜交集的姊弟重逢場面，結局幾乎都是雷同的，李用和也像楊景宗認了姊姊楊淑妃一樣，當上了右班殿直，不過他的宦途更為顯達，在仁宗時官至同中書門下平章事兼侍中，這可是與宰相同級的榮銜——儘管他並沒有值得稱道的才具。

這兩個姐弟團聚的故事，也從側面揭示，后妃制不知造成了多少生離死別的家庭悲劇，竇皇后與李宸妃還算是幸運者，至於那些名位低卑的宮女，與親人生離即死別，更是不勝枚數！

攀龍附鳳冒牌貨

一朝與皇帝家攀上親戚，即便像楊景宗那樣的無賴子，也能立馬就官封右班殿直，真可謂一為外戚，身價百倍。這種奇蹟般的遭際，如何不叫那些汲汲於權位、孜孜於財富的人夢寐以求呢？

為了防止假外戚，不少朝代都制定了宮規。據《禁御秘聞》，明代「凡內廷選入宮女，未有名位，則曰某人女，必連其父之名，恐得寵後，防假冒也」。清代宮規也規定，凡皇太后、皇后、皇貴妃、妃、嬪之父，姓名、官位都由宮殿監登錄，其目的之

宋真宗李皇后

一也是為了防範假冒外戚。儘管如此，攀龍附鳳的假冒鬧劇仍然時有發生。

漢宣帝劉詢的祖父是漢武帝戾太子劉據，在巫蠱之禍中，戾太子與兒子史皇孫劉進都被誅殺，連累劉詢的生母王夫人也未能倖免。宣帝即位後，希望能找到外祖母王媼，彌補自幼以來從未感受過的天倫親情。他屢派使者四出尋訪，找到的那些人，都自稱是貨真價實的王媼，然而在細節上一按驗，卻無不是似是而非的冒牌貨。直到最後，才尋訪到王媼，經過四十五人對證，確認無誤，這才圓了宣帝的夢。

蕭氏在戰亂中進入建安王府做侍者，為建安王生子李昂（後來的唐文宗）。蕭氏離家時父母雙亡，只記得還有一個同母的弟弟。建安王後來即位為唐穆宗，蕭氏被冊封為妃。唐文宗即位後，因沒有母族親戚，有個舅舅也不知下落，就下詔在太后家鄉福建一帶尋找。不久，有一個茶綱役人叫蕭洪，自稱有個姊姊早年流落他鄉，通過關係引薦給呂璋。呂璋是蕭太后姊姊徐國夫人的女婿，便把蕭洪帶給徐國夫人辨認。年代久遠，徐國夫人也無法確認，就一起去見太后，三人情不自禁地嗚咽流淚。文宗認為打著燈籠找到了舅舅，就把一大串官職封賞給他。

數年後，蕭洪出為鄜坊節度使。晚唐有個慣例：凡從神策軍中出任方鎮的，全軍都得為他置辦「行裝」（賄賂之代名詞），節度使到鎮後則回報以三倍的代價，蕭洪的前任沒有償還「行裝費」就一命嗚呼了，神策軍就讓蕭洪這位後任代還。蕭洪當然不肯做冤大頭，神策軍轉而讓死者之子償還。蕭洪依恃著與宰相李訓有交情，唆使死者之子告到宰相那裡。李訓判絕不再償還，這下可激怒了大宦官兼任神策左軍中尉的仇士良。蕭洪認親不久，曾許諾給仇士良以厚賂，仇士良覺得實際到手的還太少，早就啣恨在心，苦於沒找到理由。正在這當口，有一個叫蕭本的福建人，又自稱是太后之弟。仇士良當即上奏，說蕭洪是假國舅，把他從鄜坊節鎮任上逮捕入獄。一按問，蕭洪供認不諱，文宗深感被戲弄，下詔將其流放州（今越南榮市），走到中途，被下詔賜死。

不過，蕭本也是冒牌貨，他打聽到太后家世與親屬姓名，又經過仇士良的保任，文帝這下毫不置疑了。在仇士良的庇蔭下，蕭本也做到金吾將軍、衛尉卿。見假冒國舅如此易如反掌，又有一個名叫蕭弘的人，聲稱自己才是貨真價實的真國舅。朝野異口同聲認定蕭弘是真，蕭本為假。蕭弘被送到長安，與蕭本對證，結果都是贗品。於是，蕭本除名，長流愛州（今越南清化），蕭弘配流儋州（今海南省儋州市西北）。據說，蕭太后的真弟弟確實在福建鄉下，但他老實巴交的，竟沒有能力說清楚自己的身分，蕭本就是從他那裡打聽到有關情況的。這場冒認國舅的三幕鬧劇，前後長達十餘年，蕭洪兩為方鎮，蕭本也歷任顯職，成為后妃外戚史上的笑料。

明孝宗生母紀太后原是地位低微的宮人，生前歷盡劫難。憲宗直到孝宗生下數年後，才知道有這麼一個皇位繼承人，父子相認不久，紀太后就暴死。孝宗即位後，對母親的不幸尤為悲念，特遣太監求訪太后的娘家親戚，藉以寄託思母之情。紀太后是廣西一個土官的女兒，生前只說過自己姓紀，老家是賀縣。由於自幼被俘入宮，已記不清有哪些親人。太監陸愷也是廣西人，原姓李，廣西少數民族地區紀李同音，就自稱是紀太后的哥哥，並派人訪尋太后族人。陸愷的姊夫韋父成便自稱是太后族人，並受到了外戚的寵遇，賜他的居里名「迎恩里」。李父貴、李祖旺兄弟倆知道後就說：「韋姓尚且冒認李氏，何況我們確是姓李呢！」便編造了世系，冒稱姓紀，買通了宦官韋眷等，呈報上去。孝宗大喜，分別為他們改名紀貴與紀旺，授官錦衣衛指揮同知與僉事，賜予第宅、金帛、田地、奴婢不可勝計。兩人驟然富貴，引起韋父成的不平，趕來京城準備與二紀辨個明白。太監郭鏞奉詔審斷，把韋父成趕回了廣西。不久，孝宗遣使修復紀太后先人的墳塋，當地好幾家李姓都自稱是太后家，使者回來奏明紀貴、紀旺也是假冒的外戚。孝宗再派人到連縣、賀縣的瑤人、僮人中去微行察訪，證實二紀確實是冒牌貨，他們的外戚夢最終換來了充軍邊地的結局。以後儘管明孝宗多次訪求母族，卻始終未能找到。

丟卻性命與悟透富貴

唐文宗時蕭洪、蕭本，明孝宗時紀貴、紀旺，冒認外戚後真相大白，或流或死，但總算享受過一陣子富華富貴，最冤的是認親不當，反丟了卿卿性命。

明孝宗時，有一個名叫鄭旺的軍卒，他的女兒自幼就賣給了高通政家，後來被選入宮。好幾年後，鄭旺知道這事，急切地巴望認回女兒，攀上皇親國戚，就與太監劉林山（一作劉山，或作劉林）拉上了關係，常托他送些時鮮的瓜果麵麥給女兒。實際上，劉林山根本搞不清鄭旺的女兒是後宮的哪一位，便對鄭旺說：「周太后宮中的鄭金蓮就是你的女兒，皇太子（指明武宗）實際上是她生的，被張皇后（明孝宗後）奪為己子。」劉林山又托周太后宮的使女，把鄭旺送來的東西轉交給鄭氏，再回送些衣服等物給鄭旺。鄭旺回家到處炫耀，還把皇太子是自家女兒所生，卻為張皇后所奪的說法，到處張揚。鄭旺被人稱為「鄭皇親」，京城內外不少人趨之若鶩，競相巴結。二三年後，流言回傳到明孝宗那裡，他勃然大怒，下了道內批，處決了劉林山，發落了鄭金蓮。

明孝宗

鄭旺最初被論死，但不久赦免放出。京城有個名叫王璽的，認為當今太子若非鄭氏所生，鄭旺絕不會免此一死，便認定鄭旺奇貨可居。武宗即位後，王璽潛入東安門，聲稱國母鄭氏幽禁多年，要面奏皇帝，被東廠太監逮住，先後經刑部與大理寺審訊，以妖言律判決。儘管鄭旺與王璽都不承服，最終還是處以極刑。鄭旺有親生女兒在宮中，這事確定無疑，至於明武宗是否鄭氏所生，則宮闈事祕，終成疑案。而鄭旺想認親做外戚，卻落了個身首異處，也可謂外戚夢做昏了頭。

像楊景宗、李用和那樣的凡夫俗子，一成外戚，便身價百倍。不過也有雖與后妃認親，卻不願享受尊榮的。

明英宗周貴妃有個弟弟，從小喜歡離家出遊。在周貴妃入宮前，他已辭家出走，不知音訊。貴妃經常惦念他，據說，有一夜，她與英宗同時夢見寺院裡的伽藍神來告訴他們說：「你們的弟弟現住在我這裡。」就命太監遍訪京城佛寺的伽藍殿，終於在報國寺找到了他。原來她的弟弟已經削髮為僧，法號吉祥，白天出遊坊市，晚上就住在伽藍殿中。太監把吉祥引進了宮，明英宗與周貴妃十分高興。貴妃詢問了弟弟離家出走、出家為僧的情況，不禁潸然淚下道：「與其做和尚，還不如今日做皇親。」儘管一再勸說，吉祥還是不願意，仍回報國寺，繼續做他的和尚。這位吉祥法師也許擔心捲入政治漩渦，才不願意還俗當國舅的吧！後來，憲宗即位，周貴妃尊為皇太后，特為弟弟把報國寺從小廟改造成巨剎大慈恩寺。同是明代的例子，吉祥法師與鄭旺形成截然的對照，可有幾個人能像吉祥法師那樣徹悟呢？

后妃也有冒認外戚的

儘管冒充外戚要承擔流放與殺頭的風險，不過在君主制下，權力角逐場中還是不斷有人試圖走這條捷徑。而個別出身寒素的后妃，為了加重自己門第的分量，出於虛榮心的需要，也往往假認外戚。

宋寧宗楊皇后家世寒微，連自己的姓氏籍貫都不知道。她的母親原是後宮樂部的歌者，她也在宮中做過雜劇小演員。晉封婕妤後，她深為出身低微而感羞恥，雖暗中對生母有所接濟，卻絕不與她直接會面。同時，她讓宦官為她找同宗，找到了祖上做過小官的會稽籍太學生楊次山。宣召入宮，兩人見面後，楊次山聲淚俱下，還說起她的往事作為印證。據說，這些都是事先串通好的，這位演員出身的婕妤，導演了一齣兄妹相認的宮中雜劇。楊次山憑藉這個假妹妹的關係，最終封王建節，作為配角的報酬，也是相當可觀的。

明憲宗一生最寵愛的萬貴妃雖出身宮女，門第低微，但恃寵為所欲為。成化五年（西元1469年），萬安入閣，他是四川眉州人，看準了萬貴妃在憲宗心中的分量。儘管萬貴妃是山東諸城人，在籍貫上與他完全風馬牛不相及，他還是通過太監與萬貴妃拉上了本家。萬貴妃也希望有一個進士高第出身的閣臣來攀龍附鳳，自抬身價，便授意她弟弟錦衣衛指揮萬通與萬安聯宗。萬通的妻子可以自由出入宮闈，成為萬安與萬貴妃勾結干政的傳聲筒。自從冒認貴妃同宗後，萬安如魚得水，左右逢源，不久就當上了首輔。他在執政期間，貪婪無恥，甚至向憲宗獻房中術與春藥，聲名狼藉。明孝宗即位後，追究已故萬貴妃迫害其生母紀太后的舊賬，逮捕了萬氏家屬，對萬安也一無好感。萬安見萬氏戚族一一被錦衣衛鞫審，便竭力申辯說：「我與萬家早就斷絕了往來。」與萬貴妃家聯宗的是他，絕交的也是他，萬安固然寡廉鮮恥，卻燭照出與后妃制相聯繫的外戚現象有多麼醜陋與汙濁。然而，造成這種現象的根源不正是君主制本身嗎？

劉皇后不認窮外家

冒牌外戚的醜劇，暴露出那些冒認者冀圖通過認親方式來躋身顯貴的卑汙動機，那麼，拒不承認出身低微的娘家親戚，則凸顯了某些后妃一闊臉就變的不光彩心態。

後唐莊宗劉皇后姿色絕眾而家世寒微，她是魏州成安（今屬河北）人，幼年被掠為晉王李存勖（即後來的莊宗）的夫人。父親以賣藥行卜為生，號劉山人。一天，一個姓劉的黃鬍鬚老頭，自稱其父前來認女。晉王就讓當初掠夫人入宮的當事者前來辨認，回答說：「當時有一個黃鬍鬚的老丈護著夫人，正是這個人。」晉王告訴了劉氏，劉夫人正與晉王嫡夫人爭寵奪愛，都競相以門第誇耀，她忌諱地隱瞞了自己的出身。如今出來個窮老頭做父親，豈不大丟臉面，就說：「我離家時，已經能記得父親死於亂兵，我當時繞著屍體痛哭後才離去的。我沒有父親了。哪個鄉巴佬，竟敢來冒認！」便命人在門前笞打自己的生父。

劉氏在莊宗即位後被立為皇后。莊宗頗有點演戲天分，這天，他閒得無聊，就與皇后開了個玩笑。劉皇后正在午睡，睡意方濃中見有個老頭背著藥箱與笠囊，走進臥室，又有個年輕人提著破帽隨從其後，這不是被自己打過的父親嗎？這時老頭開腔道：「劉山人前來看望女兒。」她睜開朦朧睡眼一辨認，原來這老頭是唐莊宗裝扮的，後面提破帽的正是他倆的兒子。劉皇后又羞又惱，便把氣撒在了兒子身上，打了他一頓。不久，這事便在後宮傳為笑料，其間蘊含著對劉皇后出於虛榮而拒認生父的嘲諷。

八　與夫家乎？與娘家乎？

后妃一入宮闈，就具有雙重社會角色，一方面她仍是娘家的女兒，另一方面她已然成為天子的配偶。由於君主制家天下的本質，作為女兒，出於對娘家的親情，她必然指望皇帝，或親自出面（當她尊為皇太后或以皇后干政時），把皇家的部分權位與財富轉化為娘家的囊中物。然而，倘若站在夫家的立場上，她們這種做法無疑損害了皇家的利益。問題癥結在於，在家國一體化的君主制下，那些為娘家親戚追求權欲與物欲的后妃，總把國家僅僅視為夫家，在她們看來，夫家的權力是可以任意索取的，夫家的財富是取之不盡的。這樣，面對皇家的權與物，后妃必須權衡與奪的占有和得失，並做出自己的裁斷：與夫家乎？與娘家乎？即究竟顧全皇家的前途，還是滿足娘家的利益？

奢望魚與熊掌兼得

那些在權力與財富分配上對娘家親戚進行裁抑的后妃，她們的選擇無疑是站在夫家即皇家的立場上。這種選擇，客觀上有利於國家的利益與政局的穩定，故而在後世史家那裡博得了賢后或淑妃的美譽。然而，大多數后妃目睹娘家因裙帶關係而雞犬升天，總是奢望魚與熊掌兼得，而讓母族與皇室聯姻，自然被視為最佳選擇。在《記唐代之李武韋楊婚姻集團》中，史學大師陳寅恪通過個案分析指出，武后政治勢力之所以久盛不衰，就在於武則天把自己所生的李氏子孫與武氏近親結成婚姻集團，使外戚與皇家你中有我，我中有你。這種婚姻集團，或持續數代，或再世即絕，或盤根錯節，或根淺枝弱，但幾乎歷代都有，並非僅見於唐代。在現實政治生活中，不少后妃都為締結這樣的婚姻集團而處心積慮。

西漢初年，呂后為了鞏固后族的權位，把兄弟呂祿的女兒許配給少帝，指望呂氏之女再為皇后。薄姬在文帝時被尊為太后，把薄氏族女嫁給了太子（即景帝），都出自相同的心機。

北魏馮皇后在孝武帝時以太皇太后聽政，為愛孫孝武帝聘納自己哥哥馮熙的三個女兒，兩個先後冊立為皇后，一個則為左昭儀，於是，馮氏外家貴寵日盛，賞賜巨萬。倘把北魏太武帝左昭儀是馮熙的姑姑也算在內，馮氏后妃的娘家貴盛幾乎長達半個多世紀。

清太宗皇后博爾濟吉特氏為兒子福臨爭到了皇位，福臨即位，她尊為皇太后。順治八年（西元1651年），她讓娘家侄女做了世祖的皇后。僅過二年，世祖廢后，但次年冊立的新皇后仍是博爾濟吉特氏，只是換上了她的侄孫女，用意無非冀圖保護后族的既得權益。

不過，在牽涉君權的政局變動中，這種再聯姻有時也會讓當事者進退失據。唐中宗韋皇后把妹妹嫁給宗室號王李邕，顯然屬於這種再聯姻的模式。憑藉這層關係，李邕在中宗朝特受優待，改封為卞王，讓他開府自選僚屬。中宗一死，韋后之亂威脅君權。見變亂平定，政局明朗，李邕揮刀割下妻子的頭顱，提到朝廷去表功。這位宗室兼外戚，韋后得勢，盡享外戚的厚遇，韋后勢敗，立馬「大義滅親」撇清干係，也難怪大受輿論的鄙薄。

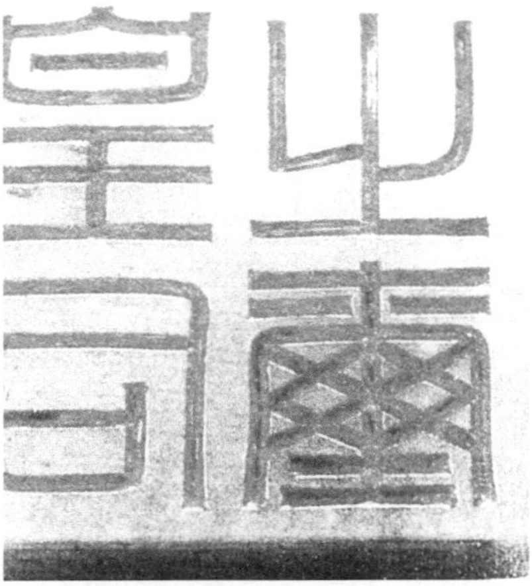

傳說中呂后的「皇后之璽」

一頭一尾的西漢個例

儘管歷代后妃苦心經營帝族與后家混為一體的婚姻集團，試圖權力共享，利益均霑，卻並不意味著問題的最終解決。在這一婚姻集團中，究竟哪一方是中心與重心所在，仍是一大癥結；到底向夫家傾倒，還是向娘家欹斜，對后妃來說，依然是兩難的選擇。

自漢高祖死後，呂后就讓劉姓侯、王與諸呂之女聯姻，企圖建立一個你中有我、我中有你的劉呂婚姻集團。她的兒子惠帝立七年而死，發喪時，她只是乾哭，沒有眼淚。丞相陳平等知道：惠帝絕後，所謂少帝並非惠帝子，呂后使了個移花接木的小伎倆，用意是不讓高祖諸姬之子坐上皇位，凌忽呂氏外家；而她之所以對惠帝之死無淚乾哭，無非擔心高祖舊臣阻撓她的如意算盤，考慮對豐沛舊臣是否要先發制人。於是，陳平等因勢行事，建議讓諸呂為將，統領南北軍，這下呂后才心頭一鬆，為惠帝之死傷心地真哭起來。其後，她以太皇太后身分臨朝稱制八年，讓諸呂外戚封王列侯，權益的天平明顯偏向娘家，臨死還提醒侄子上將軍呂祿與相國呂產說：「高祖有約，非劉氏而王者，天下共擊之。現在呂氏四人封王。我一死，恐怕大臣不平而發難，你們一定要抓住軍隊，保衛皇宮，千萬不要送我的喪，被人挾制。」其後的諸呂之亂，正是呂后晚年把劉漢王朝權力失控地轉移給呂氏外戚的必然惡果。

漢成帝以後的四朝六十年間，元帝皇后王政君先後以皇太后與太皇太后身分大封王氏外戚為侯。王氏勢力的急遽膨脹，她負有不可推卸的責任。也許，在王政君看來，這是讓娘家親戚與夫家後代同舟共濟的最佳安排。然而，當他的親侄王莽準備甩掉劉漢王朝的政治軀殼，自立新朝做真皇帝時，她才最終醒悟，王與劉畢竟不能久共天下。

當王莽指使王舜來索討傳國璽時，王政君怒罵道：「你們父子家族蒙漢室之恩，才累世富貴，現在反而欺人之孤，奪人之國。人做到這地步，豬狗都不會吃。現在自己要做皇帝，就自個兒去造新璽，傳它個千代萬世，為什麼要用這不吉利的亡國之璽呢？我這漢家的老寡婦，早上不知道晚上死，要與這璽一塊兒葬。你們別想得到它！」王舜是頗受她喜歡的子侄，懇切地對她說：「王莽一定要這傳國璽，我勸諫也沒有用。他一定要，你最終能不給他嗎？」王政君拿出傳國璽，扔在地上，說：「我老了，快要死了。像你們兄弟，是要滅族的。」

王莽即位後，知道王政君怨恨他，為了取媚，立她為新室文母太皇太后。他廢毀了祭祠漢元帝的廟殿，改為長壽宮，大擺酒食請王政君。她到場後，大吃一驚，哭道：「這是漢家宗廟，都有神靈了。我是漢家的妃妾，怎能廢毀元帝的廟堂呢！」

新朝建立的第五年，這位八十四歲的西漢太后去世，合葬於漢元帝渭陵，表明她從夫的身分。在其墳墓與渭陵之間，王莽命人挖了一條大溝，表示她作為新朝文母皇太后的身分。這種稀奇古怪的葬制，作為一種活脫脫的建築語言，不啻是對這位后妃的一種嘲諷：既慫恿外戚坐大，又不甘夫家斷祚。

武則天也有困惑

武則天是李武韋楊婚姻集團最有力的締造者，然而，究竟偏李，還是袒武，也始終困擾著她。她臨朝稱制後宣稱：「我要讓我家（指她的娘家武氏）及外家（指她母親的娘家楊氏）始終有一個人做宰相。」僅以武后母親的娘家楊氏而言，有三人娶李唐皇家的公主，五人嫁給李唐同姓諸王為王妃，做三品官以上的達二十餘人。至於武姓外戚，在她以周代唐後，不計追贈，生拜為王的，一次就近二十人。

一次召見時，吉頊對武則天說：「一杯水與一抔土，會相爭嗎？」

答道：「不會。」

「水土揉和成泥會有爭嗎？」

「不會」。

「現在，分泥各半，一半捏成佛陀，一半捏作天尊，是否有爭呢？」

答道：「當然有爭了！」

吉頊說：「我也認為必然有爭的。皇族、外戚各有區分，則各安其份。現在皇太子已立，而武氏諸王並封。陛下不是驅使雙方相爭嗎？我知道兩者不會相安共處的！」

武則天說：「我也知道，但事已至此。」

就本心而言，武則天還是試圖讓李武兩姓冰炭同爐的。「天授革命」後，她在東都洛陽建立武周太廟，奉祠武氏七代神主，但仍未盡廢西京長安的李唐太廟，也是這位李氏皇后兼武氏女主兩難心態的一種折光。她把武姓侄子與李姓子孫都找來，讓他們共祭天地，立下鐵券，一起宣誓，彼此扶持，其調和之心可謂良苦。然而，家天下的特點決定了只能有一個主人，這是絕無調和餘地的。天授三年（西元692年），武則天的侄子左相武承嗣覬覦皇位，密諭親信赴闕，指使數百人（一說千餘人）上書則天皇帝，要求廢黜皇太子李顯，立武承嗣為皇太子。則天皇后召見了為首的王慶之，問道：「皇太子是我的兒子，為什麼要廢？」

王慶之說：「神，不祭異類。現在是武氏之國，李氏怎麼可以是嗣君呢？」說著以死相求。

檢校內史李昭德奏道：「陛下把宰相這樣的重權交給武承嗣，不知為什麼？」

武則天說：「我的子侄，所以委以心腹之任。」

問道：「姑侄之親比起父母子女之情如何？」

答道：「當然不及。」

李昭德說：「父子母子尚且有逼奪的先例，何況姑侄呢！如果他有機會做皇帝，陛下的寶座還能安隱嗎？況且，自古以來，有侄子做了天子，為姑母立廟的嗎？陛下做了天子，你的姑母享受了多少福祚呢！陛下現在已經委以重權，又將付以天下，大勢恐去了！」

武則天這才暫時打消了廢立之想，但武承嗣、武三思謀求立為太子的活動始終沒有停止。聖曆元年（西元689年）前後，多次唆使人說項：「自古以來，天子沒有以異姓為嗣的。」武則天再度猶豫。一天她對狄仁傑說起，夢見一隻羽毛豐滿體態強健的鸚鵡斷了雙翅。狄仁傑說：「鵡，就是陛下之姓；兩翅，就是陛下的二子（指廬陵王李顯與李旦），把他們召回來，雙翅不就可以振飛了嗎？」

不久，契丹首領孫萬榮擾邊，檄文也以「還我廬陵王」為號召。武則天對狄仁傑說：「你為我占的夢，現在應驗了。我想立太子，何人為妥？」狄仁傑說：「陛下內有聖子，外有賢侄。姑侄與母子誰更親呢？取捨決斷，唯在聖意。」武則天說：「我自有聖子，承嗣、三思是什麼樣的疥癬！」她這才下決心，將李顯從房州（今湖北房縣）拘禁處接回京城，再次立為皇太子，把李武韋楊集團的重心傾斜回李氏一邊。

儘管如此，武則天死後，還是出現了武韋之亂。她在締造李武韋楊集團的同時，也埋下了武韋之亂的禍根。在家天下的君主制下，試圖讓外戚與皇室不分主次久暫地權力共享與利益均霑，即便武則天這樣卓有手腕的皇后與女主，也徒勞而無益，其結果往往是圍繞王權爭奪而併發政局變亂或社會動盪。從這一角度而論，那些裁抑外戚的賢后淑妃，其作為才有肯定的價值。

兩難抉擇的情感悲劇

在維護夫家還是娘家的權益選擇上，如果說呂后、武后面臨的主要是政治危機，那麼秦穆公的女兒懷嬴、東漢獻帝曹皇后、北周宣帝楊皇后所陷入的感情危機，更令人唏噓不已，也更具有悲劇意味。

懷嬴是秦穆公的愛女（一說宗女），秦穆公最初把她許配給在秦國當質子的晉太子圉（即後來的晉懷公）。太子圉聽說父親晉惠公快病死了，考慮到王位繼承權問題，就準備與懷嬴潛逃回晉國。懷嬴進退兩難道：

「你是晉國的太子，屈居在秦國當人質。你想回國，是完全應該的。不過，國君讓我侍候你，替你捧手巾，遞木梳，是為了穩住你，讓你安心留在秦國。儘管我也想跟你走，然而如跟你回去，我就背棄了父王的命令。但是，倘若我把你回國的計劃說出去，就違背了做你妻子的情分。二者都不可行。儘管我不能跟你回晉國，你還是走你的。我也不會把你走的消息洩露出去的。」

劉向在《列女傳》裡記載這段故事，稱頌懷嬴「操心甚平」，「無所阿傾」。然而，她言語間所流露的苦澀，誰都不難體味到。後來，懷嬴又作為大國聯盟的政治籌碼，被秦穆公轉手送給逃亡到秦國的晉公子重耳當媵妾，重耳即位，她成為晉文公的夫人。

出於篡權的需要，王莽把年僅十四歲的女兒塞給十三歲的漢平帝做皇后，次年就鴆死了平帝，讓女兒守了寡，改立年僅兩歲的宣帝玄孫孺子嬰為帝。過了三年，王莽又一腳踢開孺子嬰，自己當上了真皇帝，把孺子嬰黜為安定公，讓女兒做安定公太后。《漢書．外戚傳》說她溫順沉靜而守節持操，顯然是站在漢家正統立場上。自王莽代漢，這位十八歲的安定公太后，雖然父親做了皇帝，卻常常託病不參加朝會。對於女兒，王莽又是敬憚，又是可憐，想讓她再嫁，就改封她為黃皇室主，表示與劉漢斷了干係。王莽派人去問病，她發狠怒笞身邊的侍御。這次，她真的發病不起了，王莽也不再強迫她改嫁。

得知王莽被赤眉軍殺死，她對著烈火熊熊的未央宮說：「我有什麼面目見漢家呢？」遂跳進火中自盡了。她是娘家為攫取權力貢獻出去的犧牲品，又是夫家西漢王朝名副其實的殉葬者。從十四歲出嫁，到三十三歲自焚，她在劇烈痛苦的心靈煎熬中度過了二十年的歲月，這真是一個創深痛劇的悲劇！

曹操殺了漢獻帝伏皇后以後，獻帝被迫立其女貴人曹節為皇后。她的哥哥曹丕代漢建國，派使者前來索取傳國玉璽，她怒而不給。魏文帝派了好幾起使者，一再被她擋了回去。最後，她召入使者，親自譴責曹丕的篡漢行徑，隨後擲璽於軒欄之下，涕泗縱橫道：「老天不保佑漢祚啊！」一臉的悲憤，讓左右的人不敢正視她。出嫁從夫的傳統思想，使曹節在皇權由夫家轉到娘家時，矢志不渝地站在夫家的立場上。此後，她默默無聞地活了四十一年，才黯然辭世，與漢獻帝合葬，葬禮仍用漢代儀制。

北周宣帝皇后楊麗華是楊堅的長女。宣帝病危時，其親近侍從劉昉、鄭譯引楊堅入宮視疾，隨後矯詔讓楊堅總知中外兵馬事，受遺命輔政，為隋代北周開了綠燈。楊皇后一直擔心兒子北周靜帝幼小，唯恐朝政大權將落入他族之手。儘管她未參加政治陰謀，但知道父親輔政後，內心還是很高興。不久，她聽到楊堅索取天子的玉璽與兵符時，知道父親心懷異圖，再聯想到當時流傳的童謠說：「白楊樹頭金雞鳴，只有阿舅無外甥。」就意氣難平，在話語與態度上對父親很是不滿。次年，隋代北周，行禪代禮時，她更是怒形於色。隋文帝楊堅攘奪了外孫的皇位，畢竟有點不自在，也不便譴責女兒。後來，楊堅準備讓女兒改嫁，楊皇后誓死不從，隋文帝只得作罷。她死於二十八年後，葬入北周宣帝的陵園。儘管北周宣帝生前並不愛她，差點賜她自盡，但在皇權之爭的最後表態時，她還是選擇了夫家。

對於懷嬴、曹節與楊麗華，沒有必要評判她們的選擇是否正確，相比之下，咀嚼這種選擇所蘊含的悲劇意味，思索導致這種悲劇的深刻原因，也許更有意義。

九 日中月滿可能久？

作為標題的這句唐詩出自徐夤〈漢宮新寵〉，以太陽不可能常在中天，月亮不可能永保圓滿，來提醒后妃外戚之家：貴盛是不可能長久的。在歷代詩文中，這種老生常談俯拾皆是，漢代王逸在〈外戚箴〉中就說過：「無謂我貴，天將爾摧」，「日不常中，月盈有虧」。

翻開一部外戚史，「其興也勃焉，其亡也忽焉」的外戚世家不絕於史。據《漢書．外戚傳》說，西漢一代，因后妃受寵而著錄史籍的外戚有二十餘家，能保住全家的僅四家，其餘近二十家不是族滅，就是流放，結局都不美妙。對外戚之家的興衰隆替，後世史家與文人無不喟然生嘆，二十四史《后妃傳》與《外戚傳》中相關論贊比比皆是。《晉書．外戚傳》序論以八個字來概括歷代外戚的最後命運：「多至禍敗，鮮克令終」。也就是說，絕大部分外戚都罹禍敗亡，能獲善終的鳳毛麟角，這是對中國外戚史的蓋棺之論。

本書以后妃為主題，雖不宜將歷代外戚之禍作為敘述的重點，但西漢的王莽、東漢的梁冀、晉代的賈謐、唐代的武三思和楊國忠……作為外戚，他們對當時政局的重大影響，後人並不陌生。這裡只從后妃史角度，來敘述外戚罹禍的現象與原因。

隙開勢謝，讒亦勝之

如果說，后妃是寄生在君主政體上的贅疣，外戚則是依附於后妃體制上的菌蕈。倘就某家外戚而言，其附著點更是脆弱到出身於他們家族的那個后妃。一旦她失寵於帝王或撒手人寰，他們賴以寄生的那點根基也就像消融的冰山。如果說，在位的人主或許還顧念舊情，禮遇外族，有些外戚還能苟全權益；那麼，新君即位，尤其是新皇帝與舊君主的后妃沒有直接的親緣，這些后妃的外族如果依然權勢顯赫，其命運便岌岌可危。

在《後漢書．鄧騭傳》裡，史家范曄曾分析其致禍根由：「恩非己結，而權己先之；情疏禮重，而枉性圖之；來寵方授，地既害之；隙開勢謝，讒亦勝之。」大意說，前代皇帝的外戚，對後代君主而言，並無恩寵可言，卻已權高勢盛。他們從前代皇帝那裡接受了權要的職位，後代君主本來就與他感情疏隔，卻不得不共謀朝政，內心當然不自在。新君主也想對自己寵信的外戚授以要職，這些地位卻被他們捷足先登。這樣，新主與故戚必然產生隔閡，而前代外戚因人去茶涼，勢衰力薄，再加之他們志滿意得時，很容易得罪人，讒言便接踵而來。因此，外戚或能免禍於先帝，而必然獲罪於嗣君，這幾乎是屢驗不爽的定例。

就以鄧騭為例，他的妹妹是漢和帝鄧皇后，和帝死後，他們生下僅百來天的兒子即位，是為殤帝。不到一年，殤帝夭亡，鄧皇后以皇太后的身分與車騎將軍鄧騭決策，擁立章帝之孫，即清河王（他是和帝的兄弟）之子為安帝。安帝僅十三歲，鄧太后依然臨朝聽政。她對外家所作所為經常訓誡警飭，曾給司隸校尉、河南尹與南陽太守下詔說，凡是鄧氏親屬犯罪，不能寬大處理。整體來說，鄧氏外戚也還算夾著尾巴做人。安帝即位，以鄧氏定策之功擬封鄧騭兄弟四人各為萬戶侯，鄧騭上書達五六次，說：「我雖無遠見之慮，卻還有戒懼之情。」最終辭去了封爵。在守母喪期滿後，鄧騭堅絕不願再以大將軍還朝輔政，主動要求奉朝請。他的三個兄弟去世，葬儀簡薄，也絕無大張聲勢炫耀權位的舉動。儘管如此，鄧太后臨朝令從己出，安帝由她而立，卻不是她親生兒子，只能斂衽聽命，不安之心與不滿之情與日俱增。鄧太后一死，受過太后處罰的宮人銜隙誣告，說鄧騭已故的三個弟弟，曾打聽過前代廢黜皇帝的成規，於是，鄧氏子侄被黜奪侯位，廢為庶人，鄧騭宗族都奪職歸里。鄧騭未參與陰謀，也被遣送回封國，不久被籍沒財產田宅，父子絕食而死。經此打擊，顯赫一時的鄧氏外戚一蹶不振，徹底衰落。

高肇是北魏孝文帝高皇后的哥哥，宣武帝高皇后的伯父，可謂雙料外戚。他在宣武帝時位居尚書令，交結朋黨，順之者擢以顯官，逆之者誣以大罪，譖殺宗王，朝野側目，專權自用，怨聲載道。宣武帝死時，他正率軍征蜀，孝明帝命其赴喪。在回朝路上，他自知此去凶多吉少，朝夕悲泣，一下子憔悴了許多。這時孝文帝高皇后已死，宣武帝高皇后也被孝明帝生母胡靈太后送入了尼寺。入京後，高肇哭拜完先帝靈柩出來，就被預先安排的十餘名壯士活活拉殺。隨後，孝明帝便下詔揭露他的罪惡。

明孝宗張皇后有兩個弟弟鶴齡與延齡，其驕橫不法前已述及。明武宗時，尊生母張皇后為皇太后，二張仍逍遙法外。武宗死後無嗣，世宗由藩王之子入繼大統，張太后不過是其皇伯母，與二張的關係已然疏遠。而世宗的生母薄太后入宮時，張太后待以藩王妃之禮，接受她的叩拜，在後來相處中，張太后又倨傲拿大，更讓世宗不快。適逢有人告發張延齡謀逆，擬論處死罪。張太后這才如熱鍋上的螞蟻，想借世宗生子的機會，入賀求情，卻被擋駕，吃了閉門羹。不久，張鶴齡也被人告發，下了詔獄。二張作惡不法，誠然屬實，但告以大逆謀反，顯然是世宗必欲置之死地而後快。張太后親至皇宮前，穿著敝衣，坐在藁席上，表示服罪，願代受刑。任憑她苦苦哀求，世宗也未予理睬。不久，鶴齡瘐斃獄中。大臣求情說：「張延齡如果真以謀逆處死，依法，獄成就應族誅，這會使張太后不得善終，反過來就加重了你皇上的不是。」延齡這才苟延殘喘，但張太后一死，仍被斬首處決。

外戚後來居上律

在君主制下，隨著君權的嬗代，嗣君一邊面對先帝遺留的外戚關係，另一邊因自身的婚姻把新建的外戚關係引進君主政權，外戚格局處在不斷變動中。君主制以家天下為本位，「親有等級，戚有親疏」，這一原則不能不對外戚格局的變化發揮決定性作用，「後來者居上」便成為這種變動的普遍趨勢。

竇嬰是漢文帝竇皇后的堂侄，竇皇后在漢景帝時被尊為太后，對朝政頗具影響力。竇嬰在平定吳楚七國之亂中有功，封為魏其侯，位至大將軍，朝議大事時，列侯很少有敢與他分庭抗禮的。在爭趨其門的眾多賓客中，有一個人叫田蚡，他侍飲竇嬰酒時，跪起恭敬，一如子侄。田蚡是漢景帝王夫人的同母異父弟，漢景帝後期，因王夫人立為皇后，他也貴盛起來，封為武安侯。

景帝死後，武帝即位，王皇后被尊為皇太后，竇太后升格為太皇太后。當時，竇嬰任丞相，田蚡為太尉，雖在尊儒上兩人頗有共識，但在權力鬥爭上，田蚡卻在背後傾軋竇嬰。不久，兩人因尊儒俱被竇太后罷官，但田蚡因王太后關係為漢武帝所親信，言事多有效，趨炎附勢的天下吏士都轉投在田蚡門下，竇嬰已是門可羅雀了。

不久，竇太后去世，田蚡為相，其勢更不可一世。在竇嬰屈指可數的賓客中，失意將軍灌夫偏有點俠客的剛直心腸，為竇嬰的受冷落大抱不平，多次藉著酒意羞辱田蚡。田蚡怒不可遏，以灌夫罵座不敬，並以追究其宗族賓客橫行為名，逮捕了灌夫，擬處以棄市罪。竇嬰挺身而出，上書營救灌夫。武帝命他與田蚡當朝辯論，兩人從各執一詞到互相攻訐。漢武帝因兩邊都是外戚，雖然略傾向於竇嬰，卻拿不定主意。退朝後，他侍候母親吃飯，王太后早打聽到廷辯的情況，不動碗箸，一臉怒氣道：「現在我還在，別人都爬到我兄弟的頭上，我百歲以後，都要生吞活吃他了。你皇帝難道是木頭人嗎？」

礙於母后的盛怒，武帝不得已族滅了灌夫。過了兩個月，竇嬰也被棄市。他死得有點冤，但已故祖母的外戚畢竟敵不過健在母親的娘家，他只能落得個如此下場。《史記．魏其武安侯列傳》委婉曲折地敘述了這場爭鬥，為外戚格局的變動走向提供了典型的個案。

王商是漢宣帝的舅表兄弟，元帝時以外戚重臣輔政。他在保住成帝的繼承權上有功，故而成帝初年對他仍很敬重，位至丞相。當時，大司馬大將軍王鳳是成帝的舅父，把王商視為自己專權擅政的一大障礙。當年，成帝想把王商的女兒納入後宮，他以女兒有病推託。當知道王鳳中傷自己時，王商便打算把女兒送入宮掖作為奧援，去走了成帝新寵李婕妤家的門路，這適足為王鳳遞上了把柄。王鳳進一步刺探王商的隱私，唆使人上書，把他私通父婢等閨門之事以及在送女入宮上出爾反爾，作為傾軋的砲彈。成帝聽信了王鳳的一面之詞，收奪了王商的丞相印綬。王商免相三日，就嘔血而死，在朝為官的王商子弟全部遭逐出朝。就這樣，成帝的舅族擊敗了宣帝的舅族。

楊駿是晉武帝楊皇后的父親，與其弟楊珧、楊濟勢傾內外，時號「三楊」。武帝病危時，楊駿利用入宮侍疾的機會，改易大臣，引用心腹，隱匿了武帝命汝南王司馬亮與楊駿共輔新帝的遺詔，唆使楊皇后矯詔命他單獨輔政。武帝一死，他就發兵征討司馬亮，引起了宗室諸王的不滿與猜忌，揭開了八王之亂的潘朵拉盒子。他以太傅處理朝政，剛愎自用，嚴苛繁瑣。繼位的晉惠帝是個白痴，皇后賈南風與其外甥賈謐早就想把朝局大權抓在手中，便援引楚王瑋入朝，又勾結了殿中中郎孟觀、李肇等。她讓惠帝下詔，聲稱楊駿謀反，派兵包圍了楊府，楊駿被殺死在馬廄裡。楊珧被捕，臨刑時說：「當今皇太后受武帝冊封時，我就上過表，藏在宗廟的石函裡，楊家不應受此滅門之禍。」

原來，楊皇后是晉武帝已故皇后的堂妹，武帝繼立她時，楊珧曾上表說：「自古一門二后，未有能保全其宗族的，請藏此表在宗廟，他日誠如所言，可以免禍。」晉武帝答允了他。但賈氏族黨可不管這些，喝令趕快行刑。楊珧號叫不已，劊子手還是斫破了他的頭。楊氏外戚族誅者不計其數，賈氏外戚集團取代了楊氏外戚集團，西晉政治則進一步滑向了深淵。

同一外戚群的窩內鬥

外戚格局之所以處於變動不居中，說到底，是君主制下各外戚集團之間的權力再分配。這種權力再分配，不僅在不同外戚集團之間激烈展開；即使在休戚與共同出一族的外戚集團內部，有時也是你死我活的。

漢昭帝上官皇后的祖父是上官桀，外祖父是霍光，他倆既是兒女親家，又同為漢武帝託孤的輔政大臣，關係非同一般。大司馬、大將軍霍光如果休假，就由上官桀代決朝政。然而，武帝時上官桀位居霍光之上，託孤時霍光卻成為首選大臣，上官桀隱然不快。上官皇后冊立後，上官桀與子上官安（即后父）同時位列將軍，父子倆幾次小試權柄，都被霍光駁回，便認為自己是皇后的父親與祖父，霍光不過外祖父，卻大權獨攬，頗有點憤憤不平，開始與霍光爭權。他們先偽托燕王的名義，在霍光休假時上書告他擅自增選大將軍府的校尉，疑有陰謀。不料，昭帝儘管才十四歲，卻一眼看出破綻，批駁說：「大將軍在京城附近增選校尉還不到十天，你燕王千里以外豈能這麼快就知道？而且大將軍真要造反，也不在乎增調一個校尉啊！」下令追捕上書人，上官桀恐怕露出馬腳，就對昭帝說：「小事一樁，不必追究了。」後來，上官桀又散布流言蜚語，昭帝聽後說：「大將軍是忠臣，再有敢譭謗者，一定嚴懲不貸。」上官桀知道這種方式不可能擊垮霍光，便與鄂邑長公主等勾結，密謀由長公主出面設宴招待霍光，預埋下伏兵準備暗殺霍光，然後廢黜昭帝，迎立燕王。儘管上官父子的陰謀未能得逞，從中卻不難領略到外戚權力之爭的刀光劍影。

西漢末年，朝政大權已在漢元帝皇后王政君的娘家兄弟之間傳來遞去。王氏外戚在排擠其他外戚集團時同舟共濟，當敵手翦除淨盡後，他們內部的鉤心鬥角同樣不擇手段。平帝即位，王政君再次臨朝，其侄王莽當上了大司馬。這時，王政君的親弟弟紅陽侯王立雖不在位，卻可以經常入見姐姐。王莽唯恐他在太后王政君面前說上些什麼，使自己不能威福自用，便將這位叔伯視為自己專權篡位的絆腳石，指使大司徒孔光上奏太后說：「王立知道淳于長（漢成帝趙皇后的外甥）犯大逆罪，因受他不少賄賂，就為他說好話，來惑誤朝廷；還建議立後宮官婢私生子為皇子。應該讓他回到封國上去。」太后並未聽從，王莽又說：「太后代幼主統政，力求公正，還唯恐天下不從。現在因私情違逆大臣公議，恐怕亂將因此而起。可以暫且讓他回封國，將來再召回來。」在王氏外戚中，他的堂兄弟平陽侯王仁一向以剛直聞名，王莽也忌憚他，同樣讓大臣找些碴子上奏太后，遣歸出京。王立、王仁剛回到自己的封地上，王莽的使者就趕到了，守在旁邊，迫令他們自殺。就這樣，王莽讓整個王氏外戚俯首聽命，為篡政掃清了道路。

高山不推自崩

對君主來說，外戚之家雖與帝王之家有著最親近的姻親關係，但外戚之家畢竟不是、更不能取代帝王之家。對於外戚，他們往往一方面倚重，一方面猜忌，這種兩手政策也是家天下的本質所決定的。當外戚之家被帝王認為威震人主權傾朝廷時，等待他們的，往往是被翦除的結局。

竇憲是漢章帝竇皇后的哥哥，和帝即位，竇皇后以皇太后臨朝，讓他以侍中內預機密，外宣誥命，對他言無不從。竇憲權勢日盛，便睚眥必報，竟至派刺客擅殺宗室王侯。竇太后知道後，不得不將他禁閉在內宮。他擔心論罪被殺，請求出戰匈奴來贖死，受命以車騎將軍追擊北匈奴，大獲勝利，登燕然山，勒石紀功。班師後，拜為大將軍，更是威震朝廷，公卿大臣望風希旨，刺史守令多出門下。他的兄弟子侄不是禮依三公，就是位列九卿，也都勢傾京城，為非作歹。竇氏兄弟擅權專政，朝臣上下多趨附其門牆，以致和帝竟不能接觸內外臣僚，只能與宦官相處。

對竇氏權勢的專橫膨脹，和帝心懷不滿，儘管竇太后還健在，他卻迫不及待要掃除外戚專政對君權的威脅，便令宦官鄭眾提供漢文帝誅薄昭與漢武帝殺竇嬰的前代故事，還與鄭眾齧臂出血以為盟誓，定議誅殺竇氏，後以竇憲心腹爪牙鄧疊等與其女婿郭舉圖謀不軌為名，將他們一舉捕殺。和帝隨即收回竇憲大將軍印綬，命他與弟竇篤、竇景都回到侯國封地上去，一到封國，就都迫令他們自殺了。

斛律光是北齊名將斛律金的兒子，父子兩代為大將軍，在與北周對峙中屢戰屢勝，功勛卓著。斛律光的弟弟與長子都善治兵，出鎮一方，他的女兒被齊後主立為皇后。武平二年（西元571年），斛律光率師連敗北周軍，俘敵千餘，還師途中接到敕令，命他解散軍隊。斛律光認為將士征戰有功，朝廷應該慰勞，便上表請後主遣使慰勞，然後再予解散。不料，軍隊行近國都鄴城，後主的慰勞使節還沒派出，斛律光便在都城外駐紮下來。後主獲知，頓生疑忌，急召斛律光入朝，再派人勞軍後即予解散。

斛律光的軍事才能深令北周諸將忌憚，北周就派人到鄴城播造謠言：「百升飛上天，明月照長安」，「高山不推自崩，槲木不扶自舉」，鄴城小兒很快傳為兒歌。百升就是一斛，明月是斛律光的字，北齊為高氏所建，故以「高山」影射，「槲木」仍是喻指斛律。謠言的含義很清楚：斛律光將不利於北齊。而素與斛律光有隙的尚書右僕射祖珽，更進讒言道：「斛律氏累世大將，明月聲震北周，他弟弟威懾突厥，被稱為南單于。他家女為皇后，男娶公主，謠言可畏啊！」而武平二年「軍逼帝京」之事又被重提與渲染。於是，後主便召斛律光入宮，四個力士用弓弦套住了他的頸頸，將這位名將活活拉殺。他的弟弟斛律羨臨刑時長嘆道：「女為皇后，富貴如此，公主滿家，又常領三百兵，怎麼能不因忌得禍呢！」斛律氏家年十五以上男子均遭族誅。斛律皇后也廢居別宮，後命她出家為尼。

元順帝荅納失裡皇后是數朝權臣燕鐵木兒的女兒。燕鐵木兒死後，他的長子中書左丞相唐其勢與權勢日盛的右丞相伯顏展開權鬥。唐其勢忿忿道：「天下本我家天下，伯顏是什麼人，卻位居我上面。」至元元年（西元１３３５年），唐其勢與荅裡等起兵入宮，圖謀廢立。兵敗，唐其勢與其弟塔剌海逃入後宮。追兵趕到，唐其勢死死拉住宮殿的檻欄，不肯就擒，塔剌海則逃匿到皇后座位下。荅納失裡皇后用寬大的衣裳把弟弟遮蔽起來，但終被發現拽出，兄弟就戮。伯顏對順帝說：「豈有兄弟謀大逆，而姊妹藏匿他們的？」要把皇后也抓起來，皇后連呼：「陛下救我。」順帝說：「你兄弟要害我，我豈能救你！」便把皇后遷出後宮。不久，荅納失裡就在開平（今內蒙古多倫北）民舍中被伯顏鴆殺。

竇憲、斛律光與唐其勢的末路，是外戚格局變動的另一類型，即所謂威權震主型。至於是否確實「震主」，並不是由後人評說，而僅僅取決於當時人君的識斷，只要他認為你「震主」，這一后妃的娘家就可能從外戚格局中被抹掉。正如《廿二史劄記．兩漢外戚之禍》指出：

> 女主臨朝不得不用其父兄子弟以寄腹心，於是權勢太盛，不肖者輒縱恣不軌，其賢者亦為眾忌所歸，遂至覆轍相尋，國家俱敝。

十　割不斷的親情

在《紅樓夢》中，元妃省親時說：「既送我到那不得見人的去處，好容易今日回家，娘兒們這時不說不笑，反倒哭個不了。」雖是小說家言，卻也說明宮門一入深如海，即便那些位高的后妃，也不能任意回家省親，或在宮內會見娘家親戚。而對底層宮女來說，生離更往往意味著死別。然而，對生養哺育自己的父母有眷戀之情，對兒時朝夕相處的同胞有手足之情，是正常社會人的基本感情，但在君主后妃制下，這種血濃於水的親情卻總是橫遭重創與撕裂。

彷彿想容儀

北魏胡靈太后的父母死後，按例陪葬在洛陽的天子陵園。但胡靈太后想起父親要求歸葬故鄉安定祖墳的臨終遺言，感慨說：「我父親遠思雙親，就像我想念父母一樣啊！」不過，她還算幸運的，貴為皇太后以後，常與父親相見，重溫天倫之樂。有的妃嬪至死也見不上父母一眼，賫恨鬱鬱以歿。

春秋時，齊景公納女給吳王闔廬，她到吳國後日夜號泣，思念故國的親人，得了思鄉病。據說，闔廬特為她造了北門，取名望齊門，讓她遊觀其上。齊女思鄉不止，終至一病不起。臨終，她說：「如果人死後還能有知覺，一定要把我葬在虞山之巔，讓我好遠望齊國的親人。」相傳虞山齊女冢安葬的就是她。

一入宮掖，故家路斷，后妃對親人的思憶刻骨銘心，西晉左思、左芬兄妹因而留下了動人的詩篇。他倆早年喪母，兄妹感情深厚，在文學上更有同好。泰始八年（西元272年），左芬被晉武帝納為修儀，後遷貴嬪。她與左思雖同居京城，卻被冷漠的宮牆隔絕，兩年也未能見上一面。於是，左思寫了〈悼離贈妹詩〉說：「其思伊何，發言流淚」；「執書當面，聊以永日」。大意說：

多麼思念你啊，
一說起就淚流滿面。
你且拿著我的詩吧，
就好像兄妹見了面，
聊以慰藉思念，
消度這漫漫的時間。

左芬體弱多病，在深宮反覆讀了哥哥的詩，對兄長的思念也凝聚在一篇〈感離詩〉中，最後六句說：「彷彿想容儀，唏噓不自持。何時當奉面，娛目於書詩。何以訴辛苦，告情於文辭。」大意是說：

我好像見到了你的容貌，
啜泣著，已經難以自持，
什麼時候，兄妹倆再能見面，
了卻思念，歡樂地讀書談詩，

用什麼來訴說辛酸的苦悶？
把離情深沉地交給那文辭。

妃嬪會親如放風

唐代以後，個別朝代實行會親制度。唐代規定每年上巳，准許宮女在興慶宮大同殿與親人會見。這一天，成千上萬的人呼兒喚女，叫爹喊娘，親人相見，悲喜交集，遞送物品，泣訴離情。不少家屬千里迢迢前來會親，自早到晚呼喚著宮中親人的姓氏、排行，由於人數太多，往往找不到自己的女兒或姊妹，只能涕泣而去。這種場面，與其說是會親，還不如說是囚犯放風。

清代規定，內廷有名號的妃嬪，父母年老，經特旨允准，幾個月或一年可以入宮會親一次，地點一般在順貞門。為了會親，宮內臨時支起黃色幕帳，一般宮女是無權會親的，但思親之情人皆有之，也往往也借這個機會，與親人匆匆見上一面，順貞門會親場面更嘈雜混亂。嘉慶十六年（西元１８１１年），清仁宗特別下詔，嚴禁宮女借便會親。

那些下層宮女的家屬，預先打探到自家女兒姊妹要隨著后妃因事出宮，便在神武門、福華門等處等候，倉促地見上一面或看上一眼。據《南亭筆記》，詞人納蘭性德有個表親被選入宮，無法見面，恰巧某位皇后去世，就扮成喇嘛僧入宮做法事，這才見上一面，卻還是不能對話。納蘭性德是否確有這種經歷無關緊要，重要的是，這則筆記說明了掖庭宮女與親人見面的困難。

如果說后妃制悖逆人性，令親人暌隔，那麼受害最深思念最苦的還是下層宮女。據《宮女談往錄》說：每月初二這一天，是宮人接見家裡親人的日子。地點在神武門西邊，順著護城河南岸，沿著紫禁城根往西，很僻靜的地方，城牆中間開一個豁口，有兩扇大門，大門裡有柵欄，可以隔著柵欄跟家裡人談話。

清代宮女會親制度始於何朝，一時尚難考定，但從上文嘉慶十六年禁令來看，或許遲至清末才有。然而，即便這種探監式的會親，據這位談往的宮女稱：「這種會見接見，對我們奴才來說，算是最大的喜事了。」這句平淡的回憶中，蘊含著多少辛酸苦楚啊！有一首《元宮詞》道出了箇中的苦澀：

西太后朝服像

一別諸親三十載，詔令相見出宮垣。
就中苦樂誰知得，內侍叢中不敢言。

好不容易「皇恩浩蕩」，隔了三十年才見上親人一面，百感交集，欲向親人一訴宮中生活，但太監在場，怎麼敢說呢，苦澀的淚水還是向肚裡咽吧！

享受省親特權的后妃們

《紅樓夢》賈妃省親的細節描寫，確有歷史的影子。那富貴的氣派與堂皇的排場，掩飾不了骨子裡的淒切悲涼，賈元春對父親所說：「田舍之家，齏鹽布帛，得遂天倫之樂。今雖富貴，骨肉分離，終無意趣。」不啻是多數后妃的真實心聲。

然而，在後宮等級金字塔上，要享受元春那樣的待遇，還必須爬到相當的地位，才可以經皇帝特許，偶爾回家省親。朱有燉《元宮詞》說，「脂粉錢關歲歲新，例教出外探諸親」，元代就有這種先例。

但一旦貴為后妃，即便會親、省親，冰冷的繁文縟禮也讓天倫之情冷凍了起來。據說，北魏胡靈太后喜歡以家人禮與親屬宴戲，也許，她希冀的正是從中享受那一點過早失去的天倫之樂。

隨著時代的推移與禮教的深入，皇后、皇太后會見父母，越來越失去人情味。明神宗即位，生母李貴妃被尊為太后，太后的母親王氏也可以入宮見女兒了。李太后用家人禮給母親上食敬菜，希望回到昔日共餐的母女溫情。不料她母親起座避席道：「太后至尊，怎可因老婆子壞了朝廷的大禮？」丁夫人是明思宗周皇后的母親，入宮見女兒時，先向這位天下之母行朝禮，再行家人禮。周皇后見母親向傻地向自己下跪，就讓太子還禮，一旁使者說：「這是天下之主，不可隨便下跪的。」周皇后不忍心哭了起來。〈崇禎宮詞〉記其事云：

法宮嚴重壓於親，
此意怦怦謝未申。
翻羨田家小兒女，
起居還得自由身。

一旦貴為皇后、皇太后，就連女兒的身分也異化了，這是順乎人情，還是悖乎人性呢？

不過，在會親時，也有后妃以所謂朝廷大禮自顯尊貴的。西太后還是懿妃時，因生了兒子，咸豐帝特賜她回家省親一次。這時，她的母親與長輩還不必跪地叩頭；可是，她當上皇太后以後，其母入宮就必須行大禮了。按清代慣例，父母行大禮時，皇后、皇太后可在座位上側身以避，表示對父母的謙讓。但西太后卻一本正經地端坐著，接受跪拜，讓母親啣恨在心。她的母親素好淡妝，不喜簪花，西太后卻強為她插花滿頭，也令其惱怒不已，以後再也不想入宮了。

后妃制扭曲家人之間的正常感情，固然應該詛咒；然而，像西太后這樣把扭曲的人倫視為天經地義，進而炫耀虛榮，也讓人齒冷。

十一　故國情

在王朝更迭或列國並峙的特定時期，那些進入異國宮闈的后妃，當父母之國處於存亡繼絕的關頭，尤其當這種存亡繼絕取決於自己婚配的君主之國時，對娘家的關心與對故國的感情往往糾結在一起，或高揚起迴腸蕩氣的愛國精神，或表現為對一姓興亡的復仇心理。

許穆夫人賦〈載馳〉

周惠王十七年（西元前６６０年），北方的狄人攻破了衛國的國都，昏庸腐朽的衛懿公被殺死，衛國覆亡。衛懿公的妹妹是許穆公的夫人，許國是小國，無力也不想出兵救衛。宋國則把衛國七百多遺民救過黃河，安置在曹邑（今河南滑縣東）。許穆夫人聽到祖國覆亡的消息，悲痛地驅馬前往曹邑，弔唁死去的兄長衛懿公，並為衛國的復國向各大國求援，卻遭到許國貴族的阻撓。悲憤之中，她寫了〈載馳〉詩，表達了對故國存亡的殷憂之心：

馬兒啊，快快奔馳吧，
歸去罷，為弔唁兄長，
我策馬，恨歸途漫漫，

赴曹邑，我無限憂傷。
女子關懷故國的覆亡，
自然有她道義與主張，
許國大夫反對我歸弔，
這種勸阻，幼稚而迷狂。
敬告各國大夫與君子，
不必對我百般地指責，
你們再三考慮一下吧，
不如我說，救一救衛國。

秦穆姬與晉文嬴夫人

秦穆公夫人是晉獻公的女兒，晉公子夷吾是秦穆姬的同父異母弟，獻公死時夷吾正在秦國做人質。秦穆公把夷吾送回晉國，即位為晉惠公。他即位的第四年，晉國發生了饑荒，秦發糧食救濟晉國。次年，秦國大亂，晉惠公不但不賑濟，反而乘人之災，發兵攻秦。秦穆公一怒之下，大敗晉軍，俘虜了晉惠公。這個背信棄義的人一旦押到秦國，秦穆公就打算用他來祭宗廟。秦穆姬對晉惠公的做法也深感不滿，但事關晉國的存亡，便穿上衰絰的喪服，赤裸著雙腳，攜著自己與秦穆公所生的子女，登上了堆滿柴薪的高台，表示自焚的決心。

她哭泣著對秦穆公說：「上天降下災禍，使秦晉兩國國君不以玉帛相見，而以兵戎對峙。如果晉君早上押到，我晚上就自殺，如果他晚上押到，我第二天一早就自殺。我有兄弟而不能相救，只能有辱於你了。請你決定吧！」

這時，周天子也以晉是同姓之國，向秦國求情。秦穆公說：「我雖俘虜了晉君，竟不料天子求情，夫人憂慼！」他只得與晉惠公會盟，將他放回晉國。由於秦穆姬，晉國避免了一次失去國君、引起內亂的危機。

不久，類似的事情在秦晉之間再次上演，角色卻來了個對換。晉文公一去世，其子晉襄公新即位，秦穆公派兵偷襲晉國，被晉大敗於殽山，孟明視等三位大將全部被俘。晉文公夫人文嬴是秦穆公的女兒。深知這三位老將對秦國的價值，便對兒子晉襄公說：「秦穆公對這三個敗軍之將恨之入骨，你放他們回去吧，讓我秦國國君殺了他們，以快其意。」晉襄公說：「既然母親求情，就放了他們吧！」晉國大將先軫聽說孟明視被釋放，憤憤說：「好不容易在戰場上俘虜了他們，女人說幾句謊話，就把他們放了，這不是壞自己的戰果，長敵人的志氣嗎？」

突厥可敦與隋煬帝的故事

隋文帝時，突厥啟民可汗的可敦（位同王后）是隋朝宗室之女義成公主。隋煬帝即位，率領五十萬大軍，與蕭皇后以下妃嬪赴勝州，會見啟民可汗與義成公主。蕭皇后還親至可汗營帳，回拜義成公主。對故國王后來訪，義成公主贈以白玉念珠，兩人建立起親密的友情。

大業十一年（西元615年），隋煬帝率三萬人再次遠巡邊塞。其時啟民可汗已死，義成公主遵照突厥風俗，下嫁啟民可汗之子始畢可汗。始畢可汗準備以十萬騎兵偷襲隋軍。義成公主知道後，祕密把這消息通報給隋朝。但隋煬帝車駕已到了雁門，突厥軍隊將其包圍得水洩不通，眼看成了甕中之鱉。煬帝不得已派遣密使去見義成公主。義成公主獲知軍情後，便派人赴軍前對始畢可汗說：「北邊有急警。」這時，隋朝的援軍也陸續趕來，始畢可汗被迫撤回，隋煬帝這才免遭全軍覆沒的下場。

大業十四年，隋煬帝為宇文化及所殺，不久，宇文化及又被竇建德捕殺。義成公主派專使索取了宇文化及的首級，迎接輾轉流落在竇建德軍中的煬帝蕭皇后，把她安頓在定襄，讓突厥可汗封隋宗室蕭政道為隋王，奉隋正朔。對義成公主那樣的故國情，後人大可不必苛求她把故國與故主做理智的區分。

夏金后妃與她們的故國

西夏崇宗的皇后是遼朝的成安公主。天會三年（西元1125年），金兵鐵騎在攻破遼朝首都後，緊緊追捕向西逃亡的遼天祚帝。成安公主聽說故國殘破，滅亡在即，慟哭著乞求西夏崇宗出兵援遼。但面對正在崛起的女真，西夏自顧不暇，怎敢冒險攖其鋒銳呢？當她知道遼天祚帝被金人俘獲，扼腕嗟嘆了好幾個月。迫於形勢，西夏毅宗向金朝俯首結盟，成安公主又哭著進諫，終歸無效。這時，她的愛子也不幸去世。故國的覆亡，加上兒子的夭折，她失去了活下去的精神支柱，最後不食而死。

據《大金國志》，遼天祚帝元妃蕭氏被俘入金，金朝大將粘罕取以為妻，而天祚帝的女兒金輦公主則成了金國二太子的妻子。蕭元妃懷著刻骨銘心的亡國之痛，與金輦公主一起極力慫恿自己的夫君，勸金太宗南下攻宋，作為對宋朝聯金滅遼的報復。在狹隘復仇心理的驅使下，蕭元妃不問敵我，也不論是非，連金朝是滅遼主要對手的基本事實都置之不顧。由此可見，對后妃的故國情，也不能一味冠以「愛國」的美稱。

十二　並不都是脈脈的親情

帝王、后妃與外戚之間是以婚姻與血緣為紐帶的。然而，在權力分割與利益鬥爭面前，這種維繫十分脆弱；只要有需要，任何一方都可以掉頭不顧，把這根紐帶淹沒在血淚之中。這裡不妨說說后妃對外戚是怎樣撕破溫情脈脈的面紗的。

慈禧太后的妹妹是醇親王奕譞的福晉。這一政治聯姻，還是西太后做懿貴妃時撮合的，婚後倒也生活和睦，感情融洽。可是，慈禧在尊為太后以後，或許出於對妹妹婚姻的嫉妒心理，在挑秀女時，硬是選了一位姓顏札氏的女子，賞給奕譞做妾。這讓妹妹左右為難，不尊重她吧，可是太后賞的；捧著她吧，自個兒心氣不順。幸虧顏札氏兩年後病故。揆之情理，即使妹夫提出納妾，做姐姐的總該站在妹妹這邊說話，慈禧太后卻主動為妹夫納妾，讓妹妹難堪，除了濫用太后權威，滿足妒忌心理之外，很難有其他合理的解釋。

西太后有個侄女是貝勒載澍的妻子，出於嫉妒殺死了載澍之妾生子。在載澍詰責時，她作河東獅子吼，夫妻倆爭吵起來。事情鬧到了太后處，正妻殺妾生子，無論如何有悖法理。但慈禧卻站在侄女一邊，風馬牛不相及地以不孝母親為名，下詔嚴懲載澍，責杖八十，革去貝勒，永遠監禁在宗人府獄中。西太后之所以蔑視法理，嚴懲侄女婿，完全是殺雞駭猴，因為光緒帝的皇后是她的另一位侄女。

像這樣在娘家親戚的家庭婚姻中橫插一槓的，豈止慈禧太后一人。在手段上，有的陰狠黠詐，有的則毒辣殘忍。

呂后把娘家女子嫁給趙王劉友做王后，但感情勉強不來，趙王不愛王后，用情於其他王姬。呂氏女妒火中燒，在呂后前讒言道：「趙王說，呂氏怎麼能封王，太后百年後，我一定出擊他們。」呂后託故召趙王入見，將他囚禁在邸舍中，不給他吃的，讓他活活餓死。臨死前，趙王悲憤唱道：

諸呂用事兮，劉氏微；
迫脅王侯兮，強授我妃。
我妃既妒兮，誣我以惡。
讒女亂國兮，上曾不寤。
……
為王餓死兮，誰者憐之。
呂氏絕理兮，托天報仇。

遼景宗皇后蕭燕燕的姊姊是齊王妃，王死寡居，見番奴撻覽阿鉢姿態偉美，便召入宮帳同居。身為太后的燕燕知道後，竟把撻覽阿鉢捆綁起來，鞭打四百下，強行把他與姊姊分開。實際上，蕭燕燕與輔佐大臣韓德讓也保持著同居關係，大有「不許百姓點燈」的蠻橫味道。第二年，齊王妃向皇后求情，表示願意嫁給撻覽阿鉢，也許畢竟是姊妹，蕭燕燕這才表示同意。

遼聖宗皇后蕭耨斤卻與燕燕相反，她在守寡做太后時，為滿足姊妹的私生活，竟然虐殺無辜。她的姊姊很早就寡居，男女豔聞聲播遐邇。耨斤見長沙王謝家奴長得魁偉清秀，便殺了王妃，把姊姊硬配給了長沙王。妹妹看上了儀表堂堂的戶部使耿元吉，耨斤知道後，便殺了元吉之妻，實現了妹妹的願望。這些做法，或出於性心理的同情，但殺害他人妻子，滿足姊妹私欲，動機不光彩，手法更殘忍。

在后妃中，對娘家親戚的心狠手辣，武則天是屈指可數的，以至駱賓王的《討武曌檄文》說她「人神之所同嫉，天地之所不容」。她的父親武士彠與前妻生子元慶與元爽，與後妻楊氏則生了武則天姊妹三人。她的異母兄及侄子惟良、懷運等對自己情淡禮薄，武則天母女啣恨在心。武后入宮顯貴，在一次酒酣耳熱的家宴後，則天母楊氏對丈夫前妻的子孫說：「你們還記得過去的情況嗎？現在有什麼說的？」不料元慶等卻說：「我們因父親是功臣，位列朝廷。後來以外戚而遷官，只有擔心，而不覺榮耀。」武后得知，就讓元慶、元爽、惟良出朝，為邊遠州郡的刺史。元慶知道來者不善，憂怖而死。不久，元爽也被流配，死在振州。

武后的姐姐韓國夫人早就寡居，有個女兒堪稱傾城國色，母女都出入後宮，也頗受高宗寵愛。不久，韓國夫人去世，死因是否與武后有關，是歷史之謎。《討武曌檄文》說武則天「殺姊屠兄」，當時人顯然認為韓國夫人之死與她有關。韓國夫人死後，其女兒被封為魏國夫人，高宗準備讓她正式入為嬪。武則天便把年輕貌美的外甥女視為情敵，布下了一箭雙鵰的圈套。她勸高宗駕幸母親楊氏的第宅，在侄子惟良等獻食之際，偷偷把毒下在端給魏國夫人的食物中，魏國夫人吃後立即喪命。武后就歸罪誅殺了惟良、懷運。懷運有一個寡嫂善氏，過去對武后之母最不禮敬，這次也遭連坐，沒入掖庭。武后又找碴報復，用棘條鞭打她，直打得她皮綻肉爛，見骨而死。這樣，既翦除了魏國夫人這一情敵，也徹底清算了異母兄侄。儘管兄侄失敬於前，甥女爭寵於後，但武后對娘家親戚的毒辣殘忍也太喪心病狂。

第四章

母性的沉浮

一 母以子貴與子以母貴

后妃在宮闈中的地位，一方面，取決於帝王對她們的寵幸度；另一方面，與她們子女——尤其是兒子——的地位與前途息息相關，這就是所謂「母以子貴」。反之，她們兒子的地位與命運，從表象看，似乎關鍵在於最後能否得到父皇的信任與青睞，但實際上，毋寧說是取決於他們各自生母在帝王心中的分量，這就是所謂「子以母貴」。

妃嬪提升競爭力

據宋代制度，妃嬪生了皇子皇女，都可以在原有名號上陞遷一級。據清代宮規，貴人以下的後宮女子，只有為皇帝生了子女，才有資格升入主位，當上主子。對妃嬪生兒產女，其他朝代大體上也有相應的規定。唐代王建〈宮詞〉說：「妃子院中初降誕，內人爭乞洗兒錢。」這一喧鬧場景，不僅是對妃嬪生了兒女，做了母親後的祝福，而且蘊含著對妃嬪母以子貴的恭維與羨妒。不妨來看看母以子貴的幾個實例。

後唐莊宗即位前，劉皇后不過是其正室衛國夫人韓氏的侍者。然而，當她生下兒子劉繼岌後，莊宗認為兒子酷似自己，很喜歡他，劉氏也就寵幸日盛，其他妃嬪逐漸少有機會見到莊宗。莊宗即位時，三位夫人中劉氏位居最末，出身最微，莊宗雖因子而寵母，卻礙於位次名分不便遽作決定。大臣承風希旨，上章認為應立劉氏為后，莊宗正巴不得找個理由，便順水推舟冊立了劉皇后。

宋哲宗時，劉婕妤與孟皇后爭高下，經常對皇后不遵禮儀，引起公憤。一年冬至，后妃們去朝會向太后，劉婕妤讓隨行侍從帶上與皇后同一等級的朱髹金飾御座。眾后妃起立送太后時，有人偷偷移開了劉婕妤的座位，讓她落座時一屁股坐空到地上。又羞又惱，她中途退場，向哲宗哭訴。這時，有一個內侍對她說：「你不要為這事耿耿於懷，只盼望能為官家早生個兒子，這皇后御座就該為你所有。」宋哲宗後宮不少，就是沒人生下過兒子。元符二年（西元１０９９年），劉婕妤已升為賢妃，終於生了兒子。這時，孟皇后因故被廢已近三年，中宮虛位，劉賢妃藉著生子的東風，順理成章地冊立為皇后。

慈禧太后統治晚清近五十年，堪稱母以子貴的典型例證。入宮之初，她的位號只是貴人，隔了四年才晉封一級，成為嬪。然而，當她一生下載淳（同治帝），便晉封為妃。文宗因看望兒子，也經常駕臨她的寢宮。這就為她固寵帶來了機會，次年又冊為貴妃。她後來得意地對人說：「文宗專寵我。其後皇子生，我之地位更鞏固矣。」前一句是誇飾，後一句是實情：她的地位是生下同治帝之後才鞏固的。後來，她在「母子名分」上下足了功夫。據《清稗類鈔．宮闈類》，咸豐帝彌留之際，她抱著兒子到御榻前問道：「大事如何辦理？」文宗不答。

她又說：「兒子在此。」

文宗這才張開眼說：「自然是他即位。」說完，就駕崩了。

她後來稱：「予見大事已定，心始安。」載淳即位後，母以子貴，她被尊為母后皇太后，開始了將近半個世紀的威權統治。當同治帝死後，她便把妹夫醇親王的兒子載湉入祧咸豐帝，立為新君，是即德宗光緒帝。她口口聲聲稱：「我妹之子，即與我親生者無異，故決意立之也。」實際還是在母子名分上大做文章，延續其母以子貴、垂簾聽政的好夢。

憑藉兒子做太后

兒子一旦當上了皇帝，其生母原先即便是妃嬪，也可以尊為皇太后。秦莊襄王即位，尊生母夏姬為夏太后，其父孝文王正夫人華陽夫人為華陽太后，已開後世尊生母為皇太后的先例。秦代以後，儘管有的朝代規定，如果先帝正宮皇后尚在，則尊為皇太后，而嗣君生母在先帝時僅為妃嬪者，只能尊為皇太妃。但幾乎歷代多無視成規，並尊生母為皇太后。

南齊鬱林王的生母王寶明做皇太子妃時，不受寵愛，皇太子給宮人都置備了華麗的衣裳與名貴的首飾，她卻床帷敝舊，釵鑷僅十餘枚。皇太子早死，她沒能圓上皇后夢。然而，她的兒子一做皇帝，便尊其為皇太后，還為她置辦了男性侍從三十人，在歷史上堪稱空前絕後。更有甚者，後唐莊宗即位，把父親晉王李克用的正室秦國夫人劉氏封為皇太妃，而將自己的生母，晉王次妃晉國夫人劉氏冊為皇太后。

妃嬪一旦母因子貴被尊為皇太后，她的地位就凌駕於中宮皇后之上。遼代，如果兒子做了皇帝，太后就別居宮城統領部屬。清代只有皇太后與皇帝平日才有資格經由大清門出入紫禁城，皇后只有在大婚時方可享此殊榮。

宋神宗時，其祖母仁宗曹皇后已升為太皇太后，而其母英宗高皇后尊為皇太后。一年春天，神宗命人用黃金珠玉裝飾了一乘精巧的小輦，請曹太皇太后乘坐，他與高太后分別扶持小輦左右，一起到涼殿賞景散心。下輦後，這位太皇太后感慨萬千：「官家與太后親自扶輦，想當初在曹家做女兒時，怎知道有今天的貴盛啊！」淋漓盡致地勾畫出后妃因子孫而尊貴後的真實心態。

明嘉靖帝

明世宗朱厚熜生母入宮時有一場禮儀之爭，也是母以子貴的有名個案。朱厚熜的生父興獻王是憲宗的兒子，孝宗的兄弟。武宗死後無子，孝宗張皇后（武宗的生母）以皇太后身分決策，朱厚熜由藩王入繼大統，是為嘉靖帝。這時，興獻王已死，世宗生母興獻王妃蔣氏尚在藩邸安陸（今屬湖北）。世宗即位後四天，就遣使迎她入宮。據《湧幢小品》，迎接的隊伍共用船四千艘，人夫四十萬，浩浩蕩蕩，好不氣派，蔣氏這才體味到母以子貴的內涵。按明代禮儀，王妃入宮不能由紫禁城中軸線上的各座中門入宮，迎接的儀仗也只能用王妃的規格。這時蔣氏已抵達通州，聽到有朝臣主張世宗應尊孝宗為皇考，憤憤不平道：「怎麼能把我的兒子給他人做兒子呢？」就滯留不進。世宗聽說，便向張太后表示，情願不繼承皇位，也要回去奉養母親，投了以退為進的一著棋。天下焉能無君？於是，世宗生父稱興獻帝，母親蔣氏尊為興獻后，奉迎的車服儀仗悉用皇太后規格，由大明門中門入宮。這位王妃才從通州入京，擺足了皇太后架勢，享盡了母因子貴的尊榮。

與兒子命運共沉浮

在君主制下，后妃的尊卑榮辱與兒子的命運俯仰沉浮。十六國後趙主石虎的太子石邃荒淫好色，驕恣無道。他砍下美姬的頭顱，洗淨了血汙，放在盤上，與賓客傳觀。他姦汙了頗有姿色的比丘尼後將其殺害，將人肉混在牛羊肉中煮食，還賜給左右，讓他們辨別滋味。石邃的母親鄭皇后知道兒子的殘虐行徑，暗地派宦官前去譴責，也被他殺了。盛怒之下，石虎殺了石邃，廢鄭皇后為東海太妃，立子石宣為皇太子。石宣的生母杜昭儀母因子貴，立為皇后。然而，石宣暴虐，一如其父兄。他視同母弟石韜為皇位的潛在爭奪者，將其殺戮，臨喪之際，揭開斂屍布，看一眼弟弟的屍首，竟大笑而去。石虎知道內情後，再殺石宣及其妻子，廢其生母杜皇后為庶人。石虎死後，他的兒子石遵奪取了皇位，石遵是石邃的同母兄弟，其母東海太妃鄭氏再次母因子貴，被尊為皇太后。在鄭氏起落的背後，卻是宮闈中幾多虐殺。

在土木堡之變中，明英宗被瓦刺俘虜北上。天下無主，郕王監國，是為明代宗，改年號景泰，也稱為景泰帝，他的生母吳賢妃被尊為皇太后。其後，英宗被瓦刺放歸，數年後發動奪門之變，從代宗手中奪回皇位，廢代宗為郕王，幽禁至死，吳太后仍黜為賢妃。有一首〈勝國宮闈詞〉，這樣揣摩吳賢妃在兒子丟了皇位幽禁西內時的心理：

宮壺曾傳銀豆歌，終遷西內竟如何？
母妃空上中安號，那復含飴樂事多！

首句說有一次宮廷宴戲，景泰帝將銀豆撒地，令宮人爭拾取樂，他親作〈銀豆歌〉。母子歡娛，那是何等快樂氣派，想不到最終卻幽禁西內，卻是多麼孤獨淒惶。中安宮是漢代皇太后的宮名，後兩句大意說，對那些並不貪貴希榮的妃嬪來說，作為母親，她們並不看重空洞的皇太后尊號，只要能與兒子在一起，含飴弄孫，就是最大的滿足。

然而，在君主制下的皇位爭奪中，妃嬪往往隨著兒子的得失成敗而榮辱無常，尊黜不定。儘管她們中有些人並不干預朝政，卻不由自主地捲入了皇位爭奪的漩渦，猶如一葉危舟隨波俯仰，其命運完全由兒子的帝位所決定。即使渴望與兒子共享含飴弄孫的天倫之樂，連這樣最低限度的母性滿足也不可得，這正是君主專制硬塞給她們的人性悲劇。

子以母貴得大位

子以母貴有兩層含義：一層含義是指后妃的名位高下決定了她們所生兒子的身分貴賤；另一層含

義則指后妃受寵程度的深淺差別決定了她們兒子的前途與命運。

大體從商代起，在皇位上就逐漸形成了嫡長子繼承法，也就是說，君主正配所生的長子才有繼承皇位的資格。據《呂氏春秋．忠廉》，商紂王與長兄微子啟、仲兄中衍雖是同母兄弟，但他們的母親在生微子啟與中衍時還只是妾，而生紂辛時已為正室，據立子以貴不為長的繼承法，紂辛反而登上了商朝的末代王位。

然而，在君主制下，皇后廢立權最終掌握在皇帝手中，只要他寵愛某位妃嬪，有必要時，便可以找藉口廢黜原來的皇后，而重立新后。春秋時，魯惠公元妃無子，繼室聲子生公子息（即後來的隱公），照例應由息繼承皇位。因為在娣媵制下，倘若元妃無子，娣媵所生的兒子也視為嫡子。然而，魯惠公不顧諸侯不再娶的周禮規定，另納仲子，備受愛寵，生下了公子允（即後來的桓公）。他很喜歡允，有心讓他即位，便違背了周禮中諸侯「無二嫡」的原則，再立仲子為夫人，於是，公子允子因母貴，在名分上也順理成章地擁有了皇位繼承權。

在中國古代，「母愛者子抱」，這句一夫多妻制下的諺語，也同樣適用於后妃制。子因母貴最誘人結局，當屬地位低微的妃嬪之子憑藉生母在帝王心目中的分量，最終立為皇位繼承人。

齊景公晚年，夫人燕姬所生嫡子早死，寵妾芮姬生了兒子，名荼。芮姬出身低微，公子荼又沒有德行。齊國諸大夫唯恐景公立其為嗣君，都建議選擇諸公子中年長賢德者立為太子。景公深寵芮姬，愛屋及烏，私意欲讓公子荼繼位，卻說不出口，便敷衍道：「國家還怕沒有君主嗎？」景公染疾後，便把群公子遷於萊（今山東昌邑東南），立公子荼為太子。公子荼之所以能當上國君，就是子以母貴的緣故。

子以母貴也煩人

戰國趙武靈王早就立長子章為太子，但自中年娶了娃嬴（即孟姚），就被這位顏若苕榮的美女迷住了，立她為惠后。惠后生子名何，他愛母及子，就廢了太子章，立何為太子。趙武靈王二十七年（西元前299年），儘管他還健在，卻預先傳國給太子何（即趙惠文王），並自號主父，做起了太上皇。這時，惠后已死，主父又同情起廢太子章來，封他為安陽君，封地在代。對繼承權被奪，公子章本來就不服氣，於是起兵作亂，擬殺惠文王。兵敗，逃匿到主父居住的沙丘行宮中，被平亂的國相公子成與司寇李兌追殺。這次變亂導致趙國開始急遽走下坡路，趙武靈王在子以母貴上首鼠兩端，不能辭其咎。

清太宗皇太極后妃眾多，子嗣不少，以往的史家認為他在位期間從無立嗣的意向，這並不符合歷史事實。他當時五宮並建，中宮皇后無子，東宮宸妃海蘭珠是西宮莊妃的姐姐，入宮卻比其妹晚上九年，她麗質天生，品性賢淑，清太宗對她用情最深，眷寵最盛。也許因此之故，崇德二年（西元1637年），宸妃為他生下一子，清太宗舉行重大慶典，御製赦令稱「宸妃誕育皇嗣」；作為對照，西宮莊妃次年生下福臨，卻既不舉行慶典，亦不頒布赦文。這都表明，清太宗確有因寵戀宸妃而立其子為皇嗣的意向。儘管母因子貴、黜嫡立庶的舉措往往導致類似趙武靈王末年皇位嬗代時的政局動盪，歷代卻不乏愛屋及烏、因母立子的君主。於是，勾心鬥角甚至刀光劍影的皇位爭奪戰，也不斷地記入歷代史籍。

子以母貴眾生相

在宮廷生活中，子因母貴還表現在那些並未選為嗣君的皇子身上。

漢明帝寵幸陰貴人，她所生的梁王劉暢尤得明帝歡心，梁國的租賦收入超過其他諸侯王幾乎一倍左右。在宋徽宗政和八年（西元1118年）廷策進士中，皇三子鄆王唱名第一，這時他的生母王貴妃正受寵遇，他也就超拜太傅，可以不限朝暮，隨意入出宮禁，並在他的府第建飛橋復道直通大內。在明思宗前，田貴妃是唯一敢與周皇后爭寵的愛妃，所生皇四子年剛十歲，她便恃寵為兒子請封：「我病病殃殃的身體，恐怕看不到兒子封王了。」思宗為寬慰她，就封皇四子為永王。

寵妃愛嬪有子如此，生女也不例外。唐代初期，按例公主食封三百戶，長公主食封六百戶。高宗時，太平公主是武后的掌上明珠，食封增至一千二百戶，後來增至五千戶。中宗韋皇后所生長女長寧公主食封三千五百戶，幼女安樂公主三千戶。玄宗即位，再次重申公主食封為五百戶。然而，咸宜公主因是玄宗寵妃武惠妃所出，女因母貴，玄宗自壞其制，將其封戶增至千戶。於是，因人改制，諸公主食封率以千戶為例。

與此成為鮮明對照的，就是那些位卑失寵的妃嬪所生子女遭受的冷遇。據說，一次諸侯王入朝，在漢景帝面前歌舞祝壽，有位諸侯只是張袖稍稍舉了一下手，景帝深感奇怪，問其究竟，他幽默地說：「臣國小地狹，不能迴旋。」景帝一笑之下，再劃三郡歸其封國。這位諸侯王就是第一代長沙王劉發，他的生母唐姬只是漢景帝的後宮侍者，偶被「臨幸」生下了他，故而胡亂封他做了土地卑濕、租入貧乏的長沙王。漢光武帝許美人無寵，生子劉英封楚王，他缺少長沙王那份幽默，在光武帝諸子中始終最小最窮。

打開《新唐書》中〈太宗諸子〉、〈三宗諸子〉、〈十一宗諸子〉諸卷，可以發現，從唐太宗到唐昭宗，歷朝幾乎都有些皇子的生母，她們不僅位號失載，甚至連姓氏都未能流傳。其中，太宗十四子中有二子，中宗四子中有三子，睿宗六子中有一子，玄宗三十子中有七子，肅宗十四子中有二子，代宗二十子中有十七子，順宗二十七子中有二十子，憲宗二十子中有十七子，穆宗五子中有二子，敬宗五子中有四子，武宗五子，宣宗十一字中有十子，懿宗八子中有六子，昭宗十七子中有十五子，都不詳其生母姓氏。這種現象並非唐代獨有，其他朝代也能發現。例如，明太祖二十六個皇子中有三個不知其生母姓氏，明神宗八子中也有兩個母氏失傳。倘若用史料亡佚、檔案失傳來解釋這一現象，顯然並不合理，因為歷朝畢竟都有皇子生母位號、姓名記載下來並保存至今。這一現象表明，這些皇子的生母在後宮地位卑下，皇恩無寵，對她們根本就不重視。與此對應，有些皇子因生母無寵，在諸皇子中不受待見，有的甚至只能留下名字與王號，卻無事蹟傳世，成為子因母貴的反面證據。作為皇子，他們畢竟還受到一定的重視，姓名與封爵還著錄於天潢玉牒。最令人不平的，還是他們的生母，她們的價值就只是生產的機器，皇子出生以後，機器就與產品分離，連姓氏這種象徵性符號都沒有存在的權利。這是一種何等深刻的悲劇！

不過，在君主制下，正如后妃不能久恃帝王之寵一樣，他們的兒子也同樣不能把子因母貴當成永久的依賴。母親的失寵，皇位的更迭，都是難以逆料與把握的，子因母貴有時又足以使他們領教「福兮禍所伏」的味道。劉子鸞是南朝宋孝武帝第八子，憑藉生母殷淑儀寵傾後宮，孝武帝對他的眷愛也遠超其兄弟輩。當時，皇子無不封王領郡，凡可委以重任、寄予厚望者，孝武帝幾乎沒有不送赴他王府的。殷淑儀去世，葬儀幾與皇后相埒。子鸞這年七歲，旋即加中書令，領司徒。不久，他的同父異母兄劉子業（前廢帝）即位，對其深受父皇寵愛一向嫉恨在心。劉子業共有二十六位異母兄弟，為防止他們覬覦皇位，便大開殺戒。劉子業擔心子鸞倚恃先帝寵愛的餘勢，成為其爭奪皇位的有力對手，便遣使到他出鎮的南徐州，命他與同母所生的弟妹們一起自盡，這年子鸞年僅十歲。這位當年「母愛子抱」的皇子，臨死對左右人沉痛說：「但願下輩子不再生在帝王家！」

二　再釋后妃夢：生子的異兆

形形色色的歷代后妃夢中，還有一類與生育有關。在這類夢境的顯相背後，隱藏著后妃哪些內心話語呢？

吞日夢

據《拾遺記》記載，帝嚳之妃鄒屠氏先後八次夢見自己吞食太陽，每做一次夢，就生下一個兒子。帝嚳之時，后妃制尚未出現，但這種吞日夢卻在歷代后妃中一再重現，或者說是一再複製。沒有必要對這些日夢逐一縷述，但在傳統文化中，太陽是君主、皇權最合適的象徵符號之一，這些夢日后妃的潛在心聲也就呼之欲出：我生下的兒子命定將成為皇帝。

夢日后妃的身分大體可分兩種類型。第一類是吳大帝孫權、北魏道武帝、遼太祖等開國君主的母親，她們的夢境無疑是在為自己的兒子登上開國之君的御座製造輿論的光環。第二類是漢武帝的母親王夫人、宋真宗的母親李賢妃等妃嬪，她們在后妃爭寵戰中打出了一張兒子牌，試圖以此克敵致勝，巧拔頭籌。這裡，且以王夫人的日夢做一解析。

漢景帝還在做太子時，栗姬已為他生下長子劉榮。懷孕的王夫人則對太子說：有一夜夢見神女捧著太陽給她，她一口吞入懷中。太子認為，這是大貴之兆。不久，太子即位，是為景帝，王夫人也生了孩子，他就是後來的漢武帝劉徹。薄皇后是景帝的祖母薄太后硬塞給景帝的娘家宗女，既不受寵愛，也沒生下兒子，薄太后一死，就遭廢黜。景帝立劉榮為太子，劉徹為膠東王，在王夫人與栗姬爭寵的天平上，皇帝一開始偏向栗姬，王夫人的大勢並不看好。

但在景帝姐姐劉嫖試圖讓女兒阿嬌與太子聯姻時，栗姬讓她碰了一鼻子的灰，王夫人卻欣然同意了長公主的提親。長公主說話很有分量，總在景帝面前讚譽膠東王的賢德，形勢變得有利於王夫人。由於劉嫖不斷的挑唆與活動，王夫人編派的夢日吉兆無形中也大起作用，栗姬所作所為又讓景帝大失所望，他最終廢了劉榮，立劉徹為太子，冊王夫人為皇后。在這一角逐中，王夫人善處人事、工於心計發揮了關鍵作用，當她向景帝渲染夢日徵兆時，顯然已經有目的地巧施其爭寵的第一策。

宋太祖母杜太后

對后妃的日夢，人們有理由懷疑它們本來就是白日夢。而個別夢甚至根本不是后妃做的，而是出於帝王事後的虛構。例如，杜太后在洛陽夾馬營生下宋太祖趙匡胤時赤光繞室，太祖身上的異香久久不消。這一異兆載入《宋史．太祖紀》，但真實性大成問題：也許是杜太后為兒子編造真命天子的輿論；也許是趙匡胤為自己龍飛九五在炮製神話。有趣的是，《宋史．太宗紀》說杜太后懷太宗時，夢見神人捧一個太陽給她；生太宗時也是「赤光上騰如火，閭巷聞有異香」，與太祖的異兆如出一轍。這個日夢也許根本不是杜太后做的，倒是太宗在燭影斧聲後的虛構捏造，意欲證明他也生來就有當皇帝的貴兆，從太祖手裡取得皇位是天命早定的。

龍蛇異獸夢

與吞日夢在數量上可以匹敵的，便是后妃的龍夢。據《北史．后妃傳》，高歡的妻子婁氏在幾個子女的妊娠期間，分別做過相似的夢。懷高澄時夢見一尾斷龍，隱喻他最終未能稱帝；懷高洋時夢到一條大龍，首尾撐天拄地，張口轉目，形狀恐怖，他就是北齊的開國皇帝；懷高演時夢中有一條匍在地的龍，隱喻他在位短暫，不得善終；懷高湛時夢境中有龍浴於大海，他就是後來的北齊武成帝。婁太后四個龍夢與他四個兒子的命運如合符契，令人懷疑出自後來的附會。

做過龍夢的，還有南朝梁武帝、隋煬帝、宋度宗、明武宗與清聖祖的母親。話中話則是相同的：她們的兒子將成為真龍天子。十六國成漢主李雄之母羅太后懷他時，夢見大蛇纏身。中國古代素有在天為龍在地為蛇的說法，蛇夢可以視為龍夢的變異。

與夢龍相似，前秦建國者苻健的母親姜氏懷他時曾夢見大羆，這或是氐族源出遊牧民族，大羆象徵勇武有力，姜氏遂以此夢為兒子預作號召。遼太祖述律皇后曾夢見一個體貌健美的神人，身後尾隨著十二種異獸，其中一頭黑兔子躍入了她的懷中。這年歲在癸卯，正是兔年，她正懷著未來的遼太宗。契丹也是遊牧民族，夢兔正如中原王朝后妃的夢龍，同樣是大吉之兆。

在后妃的龍夢中，肯定也有一部分是白日夢。例如，馬皇后生明成祖時「有龍見於寢」的傳說，恐怕就不是出自馬皇后產前，而是明成祖靖難之役奪取侄子建文帝皇位以後的補筆，用意與宋太宗編造杜太后生他時的日夢有異曲同工之妙。

神人先祖夢

后妃夢的第三種類型，往往與神人、天使、先祖有關。這類夢的顯相五花八門，給后妃在夢中或醒後的發揮留下了廣闊天地，而其隱義卻不難索解。

春秋時，衛襄公讓一個出身低賤的姬妾懷了孕。不久，她對襄公說自己做了個夢，夢見一個人對她說：「我是康叔，能讓你的兒子擁有衛國。我為你的兒子取名叫『元』。」懷孕期滿，她生了個兒子。康叔是衛國的祖先，襄公以為這是上天的安排，這個兒子就叫公子元。襄公的嫡夫人無子，公子元就藉著夢中的預言，當上了嗣君，他就是衛靈公。在這個夢中，賤妾的心願以康叔預言的顯相形式表達得一清二楚。

清孝莊皇后

唐玄宗把沒入宮掖的罪人之女吳氏賜給了太子李亨（即肅宗），一次侍寢時，吳氏忽在夢中呻吟呼叫，推醒後，她向太子說了夢境：一位丈餘的神人穿著金甲，持著利劍對她說：「奉帝命給你一個兒子。」說著用劍從她的脅下刺入腹部，痛不堪忍。吳氏還讓太子看了左脅下壓紅的印痕。不久，吳氏生下了一個兒子，她沒等到肅宗即位就去世了。她的兒子卻因為母親善於託夢而做上了皇帝，他就是唐代宗。代宗即位，追尊生母為皇后，讓她在九泉之下得到「母以子貴」的安慰。

做過類似神人夢的后妃為數不少，而以清太宗莊妃的夢境最能說明這類夢的真實內涵。莊妃儘管被清太宗皇太極列為崇德五宮之一，地位高於一般的庶妃，但在崇德五宮中最得寵的卻是她的姐姐宸妃海蘭珠。當莊妃懷孕時，宸妃已生下了皇八子，太宗有意立為皇嗣。正是在這種背景下，莊妃對太宗說自己做了一個夢，夢見一位神人抱著一個兒子交給她，說：「這可是統一天下的君主啊！」還說她懷孕時，衣裙間有一條龍做盤旋狀，紅光繞身，須臾不見，如此再三。妙就妙在「須臾不見」，也就是說，見到的只有她本人。莊妃張揚這些夢境與異狀，其用心不言而喻：只有她生下的才是真命天子。就在莊妃生下福臨前幾天，皇八子夭折。三年後，崇德五宮之一的麟趾宮貴妃也生下了皇十一子。然而，由於莊妃說夢在前，再加上太宗去世後她富有手腕的活動，六歲的福臨得以即位，他就是清世祖。

后妃的吞日夢、龍夢或神人夢，大都是她們在「母以子貴」與「子以母貴」的心理驅使下，把自己祈祝兒子成為嗣君的內在心願轉化為夢境的顯相，有些或許本身就是后妃清醒時的心聲，只是不宜直言，托為夢語而已。例如，阮令嬴原是南齊東昏侯的宮人，後被梁武帝納為采女，地位十分低下。她生下梁元帝後，才升為修容，也不過位居九嬪之末。她懷孕時也曾聲稱「夢龍罩其床」，自有深意在焉。

妊娠超期的吉兆

在后妃生子問題上，除了大貴的夢兆，還有一種妊娠期上的異狀。據說，堯的母親懷胎十四個月才生下這位三代聖君。儘管這麼長的妊娠期有悖現代醫學的常識，但古代不少后妃卻一再玩弄這類異兆，還將其與夢日、夢龍、夢神人結合起來。漢景帝王夫人懷武帝時，不但做了吞日夢，還足足「懷」了十四個月。漢武帝的鉤弋夫人懷昭帝也如法炮製了十四個月，武帝高興地說：「聽說堯是十四個月才出生的，現在我的兒子也這樣。」賜其所居宮門曰「堯母門」。十六國前秦主苻堅的母親苟氏曾到漳水邊的西門豹祠去求子，當夜夢裡與神人發生關係，懷上了孕，十二個月才生下苻堅。

在這類妊娠超期的異兆中，西夏景宗元昊母親衛慕氏可以作為解剖的個例。元昊的父親李德明有三位后妃：訛藏屈懷氏、咩迷氏與衛慕氏。衛慕氏早在景德元年（西元1004年）就生下了元昊，卻遲至天聖六年（西元1028年）元昊立為太子後才被立為皇后，可見她此前的地位並不高。也許出於為自己爭地位，為行將出生的兒子爭王位的需要，在一次與李德明出遊賀蘭山時，她自稱做了一個白龍繞身的夢，而懷上了兒子。十二個月後，元昊才出世。可以推斷：衛慕氏在聲稱做龍夢時，根本還沒懷孕。她不過試圖以所謂龍夢來增加自己在爭寵奪愛中的分量，以便繼續獲得與君主做愛的機會，創造受孕的可能性。所有后妃妊娠超期的異兆，倘若這樣從科學的角度給予解釋的話，一切真相就不難大白。

三　也有母因子死與子因母死

君主政治是獨裁政治、權術政治、陰謀政治。在君主制下，唯一絕對的政治原則就是獲取君權與鞏固君權。為了這一目的，任何手段與陰謀都可以用上，任何親情與人性都可以不顧。后妃及其兒女們，無論是母因子貴或子因母貴，還是母因子死或子因母死，結局儘管截然相反，在通往結局的過程中，也不排除當事者個人的因素，但從根本上說，無論情願不情願，自覺不自覺，后妃及其兒女們無一例外地捲入了君主政治的急流漩渦。他們的命運，不是自己所能決定的，而是最終取決於君主政治的現實需要。那些母因子貴、子因母貴的后妃及其子女們，只是這一急流中的幸運者；而那些母因子死、子因母死的后妃及其子女們，卻是葬身於這一漩渦的犧牲品，而且往往是無辜的犧牲。

鉤弋夫人之死

幼主繼位以後，君主政治往往面臨著母后臨朝，外戚干政的巨大威脅。於是，在位皇帝在冊立年幼的太子後，甚至不惜殺死太子的生母，即自己的后妃，來確保君權的平穩交接。在母因子死的案例中，鉤弋夫人的故事最為著名。

鉤弋夫人姓趙，姿色娟麗，是漢武帝晚年最寵愛的婕妤。太始三年（西元前94年），據說在懷孕十四月後生下了劉弗陵，這時武帝已經六十多歲。不久，武帝所立的衛太子死於巫蠱之禍。見太子虛位，皇子燕王劉旦便投石問路，上書表示願意入都宿衛，武帝怒殺上書使者作為答覆。另一個兒子廣陵王劉胥屢犯過失，武帝也壓根兒看不上眼。劉弗陵已經五六歲了，長得很高大，顯得很聰明。武帝經常歡喜地說：「這孩子像我。」又因他與堯一樣，懷胎十四個月才出生，更是另眼相看，有意立他為太子。但考慮到自己年邁，到撒手人寰時，弗陵還未成年；而鉤弋夫人卻還年輕，恐怕她以太后身分臨朝稱制，再把劉姓王朝搞得一團糟。猶豫了好久，武帝還是下不了決心。他逐個考察了群臣，感到只有大臣霍光忠厚可靠，能夠托孤輔政。武帝命人作了一幅畫賜給了霍光，畫中周公旦抱著周成王朝會諸侯，其用意十分明顯，即準備立幼子弗陵為嗣君，而期望霍光做周公。

鉤弋夫人

幾天後，鉤弋夫人隨駕至甘泉宮，武帝有心找碴，她惶恐地脫去髮簪耳飾表示「認罪」，叩頭不止，武帝喝道：「拉下去，送掖庭獄！」被拉下去時，鉤弋夫人還不斷回頭，企盼武帝顧念往日戀情能回心轉意，武帝卻斷然說：「趕快走，你不能活！」終於賜她自盡雲陽宮。據說，這天大風拔樹，飛沙走石，老百姓都認為是鉤弋夫人蒙冤所致。

不久，武帝立劉弗陵為太子（即漢昭帝），詢問左右：「外面人說什麼來著？」

答道：「外人都說：即將立其子，為何去其母？」

武帝說：「嗯！這不是小兒愚人輩所能洞悉的。以往國家所以動亂，往往因為主少母壯。女主獨處驕縱，淫亂放肆，就沒有人能夠禁止。呂后不就是一個教訓嗎？所以不得不先去了她！」

在君主制下，漢武帝這段議論歷來被後人讚譽為「昭然遠見」。然而，這是站在以君主制為合理的立場上給出的評價。歷史上，確有類似呂后那樣主少母壯而女後亂政的現象，但君主就可以據此滅夫婦之情，絕母子之愛，殺戮無辜的后妃，保全一姓的天下嗎？

殺母立子的北魏之制

漢武帝殺鉤弋夫人，只是個案性決策，孰料受其啟發，子立母死竟在北魏前期幾成制度。這一陋規，一般認為始於北魏道武帝時。道武帝擬立劉貴人所生拓跋嗣（後來的明元帝）為儲君，便將劉貴人賜死，並對拓跋嗣說：「過去漢武帝立其子而殺其母，為了將來不讓婦人干政，外家為亂。你應該繼承我的皇位，所以我遠法漢武，行此長久之計。」拓跋嗣時僅十餘歲，對生母的慘死十分悲痛，日夜號泣。

此後，北魏後宮產子，將立為儲貳，其母皆賜死。這一慘無人道的做法，竟成了北魏故事。於是，母子生離死別的一幕幕悲劇，在北魏後宮一代代不斷重演。拓跋燾被立為太子（後來的太武帝），明元帝賜其母杜貴妃死。太武帝幼失母愛，只要碰到認識母親的人，一說起母親就悲慟欲絕，哀傷思念之情，令人灑一掬同情之淚。而其時的明元帝，不知是否還念及自己生母的悲慘命運，想起自己少時的不幸遭遇。

魏文成帝李貴人是南朝宋蒙縣人，魏太武帝南征時，為北魏宗室元仁擄得，元仁後來因事被殺，她被籍沒送往平城（今山西大同）。文成帝在白樓上看到了她，被其姿色所吸引，迫不及待下樓，在一間齋庫中占有了她。不久，她為文成帝生下個兒子，就是後來的孝文帝。她因此稱為貴人，太安二年（西元456年），她的兒子立為太子。依據故事，讓她記下遠在故國的兄弟，然後賜以自盡。臨死之際，她一邊一聲聲悲愴地呼叫兄弟，一邊拊胸痛哭。

直到魏宣武帝時，這一陋習仍讓後宮妃嬪膽顫心驚，竟至私下裡互相祈禱，但願自己的兒子千萬不要被立為太子。據《魏書．皇后傳》，宣武帝的皇子頻頻夭折，而宣武帝胡皇后懷孕時，其他妃嬪勸她預作安排，透露出宣武帝的妃子們孕而不育，或許與妃嬪們自做手腳大有關係。她們之所以情願冒險對腹中胎兒或襁褓中的嬰兒狠心下手，就是唯恐自己將按照故事死於非命。子立母死的殘忍做法，竟使做母親的妃嬪泯滅了親子之情，充分凸顯了這一制度的滅絕人性。

當其他妃嬪用祖宗故事相恐嚇，勸胡皇后另作打算時，她卻說：「如果我懷的是男孩，依排行就是長子。我不能因為懼怕一死，而讓皇位沒有繼承人。子生我死，在所不辭。」胡皇后也夠幸運的，北魏從宣武帝起，不再實行子立母死的舊制。

北魏這一制度，其根本用意不僅在於防範女主干政，外戚為亂。眾所周知，孝文帝的祖母馮太后也算得上是臨朝聽政的著名后妃了。倘再仔細勾考，就可以發現，在子立母死的北魏后妃中，沒有一個是鮮卑女子。有理由確認，這種制度，實際上是北魏君主對統治民族與非統治民族出身的后妃採取不平等政策的產物。非統治民族（尤其漢）出身的后妃，只是為北魏皇室繁殖皇族後嗣的生產工具，一旦生育職能完成，就隨時可能像掐斷一根無用的小草一樣被皇帝賜死。儘管在兒子即位後，她們都追謚為皇后，但這種母因子貴的死後尊榮，與母子訣別的生前慘痛形成鮮明的對照，兩者毋寧說都是君主制對這些后妃命運悖逆人性的隨意擺弄。

北魏馮太后永固陵石券門上的孔雀浮雕

兒輩皇位戰中的無辜犧牲

在君主制下，每個皇帝都希望君權更迭能夠風平浪靜。然而，皇位的巨大誘惑力，使得自以為有機會攫取它的每一個皇室成員都垂涎三尺，甚至不惜付出身敗名裂的沉重代價。於是，歷代皇位傳承幾乎都伴隨著陰謀權術與腥風血雨，不少后妃因兒子的關係，自覺不自覺地捲入皇位爭奪的風口浪尖，以至橫遭慘死。

戰國秦靈公死後，他的兒子沒能成為國君，王位轉入靈公的叔父簡公及其後代手中。簡公之子惠公死後，年僅四歲的出子繼承了父親的皇位。時隔三年，庶長改擅自廢立，到河西迎立獻公，出子被殺，出子的母親秦惠公夫人儘管無辜，也被活活沉死深淵。

十國楚主馬殷有十來個兒子，嫡長子希振頗有賢名，其次則希聲與希范同日出生，希聲的母親袁德妃因美貌而受寵幸。希振知道父親有意傳位給希聲，就棄官出家，做了道士。希聲因母貴得立，繼承了王位，但不到三年就去世了。希范依次繼位，對希聲先他而立，本來就一肚子怨氣，他的生母陳夫人也因此與袁德妃齟齬不合。希范即位後，對袁德妃不但不加禮遇，反而嚴辭譴責。袁德妃向他請求，允許她的另一個兒子希旺納官入道，也遭到拒絕。希旺被解除軍職，居住在破蔽的竹屋草門中，連馬氏同父兄弟的宴聚都被屏斥在外。袁德妃又氣憤，又憂慮，隨時擔心不測之禍的降臨，最終憂憤而死。

遼天祚帝蕭皇后生了秦王與魯王，而蕭文妃所生的晉王賢名遠播，素有人望。樞密使蕭奉先是蕭皇后的長兄，擔心外甥秦王在皇位爭奪中處於劣勢，便遣人誣告蕭文妃與姐夫耶律撻曷里、南軍都統耶律余覩結黨，謀立晉王為帝，尊天祚帝為太上皇。天祚帝偏聽偏信，對兒子不忍心誅戮，卻殺了撻曷里夫婦，並賜蕭文妃自盡。蕭文妃至死也不明白，怎麼會成為皇位爭奪戰中犧牲品的。

為子而死的紀宮人

在爭寵奪愛的鬥爭中，后妃都深知兒子是一枚重要的砝碼。然而，母因子貴原則的實現，不僅取決於帝王與后妃的雙方關係，還必須加入后妃之間勾心鬥角的變數。於是，在個別后妃母以子貴的背面，往往是其他后妃的母因子死。宮闈鬥爭中的勝出者，總是踏著另一批妃嬪及其兒子的生命，才奪取了勝者的冠冕。

萬貴妃是明憲宗最寵愛的妃子。憲宗即位次年，她就生下了皇長子。憲宗大喜過望，晉封她為貴妃。孰料皇長子不滿一歲就夭折了。萬貴妃滿心指望母以子貴能當上皇后，如今一腔的失望化為無窮的妒火。她唯恐其他妃嬪會生下皇子，奪去她得寵的地位，於是，一方面，她倚恃寵幸，頗專床笫之愛，既使憲宗少有機會去臨幸別的妃嬪，又使自己有望再次懷孕生子（無奈她再也沒能懷上孕）；另一方面，她多方偵伺，對懷孕生育的妃嬪及其兒子橫加迫害。儘管防範嚴密，手段毒辣，柏賢妃卻躲過了萬貴妃的眼睛，在成化五年（西元1469年）為憲宗生下了皇次子。過了兩年，憲宗便立他為皇太子。不久，柏賢妃母子相繼而死。後宮都知道誰下的毒手，但敢怒而不敢言。

有一次，憲宗偶到後宮藏書處，見管理圖書的紀宮人長得嫻雅秀麗，一問，才知道其父是廣西的土司，在一次明軍「征蠻」中被殺，她也被俘入宮。在交談對答中，她不僅機敏得體，而且看得出頗通文字。憲宗興致很高，當場「臨幸」，讓紀宮人懷了孕。萬貴妃知道後，恚怒之下派宮婢去墮胎。然而，宮婢回來報告說，紀宮人並未懷孕，不過「病痞」而已。

紀宮人謫居在西內冷僻的安樂堂，幾個月後生下了小皇子。她竟不敢讓兒子留在世上，命太監張敏抱出去溺死。一個母親被迫如此選擇，內心的痛苦可想而知。張敏說：「皇上至今無子，怎麼能丟棄呢？」便買了粉餌、飴蜜，幫著紀宮人把小皇子轉移到祕密地方餵養。萬貴妃雖多方偵伺，卻一無所得。憲宗吳皇后自被萬貴妃譖廢，也一直貶居西內，住所鄰近安樂堂，知道此事，同情心自然傾向於紀宮人，也偷偷往來，分擔撫養皇子的風險與責任。

一晃六年，憲宗還不知道自己已有皇子。一天，他對著鏡中白髮長嘆：「老將至而無子。」張敏在旁伺候，認為已到時候，便伏地請罪，說出了來龍去脈。憲宗大喜過望，當天就派人進西內迎接皇子。使者到時，紀宮人百感交集，兒子終於有了出頭之日，不必再在西內擔驚受怕做「黑人」了。作為母親，她深為欣慰，同時也明白，正承恩寵的萬貴妃絕不會放自己過門的，兒子此一去，也許就是母子永訣，內心倍感痛楚。她為皇子穿上小紅袍，緊緊抱住他，哭著說：「孩子，你去吧！我怕活不成了。你見到穿黃袍長鬍鬚的就是你父親。」

這事傳開，後宮外朝都喜氣洋洋，唯有萬貴妃咬牙切齒說：「這幫群小蒙了我！」紀宮人母以子貴，遷居永壽宮，待遇一如貴妃，憲宗也好幾次召見她。這些，都讓萬貴妃眼中出血。這年六月，紀貴妃暴死。死因眾說紛紜，一說是上吊自殺，一說是萬貴妃派人「賜死」的，一說是萬貴妃讓前去治病的御醫用藥毒死的。總之，紀貴妃生下了皇子，竟成她必死的原因，萬貴妃對其暴死難脫關係。不久，太監張敏也吞金自殺了。

紀貴妃死後，她的兒子被立為皇太子，就是後來的明孝宗。然而，皇太子周圍依然隱伏殺機，萬貴妃並未善罷甘休，明憲宗生母周太后親自把他撫養在自己宮中。萬貴妃下不了手，有一次，便約請皇太子到她宮中去玩。臨去時，周太后叮囑再三：「你到了那裡，什麼都不能吃。」果然，萬貴妃拿出食物給他吃，他說：「早已吃飽了。」端上羹來請他喝，堅決不吃，他說：「我怕有毒！」萬貴妃又氣又恨說：「這孩子才幾歲就這樣，將來還不把我吃了。」

潘淑妃死於逆子之手

君主制下，父子疑忌，骨肉寡恩，做皇子的起來反叛皇帝老子，在歷史上並不鮮見。這時，這些皇子的母親，不是死於宮廷政變，就是被株連殺戮。

皇太子劉劭是南朝宋文帝的長子，母親袁皇后生下他時就對文帝說：「這孩子容貌異常，一定破國亡家的。」準備殺死他，被文帝救了下來。劉劭同父異母兄弟劉濬長得一表人才，文帝對他另眼相看。他的母親潘淑妃大受文帝寵幸，袁皇后為此妒恨而死。劉劭對潘淑妃母子深為嫉恨。劉濬擔心劉劭將來即位，自己會受禍，千方百計向他獻慇勤，兩人便沆瀣一氣，經常做出些狼狽為奸的壞事，總是受到文帝的斥罵。他倆就乞求巫蠱之術，用玉人刻成文帝模樣，埋入含章殿前地底下，進行詛咒，指望所做的壞事能瞞過父皇。

事發後，潘淑妃哭著抱住劉濬說：「我叩頭乞恩，也不能讓皇上止怒，活著還幹什麼！你拿毒藥來，我先自殺了。不忍看到你取禍敗死。」這時，劉濬已心存叛意，振衣而起道：「天下事馬上就會了結。你放心罷，我不會讓你受連累的。」潘淑妃沒把兒子的話告訴文帝，反而把文帝準備廢太子劉劭，賜劉濬死的打算透露給兒子。劉濬轉頭就通報了劉劭，劉劭率兵入宮，殺了父親宋文帝，再派人殺了潘淑妃，對後來進宮的劉濬說：「潘淑妃被亂兵殺死了。」劉濬竟說：「群情早就希望這樣了！」潘淑妃無異於死於毫無母子之情的逆子劉濬之手。

西夏毅宗妃子咩迷氏生下兒子阿理後就失寵了，與兒子一起屏居在夏州王庭鎮。阿理年齡漸長，知道母親被棄的身世，圖謀聚眾起事。不料部下告密，他被毅宗捕獲，扔入河中。咩迷氏也因兒子謀叛，被賜死。阿理因母親失寵而遭冷落，可以說是「子以母貴」的變相受害者；然而，由於他的過度反應，咩迷氏卻不由自主地淪為「母因子死」的無辜殉葬者。

也有兒子成為后妃爭寵的犧牲品

圍繞著后妃奪寵與太子爭立的宮廷鬥爭，少數后妃及其兒子成了勝利者，實現了寤寐以求的「母以子貴」或「子以母貴」的夢想；另一些后妃則成了戰敗者，她們的兒子也往往淪為宮廷鬥爭的犧牲品。

東漢光武帝建武元年（西元25年），郭皇后生下皇子劉彊。次年，劉彊被立為皇太子。其後，郭皇后寵衰，內心的怨望流露在話語與臉色上，更促使光武帝移愛於貴人陰麗華。建武十七年，郭皇后被廢，陰貴人被立為皇后。儘管陰麗華在冊立為后前，早已生下了皇子劉莊，光武帝卻沒打算改立太子。劉彊內心很不安，郅惲勸他：「你長久處於被疑忌的地位上，還不如主動辭去太子之位，奉養母親為好。」於是，劉彊再三託人向父皇轉達意向，願辭太子，出為藩王。光武帝這才援引《春秋》「立子以貴」的古訓，改立劉莊為太子（即明帝），劉彊改封為東海王。劉彊識機知趣，不貪戀皇太子之位，陰皇后也沒有恃寵誣人的惡舉，漢光武帝與其後的漢明帝，也能做到父子兄弟不生忌隙之心，劉彊才得以自保而善終。

然而，當事諸方未必都能如此自處與待人，「子以母死」的悲劇也就不斷上演。武則天與諸后妃爭寵奪愛時最不擇手段，其對手的兒子幾乎沒有能倖免於難的。武則天嫉恨宮人楊氏，便遷怒於其子澤王上金。對已遭譖害慘死的蕭淑妃之子許王素節，更必欲置之死地而後快。武則天先讓酷吏誣奏他們，削封、徙置、禁錮等打擊陷害接踵而至。意猶未足，她命周興誣告上金與素節勾結謀反，分別從外地追捕回京。素節到達東都洛陽龍門驛時，就被活活縊殺。上金聽到消息，知道難逃一死，便自經而死。上金和素節共有十六個兒子，也或被殺害，或被賜死。僅僅因為母親是爭寵的對手，武則天勝券在握後，便將他們也作為對手，將他們從肉體上一舉消滅。

四　沒有兒子怎麼辦？

在某種程度上，后妃有沒有親生兒子，就眼前而言，關係到能否綰繫住帝王的寵幸；就將來而言，關係到能否成為皇太后，保持至高無上的後宮名位。如果生下了兒子，既有的寵幸不難維持，將來的夢想也並非絕對無望。唯其如此，后妃們渴望有兒子的心理，遠比一般母親來得強烈迫切。這種心理，使聖潔的母性發生了異化，受到了權力欲、地位欲的嚴重汙染。一旦因生理等原因，命運沒能賜給其兒子，她們中的一些人就會視這一遺憾為個人生涯的最大失敗，為了挽回敗局，往往會做出種種泯滅人性的勾當。

莊姜的苦澀

春秋時，衛莊公娶了齊莊公的嫡女莊姜。她很漂亮，卻沒能生下兒子。衛莊公又娶陳國厲嬀為夫人，厲嬀的妹妹戴嬀作為娣媵也嫁了過來。厲嬀生下兒子，年紀輕輕就去世了；戴嬀也生了公子完。莊姜與戴嬀關係較融洽，視公子完如己出。

後來，有位寵嬖又生了公子州籲，莊公惑溺於她，遠勝於莊姜，她對莊姜也恃寵凌忽。對美麗而知禮的莊姜最終沒有兒子，衛國民眾深感不平，創作了〈碩人〉表達同情，其中「手如柔荑，膚如凝脂」，「巧笑倩兮，美目盼兮」，栩栩如生地勾畫出莊姜傾國傾城的美貌。

莊姜對有名無實的嫡夫人地位並不計較，但對被衛莊公冷落，被其嬖妾驕慢，畢竟隱然不快，就作了一首詩〈綠衣〉，抒發自己的內心世界：

綠色衣服啊，綠衣黃襯，內心憂思呵，它何時能停？
綠色衣服啊，綠衣黃裙。內心憂慍呵，它何時能盡？
綠色絲縷啊，是你紡績。我想古人呵，讓我沒過失。
細葛粗葛啊，寒風淒冷。我想古人呵，真先得我心。

莊姜的詩句，道出因為無子而失寵於莊公、見欺於嬖妾的鬱鬱寡歡。對莊姜以擋寒風，援古人以自慰，朱熹大為讚歎：「以此便是至善，可為萬世處變法矣。」這位理學家在讚揚的同時，是否體味到莊姜深深的憂鬱、濃濃的苦澀呢？

霍皇后與趙昭儀

在無子的后妃中，莊姜的結局雖然淒涼，還遠遠算不上悲慘。據《漢舊儀》，漢代宮人凡被皇帝御幸過一次，到期不受孕，便終生罷廢，等待她們的便是孤獨、淒涼、無望的餘生。其他朝代雖未見類似的明文規定，但因無子而失寵，乃至廢黜的后妃，仍時有記載。在君主制下，兒子對人主說來，是皇權後繼有人的寄託，是皇族興旺發達的標誌。對后妃說來，兒子首先是關係自身榮辱尊卑的通靈寶玉，至於母性親情等人倫之愛則排擠到次要的地位上，乃至完全被吞噬盡淨。正是榮辱尊卑與名位權利的驅使，有的后妃沒能生下兒子，嫉妒竟然讓她們瘋狂殺害其他妃嬪，甚至對她們的兒子也不放過。

漢宣帝時，霍光的妻子謀殺了許皇后，讓自己的小女兒入主中宮。為了讓女兒生下兒子，霍光買通了御醫，對宣帝建議：不能讓後宮妃嬪侍寢進御。霍皇后雖然擁有床笫專利權，過了幾年，卻仍未生下兒子。宣帝便立許皇后所生之子為皇太子。霍光妻氣得吃不下飯，嘔血道：「這是皇帝未立以前在民間生的兒子，怎麼能立？霍皇后如有兒子，難道屈居為王嗎？」就唆使女兒下毒害太子。霍皇后竟言聽計從，好幾次請太子宴飲。然而，在每次進食前，太子的保姆都預先嘗過，才讓太子吃，霍皇后無隙可趁，下手不得。不久，霍皇后母親謀害許皇后的事洩，皇后與母親欲害太子也東窗事發，霍皇后終於被廢。唐人沈亞之的〈漢宮詞〉感嘆道：「枉殺宮中許皇后，椒房恩澤是浮雲。」也許出於對未來的絕望，也許出於對過去的懺悔，她在冷宮中囚犯般度過十二載青春年華後仍然自殺了。

漢成帝與趙飛燕（明《漢宮春晚圖》）

漢成帝皇后趙飛燕和妹妹趙昭儀窈窕嬌媚，姊妹聯袂，有專擅之寵，卻都沒有生兒子。聽說中宮史曹宮生下一個孩子，趙昭儀怒不可遏，下令把曹宮及其新生兒投入暴室獄，命掖庭獄丞籍武殺死這個無辜的孩子。籍武不忍心下毒手，便把嬰兒轉交給宮婢哺養。幾天後，趙昭儀又下手諭，命人帶上毒藥去逼曹宮自盡。曹宮看了手諭，悲憤道：「果然如此！姊妹倆想獨擅天下。我的兒子如今在哪裡，差點被殺了吧！」於是飲藥自殺。那個出生才十一天的孩子，最終也被宮長奉命取走殺害了。

其後，許美人又生一子，趙昭儀氣勢洶洶責問成帝：「你總是騙我，說從中宮我姊姊那兒來。那許美人是怎麼生出兒子來的？你以前說不立姓許的做皇后，難道還想立她嗎！」一邊憤憤用手自捶，把頭往屋柱上撞，從床上自裁到地上，大哭大鬧不肯吃飯。成帝只得說：「我不是早就有約在先：使天下無出趙氏以上。你別擔心，我不會立許美人的。」於是，他竟下詔命許美人殺親生嬰兒，放入葦篋中派人送來，讓他與趙昭儀過目，再命籍武埋在掖庭獄的牆角下。其後，後宮有懷孕者，不是被她們姊妹迫害致死，就是自己飲藥墮胎。成帝因此絕後，導致西漢末年的皇位繼承危機，哀帝、平帝都以外藩幼主入繼皇位，這就為女主臨朝、外戚干政開闢了通道。

南風烈烈吹白沙

賈南風是晉惠帝的皇后，以酷妒悍虐而著稱於史。在做太子妃時，就親手殺死過好幾個被太子（即惠帝）寵幸的嬪御。她尤其不能容忍其他嬪御懷孕生子，有一次竟把利戟向一位懷孕的宮嬪擲去，致使胎兒中戟墮地，差點因此被公公晉武帝給廢了。晉武帝擔心他的白痴兒子不懂床笫之事，便派自己後宮謝才人前去侍寢。謝才人懷上了孕，見賈南風妒忌得要命，被迫自求離開太子，仍回後廷，生下了司馬遹。

惠帝即位，見賈皇后久不生育，便立司馬遹為太子，太子生母謝氏拜為淑媛。但賈皇后讓其獨處一室，不許她們母子見面。為了保住將來的地位，賈皇后偽稱懷孕，在煞有介事地做好生育準備後，偷偷把妹妹的兒子抱來，宣布是自己生的。其後，她處心積慮打算廢去太子，好讓自己的「兒子」成為合法的皇位繼承人。賈皇后的陰謀路人皆知，連洛陽謠諺都說「南風烈烈吹白沙」。南風是她的名字，晉朝崇尚白色，太子小字沙門，白沙隱喻太子司馬遹。

元康九年（西元２９９年）十二月，賈皇后詐稱惠帝有病，召太子入朝，安頓在別室。她大聲招呼宮婢，拿來惠帝所賜酒三升，棗一盤，命太子將酒喝完，把棗啖盡。太子說自己喝不了三升酒，宮婢便說：「你不孝嗎？君父所賜就是上天所賜，天賜你酒而不飲，難道酒裡有毒嗎？」太子不得已喝了二升酒，請求把剩下的一升帶回東宮去喝，仍是不允許，只得硬著頭皮喝完，已是酩酊大醉。這時，賈皇后再派另一宮婢拿了紙筆，帶上預先擬好的禱神文底稿，黃門侍郎潘岳早在文句上做了手腳。趁著太子酒醉之際，宮婢偽稱惠帝下詔讓太子書寫。在醉意朦朧中，太子依命抄寫道：

陛下宜自了，不自了，吾當入了之。中宮又宜速自了，不自了，吾當手了之。並與謝妃共約，剋期兩發，勿疑猶豫，以致後患。

字跡歪歪斜斜，缺筆少畫，賈南風代為補全後，送給惠帝看。低能兒惠帝居然看不出其中破綻：臣子預謀殺君父，豈有親自手書而公之於眾的？一怒之下，便將太子廢為庶人，把太子及三個皇孫都押送金墉城給囚禁起來，太子生母謝淑妃隨即遭到賈皇后殺害。朝野都知道這是一起冤案。

賈皇后聽說朝中有人準備迎回太子，廢黜自己，又驚又怕，便以惠帝名義讓太監孫慮帶上毒藥巴豆杏子丸去太子囚所。在幽禁中，太子擔心被人下毒，總是親自煮食。孫慮到達後，就將太子徙禁他處，斷絕了食物，但宮中還有人從牆壁上偷偷送食物過來。孫慮逼太子把巴豆杏子丸吃下去，遭到拒絕，就用藥杵椎殺了太子。太子雖被賈南風除掉了，她的假兒子卻仍沒成為太子。然而，皇室諸侯王唯恐天下不亂，這下可找到了與中央分庭抗禮的最好藉口，終於爆發了八王之亂。太子之死僅過一月，趙王倫就起兵聲討賈皇后與外戚賈謐殺害太子，盡誅賈氏外戚，廢賈氏為庶人，把她也囚入金墉城；不久，以惠帝的名義，賜詔以金屑酒自盡。

乞靈厭勝與無中生有

后妃因無子而殺人，固然喪心病狂而遺臭萬年，但因為無子而乞靈厭勝，也愚昧荒唐而貽譏後人。

唐玄宗王皇后一直沒能生養。開元三年（西元７１５年），趙麗妃所生兒子李瑛立為皇太子，而武惠妃也愛寵日盛。王皇后自知色衰，頗有明日黃花之憾。不過，她對妃嬪宮女還算不錯，也沒有人譖毀她。然而，以無子為藉口，玄宗還是流露出廢黜的意向。王皇后憤憤不平，對玄宗哭訴他落難時舊事：「陛下難道不想一下，我父親把自己的紫半臂換了一斗麵，為你做生日湯餅的情景嗎？」玄宗想起即位前那些世事多故的日子，顧及岳父王仁皎對自己的好處，暫時打消了廢后的念頭。

然而，王皇后卻為沒有兒子而惶惶不可終日，與哥哥王守一商量，準備乞靈於厭勝法。兄妹倆讓僧人明悟祭南北斗，剖開被雷霆所震的木頭，把天地等字樣與玄宗的名諱刻在木頭上，嵌合起來隨身佩戴，祝禱道：「佩了它就會有兒子，就像則天皇后一樣。」未幾事發，玄宗親自審問，將王守一賜死，廢王皇后為庶人。不到三個月，她便鬱恨而死。王皇后生前待人不薄，在廢死後，掖庭有不少人還思念她。她的廢死是無子造成的，儘管出以荒誕的形式，卻掩蓋不住悲劇的底色。

類似的場景，卻由宋徽宗崔貴妃以笑劇形式重新搬演。宣和初年，她頗受徽宗青睞，卻沒能生下兒子，總感到一大缺憾，就去求教卜者劉康孫。劉康孫便以崔宅風水為由頭對她的哥哥說：「王景彝故第在太子巷，地名又好，府宅又有福氣，應該求皇上賜給崔家。」崔貴妃就開口要求，徽宗讓開封府尹妥善辦理。不料王家子弟不識來頭，遲遲不答應。崔貴妃兄妹讓人誣告他們盜鑄假錢，生生害得王家子弟流配，府宅籍沒。徽宗轉手就賜給了崔家，還親至其第，設酺三日，榮耀一時。

不久，崔貴妃的姊姊哥哥們招來劉康孫，在宅中樹下以宋徽宗與崔貴妃出生年月禱神求子，且祝禱愛寵永固。與崔貴妃爭寵的其他妃嬪得知這一送上門來的把柄，立馬告發。徽宗不由聯想起，最受寵的劉貴妃前不久去世時，他悲痛啜泣與后妃們弔唁時，唯有崔貴妃一無悽容而旁顧左右，疑心劉貴妃之死也是她在暗弄巫蠱之術。幾天後，徽宗夢見劉貴妃哭訴，說她是被厭勝致死的。崔貴妃確實沒有咒詛過劉貴妃，徽宗這是疑人偷斧，因疑成夢。他就用夢境中劉貴妃的哭訴去責訊，崔貴妃竭力聲辯。徽宗越發惱怒，廢其為庶人，移居別院，她的兄妹們也都被流放編管。

遼道宗蕭惠妃以皇后入宮，過了幾年，還未生下一子半女，內心不禁焦急，便對遼道宗說，自己出嫁的妹妹很能生孩子。道宗就讓其妹離婚入宮，但號稱「宜子」的妹妹似乎也沒再生育。道宗立皇孫為梁王，準備直接傳位於孫，便將皇后降為惠妃，把她打發去看守遼景宗乾陵。惠妃的母親便施行厭魅，詛咒梁王，試圖讓女兒重回宮掖。事發，其母被殺，兄弟沒為奴隸，惠妃貶為庶人，幽禁於宜州（今遼寧義縣）達三十年之久。天慶六年（西元1116年），遼天祚帝（即原梁王）將她召還，封為太皇太妃。也許因無子導致身辱家破，她已萬念俱灰，或精神失常。兩年後，她獨自一人離宮出走，死在黑頂山上。

如果說蕭惠妃讓妹妹進宮，冀望她能為遼道宗生下皇子，這一舉動已近窮極無聊，那麼，宋仁宗時宮女韓蟲蟲無中生有就更荒唐可笑。宋仁宗剛死，韓蟲蟲就聲稱自己懷上了皇子，還說得有鼻子有眼：有一次，她在汲水，仁宗看到有一條龍環繞在她周圍，就「御幸」了她，還送她一只金釧，她把它埋在一座佛閣的地下。說來蹊蹺，在那裡還果真挖出了金釧。仁宗沒有親生兒子，立濮王之子為英宗，倘若真如韓蟲蟲所說，皇位便決沒有傳給英宗的道理。於是，垂簾聽政的曹太后命人把韓氏好生看護。然而，產期一過，真相大白，原來韓蟲蟲謊稱有孕，腹中空空如也，那只金釧也是她預先埋好的。大臣都主張殺了她，曹太后卻說：「把她發落到尼寺去吧，我要讓外人知道她在搞鬼。如殺了她，天下還真以為她為仁宗生過兒子呢！」

奪子之戰

對無子的后妃來說，最常見的補救方法，就是把其他妃嬪的兒子占為己有。在這一過程中，有明搶，有暗奪，有殺母奪子的血汙，也有為母復仇的殘殺。在這種沒有血緣關係的母子之間，有其樂融融的親情，更多的是無法彌補的仇恨。在人性的明鏡前，母性竟然有截然不同的閃光與失色。

劉皇后沒為宋真宗生下兒子，也不允許其他妃嬪的兒子養育在宮中。據《默記》說，尚宮朱氏曾生過一子，真宗忌憚劉皇后，便將這位皇子交給內侍張景宗撫養，他就是後來以宦官養子而位至節帥的張茂實。劉皇后儘管憑恃威勢，迫使妃嬪生子不留宮中，自己卻依然不育。這時，她的侍兒李氏做真宗的司寢，生下了兒子（即仁宗）。劉皇后看準了李氏軟弱可欺，便把襁褓中的孩子奪為己有，與楊淑妃一起撫育他。仁宗長大成人，也始終把劉皇后當作親生母親，後宮懾於劉皇后的威嚴，沒人敢說出真相。李氏位卑膽怯，即使仁宗少年即位以後，也默處在先朝妃嬪中，不敢向親生兒子挑明真相。為了避免露餡，臨朝聽政的劉太后打發她去守護真宗永定陵。明道元年（西元１０３２年），李氏病死前，進位宸妃。作為母親，從她生下仁宗到去世前，二十餘年間，從沒與兒子說過一句話，最後十年孤守蒼涼無語的真宗陵寢，連兒子的面都見不上一次。不必說體味親子的溫情，連母子相認的權利也被剝奪，彌留之際，作為母親，她會想些什麼？對母性這一人間最深沉的感情，這是一種何等殘忍的摧殘！

明宣宗朝，胡皇后無子多病，相比之下，美貌的孫貴妃更受寵幸。不過，孫貴妃也沒有兒子，在與胡皇后爭寵中，這終究是一塊心病。於是她暗做手腳，把一個宮人（一說紀氏）所生的兒子（即後來的英宗）據為己有，於是眷寵日隆。不久，胡皇后知趣地上表辭位，請早定國本。孫貴妃假作退讓道：「皇后病好了，自然會生兒子的。我的兒子怎能位居皇后之子前面呢？」不過，胡皇后還是無過被廢，賜號靜慈仙師。孫貴妃旋即被冊立為皇后，實現了母以子貴的夙願。一后一妃，原先都沒有兒子，一正一邪，命運卻大相逕庭：皇后黜為仙師，貴妃升為皇后。在道德人性的評判標準前，孫貴妃自應受到譴責，但驅使她無視性善、趨向性惡的根本原因，不正是君主世襲制向后妃們提出生育嗣君的要求嗎？被孫貴妃奪子的那個宮人，《明史·后妃傳》沒有交待，據《寓圃雜記》引英宗錢皇后的話，說她「死於非命，久無稱號」。

在宮闈史上，這種奪子殺母的醜劇屢見不鮮。張皇后是漢惠帝的親甥女，呂后作為惠帝的母親，指望這種親上加親能讓外孫女為兒子生下皇位繼承人。誰知千方百計，張皇后卻生不出兒子。呂后便讓外孫女先裝出懷孕的樣子，到期奪取後宮美人之子，偽稱皇后親生，立為太子。為了防止洩露底細，便殺死了那個美人。惠帝死後，這位後宮美人之子即位為少帝，呂后則臨朝聽政。少帝漸漸長大，聽說自己不是皇后親生，便揚言道：「怎能殺了我母親，而稱作皇后之子呢？我長大後，一定要為她報仇！」呂后怕他作亂生事，便將他廢黜，幽禁致死，乾脆自個兒走到前台臨朝聽政。

東漢竇皇后寵冠後宮，卻無親子。與此同時，宋貴人姊妹與梁貴人姊妹也雙雙見寵於漢章帝。宋大貴人生子劉慶，已立為皇太子；梁小貴人生子劉肇（即和帝），竇皇后養為己子。然而，竇皇后十分忌妒宋氏姐妹與梁氏姐妹，把她們都視為敵手，不斷在章帝前說她們的壞話。

在她們逐漸被章帝疏遠後，竇皇后首先對宋貴人姊妹與皇太子下手誣害。她讓竇氏兄弟在外朝蒐集宋貴人外家的過錯，命心腹宮女與太監在後宮偵伺宋貴人姊妹的過失，最後在截獲宋貴人發出的家信上大做文章。宋貴人在信中說：我因病想吃兔子肉，希望家中代為購求。竇皇后誣陷宋貴人姊妹用兔子行厭勝之術，唆使掖庭令奏請查實。在竇皇后的讒毀之下，章帝廢了劉慶，改立竇皇后撫養的劉肇為皇太子。大小宋貴人經不起皇后心腹太監的羅織搆陷，被關入暴室，服毒自殺。

這時，梁貴人娘家暗中頗感得意，認為女兒所生的外孫被竇皇后養為己子，立為太子，梁家貴盛指日可待。梁家外戚私下相慶，引起了竇皇后及竇家外戚的忌疑，唯恐將來梁貴人父兄得勢，終成竇氏的禍害，便以匿名信誣陷梁貴人的父親梁竦，以惡逆罪使其瘐斃獄中，家屬流放九真（今越南清化西北），梁貴人姊妹也憂懼而死。其後，後宮竟很少有人知道和帝的生母是小梁貴人。在奪子立嗣的過程中，竇皇后為了自己的地位與娘家的利益，心狠手辣地置宋、梁諸貴人於家破人亡的死地。

非血緣的宮闈母子情

后妃以他人之子為自己之子，由於沒有血緣紐帶，再加上宮廷政治的影響，母子感情往往遲早會出現危機。不過，這種現象也並非不可避免，關鍵在於雙方能否建立起母慈子孝的人間真情。這一方面，漢明帝馬皇后與漢章帝的母子關係堪稱典範。

漢明帝在位，馬皇后沒生兒子。賈貴人生下了章帝，明帝對馬皇后說：「女人不一定要自己生兒子，只怕對養子愛護養育不周全。如能愛他如同親生兒子，那麼他孝敬你，也會如對待親生母親一樣。」對賈貴人之子，馬皇后盡心撫養，勞累操心，一如親生。章帝也感念馬皇后的養育之恩，母子慈愛，始終沒有纖芥之隙。章帝把馬皇后的娘家視為自己的外家，而其生母賈貴人的親族反而不受榮寵。

三國吳大帝皇子孫登因生母出身卑微，從小就由徐夫人哺養成人。孫登對其養育之恩終身不忘。後來，徐夫人因妒忌其他后妃受寵，廢居在吳（今江蘇蘇州）。孫登立為皇太子時說：「欲立太子，應先立皇后。」

吳大帝孫權問道：「你的母親在哪裡？」

他答道：「今在吳中。」孫權啞口無語。

吳大帝步皇后賜給他的東西，他不便拒絕，但只是拜受，從不使用。徐夫人派人送衣服到建康，他

吳大帝孫權

必定恭敬地沐浴後才穿上，藉以表達對徐夫人的思念之情。

宋高宗晚年把皇位禪讓給孝宗，自己做了太上皇。孝宗是從旁支宗室中選的，吳皇后待他卻不亞於親生兒子，在處理母子關係，調護父子感情上，也值得稱道。

據《貴耳集》，太上皇高宗性喜遊樂，需要大筆開銷。一天，父子同宴，喝得醉醺醺時，孝宗答應給太上皇二十萬緡。事後，也許是忘了醉言，高宗好久還沒見孝宗把錢孝敬進來，便對吳皇后說：「噯，答應了二十萬緡怎麼還不送來？」吳皇后說：「早送在這裡了，只因醉中奏定，忘了問要銀，還是要錢，才不敢貿然送入。」高宗說：「要錢用哇！」吳皇后就代孝宗給了高宗二十萬緡。孝宗知道太上皇后著意調和他們父子感情，感動之餘便把原先答應的數目翻了個倍，進獻給太上皇。

相對而言，前文提及劉皇后與宋仁宗的非血緣關係，既沒有馬皇后與漢章帝那麼溫情脈脈，也不像吳皇后與宋孝宗那樣喜劇化，卻有著一波三折的豐富細節。

幼年時，劉皇后與楊淑妃共同撫育仁宗，劉皇后秉性嚴厲，動輒以禮法相約束，從不假以顏色。楊淑妃生性溫和，對仁宗從來不嚴辭厲色。仁宗經常咳嗽氣喘，劉皇后禁止他吃鮮美的蝦蟹、海魚，楊淑妃卻偷偷藏起來給他享用，說：「太后何苦這麼苛待我們孩子呢？」唯其如此，仁宗一向畏懼劉皇后，而親近楊淑妃。

直到劉太后死，仁宗還始終以為劉太后就是生母，痛哭流涕，哀痛不已。楊淑妃這才勸慰道：

宋真宗李皇后

「劉太后不是你的親生母親。你的生母李宸妃早已去世，現在還寄殯在奉先寺。」而李宸妃「死以非命」的謠言也傳到仁宗這裡。血濃於水，出於對死去生母的懷念之心及其悽慘命運的憤激之情，仁宗頓時把對劉太后的哀悼變為疑恨。他要弄清楚生母的死因，便一面派兵包圍了劉太后外家的第宅，一面親赴奉先寺，哭著命人打開存放在那裡的棺槨，見生母屍體臥在水銀中，穿著皇太后的冠服，容貌如生，絕不可能是鴆死的，這才感嘆說：「人言怎麼能相信呢！」再回到劉太后靈柩前，焚香泣告說：「現在大娘娘平生心跡，我清楚了。」重新哀思曾養育過自己的劉太后。

據《宋史．后妃傳》，李宸妃死後，劉太后準備以宮人之禮草草安葬，宰相呂夷簡慎重建議：「喪禮要從厚，殮以后服，實以水銀，將來不要怪我宰相沒有說起這一點。」劉太后領會了呂夷簡的良苦用心，採納了他的建議。劉太后在生離宋仁宗母子上手腕高明，在處理李宸妃後事上也心計獨到。她雖然有點偏離了人性善的軌道，卻還沒有讓自己墜入人性惡的深淵，才終於在自己死後不至於受到仁宗的誤解，避免了劉氏外家的不測之禍。

妃嬪之子逼殺嫡母太后

在君主制下，皇后對其他妃嬪之子來說，儘管沒有血緣關係，卻具有嫡母的名分。然而，類似馬皇后與漢章帝那樣溫情脈脈的非血緣的母子關係，畢竟是罕見的佳話，更多的卻是怨隙與猜忌，報復與殘殺。由於后妃爭寵與先帝諸子爭立太子等原因，在先帝死後，皇太后作為嫡母，與妃嬪親生的新君之間，其關係往往劍拔弩張，導致矛盾一觸即發。

三國魏文帝在位時，他的妃嬪們為爭奪皇后有過一場勾心鬥角的角逐。郭貴嬪最終擊敗了甄夫人，冊立為后；甄夫人失寵怨望，出言不遜頂撞魏文帝，被賜死。臨死前，甄夫人把兒子（即明帝）託付給李夫人。據《魏略》等記載，甄夫人因郭皇后的譖毀，死後竟沒能大殮，長髮覆面，用糠塞了她一嘴。甄夫人死後，文帝讓郭皇后養育明帝。郭皇后無子，對他還算慈愛。然而，對生母的橫死，明帝耿耿於懷。有一次，文帝與他圍獵，文帝射殺了母鹿，命他射幼鹿。他涕泣道：「陛下已殺其母，我不忍心再殺其子。」一語雙關表達了對生母之死的沉痛心情，文帝認為他有仁愛之心，便立他為太子。即位以後，李夫人向明帝說明了甄夫人入葬的情景。他既哀痛生母的不幸，更忿恨郭太后的狠毒，多次追問生母的死狀。郭太后心虛道：「先帝殺她，為什麼責問我？況且你作為人子，難道可以追究死去的父皇，為前母的枉死而殺後母嗎？」但明帝蓄意代生母報仇，最終逼殺了郭太后，還以眼還眼，下令對她的殯葬，像當初甄夫人遭遇的那樣，散髮覆面，以糠塞口。

十六國後燕主慕容垂先後立過兩個段皇后。太子慕容寶是先段后所生，立為太子不久，便不才荒怠，大失人望。後段后頗能識人，對慕容垂說：「太子在承平之世，可為守成之主；在艱難之時，難稱濟世之才。」建議改立賢子，付與大業。慕容寶曲意逢迎父皇左右之人，稱譽之聲不絕。慕容垂對段后說：「你想叫我做晉獻公嗎？」段后原欲為社稷進一番忠言，卻被誤解成驪姬進讒，便含淚而退。慕容寶知道此事，恚恨在心。他一即位，便命弟弟慕容麟逼脅段后：「你經常說主上不能繼承大統，現在怎麼樣？快點自盡，還可以保全段氏一族。」段后自殺前憤然怒斥道：「你們兄弟逼殺嫡母，怎麼能保守社稷呢？我難道會怕死嗎？只是憂念國家不久就滅亡啊！」

南朝宋後廢帝是陳貴妃所生，即位時年僅十一歲，尊其父明帝王皇后為皇太后。他巡幸無度，喜怒無常，針錐、鑿鋸常備左右，對臣下稍不稱心，便濫施殺戮屠剖。王太后常教訓他，開始時，他態度還算順從，後來便狂悖不快。一次，王太后賜他一把玉柄毛扇，他嫌不夠華美，便命太醫煮藥，欲加鴆害。左右群小對他說：「這樣的話，你就要服喪做孝子，怎麼能出入自由為所欲為呢？」他說：「你們說得有理。」這才打消了鴆殺嫡母的罪惡念頭。

金廢帝完顏亮弒金熙宗自立，尊生母大氏與嫡母徒單氏同為皇太后。徒單太后認為熙宗雖然失道，但人臣卻不能弒君，故而入宮時未表祝賀，完顏亮已經深為不快。徒單太后與大氏雖在名分上有嫡妾之分，兩人相處倒也融洽。大氏即使尊為太后，對徒單太后仍很恭敬。有一次，在徒單太后生日宴會上，大氏起身為徒單太后祝壽，恰巧徒單太后與坐客說話，大氏跪了很久。即位前，完顏亮對生母的妾庶身分早就耿耿不滿，如今看到這一情景，便憤然中途退席。次日，他把在宴會上與徒單太后說話的公主、宗婦都杖責了一頓。大氏反對這種做法，完顏亮卻說：「現在不能像過去那樣了！」打這以後，他與嫡母徒單太后的嫌隙更深了。金朝遷都中都（今北京），徒單太后留在了上京（今黑龍江阿城南）。她知道完顏亮對她唧恨抱憤，心懷憂懼。大氏臨死前對完顏亮說：「太后待我們母子很不錯，你因為我，不讓她前來中都。我死後，你一定要迎她前來，侍奉她就像對我一樣。」完顏亮便命左右拿著笞杖，親自去見徒單太后，見了面，跪拜謝罪說：「我不孝，久闕奉養，請太后痛笞，不然於心不安。」徒單太后到中都後，完顏亮表面上恭敬孝順，常常親自扶掖太后起居；太后坐輿輦時，他則徒步隨行在後。後宮與外朝都認為完顏亮至孝。完顏亮準備起兵再攻南宋，徒單太后勸諫說：「這樣會離散民心，釀成禍端的。」完顏亮對徒單太后壓在心底的怨隙憤恨重新激起，每次見太后回來，便暴躁憤怒。徒單太后命侍婢問完顏亮起居，完顏亮與侍婢發生了關係，讓她充當監視徒單太后的耳目。這個侍婢添油加醋，把徒單太后對伐宋的憂慮搬給完顏亮聽。他認為嫡母有異謀，舊隙新恨湧上心頭，派人前去宣詔。持詔者令徒單太后跪受聽詔，她愣了一下，跪了下去，背後就受到猛力一擊，倒地後再爬起來，如此再三，最後被活活縊殺。完顏亮命焚屍宮內，揚灰水中，完成了對嫡母由懷恨到偽孝再到最終仇殺的三部曲。

五　為了兒子爭皇位

有沒有自己的兒子，關係到后妃在帝王心目中的地位。然而，對她們來說，至關重要的是，只有兒子成了法定的皇位繼承人，將來才能當上皇帝，也才能一方面確保自己目前在帝王眼中無可爭寵的地位，一方面為將來登上皇太后的寶座預定所有權，真正「母因子貴」。於是圍繞著太子的名位，有兒子的后妃之間展開一場場勾心鬥角乃至你死我活的角逐，其激烈程度絕不亞於她們對皇后鳳冠的爭奪。

「孽子配嫡，亂之本也」

在中國君主制下，儘管嫡長子繼承制是皇位繼承法的主導原則，但實際情況卻遠為微妙複雜。這是因為，首先，這一主導原則還往往附加有賢明等條件，而賢明的標準則相對模糊，主要取決於皇帝的判斷。其次，皇后廢立在君主制下並不鮮見，嫡子與庶子的身分互換也就應運而生。再次，在皇后無子的情況下，哪個妃嬪的兒子可以成為皇位繼承人，更是由帝王、后妃、皇子乃至宦官與外朝大臣等多種力量進行政治交易或權力角逐的結果。

后妃制往往造成帝王的多妻多子。不妨列舉些數據：秦穆公生子四十，北燕主馮跋的兒子竟達百餘人，宋孝武帝二十八子，陳宣帝有子四十二人，明太祖也有二十六子。在眾多的子嗣中，幾乎每個皇子都把眼睛盯住了父親的皇位。與此同時，他們的母親也鮮有不為親生兒子竭力爭奪皇位繼承權的。不妨先說一個例子。

春秋時，魯文公長妃齊女哀姜生下兩個兒子，太子惡與公子視。次妃敬嬴更受嬖愛，生公子俀，私下交結執政大臣襄仲，把兒子託付給他。魯文公死後，理應太子惡繼位，襄仲殺太子惡與公子視，擁立公子俀，這就是魯宣公。兒子被殺，哀姜回歸父母之邦齊國，這一去，也不可能再回魯國了。臨行時，哀姜哭著過街市，悲愴地一再喊道：「老天啊！襄仲無道，殺嫡立庶。」市上的人們都為這位喪子去國的嫡夫人流下了眼淚，魯國人就稱她哀姜。哀姜的悲哭，在皇位繼承權的爭奪中，至多贏得一掬同情之淚，完全無關乎戰局的勝敗。

早在周桓王時，辛伯就指出：「內寵並后，外寵貳政，嬖子配嫡，大都偶國，亂之本也。」所謂「內寵並后」，就是指帝王寵幸的妃嬪幾乎與皇后勢均力敵；而所謂「嬖子配嫡」，就是指這些受寵妃嬪之子足以與嫡太子分庭抗禮。

春秋時，鄭國立太子，國君問鄭昭說：「太子怎麼樣？」鄭昭回答道：「太子還沒有出生呢？」國君道：「太子已立，你卻說還沒有出生，為什麼？」回答道：「太子雖立，你卻好色不已，新寵愛姬生了兒子，你一定喜歡他，喜歡就要立為嗣君，所以說太子還沒生。」

韓非子是中國君主論集大成的思想家，他也認為，「後妻賤而婢妾貴，太子卑而庶子尊」，就會內外乖張，內外乖張就會敗亡。辛伯、鄭昭與韓非無不深刻指出，為爭奪皇位繼承權，后妃與她們的皇子們聯合起來展開殊死搏殺的必然性，往往造成政亂國敗的嚴重後果。

改立太子怎麼辦？

改立太子，幾乎歷代都有其例。在兒子的皇位岌岌可危之際，他們的母親將如何應對呢？

春秋時，晉襄公去世，太子夷皋年紀尚幼。國相趙盾主張擁立長君，他認為，倘若冊立正在秦國的襄公弟弟公子雍，可以結援秦國。大臣賈季則主張改立正在陳國的公子樂。於是，雙方各遣使者去迎接公子雍與公子樂，趙盾還派人在半路截殺了公子樂。夷皋的母親穆嬴獲知廢嫡之議，抱著太子在朝堂上沒日沒夜地哭泣呼號：「先君有什麼罪，他的嗣君又有什麼罪。丟下嫡子而外求國君，你們準備把這孩子放到哪裡？」散朝，她抱著太子到趙盾那裡，叩頭說：「先君把這孩子託付給你，現在言猶在耳，你卻踢開了他，這是為什麼？」哭哭啼啼，沒完沒了，趙盾與其他大夫怕穆嬴逼鬧，不得不背棄初衷，擁立太子繼位，是為晉靈公。穆嬴用眼淚哭回了兒子的王位。

劉邦還在做泗水亭長時，他的夫人呂氏就請人看過相。那術士說了番「夫人天下貴人」的話頭後，指著她的兒子說：「你之所以大貴，就因為這個兒子。」劉邦做了漢高祖後，她成為皇后，其子劉盈自然立為太子。高祖本來就是酒色之徒，又寵上了戚夫人，呂后成了過氣的黃花菜，倆人連見面次數都很少。

太子劉盈為人仁弱，高祖認為不像自己，而戚夫人所生的趙王如意卻像自己，於是頗有改立的打算。戚夫人瞅準時機，以眼淚為武器，日夜啼泣，請高祖改立如意。不過，礙於公卿大臣一再諫阻，好幾次都沒成功。

有一次，高祖與群臣又議及此事，大臣諫爭都沒效，御史大夫周昌廷辯得最激烈。他素有口吃，激動之下更說不連貫：「臣期期知其不可。即使陛下要廢太子，臣期期不奉詔。」漢高祖看到他結結巴巴地竭力反對，也忍不住笑了，便暫時作罷。呂后在殿後聽到這番議事，退朝後見到周昌，也顧不上皇后的尊嚴，一骨碌跪下去，感激道：「沒有你，太子差點被廢了！」

不過，高祖仍未打消易儲的念頭。不得已，呂后屈尊向張良請教。張良說：「商山有幾個隱士，誓不仕秦朝，號稱商山四皓。太子如能以謙恭的言詞請他們出山，入朝一次，就什麼都不愁了。」高祖破英布還朝，決意改立，設宴置酒，命太子陪侍，只見其旁有四個鬚眉皓白、衣冠偉岸的老人一起前來祝賀，他們就是商山四皓。高祖驚訝問道：「我得天下時，你們不到。現在卻隨我的兒子出入，為什麼？」四皓說：「陛下傲慢，我們以入朝為恥。太子賢明，我們情願輔佐他。」

罷朝後，高祖半天不說話，最後對戚夫人長嘆道：「太子羽翼已成，難以動搖。」戚夫人也淒悵泣涕。高祖說：「你為我擊筑，我為你唱一首楚歌吧。」歌辭曰：

鴻鵠高飛，一舉千里。
羽翮已就，橫絕四海。
橫絕四海，當可奈何？
雖有矰繳，尚安所施？

呂后終於保全了兒子劉盈的太子地位，他就是後來的惠帝。

司馬衷是晉武帝與楊皇后的兒子，堪稱歷史上有名的白痴。有一次，聽到蛤蟆叫，他便問侍者道：「這叫的蛤蟆，是官家的，還是私人的？」侍者哭笑不得，只得說：「在官地上，就是官蛤蟆；在私地上，就是私蛤蟆。」就是這樣一個白

晉武帝

痴，因是皇后所生，便以嫡長子身分立為太子。知子莫如父，晉武帝也明白兒子沒有能力治理國家，就與楊皇后說起打算改立太子。兒子是自己的好，管他是不是白痴，楊皇后也要為兒子爭皇位，就說：「立嫡以長不以賢，不宜輕易改立吧！」

後來，楊皇后染病不起，她知道妃嬪中就數胡夫人最得寵，唯恐自己撒手人寰後，胡夫人繼立為皇后，這樣的話，兒子的太子位就難說了。臨終之際，楊皇后把頭枕在晉武帝膝上，悲悽地懇求：「我叔父家的堂妹德色俱備，請陛下答應我，讓她備位六宮吧！」武帝聽從其遺言，將其堂妹楊男胤冊立為皇后。楊皇后臨終薦妹，良苦用心就在於力保兒子的皇位繼承權。

為兒子奪位的春秋戰例

在立太子問題上，皇后所生兒子雖有立嫡優先權，其他妃嬪卻不會讓自己的兒子主動棄權。於是，為了兒子的繼承權，后妃之間展開了一場場鹿死誰手的爭奪戰，勾結宦官，援引朝臣，縱橫捭闔，翻雲覆雨，從誣陷到殺戮，無所不用其極，甚至不惜以國家動亂為代價。在權力角逐上，女性的心機與能力絕不遜色於男子。

衛宣公與庶母夷姜通姦，立夷姜為夫人，生下了伋，便立其為太子。衛宣公為太子伋娶妻宣姜，見她長得美麗，便占為己有。夷姜羞恨交加，上吊自盡。宣姜生下了公子壽與公子朔，處心積慮為公子壽謀求繼承權，不斷在宣公前說太子伋的壞話。有一次，宣姜派人與太子伋乘舟過河，準備到中流時把船弄翻，淹死太子。公子壽知道後，便與太子同舟，迫使舟人沒法下手。

自從奪了兒媳，宣公對太子伋總看不順眼，也準備廢立。對宣姜的讒言，他十分聽得進，命太子伋出使齊國。宣姜與公子朔密謀，以四馬白旄為太子的車旗標誌，再派殺手在邊境上行刺。公子壽又從母親那裡知道了暗殺計畫，勸太子伋不要出使。太子伋說：「不能違背君父之命而求活偷生。」餞行時，公子壽慇勤勸酒，灌醉了太子，自己取太子白旄出發了。太子伋酒醒，趕到邊界，見公子壽已被殺死，才知道他是代己受死的，便對刺客道：「他們要殺的是我，他有什麼罪？請你殺我吧！」他也最終被害，成全了公子朔的嗣君地位。為了讓兒子做上國君，誹謗與暗殺，宣姜都用上了，反使親生兒子公子壽蒙難。在宣姜與公子壽母子身上，人性的善惡竟形成如此鮮明的對照。

晉獻公夫人齊姜生下了太子申生後，就早早地去世了。獻公又娶狄人狐氏兩姊妹，分別生下公子重耳與公子夷吾，都有賢名。晉獻公攻打驪戎，驪姬姊妹被俘入宮，頗受寵愛。驪姬生了奚齊，也想讓自己的兒子取而代之成為太子。她賄賂了獻公的男寵梁五與東關嬖五，讓他們向獻公建議，命申生、重耳、夷吾出守曲沃、蒲與屈，以使獻公父子疏遠，方便自己進讒。

獻公愛母及子，也心存廢立，對驪姬道出了意向。驪姬為了兒子的繼承權，早就與中大夫沆瀣一氣。但她感到時機尚未成熟，就假惺惺地哭著說：「太子之立，諸侯都知道。他多次領兵，百姓歸心，怎麼能因我的緣故而廢嫡立庶呢？你一定要廢立，我就自殺！」此後，驪姬表面上稱譽太子，背地裡卻讓人譖毀太子申生，為改立奚齊大造輿論。

一天，驪姬對太子說：「國君夢見你母親齊姜，你快到曲沃去祭一祭母親吧！」祭畢，太子把酒祭肉帶回來獻給獻公。獻公正在出獵，酒肉在宮內放了六天。獻公回宮，驪姬先在酒肉裡下了毒，然後端給獻公。獻公酹酒祭地，地上就凸起如墳堆，扔肉給狗吃，狗立馬倒斃在地。驪姬哭著說：「太子多狠心哪，連父親都要殺害，何況別人呢？你已經老了，朝不保夕，他都等不及，還想加害你！太子之所以這樣做，只為我與奚齊的緣故。我母子倆寧願躲避到別國去，或者早點自殺，免得讓太子給吃了。當初你想廢他，我還不同意呢！現在，才知道錯了。」

盛怒之下，獻公要殺太子，太子出逃到曲沃。有人勸太子說明真相，太子說：「我如說明真相，驪姬就會死。我們的君父老了，沒有了驪姬，他會寢不安席、食不甘味的，我為什麼要讓他抱憾而終呢？」說完，拔劍自殺了。驪姬乾脆來個斬草除根，說公子重耳與夷吾也參與了陰謀。兩位公子聽到這消息，各自逃回守地蒲和屈，不久相繼離國出逃了。驪姬老謀深算為兒子爭太子位，終於如願以償，奚齊穩穩當當做上了太子。但晉國自此開啟了長達十餘年的內亂期。

調動出最毒辣的手腕

在皇后先有嫡子的情況下，嫡子畢竟優先享有繼承權。寵妃愛嬪在大義名分上稍遜一籌，便須通過君主廢嫡立愛來兌現自己兒子的繼承權。倘若皇后未生嫡子，妃嬪所生的兒子在地位上是平等的，儘管「有嫡立嫡，無嫡立長」，也是立皇太子的原則，但立長還是立愛，比立嫡還是立庶，所遇到的麻煩少得多。故而，那些有子的妃嬪，也就爭相在皇帝面前獻媚奪寵，為兒子的皇位，施展出女性的全部魅力。與此同時，她們之間互相廝殺，也必欲置對方於死地而後快。感情上的爭風吃醋與政治上的爭權奪位相交織，鼓蕩起她們最大的仇恨心理，調動出她們最毒辣的權鬥手腕。

春秋時，楚共王沒有嫡子，五個嬖姬所生的兒子都很受寵愛。共王不知道該立誰，就遣使持玉璧遍祭名山大川，祈禱山川神靈代他擇定繼承人。祭祀完畢，他就偷偷把玉璧埋入祖廟的庭院，讓五個兒子齋戒後依長幼次序進去下拜。長子下跪時，兩腳各跨玉璧的一邊；次子匍匐時，胳臂放在玉璧之上。還有兩個兒子離璧很遠。幼子還小，抱著下拜時，兩次都壓在璧紐上。但楚共王最後把下跪時兩腳各跨玉璧一邊的長子立為太子。當時有人認為楚共王既放棄了立長的舊禮，又違背了壓璧的天命，「楚其危哉」！楚共王在群姬爭寵的情況下，全無主見，乞靈神卜，其後果然導致了靈王之亂。

趙麗妃才貌雙全，能歌善舞，大受唐玄宗的寵愛，她的兒子也曾被立為太子。然而，武惠妃逐漸寵傾後宮，連王皇后也失寵被廢。惠妃生了好幾個兒女，活潑可愛，卻都先後夭折。她生下壽王李瑁後，不敢在宮中哺育，而寄養在外，十歲左右才入宮。其後，她又生了一子二女。在爭寵奪愛的過程中，武惠妃擊敗的對手，除趙麗妃外，還有皇甫德儀與劉才人，她倆也都是以美貌獲寵的。

開元十四年（西元726年），玄宗準備立武惠妃做皇后。有臣下上疏說：「皇太子不是武惠妃所生，她自己又有兒子，如立為后，就會危及太子的地位，國家會動亂的。」這才作罷。儘管壽王子以母貴，玄宗鍾愛他也遠超過其他的兒子，但皇甫德儀所生鄂王，劉才人所生光王，也都風姿朗秀。他們與太子李瑛，都是武惠妃為兒子壽王爭奪皇位的最大障礙。因生母失寵，太子與鄂王、光王也頗有怨意。武惠妃的女婿楊洄揣摩到岳母的心思，蒐集了太子與二王的短處，添油加醋，說他們公然散布涉及惠妃的流言蜚語。這一苦肉計果然有效，惠妃向玄宗哭訴：「太子私結黨羽，準備加害我們母子，也指斥皇帝你。」玄宗大怒，召來宰相，議廢太子、二王。中書令張九齡列舉晉獻公聽驪姬之讒，漢武帝信江充之誣等前車之鑑，說：「父子之道，天性；即使有過失，還應該遮掩一二。何況太子無過，二王也賢，陛下為什麼一定要棄絕三個兒子呢！」武惠妃知道張九齡諫阻，私下派人對他說：「有廢有興，你如果援立，宰相之位就可以長坐下去。」張九齡叱退來人，奏稟了這一情況。玄宗黯然無語，這才暫時打消了廢立的念頭。

不久，張九齡罷相，李林甫專國，迎合武惠妃旨意，一再在玄宗面前稱讚壽王。武惠妃也投桃報李，在玄宗面前為他美言。開元二十五年，武惠妃與女婿楊洄設下了一個圈套。楊洄先散布流言，說太子、二王與太子妃兄薛陰有異謀。武惠妃派人召他們入宮，並叮囑道：「宮中有賊，請著甲冑。」太子等照辦。武惠妃轉而告訴玄宗：「他們要謀反，穿著盔甲入宮來了。」玄宗派宦官去察看，果然如此，便召李林甫議廢太子。李林甫滑頭地說：「陛下家事，不是我應該干預的。」玄宗將太子、二王廢為庶人，薛處死。不久，太子、二王也分別賜死。玄宗準備改立太子，問及李林甫。他便建議立壽王李瑁，玄宗仍心存猶豫，沒有立即決定。

武惠妃為兒子爭奪繼承權，竟然搆陷了如此心狠手辣的冤案。也許受到良心的譴責，人性中的善惡交戰不斷折磨著她。此後，她不斷見到這三人的鬼魂在宮中作祟，驚恐不已，生了大病。於是，召來巫者為他們祈禱改葬；還射殺了對三庶人行刑的劊子手。即便如此，三庶人作祟現象仍持續不斷，當年年底，武惠妃便在恐懼驚怖中一命嗚呼。

徐賢妃與徐淑妃是前蜀主王建的妃子，姊妹倆因姿色絕代而深受寵幸。大徐妃生子王衍，封鄭王，在兄弟中排行最後。王建所立太子死，他認為兒子中豳王宗輅外貌最像自己，信王宗傑才德最為突出，準備二者擇立一人。大徐妃知道後，就讓宦官飛龍使唐文扆買通相士，在王建命他遍相諸子時，極口稱讚鄭王之相最貴。唐文扆受大徐妃指使，將黃金百鎰贈送給宰相張格，讓他上表請立王衍。張格謊稱奉受密旨，連夜把奏表讓朝中群臣署名。當張格把表章遞上去時，王建認為群臣都希望立王衍，沒奈何只得同意。

不過，王衍沉溺聲色犬馬，王建親耳聽到他鬥雞擊球的喧嘩聲，感嘆道：「我百戰立下基業，這種人難道能守住嗎？」他儘管心存廢立，卻因大徐妃在後宮為太子做主，未能付諸行動。不久，最有才德的信王暴死，王建懷疑大徐妃下的毒手，卻查無實據。不到四個月，王建也死了。據說，大徐妃與張格等在雞餡大餅中下了毒，王建吃後腹瀉而死。為了讓兒子的皇位不至於得而復失，為了不讓王建生疑而罹禍，大徐妃不惜對寵幸自己的君主下毒手。在權位爭奪面前，哪裡還有感情與人性殘存的餘地！

反誤了卿卿性命

后妃為兒子爭繼承權，是君主制下權力鬥爭的特有形式。打開一部宮廷史，有不少后妃在這場角逐中勝出，保住了兒子的皇位，也確保了自己的皇太后寶座。然而，也有不少后妃，機關算盡太聰明，反誤了卿卿性命。

春秋時，齊靈公的嫡夫人沒生兒子，便將其媵侄女生的公子光立為太子。在靈公的嬖姬中，有仲子、戎子姊妹，戎子最受寵愛。仲子生了公子牙，便把兒子託付給了妹妹。戎子恃寵讓靈公改立公子牙為太子，靈公一口答應。仲子卻激烈反對道：「太子光已為諸侯所認可，現在沒有大罪而改立太子，這是廢棄常規，蔑視諸侯。我若不為兒子謙讓，就是大禍的萌兆。你一定會後悔的。」齊靈公滿不在乎地說：「一切由我來承擔。」便把太子光打發到東部邊境上，改立公子牙為太子。

齊靈公病危時，強權大臣崔杼把太子光迎回國都，重立他為嗣君，就是齊莊公。齊莊公派人殺了公子牙，還殺了庶母戎子，陳屍朝堂。齊莊公這樣做，是對戎子譖廢自己的一種報復。春秋時，這種做法不合禮法，當時對婦女即便誅戮，也不能陳屍示眾。相對戎子來言，仲子不為親生兒子爭王位，不戀權位，識大體。然而，在宮闈史中，像仲子那樣的后妃頗為鮮見，多的倒是戎子那樣的后妃，為了自己的權力與兒子的王位，權欲熏心而利令智昏。

十六國北燕主馮跋病危，命太子馮翼攝國事，統兵聽政，以防非常事變。馮跋寵妃宋夫人私下打算讓兒子馮受居繼承王位，因此十分討厭太子聽政，便故意對馮翼說：「主上的病就會痊癒，你幹嘛迫不及待地取代父親，君臨天下呢？」太子生性仁弱，就回東宮，每天三次前來省視父病。宋夫人偽稱奉詔，只讓宦官與司閽傳遞消息，隔絕了外朝與內宮的往來。太子翼及百餘名皇子，包括大臣在內，都不能入見馮跋。其時，只有中給事胡福一人專領禁衛，可以出入。他擔心宋夫人廢立陰謀得手，便對馮跋的幼弟，司徒、錄尚書事馮弘說了宮內情況。馮弘以此為藉口，率披甲壯士入宮，禁衛不戰而散。宋夫人閉東閣死守，也被突破。馮跋驚懼而死，太子翼領東宮兵迎戰失敗，也被處死。隨後，馮弘殺戮了自己百餘個同父的兄弟，宋夫人與兒子馮受居也未能倖免。

為兒子爭皇位引起的政局動盪

后妃為兒子爭皇位的角逐，成為宮廷政變與朝堂黨爭的禍因之一，脆弱的君主政治也往往因此陷入動盪的困境。綿延晚明數十年的「爭國本」與「梃擊案」、「紅丸案」，追溯其始因，就是明神宗萬曆帝寵幸的鄭貴妃為兒子爭皇位。

明神宗王皇后正位中室四十餘年，既不為明神宗所愛，也一直沒生過兒子。神宗與母親李太后宮中一位王姓宮女發生過關係，事過境遷，他早忘了此事。宮人卻為他生下了皇長子朱常洛。這位宮女雖經李太后干預封為恭妃，卻始終失寵於萬曆帝。神宗最寵愛的妃子姓鄭，她在萬曆十四年（西元１５８６年）生下了皇三子朱常洵（在這之前，皇二子幼年夭折），萬曆帝立即晉封她為皇貴妃，名位僅次於皇后。

明萬曆帝

對此，鄭貴妃心領神會：母可以子貴，子也可以母貴。她的地位既然遠超出皇長子母親王恭妃而逼近皇后，神宗實際上已把她的兒子視同嫡子。按照傳統禮教，「有嫡立嫡、無嫡立長」，既然皇后無嫡子，皇位就該由皇長子繼承；現在，皇長子的生母多年沒有晉封，而鄭貴妃生皇三子，卻馬上位次皇后，神宗廢長立愛的意向一目瞭然。這時又傳出了所謂「玉盒密約」。說鄭貴妃生子前曾赴大內大高玄殿，向真武神祈求子嗣；皇三子降生後，她邀萬曆帝行香還願，特請他立下密誓，立其子為皇太子；神宗御書誓詞放入玉盒，賜給鄭貴妃作為憑信。

朝臣們立即強烈回應。戶科給事姜應麟率先援禮力諫，一方面批評皇帝晉封鄭貴妃，為生下皇長子的王恭妃抱不平；另一方面指出：立皇太子是天下之本，儲位一定，則一切可以據禮而行。萬曆帝氣惱之下倉促批道：「立儲自有長幼，姜應麟疑君賣直，可降極邊雜職。」姜應麟雖被貶官，但「立儲自有長幼」的聖旨卻讓明神宗、鄭貴妃作繭自縛，只得採取拖延立儲的戰術，進而強調立嫡不立長的主張。用意無非指望病殃殃的王皇后一旦撒手，就立鄭貴妃為皇后，皇三子也就名正言順成為嫡子，皇太子就非他莫屬。在立儲之爭上，廣大朝臣與李太后主張立皇長子，這派在人數、輿論與禮數上都占據優勢。然而，鄭貴妃與少數朝臣主張立皇三子，這派卻有神宗的支持。兩派旗鼓相對，國本之爭也就成為貫穿萬曆朝的朝政大事。

在皇長子冠婚問題上，雙方又有激烈的較量。立愛派主張暫緩立儲之議，先行冠婚之儀。立長派認為只有先立太子，才能決定朱常洛冠婚的禮儀是按皇太子還是皇長子的級別進行。雙方僵持不下，冠婚之議竟拖延了五年。朱常洛二十歲時，朱常洵也到十五歲的冠婚年齡了。明神宗知道，再拖下去，自己儘管鍾愛皇三子，其冠婚也將遙遙無期。生母李太后又堅持立長，沒有太后首肯，皇太子是不可能冊立的。恰在這當口，鄭貴妃與明神宗的感情上有一次小小不愉快，促成萬曆帝向立長派妥協。萬曆二十九年（西元１６０１年），立皇長子為皇太子，完成了冠婚之儀；同時，封皇三子為福王。據說，冊立太子後，明神宗派人向鄭貴妃取來那只放有密誓的玉盒，封識依舊，打開後，紙上誓詞卻被蠹蟲蝕食淨盡，只剩下殘缺不全的四張白紙。萬曆帝悚然驚懼，這一偶然現象也讓他在易儲問題上不敢一意孤行。

皇長子立為皇太子，對鄭貴妃不啻致命一擊。她原本指望寵愛她的皇帝能力排眾議，力挽狂瀾。她也曾夢想取王皇后而代之，但在神宗生母李太后那裡首先通不過。李太后對王皇后印象特好，說她端莊恭謹，持身有節。萬曆帝對母親是敬畏的，儘管他從未把王皇后放在心裡，卻始終不敢廢后。鄭貴妃巴望王皇后早死，可以名正言順地冊立為后，兒子的皇位之爭也就迎刃而解。然而，王皇后身子雖弱，供奉也差，怡然靜處倒也活得挺長久，在神宗死前幾個月才去世。於是，鄭貴妃轉而乞靈於陰謀詭計。

早在萬曆二十六年，鄭貴妃從萬曆帝處得到一本專講歷代婦德的小冊子，題名「閨範圖說」，圖文並茂，是山西按察使呂坤輯錄的。讀完後，她寫了一篇序，讓她的侄子鄭承恩拿去刻印流傳，新刊本把鄭貴妃也作為婦德典範補了進去。有一個與呂坤有私隙的人，為新刊本寫了個跋語，題名《憂危竑議》。跋語說此書所載的東漢明帝馬皇后，也由宮人進位中宮皇后，暗示鄭貴妃也將如此；而鄭貴妃刊布的用意，就是以此作為自己兒子代立為太子的根據。這篇跋語揣摩鄭貴妃的用意不無可信，但根本目的卻是把私敵呂坤放到千夫所指的立長派地位上。過了五年，又流傳開了一篇名為《續憂危竑議》的文章，託名「鄭福成」，大談廢立太子問題。這時，皇長子已立為太子，皇三子也早立為福王，「鄭福成」影射鄭貴妃之子福王必定成功。文章還說神宗讓朱賡入閣任大學士，「賡」就是「更」，意味著萬曆帝也打算改立皇太子。朱賡為了洗清關係，把這篇文章進呈「聖斷」。大怒之下，萬曆帝命錦衣衛查捕主犯，一時間，妄告濫捕，弄得朝野人心惶惶，國本之爭與黨爭傾軋攪和在一起。《續憂危竑議》一案似有鄭貴妃立愛派插手的蛛絲馬跡，但宮闈事祕，最後只把一名無賴頂缸，草草收場。

按明代制度，皇子封王，成年後必須離京就國。福王早過冠婚的年齡，卻因鄭貴妃與明神宗鍾愛，遲遲不赴藩封。鄭貴妃指望兒子賴在京城，可以促使萬曆帝下改立的決心。從萬曆四十年起，就有朝臣不斷上奏，籲請福王赴國。鄭貴妃敷衍李太后說，等明年給太后祝賀了壽誕再赴藩邸。李太后說：「我的兒子潞王難道也可以隨心所欲進京給我祝壽嗎？」鄭貴妃這才不得不讓福王出京就藩。

鄭貴妃並非不想對皇太子與王皇后下毒手，只是礙於李太后對兩人的庇佑之威，才遲遲不敢下手。萬曆四十二年，李太后去世。次年，就發生了「梃擊案」。五月一個晚上，有個名叫張差的人，手持棗木棍闖到皇太子宮前，擊傷守門內監，直撲前殿簷下，因守衛人多而束手就擒。立長派認定，這是鄭貴妃等立愛派支使的。立愛派慌了陣腳，審訊兇手前，對主持初審的巡城御史與主持會審的刑部郎官，都打了招呼，審理結果說張差只是個瘋子。

然而，立長派的刑部主事王之采卻巧妙地讓這件葫蘆案水落石出。張差並非瘋子，他是受內監龐保喚使入京的，入京後被安頓在內監劉成的宮外住宅中，管吃管住，龐保交給他那根棗木棍，對他說：「你打了小爺（指皇太子），不愁吃穿。」再將他領入宮中，指明了太子宮門，並說：「碰著誰都可以打。出了人命，由我救你。」龐、劉二太監都是鄭貴妃的執事太監。根據張差的口供，王之採寫了揭帖轉呈明神宗。

明神宗意識到這事必與鄭貴妃有關，便把揭帖與論奏都留中不問。但真相已經揭開，要求追查真兇的奏疏雪片般進呈。鄭貴妃這才驚恐萬狀，多次向皇帝哭訴求救。萬曆帝也感棘手，長嘆一聲說：「如果皇太子能出來說句話，不過，這事不便由我來說，你自己去求他，也許更好些。」鄭貴妃無可奈何，只得屈尊去拜見她的眼中釘。皇太子倒也順水推舟，命內侍代擬令旨，向朝臣宣說：「元兇已獲，不必糾纏，應速即正法為是。」但立長派朝臣卻瞅準契機，準備狠打落水狗，聲稱「務要嚴究元兇」。

明神宗已有二十年不上朝理事，為愛妃只得強打著精神，親自上朝當主角，把皇太子、皇太孫都召來，在群臣面前演了一齣父子祖孫慈孝親愛其樂融融的喜劇。而後對群臣嚴肅地說：「我要改易太子，為何不早換？還等到現在！福王已經出朝就封，沒有宣召，能飛回來嗎？你們要鬧下去，不是離間我與皇太子的關係嗎？」這才把這次政潮硬壓了下去。次日，張差斬首示眾。十餘天後，指使張差的兩個太監也在內廷處決。儘管鄭貴妃的處境轉危為安，但經過這次打擊，她再也不敢輕舉妄動了。李太后死後，萬曆帝之所以沒有廢王皇后，改立鄭貴妃，與梃擊案真相揭露也不無關係。

萬曆四十八年（西元1620年），與王皇后之死僅隔數月，明神宗也去世了，遺詔封鄭貴妃為皇后。其用意是否讓鄭貴妃當上皇后，自己去處理他倆始終未能圓滿解決的國本之爭，就不得而知了。不過，皇太子即位大局已定，新即位的光宗讓這份遺詔成為一紙空文。兒子沒能繼承皇位，自己也沒能當上皇太后，鄭貴妃對光宗恨得咬牙切齒。於是，又引發了「紅丸案」，它與「梃擊案」、「移宮案」並稱「三案」。「三案」與明末黨爭錯綜複雜地糾葛在一起，加劇了明末的統治危機，再加上農民起義的怒潮與清軍南進的步步緊逼，兩下夾擊，明王朝很快壽終正寢。

一個整體性的分析

在為兒子爭皇位的角逐中，絕大部分后妃都表現出十倍的瘋狂勁與百倍的仇恨心，人性與理性幾乎蕩然無存。激發這種人性罪惡與理性迷狂的根源究竟是什麼？將其僅僅歸咎於后妃個人的道德水準，無疑是同義反覆。歸根到底，人性的善惡，只是社會歷史的產物。在君主制下，皇位是權力的巔峰，誰擁有了它，就擁有了一切。皇位的取得，在非正常情況下通過戰爭與政變，在正常情況下則通過繼承。對誰能登上皇位，雖有一般原則，例如立嫡立長立賢等等，但君權本身缺乏制約機制，對前後兩代君主來說，誰都可以採取非規則化手段。戰爭與政變充分體現了這種非規則化，即使正常情況下的皇位繼承，有關各方也完全可以採取非規則程序，把本來就抽象模糊的立嫡立長立賢等規則扔在一邊。所有這些，都是君主制與生俱來卻無法根治的痼疾。正因如此，與前後兩代君主休戚相關的后妃們，必然捲入到這場大角逐中去。

問題還不止此，在君主制下，后妃與其兒子的關係是一榮俱榮，一損俱損。兒子一旦獲得繼承權，一方面意味著后妃在現任皇帝心中最尊地位的確立，一方面則標誌著在下任皇帝（即自己兒子）那裡，皇太后地位已勝券在握。由於性別角色的限制，后妃與皇位是無緣的（武則天畢竟是特例），但一旦當上了皇太后，則可以比做后妃時更逼近君權。於是，為兒子爭皇位的成功，在后妃看來，不啻是君主制下自我價值的最高體現，在這種角逐中，她們的母性因素倒是無足輕重的。皇太子只有一人，逐鹿者卻包括所有生下皇子的后妃嬪嬙們。於是，她們每個人都把其他后妃及其兒子視為直接與潛在的敵手。即使你不把別人視為對手，也完全有可能被別人視為敵人，在毫無戒備下被擊敗、被誣陷、被虐殺。在這點上說，后妃進入宮後，一生下兒子，就不由自主地捲入了皇位角逐的磁力場，而身不由己，心不由己。捲入皇位角逐的后妃，對於威脅自己的最大對手，不論是其他妃嬪，還是其兒子，勢必置之死地後才善罷甘休，否則就可能被對手置於死地。正因如此，后妃們為兒子奪皇位的鬥爭才那麼激烈、殘酷、瘋狂。人性惡才能保護自己，擊敗對手；人性善卻只能被對手擊倒，使自己滅亡。儘管不能否認每個后妃的個人道德與人性在其中的作用，但君主制才是麋生這種人性之惡的淵藪。

還必須指出，在為兒子奪皇位的過程中，每個后妃的個人因素不容忽視，但后妃的枕邊風能否生效，立嫡、立庶、立長、立愛的最終決定權，仍在君主的掌控之中。漢宣帝即位後沒幾年，許皇后被暗害，過了幾年，宣帝立許皇后所生之子為太子（即漢元帝），他對太子柔仁好儒的傾向深為不滿，曾感嘆「亂我漢家的，一定是太子」。宣帝后來寵愛張婕妤，對她所生的淮陰王劉憲頗為讚賞，說他「明察好法，確是我的兒子」，也一度有意改立其為太子。不過一想到自己即位前困頓民間，許皇后的娘家對他有恩，而太子也是在他稱帝前生下的，許皇后在他即位後就慘遭不幸，最終打消了廢立的念頭。這種心理活動與最終決策，充分說明了皇位繼承權完全取決於君權本身。

問題在於，皇帝是君權的體現者與運用者，皇帝個人的決策失誤，就是君權的失誤。很難說愛母及子不是人之常情，立愛妃之子為皇太子，就君主感情來說，也是順理成章的。然而，家天下的體制對君權在選擇繼承人的決策上缺乏制衡機制，造成君主的抉擇至高無上而無可更改。這就使得后妃能恃愛倚寵而左右君主，為她們替兒子爭皇位留下了用武之地。在中國歷史上，對君權的其他決策，大臣們上疏反對或諫諍的不乏其例。對皇帝是否立儲，大臣們雖然也關心重視，但僅僅把嗣君作為王朝將來的象徵，至於立誰為太子，類似明萬曆朝的國本之爭並不多見，即便立晉惠帝那樣的白痴，也不見有大臣出來公開反對。這也表明，大臣把立儲主要視為帝王的家事，他們從天下與家兩個不同層面，來區別對待立嗣與立誰這兩個問題的。而后妃則更多從家這一層面出發，去為兒子爭皇位，幾乎很少有人考慮到天下這一層面。總之，正是君主制本身無法克服的制度矛盾，既為后妃替兒子爭皇位留下了活動的舞台，又最終導致她們在這一角逐中無法保持人性善，轉而放縱人性惡。這也許是更恰當的解釋。

六　舐犢情

關於母愛的禮讚，古今中外有許多閃光動人的名篇與格言。母愛確有超越時空與文化的因素，但又不是絕對超越歷史與社會的，總是具體折射出時代與階級的某些內涵。后妃對子女之愛也是如此。從子女出生起，后妃的母愛就有人類母愛的共性；但因其社會角色的特殊性，這種母愛都不能不打上畸變的烙印。

扼殺腹中小生命

當小生命在母腹中躁動時，母愛的喜悅不言而喻。因而，母親若出於不得已，親手把小生命扼殺在母腹中，其痛苦也是無可名狀的。然而，在君主后妃制下，這種情況並不少見。

楊皇后懷上李亨（唐肅宗）時，她的丈夫李隆基（即後來的玄宗）還是東宮太子。當時太平公主勢傾朝廷，對他尤為疑忌。夫妻倆商量：太平公主用事，不想讓他們多生子嗣，否則很可能禍及母子，還不如墮胎。他們讓張說拿來墮胎藥，李隆基親自熬煮。不料先後煮了三次，假寐中再三夢見神人掀翻藥鼎，每次醒來後都發現藥鼎被自己不小心踢翻。夫婦倆與張說都認定這是天命，便不再墮胎，終於生下肅宗。

《舊唐書．后妃傳》中這段記載，頗有點傳奇色彩與喜劇味道，但類似故事在明代卻多次以悲劇形式再現。凡是被明憲宗御幸而懷孕的妃嬪，為避免恃寵專擅的萬貴妃橫加迫害，飲藥墮胎的不在少數。明熹宗時，張皇后懷孕，魏忠賢與客氏正勢焰炙天，為讓自己親信宮女承御後懷孕生子，竟逼迫堂堂皇后吃下墮胎藥，致使熹宗絕了後。

生離的悲喜劇

以家族為本位的傳統文化，強調親愛融洽的人倫關係，母子關係也不例外。母親與子女能聚族而居，或經常噓寒問暖，或定時請安歸省，被視為享受天倫的最低要求。然而，后妃因特定身分，再加上政治原因，往往被迫與子女隔絕分離，連母愛的權利都遭剝奪，長期乃至終生承受著思子之情的苦苦煎熬。

王夫人在漢景帝做太子時入宮，生下了劉徹，即後來的武帝。此前，她曾嫁給金王孫，生下一個女兒，名俗。入宮後，她始終諱言往事，也沒敢尋訪女兒。武帝即位，王夫人貴為皇太后，才有人對武帝說，太后還有個女兒在長陵。有一個同母異父的姐姐，武帝倒也覺得新鮮，派人找到後，親自去迎她入宮，好給母親意外的驚喜。唯恐姐姐逃走，他的乘輿駕到金家門外，派武騎團團圍住。金家驚恐，他的姐姐嚇得藏匿床下。被扶出來後，武帝說；「嗨，大姊，幹嘛藏得那麼深呢？」說著就讓她上了馬車，直馳太后居住的長樂宮。

姊弟入宮，王太后見兒子風塵僕僕，說：「皇帝累了，從哪裡來？」

武帝說：「今天，我去長陵找到了姊姊，把她接來了。」回頭對姊姊說：「拜太后哇！」

面對二十年左右未見一面的女兒，太后流下了傷感的淚水，女兒也悲泣不止。武帝設宴祝賀母女重逢，賜給姊姊錢千萬，田百頃，奴婢三百，封為修成君。王太后把與景帝所生的平陽公主等三姊妹召來，拜見姊姊。一時間，母女、姊弟、姊妹團聚，倒也一派歡天喜地大團圓的結局。

然而，縱觀后妃史，母親與兒女的這種生離，以喜劇收場的畢竟少數。

春秋時，宋桓公夫人生下兒子宋襄公不久，就「獲罪」被休，回到父母之國衛國。這在當時稱為「來歸」，與諸侯夫人回娘家省親稱為「來」，在含義上大有區別，「來歸」意味著再也不能回故夫之國，與親生兒子就是生離死別。據說，《詩經．衛風．河廣》就是宋桓公夫人被休回國後聽到兒子即位時的思念之作，前半首大意說：

誰說黃河，淼渺寬廣，
一根蘆葦，就能直航；
誰說宋國，遙遠阻絕，
踮起腳尖，就能眺望。

後人評論這首思子之作「發情止義」，「意在言外」。然而，字面的達觀掩飾不住內心的痛苦，踮起腳尖，畢竟看不到自己的兒子，表面的曠達恰恰反襯出思子的悽楚。

明神宗萬曆帝去給生母李太后請安時，與一個王姓宮女偷偷發生了關係，讓她懷了孕。對這件事，萬曆帝既諱莫如深，唯恐母親知道而受責，又滿不在乎，做愛一結束，就對宮女不感興趣了。一天，他侍奉李太后用飯，被問及宮女懷孕一事，竟矢口否認。李太后讓內侍拿來《起居注》，神宗這才無言以對。李太后說：「我老了，還沒抱皇孫，如果那宮人生了男孩，是朱姓社稷的福氣。母以子貴，也要晉封她的。」不得已，神宗將宮人封為恭妃，她生下的是皇長子（即後來的明光宗）。幾年後，神宗最寵的鄭貴妃，也生下一個皇子。於是，就開始了曠日持久的國本之爭。恭妃被明神宗與鄭貴妃打入冷宮，不僅沒有母以子貴，還剝奪了見兒子的權力。萬曆二十九年（西元１６０１年），皇長子立為皇太子，恭妃仍獨處冷宮。又過了五年，皇長孫出世，她還被禁閉在深宮中。

長達二十年的幽禁，恭妃的身心受到了嚴重的摧殘，眼睛因生翳而逐漸失明，伴隨她的是孤獨與疾病，除去對兒子的思念，可以說萬念俱灰。萬曆三十九年，她一病不起，危在旦夕。皇太子這才知道生母的遭遇，允許前去探視。森嚴的宮門仍緊閉著，皇太子破門而入，二十餘年來，母子第一次相見。雙目失明的恭妃支撐著，哆哆嗦嗦用手撫摸著兒子，哭著說：「兒子已經長得這麼大了，我死也無憾了！」皇太子失聲慟哭，一旁的太監宮女也都泣不成聲，不忍正視這悽慘的場景。不久，恭妃就與世長辭，母子重逢，竟成訣別。作為一個女人，作為一個母親，她死時難道真的無憾嗎？

明代藩王就國

如果說，恭妃與兒子長久生離，主要還是妃嬪爭寵的結果，並不具有制度性。那麼，不少王朝實行皇子封王就藩、出閣、分府等做法，就從制度上確立了母子必須分離隔絕的慣例。早在漢代，新皇帝即位，已故皇帝的妃嬪就必須到兒子封國上去，而在此前，母子卻不能隨便見面。兩晉南北朝基本上沿襲這種做法，但在位皇帝若對某一妃嬪不再感興趣，也可以打發她隨子就藩。儘管這種做法表明，皇帝從未把妃嬪視為情愛的配偶，而只是性慾的對象，畢竟還讓妃嬪從母性上得到些許安慰。隋唐諸王一般是成婚後出閣分房，此前，他們仍與母親同住宮中。明清兩代，君主專制高度強化，也影響到就藩、分府等制度。明代藩王一旦成人必須就國，其生母卻不得隨從；藩王沒有詔令，也不能擅離藩封入京見生母。

明孝宗的祖母周太后有兩個兒子，一個是朱見深即憲宗，憲宗去世後，她步入晚年，常想念另一兒子崇王朱見澤。弘治八年（西元１４９５年），周太后讓孝宗下詔，招崇王入朝，禮卿倪岳等上疏反對，說了很多理由，最後指出：「如果奉命來朝，儘管能慰太皇太后思念之情，但臨別時必然眷戀不捨，再別後必然倍增太皇太后憂思之心。他日增加皇上聖慮，即使後悔也來不及了。」所謂「聖慮」，表面上指皇帝對太皇太后的關心，但其言外之意孝宗不難心領神會，於是作罷。

明憲宗邵貴妃生了興王、歧王與雍王，興王就國時，她按例不能隨去，興王寫了〈思親詩〉寄給母親，她也以詩作答，表達思子之情。嘉靖元年（西元1522年），興王之子以外藩入繼大統，即明世宗。這時，邵貴妃已風燭殘年，眼睛也生翳失明了，世宗來看她，她從頭到腳將他撫摸一遍，寄託著對已故兒子的思念。第二年，她就去世了。

在明代，不但后妃不能與就藩的兒子隨便相見，即便太子，在冊立後也必須出閣讀書，沒有皇帝許可，不能朝見母親。這一做法，延續到崇禎時，皇太子請求讓他見母親周皇后，明思宗正在批閱李自成攻破河南的奏報，別有慨嘆道：「兒子見母親，還能有幾次呢，還告訴我幹嘛？今後就直接去看吧。」這才取消了有明二百餘年皇太子不能隨時看望生母的成規，不過，明代也已經滅亡在即了。

據《清代野史大觀．皇室無骨肉情》，清代皇子呱呱墜地後，就不與生母相見，每年見面都定有時節，即使見面也不能多說話，反而不像民間母子可以隨時隨地相親相近。皇子從襁褓到冠婚，后妃與他們相見不過百餘面；至於與女兒見面的次數就更少，皇女從誕生到出閣，母女相見總共不過數十次，何況總是冷冰冰的禮儀式對話，親子之間怎麼會有感情呢？

親子之情是人類最基本的感情之一，母親對子女的感情關注是持續不衰的，儒家文化下尤其如此。然而，為了防止宮廷內部產生威脅君權的力量，后妃及其子女的關係納入了冰冷的制度，母子之間的感情紐帶被扭曲撕裂，甚至母子相見也受限制。親子之情因君主制而異化，對母性與母愛而言，這是一種令人悲憫的摧殘與蹂躪。

母愛的閃光點

作為母親，后妃對子女的拳拳之愛，只有未被君主后妃制汙染的那部分，才閃耀著人類母愛的共通光輝。後人必須拭去其上的泥汙，才能窺見其感人的閃光。

北魏道武帝拓跋珪的母親賀氏在生下他不久即遭遇高車南進抄掠，就帶著兒子乘車奔逃。途中，車軸上一個零件顛落了，車忽然停了下來。賀氏仰天禱告：「國家繼承人難道就這樣絕滅嗎？上天，你保佑我們吧！」隨後振動韁繩，車馬竟又疾馳起來，車輪居然沒有因缺少零件而脫落。

其後，南部大人劉顯派人暗殺行將即位的道武帝，賀氏接到密報，先讓兒子們偷偷離開，自己款待來者，直到夜裡，把他們灌醉。天將亮時，她故意驚起馬廄中的馬匹，劉顯的使者起來看馬，她哭著說：「我幾個兒子原來都在這裡，現在不見了蹤影，是你們誰殺的？」一場哭鬧迷惑了來者，於是不再派兵去追捕道武帝了。

不久，賀太后之弟賀染干忌諱道武帝漸得人心，舉兵發難包圍行宮。太后親自出宮，來到陣前，對兄弟說：「你們今天準備怎麼處置我？竟然要殺我的兒子！」凝念姊弟情分，染干慚愧地退兵。賀太后以母親的無畏與機智再次保衛了兒子的安全。太后還有一個小兒子拓跋觚，道武帝時出使後燕，拘留不返，她日夜思念，憂唸成疾，不久便去世了。

據《南村輟耕錄．懷孟蛙》，元仁宗幼年時與母親答吉太后住在東安州（即懷孟特）。一到春夏之際，這裡群蛙亂鳴，猶如十部鼓吹，鬧得母子倆整夜無法入睡。第二天，太后便命近侍對池塘裡的群蛙宣旨道：「我們母子正昏昏沉沉想要睡覺，你們青蛙忍心喧鬧嗎？」據說，青蛙從此就不再鳴叫。《元宮詞》云「東安州裡池塘靜，鼓吹無聞直到今」，說的就是這一傳說。與貧家母親夏夜驅蚊讓子女安眠相比，宣旨自然排場多了，愛子之心倒也相通的。

刻骨銘心的喪子之痛

對子女的夭折與早逝，做母親的都會肝腸寸斷。不過，對后妃而言，一方面，她們的榮辱往往由有無兒子以及兒子的地位所決定，兒子一死也就意味著徹底失去了倚靠的支柱；另一方面，她們感情生活一頭是帝王，一頭是子女，與帝王的感情十有八九令人失望，子女就成為唯一的感情寄託。因此，子女之死對后妃的打擊，往往比一般母親更刻骨銘心。在歷代后妃中，例如南唐後主大周后、遼天祚帝蕭德妃、西夏崇宗皇后遼成安公主、明世宗王貴妃、明思宗田貴妃、清高宗富察皇后等，都因愛子早夭而哀傷悲泣，失去活下去的希望，在其後數月或數年間哀念成疾，傷感而死。

據《古今樂錄》，晉穆帝死時年僅十九歲，他的母親褚太后號啕痛哭，邊哭邊喊：「阿子，汝聞不！」哭聲悲愴淒苦，催人淚下。民間後來就根據褚太后的哭子腔，改編為《阿子歌》，專門用來抒寫哀傷之情。

同昌公主是唐懿宗與郭淑妃的女兒，父母視為掌上明珠。但她出嫁不久就不幸去世，其婚禮與葬禮的奢侈排場，轟動了整個京城。除喪以後，郭淑妃與懿宗思念不已，更感到人生無常，便命藝術家李可及創作《嘆百年》舞曲，數百名舞伎珠翠盛飾，在五千匹官錦鋪成的魚龍地毯上悲歌哀舞，曲終舞罷，珠璣零亂，象徵著公主華年夭折。歌詞悽惻哀傷，帝妃與旁聽者無不觸景生情，唏噓流涕。郭淑妃思念愛女之情是真切的，但如此靡費，遠不及褚太后那樣感人肺腑。

放縱的母愛

「牛有舐犢之情，羊有跪乳之恩，鴉有反哺之義」，中國古代常以此來比喻親子之愛。但親子之愛並非只是動物本能的延長，必有其社會的屬性，君主制卻使后妃的母愛打上了異化的印記。依恃著受寵，后妃或向人主貪得無厭地索取，或者直接憑藉權力，使自己兒女的待遇高出其他皇子皇女。

王夫人一度頗受漢武帝的寵幸，兒子劉閎即將封王時，她已病得不輕。武帝去看她時，問道：「你想讓兒子封在哪裡？」

王夫人想了一下說：「但願封在洛陽。」洛陽的地位僅次於京師長安。

武帝說：「不行，洛陽有武庫、敖倉，天下咽喉，漢代大都，自高祖以來，例不封王。除了洛陽，其他地方都可以。」

王夫人默不作答。

武帝說：「關東沒有比齊更大的封國了，封為齊王吧！」

王夫人臥在病榻不能起身，以手擊頭表示跪謝道：「那太好了！」

王夫人固然貪婪，但與唐代武后與韋后相比，那真可算小巫見大巫了。

太平公主是唐高宗與武則天的小女兒，長得豐腴勻稱，武后認為她無論長相還是才幹都像自己，鍾愛無比。太平公主出嫁時，排場空前。假借萬年縣邸作為婚館，門窄不能通行翟車，竟破壞了縣衙的牆垣。儀仗通過的路上燎炬通明，猶如白晝，以至把沿途成蔭的樹都烘烤得枯死了。駙馬薛紹死後，武則天為了不讓愛女守寡，甚至殺死了侄子武攸暨的妻子，把侄子配給了女兒。按照唐制，公主食邑不過三百戶，武則天卻讓太平公主食邑累增至三千戶。李唐立國以來，公主貴盛沒有超過太平公主的，根本原因就在於武后對愛女的溺寵與放縱。

唐中宗韋皇后一心效法武后，把那一套也用到自己女兒的身上。長寧公主是其長女，嫁給楊慎交，韋后為她在東都洛陽營造府第，幾乎耗盡了洛陽的官帑。意猶未足，還把廢棄的永昌縣衙賜給公主。縣衙瀕臨洛水，便築障防水，高台畫觀鱗次櫛比，耗費達二十萬。已故魏王李壽有整整一坊故第，韋后也給了女兒，還大起亭台樓閣，華麗奇詭。這還不夠，在西京長安又為公主大造第宅，築山浚池，還建有鞠球場。韋后被誅，長寧公主在西京的第宅被發賣，僅木石一項，估價就達二百萬億；而東都的甲第，落成後還壓根兒沒住過。

韋后雖給長寧公主花錢很多，但她最寵愛的並非長寧公主，而是幼女安樂公主。安樂公主長得光豔動人，聰敏機辯，不過，她也像太平公主那樣好權貪貨。中宗在位時猶如傀儡，朝政由韋后與安樂公主聯手把持。為了寵女兒，韋后竟定下規矩，公主可以開府，自設官屬。韋后母女都開府售官，只要納幣交錢，就降下墨敕，授以官爵。經她們手而封的官因來路不正，故號「斜封官」。安樂公主倚恃有母后，左右朝廷官吏的除授，侯王大臣都趨之若鶩；她還自草詔書，拿到中宗面前，讓父親畫圈認可。

皇太子不是韋后所生，安樂公主竟恃寵辱罵他是奴才，還多次私下請帝后廢皇太子，立她為皇太女。左僕射魏元忠力諫不可，她說：「元忠這個山東木瓜，怎麼能論國事。阿母子（指武則天）還做天子呢，天子女有什麼不可以的？」中宗雖然最終沒有同意，卻已逼使太子李重俊舉兵向闕，釀成了一起內亂。

安樂公主先嫁武崇訓，營築第宅及佛廬，工致華麗堪與皇宮媲美。她還開口要求把昆明池賜給她做私人園池，未能如願，便在自己宅第中鑿定昆池，與昆明池抗衡，綿延數里，環回九折，累石摹擬華山，其上鏤刻怪獸珍禽，裝飾珠貝珊瑚。安樂公主與武延秀素有私情，武崇訓死後，就再嫁武延秀。出嫁那天，韋后竟用皇后儀仗把愛女從皇宮中送入武家府第，賞賜金帛不計其數，沿途燈燭供帳，徹明如晝。韋后還攘奪太宗女兒臨川公主的府第，不管民怨沸騰，拆毀附近民宅，為安樂公主重起第宅。宅成，金碧輝煌，國庫卻幾近空竭。

唐代與太平、安樂鼎足而三的，還有同昌公主。她是唐懿宗與所寵郭淑妃的女兒，出嫁韋保衡時，其母傾宮中所有珍玩做陪嫁，賜第的窗戶都用珍寶裝飾。不僅井台、藥臼、水槽、食櫃都以金銀打造，連笊籬、箕筐也無不以金縷編成，還有金麥銀米好幾斛。寢床則鑲嵌水晶、琉璃、玳瑁等，雕飾著金龜、銀鰲，其他生活用品，豪華珍異，無法贅述。

也許，同昌公主實在無福消受這種神仙般生活，出嫁年餘，就拋下金屋玉床去世了。對愛女之死，郭淑妃與唐懿宗當然肝腸寸斷，卻遷怒翰林醫官沒治好女兒的病，殺了二十多名醫官，把他們親族三百餘人投入監獄。公主葬禮的奢華排場不亞於婚禮，拿出內庫裡數尺高的金玉駝馬、鳳凰、麒麟作為陪葬，禮陳列物，以壯觀瞻。公主的衣服、玩好，每一類別都裝了一百二十輿。庭祭那天，韋氏夫家競相從祭灰中汰撿到大量金銀。落葬那天，僅賞給靈柩扛夫的餅饋，就動用四十匹駱駝來運送。儀仗隊幢節傘蓋，彌街蔽日，長達二十餘里；一式的珠玉明器，璀璨耀目。

作為母親，武則天、韋皇后與郭淑妃對女兒已超越了一般的溺愛，暴露了后妃制下母性的扭曲：她們可以恃寵仗權，讓兒女不僅在物質上無所不有，而且在政治上為所欲為。但這種放縱，適足害了兒女，也害了自己，太平公主與安樂公主相繼成為兩次宮廷內亂的罪魁禍首之一，其原因固然複雜，與這種放縱卻是絕對有關的。

唐中宗書后斜封官

也有縱子為虐的

在歷代后妃中，助子為虐的也大有人在。拓跋詳是北魏獻文帝的兒子，封北海王，仗著他是孝文帝的弟弟與宣武帝的叔叔，在這兩朝身居高位，肆無忌憚，斂財納賄，侵公奪私。他為建造府第，開掘池苑，在都城東掖門外驅逐平民，奪占民舍。甚至民戶喪柩在堂，請求延緩到落葬後遷出，他也不允准，硬逼人把靈柩抬到巷子裡。她的母親高太妃助子為虐，親自教人大打出手，民眾怨聲載道。宣武帝親政，一度對他有所疑忌，派員將他召入，押上牛車，送往金墉。高太妃惶恐地認為兒子必死無疑，乘車隨從哭送。宣武帝下了赦免令，高太妃對兒子說：「從今以後，不願富貴，只要讓我們母子相保，我就和你一起打掃市街吧！」

不久，北海王貴寵復盛，高太妃將說過的話置之腦後，故態復萌，依舊助子為惡。北海王與堂叔伯安定王妃淫亂，又與冠軍將軍茹皓勾結狎暱，被人告為「謀逆」，再次單車押去監管。高太妃哭送兒子到監禁處，北海王把與堂叔伯母通姦的醜事告訴了母親。高太妃不斷罵道：「你自己有妻妾婢女，少艾如花，卻落得這麼個亂倫之罪。那賤貨落到我手裡，我必定咬她的肉！」這才親自杖責兒子，自己打不動了，再叫奴僕代她打，打得北海王腿上背上滿是膿瘡血水，十多天才能站立。然而，事到如今，教子已晚。不久，宣武帝下令隔絕母子，幾天後北海王不明不白暴死。

都說母愛值得禮讚，在高太妃與武則天、韋皇后那裡，母愛還剩下哪些內涵呢？

七　在幾個兒女之間

一般說來，母親對兒女應該一視同仁；當然，由於子女的性格、外貌、才能等差異，或者出於其他原因，也不排除她在母愛的施予上有所軒輊。在后妃與其子女間，這一現象同樣存在，由於受君主政治的影響，也更容易呈現複雜化的態勢。后妃們怎樣正確處理與各個子女的關係，尤其協調好自己偏愛的子女與已是人主的兒子之間的關係，顯得尤其重要。

經典故事再解讀

西元前265年，秦國一舉奪取趙國三城，直逼其都城邯鄲。趙孝成王剛即位，母親趙太后主理朝政，向齊國求救。齊國要她把小兒子長安君作為人質，才肯發兵救趙。俗話說：老母愛幼子。趙太后絕不同意讓長安君去受苦冒險，大臣以國事為重相繼進諫，激怒了趙太后，發狠話道：「有誰再說要送長安君為人質，可別怪我老婆子唾他一臉！」

左師觸龍求見，趙太后傲慢惱怒地等他進來。觸龍緩步進來，坐下說：「老臣腿腳不便，不能快走，已很久沒來看太后了。」

幾句寒暄，太后的臉色略見好轉。觸龍接著說：「我有個兒子最小，最不聽話。我老了，私下卻很疼愛他，斗膽冒死請求您，允許他補個王宮衛士的闕。」

「那可以。不過，大男人也疼小兒子嗎？」太后感興趣地問。

「嗨，疼得比婦人還厲害呢！」

太后笑著反駁：「女人與男人不同，更疼小兒子。」

觸龍回答道：「我倒認為您太后喜歡女兒要超過長安君。」

太后答：「你說錯了，遠比不上長安君。」

「父母愛子女，無非為他們考慮得深遠些。你送女兒去做燕國王后時，拉著她哭，想著她從此遠別，也夠悲傷的。走了以後，也不是不想念女兒，卻祝禱說：『可千萬別回來啊！』擔心女兒在燕國失寵被送回國，這不是為她長遠考慮，希望她的子孫世代為王嗎？」

「是的。」

觸龍說：「從現在算起，往上推三代，那時趙王子孫封侯的，他們的後代現在還有保住爵位的嗎？」

「沒有。」

「難道人主之子封侯的都不好嗎？這是因為位尊卻無功，祿厚而無勞，依仗著名位金玉，近的禍及自身，遠的禍及子孫。時世推移，三代以後，自然就難保爵祿了。現在，您對長安君尊以顯貴之位，封以膏腴之地，卻唯獨不考慮現在就讓他能有功於趙國。您一旦駕崩，長安君憑什麼在趙國立足呢？所以我說，您為長安君考慮得短淺，愛幼子遠不及愛燕後。」

趙太后這才徹悟，同意讓長安君去當人質。於是，齊國發兵，秦軍撤圍，趙國轉危為安。

對這一經典故事，可以從不同視角去解讀。趙太后作為母親與太后雙重社會角色，儘管偏愛幼子，在國事決策上有偏頗失誤，但最後從諫，在處理與趙孝成王、燕后、長安君幾個子女的關係上，在涉及國家安危的大計方針上，她最終的做法與目光，還是值得肯定的。不過，縱觀歷史，在處理已為人君的兒子與有所偏愛的兒子的關係上，像趙太后那樣能從諫如流的后妃卻鳳毛麟角。相反，出於感情上的寵溺，她們往往為鍾愛的兒子向當上皇帝的兒子要這要那，甚至索要皇位繼承權。

作為母親，當然希望兒子們能夠兄弟友愛。不過，同一后妃所生的幾個兒子只能一人為君，其他為臣，兄弟關係不僅取決於雙方，還受到母親態度的左右。

偏憐之子不保業

宋英宗與高皇后生了神宗與荊王、揚王。神宗即位，與兩個弟弟很友愛。按宋代制度，皇子封王後，一到規定年齡，就要離開大內，出居外第，叫作「出閤」。荊、揚二王已到及冠之年，神宗還不讓他們出宮，以兄弟之禮相往還。有朝臣請他執行祖制，讓二王出宮。高太后希望三個兒子都承歡膝下，聽到有人提這樣的建議，含怒對神宗說：「這是離間你們兄弟關係，應該貶黜。」實際上，上奏的朝臣沒有錯，錯在高太后以親情蔑視典制。好在她對二王絕不假以顏色，他們也從未恃愛妄為，引起做皇帝的兄長不滿與猜忌，高太后母子與神宗兄弟的關係還算正常。

一位后妃生幾個兒子，當黃袍落到其中一個身上時，作為母親，也許會希望其他兒子也能依次嘗一嘗做皇帝的滋味。但皇位繼承法歷來以傳子不傳弟為主流，后妃一旦有這種想法，往往會釀成皇位傳承的動盪紛爭，成為宮廷政變的導火線。

遼太祖與述律皇后生有三子，長子耶律倍、次子耶律德光與幼子耶律李胡。一個大冷天，太祖讓三個兒子去採薪。德光把長在樹上的與落在地下的樹枝都捆束停當，最先回來。耶律倍專撿枯枝，最後回來。李胡取少而棄多，回來後束手而立。太祖對述律后說：「長子巧慧，次子老成，幼子不及兩個哥哥。」他讓德光做天下兵馬大元帥，攻下了東丹國；再命耶律倍為人皇王，負責治理東丹國。從太祖意向看，傾向讓長子或次子繼位。述律后則最疼幼子，對德光也還鍾愛。

遼太祖駕崩，立誰為嗣君，對述律后而言，是一個感情難題。她內心更傾向立德光，但耶律倍畢竟是長子啊！耶律倍看出母親的意向，奔喪後對大臣說：「大元帥中外歸心，宜主社稷。」他向太后表示願意讓位德光。儘管如此，述律后還不踏實，她讓長子與次子都騎馬立在營帳前，對各部首領說：「這兩個兒子，我都喜愛，不知立誰好。你們各自選擇可立為皇帝的，去替他執轡吧！」各部首領早知其心所屬，爭相奔向德光。述律太后說：「群臣的意願，我怎敢違背呢！」於是，立德光為遼太宗。她雖以權智暫時解決了感情偏愛與皇位傳承可能出現的矛盾衝突，卻違背了立嫡長子的慣例。耶律倍儘管讓位與弟，卻並非出自內心，最後出奔，南投後唐。遼太宗身後的皇位傳承危機，也由於這一決策而預埋了亂因。

遼太宗去世在南征途中，耶律倍的長子耶律阮頗得朝臣歸心，搶先一步在先帝靈柩前即位，是為世宗。這時，述律太后仍健在，她一心想讓幼子李胡繼次子德光做皇帝，聽到消息後十分震怒，讓李胡率兵進攻世宗。被擊敗後，她親自與幼子列陣，與世宗隔著潢河對峙了好幾天，祖孫、叔侄終於兵戎相見。

大臣耶律屋質入諫太后說：「皇帝已立，順天應民，應該承認他。」

李胡在旁邊說：「有我在，他怎能自立為帝。」

屋質說：「禮有立長立嫡之說，何況民心害怕你的酷暴。」

述律太后對李胡說：「我愛你與其他兒子不同。諺語說偏憐之子不保業，難得之婦不主家。不是我不想立你，你自己無能耐啊！」總算聽從了屋質的調解，雙方罷兵。

不久，有人向世宗告發，太后與李胡還不死心，準備廢立。世宗就把祖母述律太后與叔父李胡遷到祖州，看管起來。述律后被幽禁在遼太祖陵墓旁，長達七年之久，這位為遼代立國大有貢獻的開國皇后，陪伴著丈夫肅穆冰冷的陵寢，一直到死。她最後是否意識到因偏愛幼子而自食苦果，就不得而知了。

「金匱之盟」是與非

作為母親，企盼所有子女都事業有成，原也無可厚非。然而，一與君主制接榫，希望自己的兒子相繼為帝，必然成為宮廷政治的一大隱患。

宋太祖有兩個同母兄弟：趙光義（即宋太宗）與趙廷美。他們的母親杜太后病危時，曾向太祖說起：「你之所以得天下，就因為周世宗讓幼兒做皇帝。」她最後鄭重告誡：「如果後周立長君，天下就不會是你的。能立長君是社稷之福，所以你百年後應傳位給你弟弟，這樣，你的兒子也就能保全了。」宋太祖磕頭流淚說：「我敢不聽從母親的教誨嗎？」杜太后讓大臣趙普記下這番對話，作為誓書藏於金匱，這就是著名的「金匱之盟」。杜太后本意希望太祖傳位給弟弟光義，光義再傳位給廷美，廷美以後再把皇位傳回給太祖之子德昭，這樣，既讓自己的兒子都當上皇帝，又讓宋代不出現幼主臨朝的危局。

然而，這只是杜太后一廂情願。在皇位傳承上，母親的想法與兄弟的爭奪，不但不能吻合，甚至總是格格不入的。對金匱之盟，歷來就有太宗愚弄其母、脅制其兄的成說。其後的燭影斧聲之謎，也有充分的史料印證太祖之死與太宗迫不及待打算弟繼兄位密切相關。太宗即位後，對趙普所說「太祖已誤，陛下豈容再誤」心領神會，決意傳子而不傳其弟，不僅貶死了趙廷美，還逼使侄子趙德昭自殺。

接二連三的骨肉相殘，卻是杜太后立金匱之盟時始料不及的，不僅自己疼愛的幼子廷美成為皇位之爭的犧牲品，長孫德昭也因金匱之盟而枉死於太宗之手。

禍成驕子，致此猖狂

在君主制下，一旦牽涉到皇位，即使同母兄弟，相互疑忌與猜防仍必不可免，「兄弟鬩於牆」，乃至干戈相向，也屢見不鮮。而母親的偏愛，往往加劇兄弟君臣間的猜忌防範，導致有你無我的殊死決鬥。

竇皇后為漢文帝生了劉啟（即漢景帝）與劉武（即梁孝王）。她對幼子梁孝王尤其鍾愛，不僅讓他在封域、園苑、宮室上位居諸侯王之首，而且賜他天子旌旗，出稱為「蹕」，入稱為「警」，排場規模與天子相埒。漢景帝嘴上不說，心裡卻不痛快。景帝七年（西元前１５０年），梁孝王入朝，景帝對兄弟頗為親熱，出入同輦。在一次宮廷家宴上，景帝與梁孝王同陪竇太后飲酒，太后對景帝說：「殷朝是親親，皇位傳弟；周道是尊尊，皇位傳子。其義是相同的。你應該讓梁孝王做嗣君。」

景帝一時耳熱，說：「我千秋萬歲後，傳位給梁王！」竇太后十分高興。

大臣竇嬰在一旁說：「漢法傳子孫，皇上怎能擅自破壞高祖的規定呢？」

漢景帝默然無語，竇太后卻一臉不高興。不久，就剝奪了這位堂侄入朝請安的待遇。這年，漢景帝廢了栗太子劉榮。竇太后一心想讓梁王繼承皇位，以袁盎為代表的朝臣竭力反對，以立子之法向景帝開陳大義，又謁見竇太后說：「太后想立梁王，不知梁王死後，準備

金匱之盟

立誰？」

竇太后說：「我再立皇帝（指景帝）之子。」

袁盎向太后曆數春秋以來立嗣不正釀成的內亂，她才無言以對，同意讓梁孝王回封國去。

不久，景帝立膠東王劉徹為太子（即漢武帝）。梁孝王早從母親處聽到袁盎在作梗，十分怨恨，派人刺殺了袁盎與其他諫阻的朝臣十餘人。追捕的結果，真相大白。景帝便欲查辦，梁孝王十分懼怕，挽請親姊姊向太后認錯求援。竇太后知道後，憂愁得日夜哭泣，不思飲食。漢景帝見狀，只得向太后自圓其說，說成是梁國幸臣幹的，已經處死伏法，梁王並不知情，現在安然無恙。竇太后這才放下懸著的心，開始吃飯。

景帝不便再深究，但兄弟怨隙日深。等景帝稍釋憤怒後，梁孝王上書請求入朝。他心有餘悸，不敢千乘萬騎堂皇入關，便乘著簡陋的布車，自比罪人，悄然入京，躲在姊姊長公主家。景帝派遣的漢使沒迎到梁孝王，歸稟說只見其車騎盡留關外。竇太后哭著對景帝說：「你殺了我的兒子。」景帝也憂恐起來。這時，梁孝王才背著斧鉞，伏在皇宮前，向景帝謝罪，太后、景帝喜出望外，都流下了眼淚，母子兄弟似乎和好如初。

不過，景帝對梁王仍存戒心，再也不與他同車出入。中元六年（西元前１４４年），梁王又入朝過一次，竇太后年老多病，對幼子更有依戀之情。梁王也上疏，希望能留在長安陪侍母親。景帝卻心懷忌疑，沒有允許。梁孝王只能回封國，內心卻憂懼抑鬱，不久就病死了。聽到兒子的訃聞，竇太后哭得十分哀傷，拒絕進食，說：「皇帝果然殺了我的兒子！」景帝不知所措，與姊姊長公主商量，分梁國為五，讓梁王五個兒子都封王，五個女兒也都享受公主湯沐邑的待遇。奏報給母親，竇太后這才飲食。

對幼子梁孝王之死，竇太后歸罪於長子漢景帝，唯獨不從自己身上尋找原因。還是唐代司馬貞一語中的：「禍成驕子，致此猖狂。」梁孝王之所以敢刺殺朝廷大臣，還不是竇太后放縱嬌慣的嗎？到這一地步，已牽涉到君權與皇統的大問題，用得上大臣韓安國曉諭梁王時援引的民諺：「雖有親父，安知其不為虎；雖有親兄，安知其不為狼？」即使同母兄弟，景帝也有過傳位於弟的允諾，但冷靜下來，畢竟不會容忍兄弟染指皇權的。平心而論，由於母親竇太后健在，景帝還算手下留情的，沒有赤裸裸地扮演噬人虎狼的角色。

胡太后放縱琅邪王

北齊武成帝與胡皇后的長子叫高緯。胡皇后生他時，一隻貓頭鷹棲在她的產床上鳴叫，心中有一種厭惡不祥之感。她的幼子高儼，從小聰慧，不僅母親鍾愛，武成帝也常誇獎：「這孩子黠慧，當有所成。」高緯立為太子後，高儼的器服、玩飾與太子毫無區別。胡皇后想讓幼子嗣位，高儼也躍躍欲試，對武成帝說：「阿兄懦弱，怎麼能治天下？」武成帝雖萌生過類似的念頭，終因以嫡以長，難以改易，打消了改立的想法。

高緯即位，是為北齊後主，高儼封為琅邪王，出居外宮，輿服僭擬皇帝。胡太后意猶未足，常對後主嘮叨。有識的朝臣無不認為，春秋鄭伯克段的故事將會重演。高儼自恃果斷有為，起兵殺幸臣和士開，其徒黨卻企圖乘機廢立。嚇得後主對胡太后哭訴：「如果有幸，我還能再見到母親；如果不幸，就此永別了。」後主召來斛律光，這一事變才沒成為廢立的契機。事定後，後主拔出高儼的佩

漢景帝

刀，用刀環亂敲弟弟的頭，好久才把他放了。

這一事變後，後主疑忌更深。胡太后唯恐有意外，把幼子接進宮中，每次吃飯，必定先親嘗是否有人下毒。而後主身邊的幸臣嬖人也不斷進讒言，說高儼貌非人臣，應趁早下手。九月的一天，後主對母親說：「明天一早，我與弟弟出獵，想早去早回。」這夜四更，後主召高儼，高儼心存疑慮，趕到永巷，就被力士桃枝反剪雙手。高儼大呼：「讓我見一見媽媽與哥哥。」桃枝用衣袂堵塞其嘴，掀起袍子矇住其頭，背負著急奔到大明宮前。高儼已鼻血滿面，當場被擊殺，這年他才十四歲。後主讓人啟稟母親，胡太后見愛子被殺，到葬所哭了十幾聲，就被人擁進宮去。正是她的溺愛與放縱，使愛子有恃無恐，導致同母兄長唯恐皇位不穩，終於下了毒手。

五子同母獨孤后

隋文帝與獨孤皇后婚後感情尚稱篤摯，他對皇后發過誓：絕不有異生之子。他還向臣下誇口：「前朝天子，嬖愛妃嬪，以至有嫡庶之爭，廢立之事，嚴重的甚至亡國。我旁無姬侍，五個兒子出自同一母親，是名副其實的真兄弟，絕不會有那些憂慮的。」然而，在皇位繼承權的巨大誘惑下，即使同母兄弟，也不會拱手相讓，而只會全力傾奪。隋文帝的海口未免誇得太早，他的兒子們對皇位的爭奪，絕對稱得上驚心動魄。

隋朝立國，長子楊勇理所當然立為太子，他的致命缺點是率情任性。表現之一，服飾奢侈。而隋文帝與獨孤后都以節儉樸素而名垂史冊，這讓父母對他頗為不滿，但這還不足以動搖其儲君的地位。表現之二，內寵眾多。這是楊勇失愛於母親，乃至最終失去皇太子地位的根本原因。

皇太子元妃是母后為他選定的，卻不為所愛，在眾多內寵中，昭訓雲氏最稱嬖倖，待遇幾與太子妃匹敵。事有湊巧，元妃平日無病無痛，突然染上心臟病，兩天後竟暴死，雲昭訓自此專擅東宮。對皇太子寵嬖疏嫡，獨孤皇后憤然不平，這是她唯恐自己地位被其他妃嬪傾奪情結的投射效應。她甚至懷疑是皇太子下了毒，對他專寵雲昭訓也耿耿於懷。元妃無子而死，其後，雲昭訓與東宮其他嬪御卻為太子生下了一大幫子嗣。獨孤后將此視為對自己與文帝所立誓言的挑戰與蔑視，便把變態的嫉恨，一股腦兒發洩到皇太子身上。她派人偵伺皇太子，千方百計找他的過惡。

與此相反，次子晉王楊廣卻善於矯情飾偽。他揣摩透了母親的嫉恨情結，只與嫡配蕭妃共居處，其他嬪御即使懷孕也都不育，博得獨孤后極口稱賢。當她與文帝臨幸晉王府時，楊廣把美貌的嬪御藏在別處，盡留些老醜侍女，穿著樸素的衣裳出入侍候，帳幔也改用薄素，一派不事奢華的模樣。他還把琴絃弄斷，在帝后面前贏得了不好聲色的美名。

有一次，楊廣入朝，行將回揚州鎮守，辭別母后時，跪在地上流淚不止，獨孤后也泣然淚下。楊廣窺測到母親對楊勇與自己在感情上已有軒輊，不失時機道：「我識愚性直，常感念同胞兄弟情義，卻不知何故失歡於東宮長兄，以至他對我常懷盛怒，欲加陷害。我只怕……。」

偏聽了這番話，獨孤后信以為真，憤然說：「他遣人投藥，毒害新婦，專寵阿雲，生下這麼些犬子與豬崽，我都沒給他算賬，竟又對你生出這等歹念。我還在呢，我死後，不就把你給吃了嗎？我一想到東宮竟沒嫡子，你父皇千秋萬歲後，你們兄弟就要在阿雲的兒子前拜候問訊，心裡痛苦得不行。」

自這次泣別後，獨孤后決心廢勇立廣。楊廣也猜透了母后的心思，在外朝內廷加緊活動，拉攏了重臣楊素。楊素在文帝前說：「晉王孝悌恭儉，就像陛下一樣。」用以揣摩在場獨孤后的意向。皇后聽後，哭著對文帝說：「是啊！廣兒每次聽到我們派遣的內侍去，必到守境迎接。說到與父母離別，沒有不流淚嘆息的。我派宮婢前去，總見他與王妃同寢共食，完全不像阿勇那樣與阿雲對坐酣飲，親近小人，猜疑骨肉。」楊素摸清了底牌，逐漸肆言太子不德非才的種種情狀。獨孤后派人送來黃金，讓他贊助文帝的廢立之舉。

楊勇知道文帝行將廢立，也試圖挽回危局。不過，他率情任性，無法戰勝母后、楊廣與楊素的聯合戰線。獨孤后派人偵伺楊勇的一舉一動，誇大其罪名。楊廣收賣了東宮的幸臣與姬戚，讓他們每天把太子的過失言行報告給楊素。楊素更是蓄意激怒楊勇，誘使他出言不遜，再稟報文帝：「恐有他變，希加防察。」

隋文帝終於改立楊廣為皇太子，還把廢太子交給楊廣看管。楊勇認為自己懷冤被廢，一再請求面見父皇申述，楊廣當然不會轉達。楊勇就爬到樹上，大聲呼叫，希望文帝能聽見。楊素卻對文帝說，楊勇精神失常，被狂痴病死的鬼魂附身，已經無可救藥。隋文帝便不再見他。楊廣立為皇太子沒幾年，獨孤后去世。為繼續騙取信任，楊廣當著文帝及其妃嬪裝出哀慟欲絕的模樣，私下裡卻飲食談笑，一如往常；表面上哀不思食，每天只吃很少的飯，背地裡卻把肉脯魚乾裝入蠟封的竹筒，照舊享用。

隋文帝病危之際，楊廣入宮侍疾，見皇位已非他莫屬，便膽大妄為地對父親的寵妃宣華夫人動手動腳。文帝得知後怒罵：「畜生，怎麼能付以大事！獨孤害我枉廢了我兒！」便命左右去召楊勇，左僕射楊素立即轉告楊廣。一番手腳後，隋文帝駕崩。楊廣密不發喪，偽敕賜楊勇死。隋煬帝楊廣即位後，同母兄弟楊秀、楊諒也被幽禁，無一善終。

誇言「五子同母」，最終一場政變，獨孤皇后的作用引人深思。在后妃史上，獨孤后頗有「賢德」的美名，但后妃制下宮廷女性潛在的忌妒心結，卻讓她對楊勇公開寵嬖深惡痛絕，寧可從楊廣的虛偽尊嫡中尋找心理上的安全感與認同感，最終導致她在立廣廢勇上的感情傾斜。獨孤后在君主制下的這種畸形心態，反過來又對君主政治產生影響。後人不必推測，楊勇繼位是否一定比楊廣稱帝更有利於社會的發展，但后妃感情偏執釀成類似的變局，或多或少，或長或短，影響了歷史的進程，卻是毫無疑問的。

在專制君權下，個人的意志心態對歷史走向的干預力，似乎更具偶然性，一個帝王，或接近皇權的后妃，其心態往往會給歷史烙上鮮明的印記，從而令人長嘆不已。後人總把這種變局的好壞與后妃的善惡畫上等號，但倘若不是君主制讓后妃接近了最高權力，她們的個人善惡又怎能對歷史發生影響呢？更何況像獨孤后廢勇立廣的心態動機，很難以其個人道德善惡來論定，只能從君主后妃制無法克服的內在危機上尋根探源。

親見「煮豆燃豆萁」

在皇位爭奪戰中，即便同母兄弟，也如烏眼雞似的，恨不得我吃了你，你吃了我。后妃作為他們的母親，手心手背都是肉，當然不願看到自己兒子同室操戈，但這種局面出現與否，結局如何，又絕非她們愛子之情所能左右。眼睜睜目睹親生兒子們骨肉自殘，其內心的憂慮、痛苦不言而喻。

曹丕、曹彰、曹植是同母兄弟。曹丕即位為魏文帝，對任城王曹彰的驍勇與東阿王曹植的才華都深懷忌憚。黃初四年（西元２２３年），曹彰、曹植與曹彪以諸王入朝。據《世說新語．尤悔》，文帝與曹彰在卞太后閣中一邊吃大棗，一邊下圍棋，他早在一些棗蒂上下了毒，自己卻選那些沒下毒的棗子。曹彰隨手取食，把毒棗吃了下去，就藥性發作。卞太后知道是長子下的毒，卻奈何不得，準備取水救曹彰。她連鞋都來不及趿上，奔到井邊，誰料文帝早讓人把汲水的瓶罐都毀壞了，致使卞太后無法汲水，只能眼睜睜看著曹彰在地上翻來滾去，毒發而死。

曹植是卞太后的幼子，最受母親鍾愛，號稱才高八斗，頗有幹一番事業的雄心壯志。曹操好幾次打算立其為太子，因此也更遭到曹丕的忌憚。文帝即位後，蓄意暗害他，礙於卞太后，不便放肆地下手。有一次，兄弟遊宴華林園，他把曹植灌得醉醺醺的，令左右將他縊殺。誰知下手者用弓弦縊其頸項，三次都崩斷了，最後把曹植也驚醒了。據說，文帝曾夢見自己想磨去銅錢上的文字，卻越磨越鮮明，他去問詳夢人，回答說：「這應了陛下家事。儘管陛下想那樣做，但太后卻不會允許的。」

文帝即位，族滅了曹植的羽翼丁儀、丁廙兄弟；不久，他讓曹植到封國上去，暗示監國謁者奏告他「醉酒悖慢，劫脅使者」，準備重治其罪。終因太后緣故，只將其爵位從王貶為侯，而後又改封為雍丘王。黃初四年，按例入朝，曹植知道自己好酒任性的缺點，準備在入朝時向文帝知過謝罪。他只帶二三隨從入京，先到姐姐清河長公主處，想通過姐姐轉達謝罪之意。文帝卻派使者擋駕，不允許他入朝。卞太后見其他諸侯王都到了，唯獨不見曹植，以為他自殺了，就對著文帝痛哭流涕。這時，曹植免冠科頭，身背斧鑕，光著腳，到殿闕前謝罪。卞太后喜出望外，文帝卻嚴顏厲色，既不搭理他，又不叫他戴冠穿履。曹植伏在地上泣涕不止，太后也憂心忡忡，不知文帝準備怎麼處置。最後不得已，文帝才讓曹植正冠履起來。

這次入朝時，發生了任城王曹彰中毒暴死的事件。文帝企圖進一步謀害曹植，卞太后痛心疾首，對文帝說：「你已殺了任城王，可不要再殺我小兒子了！」這句近似絕望的呼籲，讓人看到母親的心在流血。入朝結束，曹植與異母兄弟白馬王曹彪同路東歸，寫了著名的〈別白馬王彪〉。他對同母兄任城王的暴死無限悲痛：

奈何念同生，一往形不歸，
孤魂翔故域，靈柩寄京師。

回頭遠望巍峨的京城，留戀的是那裡有自己的母親，傷心的是那裡竟有骨肉相殘的皇兄。

憂心不已婁太后

高歡的妻子婁氏先後生了六個兒子。第二子高洋即位為北齊文宣帝，尊婁氏為皇太后。文宣帝縱酒肆欲，昏亂殘暴，與其弟大司馬、錄尚書事高演的關係陰晴無定。有一次，文宣帝酒醉中將東魏舊宮人賜給了弟弟，酒醒後卻把這事全忘了，指斥高演擅取宮女，還用刀環亂擊弟弟，直打得困乏才住手。類似的出爾反爾，對文宣帝來講是家常便飯。婁太后常常日夜啼泣，唯恐高演為其兄文宣帝所殺。文宣帝死後，其子高殷即位，是為廢帝，對高演的猜忌有增無已。高演便發動政變，準備把侄子趕下皇位。倉皇之際，年幼的廢帝不知所措。這時，婁太皇太后站在兒子一邊，先對自己的媳婦，即文宣帝李皇后立下誓約，說高演並無異志，只為解除猜忌而已。高演當上了大丞相，都督中外諸軍，錄尚書事，廢帝則成了傀儡。不久，婁太皇太后下令廢黜了孫子高殷，讓高演登上了皇位，是為孝昭帝。

孝昭帝對母親倒十分孝順，婁太后生重病，他近四十天衣不解帶，在母親住處侍食送藥，形容憔悴。醫生為母親針灸時，他侍立床前，握拳代痛，指甲掐入自己的掌心，血流滿手都不知覺。不過，他忌防同母兄弟高濟，就像文宣帝猜疑自己那樣，手段卻比文宣帝還狠毒。聽說高濟在定州刺史任上揚言：「按排行也該輪到我了。」他與高濟有約在先，發誓不相加害，卻派人前去暗下鴆毒，高濟不喝鴆酒，便被扼殺了。事後，他良心受譴責，可怖的幻像一再在眼前晃動。在一次演武禳災中，一隻野兔驚嚇了他的坐騎，他從馬上墜下，斷了肋骨。臨終前，婁太后去看他，再三追問他高濟在哪裡。他無言以對，只在床上叩頭，求母親寬恕。太后憤怒說：「你已殺了他吧。不聽我的話，死了也活該！」

八　孝道種種

「誰言寸草心，報得三春暉」，這兩句詩道出了子女對母親報恩不盡的人倫真情。然而，在后妃制下，這種真情一旦與特殊的權力與巨大的財富相接觸，難免風化或鏽蝕。作為人子，即位為皇帝或被分封為諸王，往往把奉養生母的奢侈程度與孝道孝心按比例折算，報暉之情也就庸俗地物化。

祈福與供養

六朝隋唐佛教盛行，為對已故父母表達懷念追思之情，帝王競相攀比，營造石窟、寺院與佛塔。北魏宣武帝為已故父親孝文帝與母親高皇后在洛陽伊闕山營造石窟兩所，規制一准於代京（今山西大同西北）的靈岩寺石窟。初建時，準備鑿山開窟高達三百一十尺，因工程太浩大，無法完成，才將石窟改為高一百尺，闊一百四十尺，再加上後來為宣武帝開鑿的另一石窟，三窟共用工八十二點二萬餘，歷時二十四年。為了向亡母奉獻孝心，宣武帝一道詔敕，耗費的卻是成千上萬工匠的心血與汗水。

長孫皇后去世後，皇太子李治（即後來的唐高宗）為給母親祈求冥福，建造了規模宏大的慈恩寺。他即位後，又在寺內建塔五層，就是今西安大雁塔的前身。慈恩寺建成時，重樓高殿與經閣僧房多達一千八百九十七間，連同莊嚴巍峨的大雁塔，耗費人力財力可想而知。今人登上慈恩塔，讚歎其巧奪天工時，恐怕誰也不會為唐高宗的孝心所感動。

在佛教儀軌中，釋迦牟尼死後，其弟子曾造十座浮屠珍藏其遺物，「髮塔」亦其中之一。乾隆四十二年（西元1777年），皇太后鈕祜祿氏去世，乾隆為恪盡孝道，下諭旨說：「現今大行皇太后御髮，著做金塔一座供奉。塔內供無量壽佛一尊。」然而無量壽佛法身過大，而塔身可用的黃金僅一千三百餘兩，倘若按此重量鑄成金塔，佛身無法放入塔內。但清高宗「孝心」不變，續下諭旨道：「塔樣再往高大里放。」於是，廣搜宮內金銀器皿達三千餘兩，熔化後鑄成身高四尺六寸、底方二尺二寸的金髮塔。如今，這尊紋飾端莊、構思精美的金髮塔，陳列在北京故宮博物院裡，感動參觀者的，也只是能工巧匠的精湛工藝，而決非乾隆帝的孝道。

再輝煌的佛寺，再高大的浮屠，與出自肺腑的寸草心畢竟不是等價的。與其死後的祭禱，不如生前奉養。帝王竭天下之物力，盡一己之「孝道」，把孝心建築在民脂民膏上，孝心也就完全變質走味。

清代制度規定，每逢皇太后逢十大慶，例進銀一萬兩，大號、小號珍珠與珊瑚各三百串，共一千二百串，上等緞紗六十三匹，宮用緞紗三十七匹。清高宗生母皇太后六十壽誕時，除上例外，接連五天每日進獻壽禮九十九件，共計四百九十五件。七十壽誕時，更是連續十一天每日進獻壽禮九十九件，共計一千零八十九件，其中既有書畫掛軸，又有金銀器皿，還有珍稀古玩，都是價值連城的國寶。為了慶賀母親六十大壽，清高宗下旨，自西華門到西直門外十餘里中，每數十步，就搭起一座戲台，南腔北調，舞衫歌扇，迎送相續，一路走去，猶如置身於瓊樓玉宇之中。沿途張燈結綵，點綴的景物更令人目不暇接，或以彩絹堆垛為山嶽，或以銀箔綴接為波濤。還仿造各地名勝，如武昌黃鶴樓，重檐三層，牆壁都用琉璃磚砌成，日光映射，輝煌奪目；紹興鏡湖亭用直徑二丈的大圓鏡鑲嵌在藻井上，四周鱗砌著數以萬計的小圓鏡，遊人入內，一身可化千百萬。如此豪奢靡費，清高宗仍覺不能表達「孝心」，還在北海為母親建萬佛樓，鑄無量壽佛兩尊供奉正中。佛樓另闢萬龕，凡京城王公大臣與外省高官大吏各獻金佛一尊，使萬龕都不虛設。這些金佛像，即便是獻佛者自掏腰包，也仍會從百姓頭上加倍搜刮回來。夏仁虎《枝巢清宮詞》云：

萬佛樓成萬壽辰，壽金先為壽金身。
一官一佛臣工獻，媚佛還須媚一人。

抨擊的雖是乾隆帝竭天下財力以「媚一人」，但卻是歷代帝王表達孝心時司空見慣的現象。

供養假太后

由於羨慕從皇帝兒子那裡享受窮奢極欲的「孝敬」，冒充皇太后的鬧劇也粉墨登場。開元末年，唐肅宗還是東宮太子，便把一位姓沈的宮女賜給了兒子李豫，生下了李適。安史之亂後，這位宮人下落不明。李豫即位為代宗，立李適為皇太子，並遣人訪尋沈宮人，卻杳無音訊。永泰元年（西元765年），秦州（今甘肅秦安西北）寺廟中有一個法號廣澄的尼姑，居然冒稱太子的母親。經查證，她曾在太子所居的少陽院當過乳母，諳知內情曲折，所以敢於冒認。但當時代宗還在，還不至於認不出為他生下太子的沈氏，廣澄被活活鞭死。

李適即位，是為德宗。他自幼與母親失散，沒體會過母愛，便派使者分行天下，查訪皇太后的下落。玄宗時宦官高力士有個養女，正寡居洛陽，因養父關係頗知宮中故事，女官李真一認定她就是沈太后。德宗接報，驚喜交集。其時，沈家故舊都已謝世，她的年歲狀貌又與沈太后相近。德宗幼時，母親切肉餵他時自傷了左指，高氏左指也受過刀傷，因此更增加了可信度。儘管高氏一再否認，德宗派去辨認的太監、宮女卻一口認定她就是真太后，將她強迎入上陽宮。德宗馬上調撥了上百宮女，帶上乘輿、服飾，把這位假太后供養起來。

高力士還有個養子高承悅在長安，與高氏以姐弟相稱，他擔心不說明真相，日後查實，罪不容赦，便向朝廷說明了始末。德宗命高力士的養孫樊景超前往上陽宮，見高氏一本正經以皇太后自居，便說：「姑姑為什麼要把自己放在砧板上準備挨刀呢？」侍衛喝令景超退下，景超大聲說：「皇帝有詔，太后是假的，左右退下。」侍衛們聽說有詔旨，都下了殿。高氏說：「這不是我的主意，我是被人強指為太后的。」於是，這位假太后被牛車載回了家。德宗沒嚴懲高氏，擔心追究處罰後，人們不再為他訪查太后。他說：「我寧可受一百次騙，這樣也許能找到真太后。」其後，德宗朝又有幾次訪得太后的風波，但沒一次是真的。

做秀母子情

在皇帝兒子與后妃母親之間，母子真情的異化主要表現為物欲化，也就是皇帝憑藉至尊的權位，在物欲上滿足母親的虛榮與揮霍，以此代替所謂的孝心。

據《穀山筆塵》，在母后前，明代皇帝必須跪而稟事，立而侍食。如是大宴，帝后必須始終站著侍候皇太后。如是內宴，帝后分別在東、西閣設有座席，司儀喊敬酒時，皇帝執爵，皇后持樽，分從東西閣出來，長跪在皇太后座前獻酒，然後退入閣中，司儀再喊敬酒，帝后復出獻酒，如此重複九次，司儀傳語皇太后起，帝后仍下跪請留。這些儀式完畢，皇太后、皇帝與皇后重新入席，才開始母子家人般的交談與宴飲。清代家法也大抵如此，皇帝每天清早及聽朝畢，都必須到皇太后居處跪安。這種冷冰冰的繁文縟節，只是形同虛設的做作，恐怕很難傳達出兒子對母親的寸草之情，在《清高宗御製詩集》中，凡向母親跪安，陪母親觀稼，侍母親遊宴，都有連篇累牘的詩作，無非向天下後世誇示自己的孝順。

比起清高宗來，清宣宗道光帝更拿肉麻當有趣。據《清朝野史大觀．清宮遺聞》，每逢皇太后生日，就在後宮演戲討母親歡心。道光帝每年必粉墨登場，扮演《斑衣戲綵》中的老萊子。這齣戲搬演的是二十四孝之一的「老萊娛親」，只見道光帝掛著白鬚，衣著五彩斑斕，手執撥浪鼓，一邊做出嬰兒嬌嗔狀，一邊對著皇太后吟唱。另據《德宗遺事》，西太后觀戲，「開場之前，（光緒）皇帝華袞先入後台，出自上場門，環步一週，以表『萊彩娛親』之意，其制不知始自何年」。然而，在西太后與光緒帝之間，從未有過其樂融融的母子感情，有的只是相互防範與敵視。魯迅在《二十四孝圖》針對「老萊娛親」說過一段話：

我至今還記得，一個躺在父母跟前的老頭子，一個抱在母親手上的小孩子，是怎樣地使我發生不同的感想啊……現在這模樣，簡直是裝佯，侮辱了孩子。我沒有再看第二回，一到這一葉，便急速地翻過去了。

我們之所以展開「這一葉」，就是為了揭露這種令人作嘔的裝佯作假，既侮辱了寸草之心，也歪曲了孝順之道。這種虛偽的孝道，在陳朝長沙王陳叔陵身上表現得尤其淋漓盡致。他的母親是南朝陳宣帝彭貴人，他在母親去世時，裝出一副哀傷欲絕的模樣，素食減膳，還自稱刺血抄寫了《涅槃經》，祝禱亡母安息。然而，不到百日之祭，他就每天珍饈玉食，還私下把部屬中略有姿色的妻女召來奸宿（按古代喪禮，丁憂期間，即使與自己妻妾也不能同寢）。孝道墮落到這種境地，也足以說明，在君主后妃制下，子女對父母談不上有什麼人倫真情。

九　猜防與殘殺

親子關係是最親密的人倫。然而，後宮親子之間，雖有血緣關係，卻少人間親情。有的后妃，從子女出生到婚冠大禮，近二十年間相見次數屈指可數，即便相聚，又受冷冰冰的禮儀約束。她們的子女，因自幼未親受哺育與撫養，對后妃母親缺少那種「拊我畜我，生我育我，顧我復我，出入腹我」的親情感受。在后妃與子女之間，很難生成「三春暉」與「寸草心」的那種親情，齟齬與衝突卻遠遠多於尋常百姓家。

母子為何隧道見

君主后妃制將家國畸形地扭合為一體，親子關係受政治變動與皇位爭奪的直接影響而頻現危機。從武姜與鄭莊公的母子交惡，到西太后與清穆宗的母子失歡，都不難發現君主專政作祟其間的痕跡。

春秋時，鄭武公夫人武姜生太子時難產，嘗夠了驚恐，吃盡了苦頭，為他取小名叫寤生，很不喜歡這個長子。她生次子共叔段卻很順利，也就特別偏愛他，多次請求鄭武公改立共叔段為太子，武公沒同意。

武公死後，太子寤生即位，是為鄭莊公。武姜請求莊公將京邑給弟弟共叔段作為封邑。臣下對莊公說，京邑已超過了封邑規模。莊公說：「母親要它，我不能不給。不過，她又怎能避免禍害呢？多行不義必自斃，你們等著瞧吧！」

共叔段到京邑後，整修城郭，擴充軍隊，繕治武器，積聚糧食。經過二十餘年的準備，他擇定了襲擊國都的日期。屆時，武姜充當內應打開了城門。鄭莊公這才胸有成竹地發兵，一舉擊敗了共叔段。他對母親與弟弟勾結謀叛，大為惱火。隨即把母親安置在城潁，發下毒誓：「不到黃泉，不再相見！」不過，鄭莊公還算人性未泯，不久就有點後悔。但一言既出，駟馬難追，人君更不便在臣民前食言。

有一次，他賞賜臣下潁叔考吃飯，潁叔考請求允許他帶些肉湯回去，給自己的母親嘗嘗，說他母親從來沒吃過君主賜給的肉湯。莊公感慨道：「我很想念母親，卻不能說話不算話，怎麼是好呢？」潁叔考說：「那有什麼可憂心的？如果掘地見到泉水，在隧道中會面，誰還會說不對呢？」於是，莊公就興師動眾，命人挖了隧道。他和武姜在隧道中相見，並賦詩說：「走入大隧中，其樂也融融。」

武姜在與兒子莊公會見後，走出隧道時也賦詩說：「走出大隧外，其樂也泄泄。」於是，母子關係回復到以前一樣。

對這幕著名的輕喜劇，歷代史論從不同角度作過評議。誠然，武姜作為母親，因溺愛幼子，竟然幫助他奪取長子的君權，自有其不是處。但正如呂祖謙在《東萊博義》裡指出，鄭莊公對弟弟共叔段「導之以逆而反誅其逆，教之以叛而反討其叛。莊公之用心亦險矣」；為達到目的，他甚至設下陷阱，不惜把母親也作為捕獵的對象，有的只是陰謀與殺機，哪裡有什麼其樂融融的母子真情呢？其後，他擔心背上不孝的惡名，才上演了隧道見母的一幕，為二十餘年來對母親的猜防算計塗上一層「其樂融融」的油彩。

帝太后與秦王政

秦王政母親趙太后與長信侯嫪毐私通，在秦國幾乎是公開的祕密。嫪毐動輒自稱是秦王的假父，倚勢弄權，專斷國政，甚至盜用秦王御璽與太后印璽，發兵作亂。秦王政平定了叛亂，一怒之下，把母親從咸陽遷到故都雍（今陝西鳳翔），並下令道：「誰敢進諫，戮殺毋論。」因進諫而被殺者先後達二十七人。

茅焦冒死入諫：「我聽說，有生者不諱死，有國者不諱亡。死生存亡之理，是聖君迫切想聽的，不知陛下打算聽嗎？」

秦王嬴政怒氣未消道：「你指的是什麼？」

茅焦說：「秦國正經略天下，大王卻有遷禁母太后的名聲。我擔心諸侯聽到後，會因此背棄秦國。我為陛下擔憂的是秦國存亡。我要說的說完了，請用刑吧！」

聽完這番話，秦王政麾開了左右，下殿賜茅焦爵為上卿，立馬駕著千乘萬騎，親迎趙太后還居咸陽甘泉宮。趙太后大喜，置辦酒宴，款待茅焦說：「安定秦國社稷，使我們母子重新團聚，都是你的功勞啊！」

這齣母子始而反目、終而修好的喜劇，幾乎是鄭莊公故事的翻版。推究其母子糾葛的根本原因，是趙太后情夫嫪毐的勢力惡性膨脹，威脅到秦王統治權的存亡，而不僅僅是母子感情本身的危機。

法天后與遼興宗

遼興宗即位，生母法天皇太后臨朝聽政。她專擅國柄，引用外戚，虐殺功臣，殘忍狠毒。有一次，興宗賜給樂工美酒與銀帶，知內品高慶郎告訴皇太后，激怒了太后，怒鞭樂工。興宗知道後，命左右殺了高慶郎。太后怒不可遏，派人查治，口供牽連到興宗。興宗說：「我貴為天子，難道還要與囚犯一起當堂答狀？」心中鬱鬱不快。

法天太后私下與兄弟密謀，準備改立興宗的弟弟、她的小兒子重元為帝。重元報告了帝兄，興宗對太后專權、外戚干政早就心懷不滿，與殿前都點檢耶律喜孫密謀，率兵拘捕了母親法天太后，沒收其皇太后印璽，一襲黃布包車把她載到慶州（今內蒙古巴林左旗西北）幽禁起來，讓她守護聖宗陵墓。然後，分兵捕獲皇太后諸兄弟，或殺或徙，徹底剷除了太后餘黨。其後，群臣勸興宗迎回皇太后，被他斷然拒絕。

在六年後一次佛事上，興宗聽僧人講說《報恩經》，感悟到母親畢竟有養育之恩，這才遣使把她從幽禁地迎回中京，安置在中京門外，母子相見，又是一幕「和好如初」的保留劇。然而，興宗出入行止，經常離皇太后十餘里，而且暗作防衛，唯恐她再次奪回臨朝聽政權。兒子在禮儀上的孝謹，法天太后也不當一回事，內心仍為干政權的被剝奪而深感不快。興宗死在她前面，對親生兒子之死，她毫無悲泣之容。相反，見興宗皇后哀痛欲絕，她不以為然道：「你年紀還小呢，何必這樣悲痛！」

母子關係落到如此猜防算計的地步，其根源不在於雙方的性格衝突，而是專制君權容不得來自任何方面的染指、覬覦、分割與剝奪。

誰說「虎毒不食子」

俗話說「虎毒不食子」，指母親再狠毒也不會對親生兒女痛下殺手。然而，在君主制下，權力欲卻會閹割后妃的母性，讓她們對親生子女也不惜大開殺戒。在這一方面，武則天堪稱是罪惡的典型。

武則天擊敗並殘殺了王皇后、蕭淑妃等對手，如願以償當上了皇后，她與唐高宗的四歲兒子李弘被立為皇太子。咸亨二年（西元671年），皇太子已二十歲，高宗與武后移駕東都洛陽，留他在長安監國。一天，他在掖庭偶然發現了義陽公主與宣城公主。因是蕭淑妃所生，她倆一直被武后幽禁後宮，年已四十歲尚未出嫁。李弘見到兩位同父異母的姐姐，又是震驚，又是同情。不久，他奏請准許讓她們出嫁，過正常人的生活。道理雖在皇太子一邊，卻揭痛了武后的短處，惱怒之下把她們隨手許配給了值班衛士，對親生的太子卻從此深懷忌恨。

皇太子富有正義感與同情心，奏論的政事經常違拂她的旨意。高宗倒對皇太子頗為信任，兼之自己體弱多病，透露出禪位的意向。武則天暗自思忖：在攫取權力的通道上，太子已成為難以避繞的障礙，一旦太子即位，絕不會讓她這個皇太后為所欲為的。上元二年（西元675年）四月的一天，唐高宗、武則天召皇太子到合璧宮的倚雲殿陪餐。飯後不久，李弘暴死，當時人都認為是武則天下毒鴆殺的。

不久，李弘之弟李賢立為皇太子，他也是武則天的親兒子。李賢聰慧強幹一如其兄，曾在高宗出巡時監國，理政明審，頗得大臣與父皇稱讚。他以注《後漢書》為名，招攬了一批人才。對兄長的暴死，他意存疑懼，對母親也就心懷隔閡。對這樣精明能幹卻不俯首帖耳的兒子，武后深覺不安。她命北門學士以其名義撰寫《孝子傳》等書賜給太子，希望他自省，試圖將其拉回自己一邊，然而無效。

在武則天面前，她的親信朝臣明崇儼說皇太子不堪大位，李賢聽說後對他十分反感。這時，後宮又盛傳謠言，說李賢生母是武后的姊姊韓國夫人。武則天也好幾次寫信責備數落他，這一切

武則天

都增加了李賢的疑慮與不安。他日夜擔心長兄的命運會落到自己的頭上，卻又不便直訴隱憂，借一次陪侍父母的機會，寫了一首〈黃台瓜辭〉讓樂工演唱，希望母后能幡然醒悟。歌辭說：

種瓜黃台下，瓜熟子離離。
一摘使瓜好，再摘令瓜稀，
三摘猶尚可，四摘抱蔓歸。

但武后沒有回心轉意，母子關係已無法修復。事有湊巧，調露二年（西元６８０年）武后的寵臣明崇儼被強盜所殺，兇手未獲。武則天疑心出於李賢的指使，決心給他顏色看。李賢性好男色，與戶奴趙道生有狎暱輕狂的舉動。武后命人告發了這件事，再派官審訊。隨即在太子東宮的馬廄裡「搜得」數百領盔甲，作為其謀逆的物證。在大勢所逼下，趙道生被迫「承認」太子指使他殺死明崇儼，「謀逆」罪終於鑄成。

高宗一向鍾愛李賢，打算寬恕他。武后必欲置之死地，冠冕堂皇道：「作為人子卻懷逆謀反，天地所不容。大義滅親，怎麼能寬恕呢！」李賢廢為庶人，幽禁起來。在東都天津橋南公開焚燒從東宮「搜得」的盔甲，向天下表明鐵證如山與大義滅親。次年，武后將李賢流放巴州（今重慶市涪陵區）。高宗死後，武后稱制，命左金吾將軍丘神勣趕赴巴州看守李賢，防備外人加害，其實是暗示他下手。丘神勣到後，把李賢幽禁起來，逼令他自殺。

訃聞傳到長安，武后假惺惺為兒子舉哀，還貶了丘神勣的官職。這一切只為遮人耳目，丘神勣不久就官復原職，更見親信。武周代唐後，武則天又鞭殺了李賢的兩個兒子（即她的親孫子）。另一孫子儘管劫後餘生，但在幽閉的二十餘年間，武則天每年都敕命將其捶杖幾次，直打得他傷痕累累，每到天氣轉陰就全身疼痛。

就在李賢被廢次日，武后與高宗立第三子李顯為皇太子。幾年後，高宗病死，他即位為中宗，武則天尊為皇太后，臨朝稱制。中宗才識平庸，對母后卻也不那麼俯首帖耳。即位不久就把丈人韋玄貞升為侍中，委任乳母之子為五品官。輔政大臣裴炎反對，中宗厲聲嚴辭道：「朕為天子，就把天下讓給韋玄貞也有何不可？何況一個侍中！」武則天知道後，召集百官到乾元殿，派裴炎等率兵進宮，宣旨廢黜中宗為廬陵王。李顯對母后嚷嚷：「我有什麼罪？」武則天冷冷地說：「你要把天下都送給韋玄貞，還說沒有罪！」當場派人把他挾持出殿，幽禁了起來。李顯只做了四十四天的皇帝，就被攆下了皇位。

廢黜李顯次日，武則天立小兒子李旦為帝，是為睿宗。她仍臨朝稱制，過了兩年，假惺惺下詔還政。兒子知道母親在作秀，堅決請求她仍舊垂簾聽政，她也就「當仁不讓」。睿宗吸取了中宗的教訓，從不參與政事，甘願做一個傀儡皇帝。但武則天還嫌他礙手礙腳，天授元年（西元６９０年），乾脆從幕後跑到了前台，廢了睿宗，以周代唐，自己做起了皇帝，睿宗降為皇嗣，禮儀相當於皇太子。

儘管李旦謙恭順從，則天皇帝對他依然猜疑忌防，畢竟是她奪了親兒子的皇位。當有人誣告皇嗣謀逆時，她就派酷吏來俊臣去審訊。在酷刑捶楚下，與此案有關者都屈打成招，承認參加了異謀。只有一個名叫安金藏的太常寺樂工，呼天搶地大喊冤枉，對來俊臣說：「你既然不相信我的話，我就挖出心來，證明皇嗣沒有謀反。」說著，抽出佩刀，剖開胸膛，露出五臟，血流滿地，當場昏死過去。

武則天聽說此事，命人把安金藏抬入宮中，派御醫縫合創口，敷上傷藥。等他甦醒後，武則天親去探望。也許是母性剎那間覺醒，她感嘆道：「我生了兒子，卻不能瞭解他的心跡，比不上你的忠心啊！」這才停止對所謂「謀逆」案的審訊。倘若安金藏不以死相爭，等待李旦的，恐怕就是其兄長李弘、李賢的結局。

君主制泯滅人性，母不母，子不子，也司空見慣。作為母親的后妃，為了地位與權力，甚至不惜置兒子於死地；在節骨眼上，他們的兒子也會對母親狠下殺手。

弒母之罪

五代北漢郭皇后撫養睿宗的養子劉繼元兄弟長大，付出了一個母親的心血。一次，繼元的妻子段氏有小過錯，郭皇后數落她一頓。不久，段氏竟患病身故，劉繼元懷疑是郭皇后殺害的，內心憤憤不平。睿宗駕崩，繼元即位，不久，他趁養母正在先帝靈前弔喪痛哭之際，便派人將她活活縊殺。

劉繼元殺害養母，已是令人髮指；而清代莽古爾泰親手殺死生母，更是大逆不道。莽古爾泰是清太祖與繼妃富察氏之子。天命初年，富察氏因得罪太祖將被賜死。莽古爾泰聽到這消息，為在父皇前博個好印象，以便在邀寵繼位時為自己加分，竟私下先行一步，不擇手段弒殺了生身母親。在其後許多政事上，他不分青紅皂白，一律站在清太祖一邊，因而大獲青睞，列居四大貝勒的高位。然而，他對父皇的「孝心」顯然別有用心。就在太祖喪期內，他與弟妹盛列長筵，吹曲彈箏，不但毫無悲慼之意，而且有違大喪之禮。可見他的弒母，也是出於政治野心。

君主制扭曲了人性，使人性淪喪到無以復加的地步。

第五章

圍繞鳳冠的悲喜劇

一　兩宮之間

這裡所說兩宮，指皇后中宮與皇太后宮。皇太后與后妃的關係，雖說是家族中的婆媳關係，但因摻和進君主專制政治，便在後宮舞台上搬演了一幕幕人際關係的悲喜劇。

後宮也有婆媳真情

即便不是婦姑勃谿，明爭暗鬥，后妃們一般也把自己嚴嚴實實地包裹起來，免受防不勝防的傷害。然而，在世態炎涼的後宮世界，也確有敬姑愛媳的人間真情。

定薑是衛定公的夫人，為兒子聘娶了媳婦。不久，兒子就死了，等兒媳守滿三年之喪，定姜就讓她回父母之國，還親自遠送到郊野。三年多來，婆媳感情真誠深切。兒媳這一去再也不會回衛國，生離即死別，一念及此，定姜悲從中來。人走遠了，天上只有幾隻燕子在忽高忽低飛翔著，佇立目送兒媳遠去，直到再也看不到她的身影，涕淚像雨水一樣流不停。定姜寫了一首〈燕燕〉詩，其中第一節說：

燕子上下在飛，高低張舒翼羽。
那人就要歸去，遠遠送到郊路。

直至眺望不見，揮淚彷彿落雨。

悲傷真摯的惜別之情，讓人感動不已。

明宣宗胡皇后史稱賢德，宣宗因其無子而多病，一心想讓寵幸的孫貴妃做皇后，先示意孫貴妃奪宮人之子詐稱親生，再令胡皇后上表辭位，改立孫貴妃為后。胡皇后退居長安宮，賜號靜慈仙師，修道度日。對胡皇后無罪遭黜，宮禁內外都十分同情。宣宗生母張太后也很憐憫她，但當皇帝的兒子不聽娘，她也無能為力。她經常召胡皇后到她的清寧宮居住，命送膳一如皇后待遇。每有朝會宴享，只要張太后到場，她必定命已廢的胡皇后坐在新立的孫皇后之上，婦姑感情尤其親密。孫皇后為此怏怏不樂，但因張太后懿旨，也不便違拗。英宗時，張太后去世，胡皇后想起婆婆生前真心相待竭力庇護的好處，哭得非常傷心動情。她也明白，從今而後，孫皇后不會給她好果子吃，次年，便在憂傷中去世了。

太后一言定命運

不過，不宜據這些個例，就誤認兩宮之間都是脈脈溫情。君主制下，兒子做了皇帝，自己貴為太后，即使不臨朝聽政，對兒子仍有很大的影響力。有時候，皇太后的一句話，就可以斷送后妃的前程。

北齊後主胡皇后是胡太后的嫡親侄女。太后私生活不檢點，在兒子面前內心有愧，為了討好兒子，便把侄女妝飾停當與他相見。後主一見，果然喜歡上了，不久就位至昭儀，斛律皇后被廢，便讓她入主中宮。

後主的乳母陸令萱卻一心打算讓自己的養女穆夫人做上皇后。有一天，她在胡太后面前憤憤嘀咕：「什麼親侄女，竟說出這樣的話！」胡太后追問，她卻欲擒故縱道：「不能說。」一再追問下，陸令萱才說：「她告訴皇帝：太后所行多非法，不足為訓。」胡太后信以為真，怒氣衝衝地當即喚來胡皇后，下令剃去侄女的秀髮，把她廢送回家。

金哀宗曾寵溺一宮人，準備立她做皇后。無奈生母王太后不滿她出身微賤，一定要兒子放其出宮。哀宗迫不得已，只能從命，失望之餘，對執行者說：「你出東華門，不論什麼人，第一個碰到的，就賜他為妻。」第一個照面的，是一個販布商，那位差點做皇后的宮女，就此成為布商的妻子。

一個做上了皇后，又遭廢黜；另一個可能做皇后的，也被放逐。就因皇太后一句話，以不同形式攪碎了鳳冠夢。由此可見，皇太后對后妃命運是舉足輕重的。這種作用，有時還影響到皇位繼承權。

明仁宗做皇太子時，文才武略都平庸，他的弟弟漢王、趙王等經常在父皇明成祖前擠兌著說他的壞話。他肥胖臃腫，不能騎射，明成祖一見就來氣，好幾次打算改立太子。張皇后還在做皇太子妃時，秉持婦道謹慎而周到，婆媳關係特融洽，頗得明成祖與徐皇后的歡心，這才最終打消了改易太子的念頭。

肉麻與尷尬

既然兩宮關係可能影響自己的命運，稍有心計的后妃，自然把協調好這一關係放到重要位置上。在后妃史上，儘管有不少皇后孝事皇太后的記載，卻未必都是其樂融融的婦姑真情，仍不乏功利算計的虛情假意。

元成宗的母親在做太子妃時，博得了元世祖「賢德媳婦」的滿口稱讚，就因為她能孝事世祖察必皇后。她不僅侍奉隨從，不離左右，甚至婆婆上廁所的便紙，都特地在自己的面頰擦拭後，讓它有柔軟舒適感，才遞給察必皇后使用。「孝順」到這份兒上，就讓人感到做作與噁心。

在后妃制下，為了自己的地位，不僅后妃要做出孝事的姿態，皇太后對她們也多有忌防，未肯全拋一片心。廿年媳婦也會熬成婆的，自己太過分了，誰能預料媳婦做上皇太后，會怎樣對待自己這個架空了的太皇太后呢？

據《四朝聞見錄》，儘管韋賢妃是宋高宗的生母，但當初她在宋徽宗的后妃隊中並不起眼。高宗還是康王的時候，徽宗把身邊一個十歲出頭的小宮人賜給了他，她就是後來的高宗吳皇后。她倆先後都侍奉過徽宗，吳皇后幼時肯定也知道韋賢妃在後宮並不見寵。

靖康之變後，高宗建立南宋，遙冊被俘北上的邢皇后為中宮。中宮虛位十六年，直到生母韋太后被金人釋放回朝，高宗才知道邢皇后早在三年前就病死在金國五國城（今黑龍江依蘭）。儘管宋室南渡之際，吳氏與高宗同歷顛沛流離，這時卻仍只是貴妃。高宗感到委屈了她，便說：「等太后歸朝，你就是皇后的人選。」

如今韋太后南歸，高宗便向母親徵詢立后之事：「吳氏服勞已久，外朝都說宜主中宮。還應聽取母后的懿旨。」韋太后唯恐吳氏還記得她做韋賢妃時的情事，內心不欲援立吳皇后，便推說：「這事由你吧。」高宗請韋太后頒賜手書，她又推託道：「我但知家事，外朝事不是我該參與的。」實際上不希望吳氏立為皇后。最終還是高宗自作主張，下詔說：「朕奉太后之命，吳氏可立為后，」結束了這尷尬場面。

據《宋史．后妃傳》說，「（韋）太后性嚴肅，（吳）後身承起居，順適其意」。吳皇后入主中宮，親自照顧韋太后生活，順遂其心意，但韋太后在其面前總是一副嚴肅的神情，徽宗後宮那段共同的經歷，顯然給她們的關係蒙上了一層不便明說的陰影。韋太后對吳皇后的猜疑忌防，最終並未釀成悲劇，表明在處理兩宮關係上，后妃的個人德行與人性畢竟發揮著決定性作用。

皇后廢黜皇太后

然而，兩宮之間因某一方人性的泯滅而導致的悲劇，在后妃史上卻並不少見。

楊皇后臨終向晉武帝推薦了堂妹楊芷，武帝便冊立楊芷為皇后。她只生過一個兒子，不久就夭折了。太子司馬衷（即惠帝）是第一位楊皇后所生，太子妃賈南風妒忌成性，晉武帝曾打算廢黜她。楊芷勸阻道：「賈妃的父親賈充有功於國家，不能以一眚掩其大德。」事後，她嚴肅訓誡了賈南風。賈南風懷恨在心，認定楊皇后在武帝面前說了壞話，怨隙越積越深。

晉武帝駕崩時，楊皇后矯詔讓自己的父親楊駿輔政。惠帝即位，尊楊芷為皇太后，立賈南風為皇后。楊駿在朝中培植親楊勢力，激起了司馬宗室與賈氏外戚兩方面的不滿與疑忌。楊駿深知賈皇后性情險毒，難以制馭，對她頗懷忌憚之心。賈皇后早想染指朝政，對楊駿專權既顧忌又惱怒；在兩宮關係上，她對楊太后早就一肚子怒氣。於是決定拔去楊家這顆眼中釘。永平元年（西元２９１年），她先與殿中中郎孟觀、李肇、黃門宦官董萌等結為死黨，又通過他們取得了楚王司馬瑋等人的支持，密商廢除太后、族誅楊駿的陰謀。

孟觀、李肇夜見惠帝，誣稱楊駿意欲謀反，從這個白痴皇帝手中騙取了廢罷楊駿、中外戒嚴的親筆詔書，隨即派殿中親兵包圍了楊駿的太傅第。楊太后聞變，急忙寫了封帛書，上寫「救太傅者有賞」，系在箭上射出城外。楊駿就戮後，楊氏遭族滅，賈南風就以帛書為證據，宣稱太后共同謀反。她以惠帝詔書的名義，把楊太后拘禁在永寧宮，特意留了楊駿妻子龐氏一條命，將其和女兒關押在一起。隨後，賈南風就挾持惠帝，左右朝論，一手導演了一齣皇后廢黜皇太后的醜劇。

賈南風廢楊太后為庶人，太后母龐氏交付廷尉行刑。楊太后聽到母親要押赴刑場，便抱持號叫，剪下自己的頭髮，叩頭倒地。她上表向賈南風稱妾，只求能保全母親的性命，生性殘忍的賈南風豈會理睬這一套！楊太后在金墉城做了十個月的階下囚，開始時還有十來個侍御，後來都撤回了。她八天沒吃到一點東西，活活餓死了。賈南風還擔心她死後有靈，一定會去向晉武帝訴冤，下葬時，下令把她的臉向下，背朝上，上面放了鎮伏剋治鬼魂的符書與藥物，讓她永世不得翻身作案。

在援引父親楊駿輔政上，楊太后確有私心雜念，但對待賈南風上並無悖逆之舉，卻最終為她所不容。究其根本原因，還是賈氏外戚集團與楊氏外戚集團之間殊死的權力爭奪，促使賈南風必欲置其死地而後快。不過，在這一事件中，賈皇后也太喪心病狂了。

兩宮反目與政局危機

宋光宗李皇后生性悍妒，還在做太子妃時，就向太上皇高宗與孝宗譖訴太子寵幸左右侍姬。孝宗教訓她：「你應該學習皇太后（指高宗吳皇后），不然，就廢掉你！」李皇后懷疑吳太后多嘴。孝宗晚年也效法高宗，將皇位禪讓給了光宗，自己做了太上皇。光宗一即位，李皇后越發肆無忌憚。孝宗謝皇后對太上皇帝高宗與太上皇后一向很恭謹，作為婆婆，她告誡李皇后應該守禮理。誰知李皇后當場搶白：「我是官家的結髮夫妻。」意在譏諷謝皇后是由嬪妃遷升的。孝宗聞知，差一點廢黜她，終因大臣諫止，這才作罷。

光宗精神上有點病，孝宗求得一帖良藥，打算趁兒子來朝見時交給他服用。有宦官唯恐天下不亂，對李皇后說：「太上皇合了一丸藥，等皇帝進見時就要給他吃，萬一有意外，國家怎麼是好？」李皇后派人去偵伺，見確有藥準備在那裡，不由得懷疑與啣恨。

不久，宮中內宴，李皇后請求立她所生的嘉王為太子，太上皇沒有立即應允。李皇后就說：「我是六禮聘來的，嘉王是我親生的，有什麼不可以？」孝宗大怒。宴後，李皇后拉著嘉王，哭著對光宗說太上皇有廢立的意向。光宗也信以為真，就拒絕去朝見親生父親太上皇。

其後，李皇后醋意大發，虐殺了黃貴妃，刺戟了宋光宗，使他精神病發作。太上皇來視疾，只見他神志昏亂，張口囈語，連父親也辨認不出，便怒氣衝衝地對李皇后說：「你不好好對他，致使他落到這模樣。萬一好不了，小心族滅你家！」過一階段，光宗稍愈，李皇后發洩一肚子怨氣，哭訴道：「我勸你少飲點酒，不聽。近來你不好，太上皇幾乎要族誅我李家。我家又有什麼罪？」

經此一病，光宗已不能理政，政事多由李皇后裁決，她對外家大肆推恩封官。光宗一直拒絕朝見太上皇，而其時孝宗已命在旦夕。滿朝大臣恐慌不安地紛紛上書，請求光宗過宮朝見，精神恍惚的光宗倒也回心轉意，百官便列班等候光宗出發。不料，李皇后卻拉住他說：「天色冷，官家，我們且飲酒罷！」中書舍人陳傅良大膽上前，拉住光宗的衣裾，懇求不要折回，一直跟到了屏風後。李皇后呵斥道：「這是什麼地方？你這秀才想要砍驢頭嗎？」陳傅良下殿慟哭，李皇后傳旨還宮。

紹熙五年（西元１１９４年），太上皇病死，因李皇后阻撓，再加上精神失常，光宗竟拒不出面親主大喪。太皇太后吳氏決策立其子嘉王為寧宗，但光宗死也不肯交出傳國璽。這時，李皇后已尊為太皇太后，對前來取璽的知閤門事說：「既然是我兒子做皇帝，我來拿給你吧！」

自退位後，光宗回想即位以來諸般往事，有時慟哭失聲，有時瞋目怒罵，李太后總用酒來慰解他，不讓左右告訴他外朝之事。有一天，寧宗郊禮迴鑾，鼓樂大作，光宗問：「什麼事奏樂？」李皇后哄他：「市井老百姓尋歡作樂罷！」光宗怒沖沖地把手臂向她掄過去，喝道：「你還欺瞞我到這地步嗎？」李皇后被掠倒在地，經此驚嚇，她也得了病。她為自個兒算了命，聽說將有大厄，便在大內僻靜處築了間精室，獨自居住，穿著道裝，最後淒惶地死在那裡。她生前待人不善，死後竟無人為她斂屍，屍體都被烈日暴曬得發臭了。

李皇后與太上皇帝、太上皇后的關係惡化，及其挑唆而造成宋孝宗父子關係的反常，成為南宋中期政治史上一大事件。光寧之際政局因而飄搖不定，皇位傳承也出現了嚴重危機。其間，李皇后悍戾個性的攬局作用不可忽視，但究竟什麼原因，能使一個皇后以個人力量在一朝政局中掀起軒然大波呢？歸根到底，還是君主制使然。一旦君主是白痴或精神病患者，與君權最近的皇后就會以其個人品性對政局產生深刻影響，賈皇后與李皇后不過是極端個例而已。

西太后與阿魯特氏——晚清兩宮個案之一

一般情況下，當朝皇后置先朝太后於死地的情況畢竟少見，而皇太后逼死后妃的例子卻屢見不鮮，其中尤以慈禧太后最心狠手毒。

清制規定，每天清晨，后妃梳妝畢，必須到皇太后處問候起居，稱為「跪安」。有清宮詞云：「佯對至尊含笑問，壽寧宮裡跪安來」，道出來這種貌似恭敬背後的虛情假意。這一規制，慈禧太后時依然如故。有時候，在皇帝侍候太后早膳後，慈禧太后也裝模作樣請跪安的后妃入堂用膳，《清宮述聞》卷六說：「循例，環桌立食，儀式而已，並不下箸」。

慈禧太后有一句做人的名言：「誰讓我一時間不高興，我就讓她一輩子不高興。」豈但如此，誰拂逆了她的意旨，觸怒了她的情緒，甚至會因一點小事讓你付出生命的代價，她對同治帝皇后阿魯特氏與光緒帝珍妃就是這麼做的。

同治十一年（西元1872年），清穆宗同治帝已到大婚年齡，但東太后慈安與西太后慈禧在擇后問題上發生了爭執。嫡母東太后準備選崇綺的女兒阿魯特氏，而生母西太后卻想選鳳秀的女兒富察氏。在攫取朝政的北京政變後，阿魯特氏的外祖父端華作為主要政敵，被西太后迫令自盡，她當然不願選他的外孫女做媳婦。據說，當時慈安對慈禧說：「鳳秀的女兒太輕佻，不宜為后，至多當個貴人。」這句話無意間刺著了西太后的隱痛，她也是貴人出身。

同治帝最終按東太后的意向，選立阿魯特氏做皇后，富察氏為慧妃。這激起西太后的不滿與反感，她對同治帝說：「慧妃賢明，應該好好待她。皇后年輕，不識禮節，你不要總往中宮跑，以致妨礙政務。」同治帝心裡老大不痛快。阿魯特氏儀態端莊，同治帝與她感情篤摯。東太后尤其喜歡她，西太后卻從不假以顏色。據《清朝野史大觀．清宮遺聞》：

慈禧好觀劇。毅皇后（即同治帝后）每陪侍，見演淫穢戲劇，則回首面壁不欲觀。慈禧累諭之，不從。已恨之，謂有意形己之短。後美而端重，見人不甚有笑容。穆宗亦雅重之，每欲親近，後見上則微笑以迎。慈禧即加以狐媚惑主之罪。左右有勸後暱慈禧者，否則恐有不利。後曰：「敬則可，暱則不可。我乃奉天地祖宗之命，由大清門迎入者，非輕易能動搖也。」有讒者言於慈禧，更切齒痛恨，由是有死之之心矣。

阿魯特氏的回答，戟指慈禧的心病，她不過作為秀女，由神武門入宮選為貴人的。這一出身，在她深以為終身之憾。西太后還偷派太監打探同治帝后，接到的卻儘是帝后情深的回報，在潛意識中，這更激起她對阿魯特氏的性嫉妒。據性心理學研究，過早守寡的母親對自家兒媳之所以有這種性心理，一則年輕寡居的母親在性愛中絕後，自然把全部愛情寄注在兒子身上，故而總把兒媳婦視為橫插在母子間的奪愛者；二則聞見兒子與媳婦恩愛，更勾起她痛楚地憶起早逝的夫婦性愛，從而喚起潛在的嫉妒心。咸豐帝（文宗）去世時，西太后僅二十六歲，正是青春年華，她對同治帝后的這種嫉恨心理也就十分強烈。

據溥儀《我的前半生》，清穆宗患天花臥病，有一天，皇后去養心殿探視，說起太后為了什麼事又責罵她，失聲哭泣，同治帝勸她忍著些，說將來總會出頭的。不料西太后竟尾隨來到養心殿暖閣的外窗下，竊聽兒子與兒媳的私房話。聽到這裡，她怒氣衝衝地闖入暖閣，一把揪住皇后的頭髮，舉手痛打。西太后的手指上總戴著金指甲，打得皇后臉上血痕縷縷。她還下令內廷棍杖侍候。同治帝經此驚嚇，發生「痘內陷」的病變，回天乏術而一命嗚呼。

清穆宗死後，阿魯特氏痛不欲生，日夜啼泣，眼睛都哭腫了。西太后以皇太后的權威無視同治帝迎立載湉入繼皇位的遺詔，改立自家妹妹的兒子，也就是同治帝的堂弟載湉為光緒帝。這樣一來，阿魯特氏成為新皇帝的寡嫂，與皇太后的地位徹底無緣，政治上越發失去了倚靠。西太后指責阿魯特氏沒照護好同治帝，把清穆宗「痘潰」而死的責任一股腦兒推到她頭上，下令限制皇后的飲食。不到兩個月，阿魯特氏就折磨而死。她的死因，一說是活活餓死，一說是仰藥自殺。這年，她還不到十九歲。一朵待放的生命之花，就因西太后的嫉恨與淫威過早摧落了。

西太后與珍妃——晚清兩宮個案之二

西太后立既是侄兒又是外甥的載湉為皇帝，是即光緒帝，名義上是承繼咸豐帝的皇位，稱自己為「皇爸爸」，確立了母子關係。光緒帝到了大婚年齡時，西太后把自己的內侄女指配給他做皇后。在光緒朝黨爭中，皇后自然站在「后黨」一邊。光緒帝對西太后硬塞給他的隆裕皇后從無好感，與寵妃珍妃的感情卻十分深篤。由於西太后專橫跋扈，隆裕后徒有中宮虛名，雖心懷不滿，卻無能為力。作為中宮皇后，她一方面不願意「帝黨」徹底敗北，內心仍有同情光緒帝的一面（儘管得不到理解與

珍妃

認同），另一方面，她不能接受光緒帝寵愛珍妃冷落自己的局面，這又導致她在政治上無法傾向「帝黨」，與光緒帝的感情裂痕日益擴大。政治因素與感情矛盾讓隆裕處在無力自拔的困境中，做了近二十年的空名皇后，卻沒能體驗到夫婦生活的甜蜜溫馨，最終成為后妃制度與專制政治的犧牲品。

光緒帝與珍妃倒是摯愛真誠的。從即位到駕崩，光緒帝始終處於西太后的淫威之下，處境壓抑，心情憂鬱。珍妃美麗活潑，擅書畫，善弈棋，能拉會唱，在感情上給他以最大的慰藉。她會別出心裁地女扮男裝，以英俊的身姿等候光緒帝的召見，帶給他出其不意的愉快。光緒帝也經常打破一人獨食的清制慣例，與她在養心殿共餐。

對光緒帝與珍妃的恩愛勁兒，西太后在感情上與政治上都看不入眼。她認為，皇帝之所以與皇后不睦，根源就在珍妃。如同對待阿魯特氏一樣，西太后對珍妃恨之入骨，千方百計找藉口整治她。甲午戰爭爆發後，帝黨主戰，后黨主和。曾獲珍妃推薦的文廷式與珍妃之兄志銳聯手彈劾李鴻章等后黨大臣，西太后為了打擊帝黨，親自追究珍妃與文廷式是否有師生之誼，並揪住珍妃串通奏事房太監賣官鬻爵的罪名嚴厲懲治她。

西太后命太監用竹鞭責打珍妃，又讓光緒帝當場下旨將她黜為貴人。在清宮中，除非做出下賤事兒，即便責罰宮女，也不能打臉，西太后卻讓隆裕皇后掌珍妃的嘴巴，蓄意侮辱她。隨後，她下令將珍妃羈禁別室，禁室外還掛上一塊禁牌，上寫：「光緒二十年十一月初一日，奉皇太后懿旨，皇后有統轄六宮之責，俟有妃嬪等如不遵家法，在皇帝前干預國政，顛倒是非，著皇后嚴加訪查，據實陳奏，從重懲辦，絕不寬貸，欽此。」其後，西太后濫施淫威，杖死珍妃位下太監六十餘人。

次年，珍妃恢復原來的名位。百日維新時，她積極支持光緒帝變法，戊戌政變後再次被囚禁在紫禁城北三所，與光緒帝隔離開來。她穿著戴罪妃嬪的服飾，囚拘的屋子只有一扇窗戶，吃飯、洗臉都由太監傳遞進去。據一個晚清宮女回憶：

最苦的是遇到節日、忌日、初一、十五，老太監還要奉旨申斥，就是由老太監代表老太后，列數珍妃的罪過，指著鼻子、臉申斥，讓珍妃跪在地下敬聽。指定申斥是在吃午飯的時間舉行，申斥完了以後，珍妃必須向上叩首謝恩。這是最嚴厲的宗法了。

珍妃度過了兩年囚禁生活，其時八國聯軍進逼北京，西太后唯恐光緒帝在列強支持下取代自己的統治，決定挾持其西逃。臨行前，妃嬪都來請安，珍妃也從囚所帶到現場，低頭跪著聽訓。西太后冷冷地說：

「洋人快進城了，兵荒馬亂，在這裡萬一受到汙辱，丟了皇帝的體面，可就對不住祖宗了。我們要避一避，你年輕，帶你一塊兒走不方便。」這純粹是託詞，珍妃姐姐瑾妃只比妹妹年長兩歲，也隨同西逃。

珍妃說：「老祖宗可以離京暫避。皇上應該坐鎮京師，力挽危局！」

西太后臉一沉，冷笑著搶白道：「你死在眼前還胡主張什麼？」說著，指指院中那口井說：「賜你一死，下去吧！」

珍妃說：「我沒有應死之罪！」

西太后說：「不管你有罪沒罪，都得死！」

珍妃說：「我要見皇上，皇上讓我死。」

西太后氣狠狠地呼喝道：「皇上也救不了你。你死去吧！」大太監崔玉貴挪開井蓋，對珍妃說：

清西太后慈禧

「請主兒遵旨吧！」

珍妃又轉向西太后最寵幸的李蓮英，連聲呼喚：「李安達！李安達！」安達是對太監的尊稱。她還指望李蓮英能在西太后面前說一句話，留下她的性命。李蓮英卻冷冷向那口井一揚臉，意思說，你就快點死吧，不能為你一人，誤了大家逃命。

這時，西太后忍不住了，疾呼道：「把她扔下去吧！」於是，崔玉貴連挾帶推，把珍妃拉向井邊。在掙紮著扔下井中的最後瞬間，珍妃哭喊道：「皇上，來世再報恩啦！」

一年多後，西太后與光緒帝回京，珍妃的屍體才打撈上來。為了洗刷自己沾上珍妃之死的血汙，西太后一方面假惺惺發布懿旨，聲稱「倉猝之中，珍妃扈從不及，即於宮內殉難」；另一方面指責崔玉貴逞能，把她一時氣話當作懿旨執行，聲稱一見到他就生氣傷心，故作姿態地將其趕出了宮。

在中國古代，惡姑孽婦的故事傳說並不少見，然而，多虐待而罕虐殺。在兩宮關係中，像賈皇后與西太后，或是以媳殺姑，或是以姑殺媳，堪稱喪心病狂，但她們何以如此有恃無恐呢？歸根結底，還是君主后妃制造成了家庭婚姻與國家政制的一體化，兩宮中任何一方，誰控制了皇帝，就可以攫取國家最高權力——君權，可以為所欲為；而她們中某些人一旦天良喪盡，人性泯滅，便會倚恃這種權力，向對方施行最極端的報復。

二　嫉妒的真情、矯飾與扭曲

從〈小星〉說起

〈小星〉是《詩經．召南》裡的一篇，其大意如下：

微光閃爍那是小星，三五成群位居在東。
急急匆匆中宵有征，半夜三更趕去從公。
人各有命就是不同！

微光閃爍那是小星，那參那昴交相輝映。
急急匆匆中宵有征，抱上單帳擁著被衾。
人各有命就是得認！

《詩大序》對這首詩有這樣的解題：「〈小星〉，惠及下也。夫人無妒忌之行，惠及賤妾，進御於君，知其命有貴賤，能盡其心矣。」也就是說，這首詩頌揚了諸侯夫人沒有嫉妒之心，讓君王的恩澤惠及賤妾下人，主動把嬪御引薦給諸侯伺寢，使嬪御們知道命有貴賤之分，能與夫人各盡其心。

倘若真如《詩大序》所說，詩歌描寫的就是嬪御們趕去「承恩」的情景，模擬的應該是這些嬪御的口吻。不過，透過字裡行間，後人讀出的，並不是「夫人無妒忌之行」的美德，卻是夫人那種盛氣凌人的優越感，與嬪嬙那種低三下四的屈辱感。而「小星」後來也成為正室以外嬪御與小妾的代名詞。

自君主制與后妃制確立以來，在性道德的樂章中，主旋律就伴隨著男性君主的性要求節拍，一面倒地作為價值評判的基本標準。后妃的性道德觀念與性行為規範，只是主旋律的和聲而已。於是，不但后妃史，即使就整個中國古代婦女史而言，作為同一男子性配偶的女性之間和諧相處、互不嫉妒，便是表彰女性道德的一大主題。

幾個「不妒」的后妃

楚莊王妃樊姬雖然備受愛幸，卻不擅寵專席，主動盛飾眾妾，讓她們輪流為莊王侍寢，博得了「眾妾誇兮繼嗣多」的美名，載入《列女傳》。其後，不僅漢明帝馬皇后、唐太宗長孫皇后、明太祖馬皇后等賢后都有同樣的好名聲，歷代正史《后妃傳》也登錄了不少后妃互不忌妒而傾心相待的動人事蹟。

後唐莊宗生母曹太后，原是晉王李克用的側室。晉王的正室劉氏沒生過兒子，莊宗即位後，劉氏被封為太妃。劉太妃向曹太后祝賀時，曹太后回想晉王在世時她倆關係一直很融洽，劉氏雖是正室夫人，卻從不嫉妒她，還不止一次勸晉王厚待自己。現在，自己的兒子做了皇帝，原來的正室夫人反而屈居太妃，心裡不免慚愧，臉上有點忸怩。劉太妃卻坦然道：「只要我們的兒子享國長久，其他還有什麼可說的。」

後來，莊宗把生母曹太后迎入洛陽宮中，劉太妃仍留居晉陽舊宮，兩人分手之際，都鬱鬱不樂。曹太后聽說劉太后經年臥病，就對莊宗說：「我們情如姊妹，她只要見我的面，就會得到安慰。我去一次晉陽，十天半個月與她一起回來。」終於因山路崎嶇，被莊宗勸阻。不久，傳來了劉太妃的訃聞，曹太后悲痛得好幾天沒吃飯，要趕去參加葬禮，被勸阻後就一病不起，不到兩個月，也去世了。

韋賢妃與喬貴妃都是宋徽宗的妃子，原先都侍候過劉皇后，地位與命運使她們同命相憐，結為姊妹，並相約：誰先貴幸，不要忘記對方。不久，喬貴妃受到召幸，便向徽宗引薦了韋賢妃，韋賢妃生下了趙構（宋高宗）。靖康之變，她倆都俘至金國。宋金達成紹興和議，韋賢妃因是高宗生母，釋放南歸。臨行前，在艱苦的處境中，喬貴妃仍給前來迎接的南宋使者贈送了五十兩黃金，對韋賢妃說：「薄物不足以為禮，只願他能好好護送姐姐回到江南。」說完，痛哭而別。

中國古代女性史上，確有號稱不妒的后妃。究其原因，就在於后妃制只是與君主制結合的特殊多妻制，而男性是多妻制的確立者、主宰者與受益者。在這種婚姻制度下，長期以來，女性的性倫理規範與性心理模式，是由男性單向主導的價值觀念與輿論宣傳所塑造的。尤其在後宮全封閉的環境中，這種一邊倒的價值導向，很容易使后妃們形成一種「集體意識」，在相當程度上改鑄了她們的性倫理與性心理，使她們對「不妒」產生一種自覺或不自覺的認同。性倫理與性心理從來就是歷史的、具體的。這種「不妒」的性倫理與性心理，正是在多妻制，尤其是后妃制的歷史背景下，部分女性心理的扭曲表現。

當然，作為婚姻與政治的混合體，后妃制也會使置身其中的女性從自身的生死存亡、盛衰榮辱出發，調整處理性愛與嫉妒的態度。她們深知，這種性愛上的嫉妒，一旦帝王或得寵后妃不能容忍，就可能招來不測之禍。因此，有些后妃的不妒，絕不是她們性心理的原貌本色，而只是出於名利權欲的考量，再塗上迎合輿論的「不妒」色澤而已。

北齊後主穆皇后小字黃花，一度頗受愛幸，後主特地為她打造了豪華的珍珠寶車。不久，她逐漸失寵，連兒童們也唱開了「黃花勢欲落」的歌謠。穆皇后有一個侍婢，名叫馮小憐，能歌善舞，嬌美慧黠。也許感到宮婢不會對自己構成大威脅，得寵後也不至於太為難主母，穆皇后主動把馮小憐獻給了後主，還稱她為「續命」，用意十分明顯，只是為了保住后位。

南朝陳後主對沈皇后一向不上心，對張貴妃卻寵冠宮掖，後宮政令也都交給她主持。沈皇后也明白無法與張貴妃爭寵，只指望皇后名分仍在，便對這一局面淡然處之，從不流露出怨妒的神色。與沈皇后的「不妒」相對應，張貴妃也許覺得在色貌魅力上有足夠的優勢，在後主遊宴時，也會引薦一些宮女參加，宮女們也識相地爭相誇讚她的美德，她也越發愛傾後宮。

那些「入室見妒」的后妃們

性愛是排他的，必然伴隨著嫉妒，其具體表現就是不允許第三者來分享或覬覦這種感情。由此看來，后妃在性愛上的嫉妒，倒應視為正常，不妒反而是情感的掩飾或扭曲。打開歷代后妃傳，懷有性愛嫉妒的后妃，遠比不妒的「賢后妃」要來得多。

漢武帝時，尹婕妤與邢娥同時受寵。但武帝規定兩人不能相見，故而她倆從未見過面。後來，尹婕妤請求武帝讓她們見上一面。「略輸文采」的武帝不乏幽默感，與她開了個小玩笑，命其他妃嬪盛飾並帶隨從宮女數十人前來，尹婕妤見後說：「這不會是邢夫人。」

武帝問：「何以見得？」

回答說：「看她的容貌姿態，不會受到人主愛寵的。」

武帝這才命邢夫人以平居的衣飾獨自前來。尹婕妤一見就說：「這才是真的。」邊說邊俯首低泣，痛惜自己比不上邢夫人美貌。

古諺說：「美女入室，惡女之仇」，「女無美惡，入室見妒」。晉武帝楊皇后出於嫉妒，選擇妃嬪時盡挑那些潔白高長的女子，把那些端正美麗的都打發了，以至晉武帝按捺不住在屏扇後連連說「卞藩家女兒不是長得俊嗎？」

楊皇后卻說：「卞家三代后族，他家女兒不適宜當一般妃嬪。」把武帝擋了回去。

這種妒忌，還在情理之中。然而，君主往往連這種嫉妒也不容許。據說，隙皇后（她實際上在梁武帝立國前就已去世）是個愛吃醋的妒婦，梁武帝聽說《山海經》記載，吃鶬鶊鳥可以治妒病，但臉上會生斑痕，便讓隙氏吃了，妒病果然減了一半。

療妒羹也許只是個傳說。後宮女性的互相嫉妒，植根於后妃制，只要后妃制存在，她們便會一代代地嫉妒下去，這種心理病決沒有特效藥。

據《梅妃傳》，在楊貴妃入宮時，唐玄宗已有江妃。她姿態明秀而服裝淡雅，性喜梅花，愛在居所四周植梅賞梅，玄宗戲稱她為「梅妃」。楊貴妃入宮，寵愛日盛，但玄宗喜新不厭舊，仍時時寵幸梅妃。她們倆卻嫉妒得要避路而行，在路上都不願打照面。梅妃不是楊貴妃的對手，終於遷居上陽東宮。

一夜，玄宗憶起梅妃，密召她到翠華西閣，重敘舊愛。不料走漏風聲，次日一早，楊貴妃盛怒地趕來，玄宗披衣起床，慌慌張張地把梅妃藏在夾幕中。

刑夫人愧美

楊貴妃問：「梅精在哪裡？」

玄宗說：「在上陽東宮。」

楊貴妃有意將玄宗一軍：「那麼，把她召來，我們同去洗溫泉浴吧！」

玄宗道：「已經摒放，不必同往了。」

楊貴妃指著御榻旁的繡鞋翠鈿，那是梅妃慌亂中留下的，冷笑說：「夜來誰侍奉陛下寢席，竟歡醉到日出還不視朝？」說完，怒氣衝衝地走了。

梅妃去後，玄宗派人傳語：「不是遺棄你梅妃，實在怕楊太真過不去。」

梅妃黯然一笑：「擔心愛我而使那肥婢生氣，還不是遺棄嗎？」

後來，玄宗瞞著楊貴妃密封一斛珍珠賜給梅妃，她不受賜，吟〈謝賜珍珠〉詩作答：

柳葉雙眉久不描，
殘妝和淚濕紅綃。
長門自是無梳洗，
何必珍珠慰寂寥。

儘管《梅妃傳》是小說家言，卻真實地表達了后妃對自身遭妒失愛的不平和怨嘆，對帝王移情別

梅妃

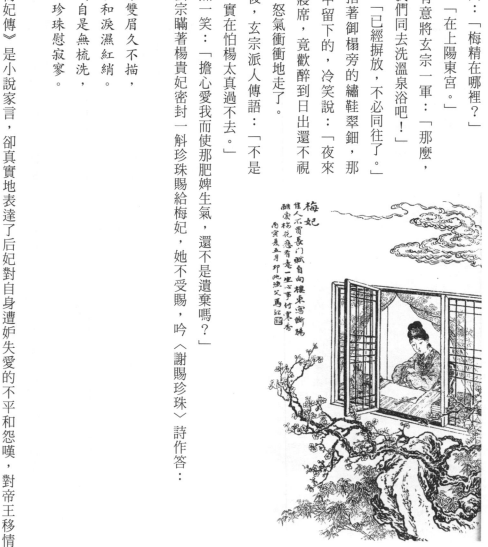

戀的憤懣與譴責。在表面上，似乎是那些獲寵得勢的后妃傷害了其他失寵懷妒的后妃，而實際上，正是后妃制，迫使宮中女性如果不願做被傷害者，就必須去做傷害者。

突破底線的宮闈嫉妒

在君主制下，后妃們一方面有著性愛獨占的正常心理，另一方面卻不能把妨礙其性愛獨占的原因歸咎於君王，就必然嫉妒、排斥與她分享性愛與情愛的同性。她們始終處於宮掖多妻現狀與性愛獨占心理，封建道德與嫉妒感情的痛苦撞擊之中。性愛嫉妒自然而然地訴求排他性，但這種排他性仍以不悖逆人性為其極限與底線。一旦超越了這個度，合乎情理的性愛嫉妒就轉化成一種喪心病狂。

戰國時，在楚國後宮，鄭袖最受楚懷王寵愛。她知道懷王很喜歡魏國新送來的美人兒，心裡儘管嫉妒，卻裝出比楚王還憐愛她的樣子：衣服玩飾，揀她中意的送，宮室臥具，挑她歡喜的給。當知道懷王對自己不妒很滿意時，鄭袖便對美人說：「大王很醉心於你的美貌。不過，對你的鼻子還感到美中不足。你今後見到大王，就掩著鼻子，既可遮去不足，又可增加媚態。」

美人不知是計，照著去做。有一天，懷王問鄭袖：「新美人見著我就掩鼻子，這是為什麼？」

鄭袖欲言還止，在懷王一再追問下，才說：「她這是在討嫌大王身上有股臭味！」

懷王大怒，下令讓人割去了這位美人的鼻子。用這種手法來擊敗奪愛的敵手，用心也太陰險毒辣。類似這樣喪失理智，滅絕人性，對嫉妒對象虐待殘殺的事件，在后妃史上屢有所見。南朝梁元帝徐妃因妒失寵，見到無寵的妃嬪就同病相憐，與她們交杯共坐，但只要發覺後宮有誰懷上孕，就親執利刃捅殺她們。王貴嬪有寵不久，就不明不白地死了。元帝認為就是徐妃害死的。

元順帝時，後宮淑妃龍瑞嬌、程一寧、戈小娥，麗嬪張阿玄、支祁氏，才人英英、凝香兒並受寵愛，號稱「七貴」，尤以龍瑞嬌最為暴虐。據《元氏掖庭記》：

淑妃龍瑞嬌，貪而且妒，宮人少有不如意者，笞撻至死。有不欲置之死地者，則百計千方致其苦楚：以醋沃鼻，謂之「酸刑」；以穢塞口，謂之「臭刑」；夏則火圍，謂之「蒸骨」；冬則臥冰，謂之「煉肋」；不能酒者，強令之飲，多至十碗，是名「醉鬼」；削木埋地，相去二尺，高三尺，令女立上，又以一木拄其腰，兩手各持重物，不得失墜，名曰「懸心之刑」。凡此類者甚多。

龍瑞嬌的所作所為充分表明，一旦失去理智的控制與人性的制約，嫉妒會表現出怎樣的殘忍與醜惡。史稱，七貴「所好成之，所惡成之，位在皇后之下，而權則重于禁闈」，結黨固寵，追求權勢，她們的嫉妒不僅僅出於性愛排他的心理，還摻雜著權欲追逐的瘋狂。

清代學者俞正燮寫過一篇為女人之妒翻案的文章，題為「妒非女人惡德論」，肯定一夫一妻制才合乎夫婦之道。文章最後指出：「妒非女人惡德；妒而不忌，斯上德矣。」在他看來，妒是一種性愛心理，而忌是一種報復動機。在后妃制下，要求女性妒而不忌，仍是不平等的單向要求，但從道德角度而言，不讓嫉妒之火吞噬人性之善，還是必要的。

不曾嫁給官家

如果說，鶺鴒療妒是后妃制對婦女性心理與性倫理的改造，高皇后的故事卻是後宮女性對這種改造的抗爭。

宋英宗是濮安懿王第十三子，在立為皇位繼承人前曾做過岳州團練使，也稱為「十三團練」。即位之前他已成婚，妻高氏。即位之初，英宗病殃殃的，但痊癒後，已成為皇后的高氏仍不讓他親近其他妃嬪。她的婆婆曹太后派親信傳話：「官家即位已久，現在病好了，左右怎麼能連一個嬪御也沒有呢？」宋代內廷對皇帝都叫「官家」。高皇后老大不高興地說：「奏知娘娘，新婦當初是嫁給十三團練的，並不曾嫁給官家。」她以普通人的一夫一妻觀來與君主后妃制相抗衡，道出了不少后妃的內心追求。當然，這種抗議最終必然碰壁，后妃制不能容忍與之衝突的道德、心理與行為同生共存。

三　鳳冠保衛戰

在後宮等級金字塔上，皇后位居其頂端，雖說她也不過是帝王的玩物，但「國母」與「小君」的身分差別畢竟讓她凌駕於所有妃嬪之上。只要名分還在，即便已失寵於君主，她仍擁有後宮名義上最高的權力與尊榮。既然皇后的名分是皇帝給的，一旦寵盡愛衰，皇帝對其他妃嬪的寵幸超過了皇后，皇后就將在愛情與權位兩方面受到挑戰。在這種情況下，帝后雙方都可能採取兩種策略。就帝王而言，他即便移情別戀，但不謀求改立新后，因為這事畢竟牽動朝廷大政，往往受各方掣肘。不過，也有皇帝執意要讓新寵同獲愛情與鳳冠，對皇后的吐故納新也就不可避免。就皇后而言，她或是默認失寵來換取名分的保存；或是既不願讓出鳳冠，也不願失去愛寵。不過，在後一選擇下，幾乎找不到魚與熊掌兼得的成功個案，觸目所見卻是兩者盡失的不幸結局。由情慾與權位欲鼓動起來的嫉妒心，驅使一代又一代皇后為保衛既得的鳳冠而鬥爭。她們的鋒芒一般不會也不敢指向喜新厭舊的帝王，而是針對新寵的妃嬪。

輕喜劇與諷刺劇

明崇禎帝時，田貴妃在受寵上略勝周皇后一籌，而周皇后憑藉著中宮名分，在地位上明顯占有優勢。從服飾、技藝到禮儀、待遇，兩人暗暗地較勁，各不相讓，互爭高低。田貴妃擅長琴技，崇禎帝大為激賞，便問皇后：「你難道不會嗎？」周皇后語中帶刺地回答道：「我出身儒家，只知桑蠶紡織。田貴妃從哪裡學得這指法的？」弦外之音暗諷她也許從風塵藝妓那裡學來的。

崇禎帝也起了疑心，詰問之下，田貴妃說是母親所教。她怕崇禎帝仍懷疑，在一個節令上，有意讓母親入宮獻技，證明她所說不虛。

田貴妃因色藝而受寵，對周皇后日漸驕慢起來，她也先後生了三個皇子，便萌生了恃寵奪嫡，改立皇太子的念頭。一天，田貴妃的宮婢在金狻猊下嬉戲，誤撞了周皇后所生的皇子定王，周皇后認為這是田貴妃指使的。又有一次，周皇后賜皇太子茶果，宮人致送途中，戲推道旁石獅子為樂，喧嘩聲驚破了田貴妃午睡的好夢，她認定這是周皇后存心與她過不去。兩人矛盾越鬧越深，周皇后決定以皇后身分在禮儀上壓她一頭。

爾後凡有遊賞嬉戲，周皇后總把袁貴妃召來，有心冷落田貴妃。元旦那天，紫禁城內風雨交加，按照朝儀，田貴妃乘坐翟車前來朝拜周皇后，泊車門外，等候傳呼。等了好久，袁貴妃也來朝拜，周皇后特免預先傳呼的禮節，拉著她的手一起在便座上坐下，兩人親暱地談了好一會兒，客氣地送出。周皇后這才傳呼田貴妃，自己出殿正坐，受她朝拜，禮畢，就冷冰冰地離座，連寒暄話都不說一句。這一抑一揚果然奏效，田貴妃恚恨地向崇禎帝哭訴。崇禎帝與周皇后談起此事，她也不示弱，兩人一語不合，崇禎帝一下把她推倒在地上。周皇后憤憤地絕食抗議，崇禎帝自感過分，派太監去問起居，自找台階下。這下又

明崇禎帝

惹惱了田貴妃，也許她的舉措也激怒了崇禎帝，便下旨令她斥居啟祥宮，閉門思過，三月不召。

實際上，有段時期，周皇后對袁貴妃也深懷妒意。據《甲申小記》，有一夜，崇禎帝寢宿在袁貴妃那裡，次日，周皇后明知故問：「昨夜在哪裡過的？」崇禎帝囁嚅了好一會兒，只吐出一個字：「袁。」周皇后強顏一笑。只不過，眼下周皇后需要袁貴妃這個籌碼來敲打田貴妃罷了。一天，崇禎帝與周皇后在永和宮賞花，周皇后也許感到可以見好收場，便主動建議召田貴妃前來同賞。她見崇禎帝不語，就派人用車迎回田貴妃，后妃和好如初。對周、田之爭，《崇禎宮詞》認為崇禎帝重大體，周皇后識大體：

> 一見旋消商與參，花前尊酒喜同斟。
> 啟祥漫記艱辛事，敕譴車征並苦心。

似乎帝后的苦心才使后妃並寵，贏來了後宮同斟花前酒的輕喜劇收場。

後唐莊宗即位前有正妃韓夫人、次妃伊夫人，劉夫人位居第三。劉夫人擅長笙歌樂舞，正投莊宗所好；不過，對她出身低微而生性妒悍，莊宗頗有不滿。即位後，究竟立誰為后，莊宗有點舉棋不定。劉夫人派親信說動大臣郭崇韜：「你如建議立劉夫人為皇后，皇帝一定會高興的。內有皇后助你一臂之力，伶人與宦官就不能為患了。」

劉夫人果然被立為后，爾後開始處心積慮地消除一切潛在的威脅。莊宗有一個寵幸的美姬，已生下一個皇子，劉皇后十分嫉妒她。有一次，歸德節度使、同平章事李紹榮入侍禁中，他新喪妻室，莊宗問他：「你還娶嗎？我為你求婚吧！」劉皇后應聲指著那個美姬說：「皇帝何不就把她賜給紹榮呢？」莊宗不便當場反對，含含糊糊地點了點頭，劉皇后馬上催李紹榮拜謝。

等會見結束，莊宗回頭找尋那個美姬，回答說，劉皇后已派人將她抬出後宮，送往李家。見木已成舟，莊宗忌憚劉皇后的妒悍，有氣沒處出，託病好幾天沒有吃飯。那個宮姬是直接受害者，如同一件貨物那樣被人拿來送去。劉皇后略施心計，不動聲色地把競爭對手趕出了後宮，讓莊宗懊惱託病，頗有諷刺小品的意味。

獨孤后的嫉妒心

在后妃爭寵中，類似周皇后、田貴妃之間的輕喜劇與唐莊宗劉皇后那樣的諷刺劇，畢竟還不傷筋動骨。為了保衛鳳冠，嫉妒激起的報復心竟使那些「母儀天下」的皇后敢冒天下之大不韙，裸露出人性所有的惡。

隋文帝獨孤皇后性尤妒嫉，據說，她選擇宮人的標準就是肥大，後宮沒有人敢與她爭枕席。尉遲迥的孫女秀色可愛，隋文帝一見之下就為其吸引，「御幸」了她。獨孤皇后知道後，趁文帝上朝之際，偷偷將她殺死。她還把這種嫉妒心反射到大臣與兒子的身上，他們之中，凡有妾懷孕生育的，便對其人生出莫名的反感，一定勸文帝將其屏斥，皇太子楊勇與尚書左僕侍高穎都因此而受黜。史家趙翼說她：「子之厚妾薄妻而母惡之，此猶是家庭之恆情；至於臣下之有妾，亦何與（預）后事？乃亦因此而憾之，豈非奇妒哉！」

這種奇妒心理，在心理學上稱為「位移」。獨孤皇后推己及人，以自己的痛苦來體味他人之不平，再由人及己，從他人被冷落的遭遇來比況自己可能有的命運。問題在於，由於皇后的特定身分，使她在太子廢立與大臣進退上，完全聽任嫉妒移位而導致的構執偏頗，對政局造成了負面影響。至於她出於忌恨而殘殺無辜，更是喪心病狂之舉。

從厭勝到虐殺

陰皇后發現，自鄧貴人入宮，漢和帝對她的寵愛就明顯衰減，儘管妒恚在心卻找不到把柄。比如同見皇帝時，鄧貴人從來穿得很樸素，一發現自己的衣著與陰皇后的色彩相同，當即更換，表示不敢媲美。和帝發問，也從不搶在皇后前面應答。陰皇后最惱恨的，還是鄧貴人故作姿態，以退為進。在和帝對自己性趣落索，每次到鄧貴人處過夜，鄧貴人就託病辭謝，還垂淚長嘆皇帝繼嗣不廣，好幾次推薦其他妃嬪侍寢，博得了上自皇帝下至宮人的一片讚揚聲。

陰皇后越想越氣，卻無從下手，便與外祖母以巫蠱之術祝詛鄧貴人，指望她就此失寵倒霉。有一次，和帝病得很重，她竊喜機會來了：如果和帝駕崩，她就是皇太后，一切可以由她說了算。便私下對人揚言：「我如果得志啊，不會讓鄧家留一個人的。」鄧貴人聞言對宮人說：「我這麼竭誠盡心，侍奉皇后，不料還不討好！為了報皇帝之恩，救家族之禍，也不讓陰氏背上呂太后害死戚夫人的『人彘』惡名，我還是死了吧！」說完就要服毒，被宮人救下。

不久，陰皇后巫蠱事發，鄧貴人仍向和帝求情。沒有獲准，陰氏家族或被殺，或流放，陰皇后被收回皇后璽綬，幽遷於桐宮，最後憂懼而死。鄧貴人儘管稱病不見，仍以「德冠後宮」取代陰氏做上了皇后。鄧貴人是否在採取柔弱勝剛強的策略，不得而知；但陰皇后為了保住鳳冠，竟採用了當時視為「大逆不道」的巫蠱之術，也是鬼迷心竅、利令智昏。

在鳳冠保衛戰中，如果說陰皇后表現的是迷信與愚昧，更多的皇后卻是近乎瘋狂的惡毒，喪失人性的殺戮。

宋光宗李皇后的悍妒在兩宋后妃中位居第一。一天，宋光宗在宮中洗手，見端盆宮女的雙手白皙纖柔，讓人賞心悅目，便讚歎了一聲。幾天後，李皇后派人送來一只食盒，光宗還以為什麼好吃的，打開一看，竟是他讚美過的那個宮女的纖手。黃貴妃頗受光宗寵愛，李皇后忌恨在心，苦於沒有機會下手。紹熙二年（西元１１９１年）冬天行郊禮，光宗必須獨宿齋宮，李皇后乘機虐殺了黃貴妃，說是自己暴死的。消息傳到齋宮，光宗經過宮人斷臂的驚嚇，精神本來有點怔忡，再經這次打擊，精神病發作，不再理朝政。

十國閩主王延翰廣選良家女子為宮人，其夫人崔氏貌雖不揚，性卻極妒，便尋覓美貌宮人，幽禁在別室，一律戴上大枷，讓人刻了一支木製的手掌，專用來打宮人的耳光。有時則用白練裹住這些美人的身子，再用鞭子使勁抽打她們，直打得白練染滿了殷紅的血跡才罷手。或者乾脆用鐵錐子刺她們的臉頰與手臂。一年之中，她竟用這類非人的手段，折磨死八十四個如花似玉的妙齡宮女。也許，這種虐殺不能不受良心的譴責，崔氏在其後病中不斷看見那些冤魂前來作祟，不久就驚懼而死。

黃雀在後

西夏景宗元昊先後七娶，第一位皇后衛慕氏是他的舅表妹。後來，母族衛慕山喜謀叛，元昊把連同她生母在內的母族族滅了，正懷身孕的衛慕皇后也被幽禁起來。寵妃野利氏冊為皇后。不久，衛慕后生下了兒子，野利后唯恐對手母因子貴，東山再起，便對元昊說：「這孩子相貌不像你。」一怒之下，元昊把衛慕氏與親生兒子都殺死了。野利后為元昊生了三個兒子，次子寧令哥立為太子。野利后身材頎長，容貌美豔，又有心機，元昊對她又畏又愛。

轉眼之間，太子已到了婚齡，元昊為他娶了大族沒氏之女。入門之際，見新婦嬌豔動人，元昊竟然自納為妃，號稱「新皇后」。他為新皇后在天都山修造了行宮，整日與她遊宴玩樂。這時，野利后已是明日黃花，色衰寵疏，對兒媳竟成情敵，當然十分不滿。她的叔父旺榮與遇乞也說過牢騷話，宋人實施反間計，元昊認為兩人心存異謀，迫令他們自殺。

野利后在元昊面前多次哭訴兩位叔父的冤枉，元昊下令尋訪野利氏遺屬。野利遇乞的妻子沒藏氏出逃尼庵中，訪到後被迎入宮。不料，元昊見沒藏氏姿色迷人，又與她私通。野利后發覺後，因是叔母，不忍心下毒手，便髡了她的秀髮，送到興州戒壇寺做尼姑，號稱沒藏大師。但元昊仍經常赴戒壇寺，與沒藏氏幽會，甚至帶著她同居營帳之中。野利后見元昊先寵沒氏，又寵沒藏氏，自己的地位一落千丈，便常出怨望語。元昊乾脆將野利后廢黜，命她移居別室，正式立沒氏為后。

再說，野利后所生的太子寧令哥見到手的愛妻被奪，如今生母又被廢黜，沒藏氏又為元昊生下了愛子諒祚，自己的太子地位也將不保。於是，母子倆的仇恨集中到元昊一人身上。天授禮法延祚十一年（西元1048年）元宵之夜，寧令哥提劍潛入宮中，準備行刺父親，不料猝遇，一劍揮去，削去了元昊整個鼻子。隨後，他倉皇逃竄，被沒藏氏之兄、國相沒藏訛龐捕獲。訛龐正打算趁機確立自己國舅的地位，便以謀叛罪處死了寧令哥與野利后。

借刀殺人

在鳳冠保衛戰中，有心機的皇后往往心狠手辣地借刀殺人，剷除敵手。

明嘉靖二十年（西元1541年）的一個深夜，後宮發生了十幾名宮女企圖勒死嘉靖帝的事件。事發這夜，嘉靖帝留宿在曹端妃宮中，事發之後，奄奄一息的嘉靖帝，不能言語，主持審訊的是方皇后。她對曹端妃因姿色而受寵，經常侍寢皇帝，早就深懷妒嫉，便抓住宮嬪供詞：「曹端妃雖然沒參加，但也是知道的。」趁機把曹端妃打為首謀，矯傳嘉靖之旨，將其連同參與事變的宮女一起押赴鬧市，凌遲處死，而實際上曹端妃是無辜的。

康復之後，嘉靖帝懷疑曹端妃是冤枉的，說：「端妃是我所寵愛的，應該不會有謀逆之心。」對方皇后爭寵報復啣恨在心。五年以後的一個冬天，宮中大火，方皇后被困在熊熊烈焰中，太監們都要前去救援。世宗嘉靖帝驀然想起她誣害曹端妃的往事，盯住跳動的火舌，不發一語，眼看著方皇后活活燒死在大火之中。

方皇后的結局，對爭寵的后妃而言，幾乎是命運的縮影。她們把其他妃后視為敵手，卻沒看到背後還站著代表君主制的帝王，正是君主專制把她們推入了火坑，導致了她們之間鉤心鬥角地爭寵奪愛，釀成了層出不窮的人性慘劇。

四　鳳冠爭奪戰

一入後宮，女性就自覺不自覺地受到兩種欲望的驅動，追求兩種價值的承認。一方面是皇帝的寵幸，這是情慾驅動下的價值追求；另一方面是後宮的名位，這是權欲驅動下的價值追求。這兩種追求，都是作為第二性的后妃，對第一性的君主所確立的價值標準認同，並以自身人性的扭曲來迎合這種標準。這兩種追求，既有區別，又有聯繫。皇后儘管是後宮名位最高者，但未必就是皇帝最寵愛的；而皇帝最眷寵的妃嬪也未必一定能摘取耀眼的鳳冠。由於人主的寵幸與後宮的名位並不是凝固不變的，對君主來說，寵愛的對象可以因其感情而轉移，後宮的名位也可以由其好惡而升黜。於是，為帝王所眷幸的妃嬪，一方面把名位作為自己受寵程度的測試表；另一方面又冀圖通過皇后名位的獲得，來鞏固與保衛她既得的寵幸。唯其如此，對皇后來說是衛冕，對獲寵妃嬪來說是奪冠，兩者之間的鳳冠爭奪戰就是不可避免的。

據《韓非子．外儲說右上》，戰國時，齊威王夫人死，十個寵姬都爭著要當夫人，鬧得不可開交。夫人只能立一個，齊王徵求國相薛公的意見。薛公不知道這十個寵姬中威王最寵誰？倘若回答失誤，豈非得罪威王。薛公略施緩兵之計，獻上十塊玉珥，其中有一塊特別美，作為獻給十個寵姬的禮物。第二天，薛公建議那個佩戴最精美玉珥的寵姬為夫人，果然投合威王心意，巧妙地解決了立后之爭。然而，在歷代鳳冠爭奪戰中，後人看到的，不是工於心計的算計傾陷，就是窮凶極惡的殘害虐殺，其間雖未必刀光劍影，卻足以驚心動魄。

楊貴妃巧奪鳳冠

據《朝野遺記》，自韓皇后去世，中宮一直虛位，楊貴妃與曹美人都很受宋寧宗寵愛。曹美人生性柔順，其姊妹都入道教，姊姊賜號虛無自然先生，妹妹則擔任左右街都道錄，都能入出宮禁，走了已故韓皇后的叔祖、權臣韓侂胄的門路。韓侂胄忌憚楊貴妃有心計，善權術，勸寧宗立曹美人。楊貴妃卻靈機一動，與曹美人約定在同一天各自設宴邀請寧宗，讓皇上來決定立誰。見曹美人允諾，楊貴妃假作謙遜說：「看來皇帝更喜歡你，你就白天先請皇帝吧！」曹美人不知是計，欣然同意。

屆時，曹美人設酒宴請來了寧宗。向晚，酒勸了一巡又一巡，她卻還沒啟口立后之事。這時，楊貴妃卻已派人來催寧宗，駕幸她那裡的宴席。寧宗到了楊貴妃處，酒酣情熱就留宿在那裡。醉意朦朧中，楊貴妃遞上早準備好的紙筆，讓他寫下了「貴妃楊氏可立為皇后，付外施行」幾個字，交給了宦官。楊貴妃再進紙筆，請寧宗同樣重寫一張，交給了她的兄長楊次山，讓他一早就送到中書，命宰相執行。她唯恐宦官受韓侂胄控制，隱匿下這道御批，或者中途生出什麼變故，便補上這一著，讓立她為后的御批通過不同渠道送出，就不怕韓侂胄阻撓了。就這樣，楊貴妃略施小計，智勝曹美人，當上了皇后。

萬貴妃好夢難圓

在鳳冠爭奪戰中，萬貴妃沒能圓上皇后夢，卻充分暴露了人性的醜惡。

萬貴妃四歲選入掖庭，在明憲宗的祖母孫太后宮中做宮女。土木堡之變，明英宗被瓦剌俘虜，監國景泰帝不是孫太后所生。為確保繼承權不落入景泰帝后代之手，孫太后把英宗兩歲的兒子朱見深立為太子，他就是未來的憲宗。這年，萬氏已經二十一歲，出落得嬌妍迷人，年幼的朱見深一見她，就相處很親熱，孫太后就讓她服侍太子。明代制度，一旦立為太子，與生母也不能隨意相見，朱見深兩歲到五歲期間就由萬氏撫養，自然把戀母情結轉移到她的身上。過了幾年，景泰帝另立己子為儲君，朱見深遭廢黜。其後，明英宗被瓦剌遣返，以奪門之變再登皇位，這年朱見深十歲，重立為皇太子。直到即位之前，萬氏始終照顧他的飲食起居。可以推斷，朱見深自幼對萬氏的戀母情結從未消滅與位移。而萬氏也頗有姿色，朱見深即位前與她已有床笫之歡。到十八歲即位時，儘管以年齡論，萬氏足以為其母，但在感情上，憲宗對她卻由衷地迷戀。

萬氏出身低微而為人機敏，她充分利用憲宗這種戀母情結，不但專寵於床笫，而且在皇帝遊幸時，總是戎裝騎馬作為前導，贏得他的歡心。憲宗即位，冊立吳皇后，萬氏卻壓根兒不把皇后放在眼中。她雖擁有了憲宗的感情，卻為自己的地位憤激不平，因為她只是個沒有名分的普通宮女。一次，抓了她的一個錯處，吳皇后以中宮身分對她施行杖責。這一打，萬氏更是不斷進讒，憲宗居然親自出面為她出氣，說：「先帝已代為選定了王氏，住在宮中等待大婚。太監牛玉把選退的吳氏再選，被周皇太后選中為后。冊立后，我看她舉止輕浮，禮度粗率，才知道內中經過。故廢吳氏別宮。」冊立僅月餘，吳皇后就遭廢黜，萬氏也算出了口惡氣。

兩個月以後，憲宗繼立王氏為皇后，萬氏也不把她當一回事兒。王皇后生性嫻靜淡泊，又有前車之鑑，從不與其爭寵。過了兩年，萬氏生下了皇長子，憲宗正式冊封其為貴妃，她更是志滿意得。帝后遊賞西苑，萬貴妃竟馳車跑在王皇后前面；歲時朝見中宮，不執妃妾之禮；昭德宮會宴，王皇后的禮遇反不及萬貴妃。凡此種種，王皇后都毫不在意，淡然處之。王皇后沒生下皇太子，萬貴妃也無碴兒可找，王皇后與她才相安無事，正位中宮二十四年。萬貴妃譖廢了一位皇后，制服了一位皇后，又生下了皇長子，滿心希望憑著專寵與心計，有一天奪得皇后鳳冠。

然而，皇長子的夭折攪碎了萬貴妃的好夢。她一邊指望還能生下皇子，一邊對懷孕的妃嬪橫加迫害。後宮被她強行服藥墮胎者為數眾多，柏賢妃與紀貴妃儘管偷生下皇子，也先後被其迫害致死。紀貴妃所生皇子立為皇太子（即孝宗），她下毒未遂，恚恨成疾。萬貴妃知道，此生已與鳳冠無緣，弄不好皇太子即位，查起生母紀貴妃之死，她決沒有好下場，便與太監梁芳等相勾結，勸憲宗改立太子。憲宗竟然心動，終因天變，出於畏懼，才打消了易儲的念頭。從此以後，萬貴妃性格越發暴戾，在一次喝打宮女時痰湧而暴死。也有記載說，她擔憂皇太子即位，自己將受禍，故而上吊自殺的。

不論萬貴妃是怎麼死的，當年她恃寵懷妒，多行不義，傾害包括紀貴妃在內的妃嬪，夢寐以求的，無非是一頂鳳冠。然而，命運與機遇沒讓她如願以償。她生命的最後幾年，唯恐皇太子將來算舊賬，一定是在憂懼狂躁中度過的。就個人道德來說，萬貴妃可謂多行不義必自斃；但在某種程度上，她不也是后妃制下的一個悲劇人物嗎？

捨不得孩子套不住狼——武則天奪冠之一

比起萬貴妃來，在奪取鳳冠的過程中，謀略之陰狠，手段之毒辣，無出武則天之右者，也更凸現出人性的陰暗面。

武則天原是唐太宗的才人，唐高宗做太子時，與她眉目傳情，早有那麼一腿。唐高宗即位，作為父皇的嬪御，她被送往感業寺當比丘尼。唐高宗正寵幸著蕭淑妃，王皇后沒有生子，深感地位受到挑戰。王皇后知道高宗對武才人舊情未斷，為打擊蕭淑妃，便偷偷讓武則天蓄留長髮，慫恿高宗迎她回宮。

命運就此出現轉機。武則天深通權術，一開始卑辭屈尊地討好王皇后，贏得她的信任感。王皇后向高宗一再揄揚武才人，武則天很快進位昭儀。王皇后對嬪御、宮人不善籠絡，其母柳氏出入宮禁，也不太講禮數。武則天傾心拉攏王皇后輕忽的人，有賞賜就分與共享，王皇后與蕭淑妃的言行就由她們傳了過來，儘管還沒碴可找。

不久，武則天受到的眷寵超越了蕭淑妃。王皇后轉而將她列為頭號對手，聯手蕭淑妃，與武則天互相詆毀。武則天審時度勢，知道與王皇后的鳳冠之爭已進入生死關頭，不是魚死，就是網破。為了發出致命一擊，她做了一個歹毒的決定。

武則天剛生下一個女兒，活潑可愛，很討高宗的歡喜，連王皇后也禁不住為孩子的天真所吸引，時而逗弄逗弄她。這天，王皇后經過小女孩兒的寢處，駐足與她玩耍了一會兒。見她走後，武則天偷扼死了親生女兒，再蒙上被衾。

等高宗駕到，武則天一如往常地與他談笑風生。過了一會兒，她若無其事地掀開被衾，裝作才發現愛女噎氣的樣子，一下子驚叫起來，隨即痛哭悲號。高宗問左右，回答說：「剛才只有皇后來過。」見武則天哭得撕心裂肺，高宗怎會懷疑她扼殺了親生女兒，便怒氣衝衝地說：「皇后殺了我的女兒。過去與蕭淑妃互相嫉妒，今天又做出這等事情！」

武則天抓住這機會，在高宗面前訴說王皇后的壞話，把一盆髒水一股腦兒向她倒去。王皇后即便跳進黃河也洗不清，高宗對她已徹底失去好感，決心廢黜她。武則天以女兒之命為賭注，初戰告捷，高宗對她越發信任與鍾愛了。

又見人彘——武則天奪冠之二

武則天的目的不僅僅是奪愛，更重要的是奪冠。這時，宮內朝中都有她的耳目羽翼，誣陷王皇后與其母柳氏以厭勝巫蠱詛咒高宗。高宗完全偏聽偏信，立意要廢王皇后，改立武則天。廢立之議召來了顧命大臣長孫無忌與褚遂良的激烈反對。褚遂良說：「即使陛下一定要改立皇后，也不能立武氏。

她曾侍奉過先帝，身接帷笫，一手不能遮天下人耳目。萬代以後，後人將怎樣評說陛下！」高宗大怒，命令把他拉出殿去。武則天在隔簾後大叫：「何不撲殺此獠！」

李義府、許敬宗是武則天的黨羽，他們用話挑動素無主見的唐高宗。許敬宗說：「田舍郎多收了十斛麥，尚且想換去舊媳婦呢？何況富有四海的皇帝，立一個皇后，有什麼不可以？與其他人有什麼相干，妄發反對的意見！」於是，高宗下詔廢王皇后、蕭淑妃，並黜為庶人。為遮掩天下視聽，他在立后詔書中恬不知恥地宣稱，武氏是唐太宗賜給自己的，就像漢宣帝把自己後宮王政君賜給漢元帝立為皇后一樣。

武則天終於戴上了鳳冠，但她還有一塊心病，那就是幽禁別院的王皇后與蕭淑妃。一天，高宗想起她倆，偷偷來到囚禁她們的院子，見四壁封閉嚴密，牆上只有一個小洞，是用來遞送食具的，便有點感傷，叫道：「皇后、淑妃，在哪裡？你們還好吧？」王皇后流著淚，悽慘地說：「我得罪廢為宮婢，怎麼還能僭稱皇后呢？」說著嗚咽不成聲。又說：「陛下如還念舊，讓我重見日月，我請求改稱這院作『回心院』。這就是我再生之幸了。」高宗動了惻隱之心說：「我自會有安排的。」

武則天得知此事，命左右將兩人各杖一百，截去手腳，再投入酒甕。傳令畢，她悻悻對左右說：「這兩個婆娘骨頭都醉了才好！」太監、宮人對囚所宣布詔旨時，王皇后悲憤道：「願皇帝萬歲！武昭儀長承恩澤，死是我的份！」宮人接著對蕭淑妃宣旨，蕭妃咬牙切齒地說：「阿武這個狐狸精，竟然這樣狠毒！來生願我做貓兒，阿武做老鼠，我要生生世世扼住她的喉嚨，報今天這個仇！」兩人被投入酒甕後沒幾天就慘死了。

武則天意猶未盡，還下令取出斬首，追改王皇后姓「蟒」，蕭淑妃姓「梟」（即貓頭鷹），發洩她心中的毒氣。然而，從此以後，武則天不許後宮豢養貓兒。幻覺中，她還經常看見王皇后與蕭淑妃的祟鬼，披散著長髮，鮮血淋漓，就像死時的模樣。後來，她特地從大明宮徙居蓬萊宮，不料依舊有厲鬼作祟。因此，武則天與唐高宗經常住在東都洛陽。

在武則天的后冠上，不僅沾著與她爭寵的王皇后、蕭淑妃的血汙，而且有這兩家無辜誅流而死的冤魂，也有她親手扼殺的親生女兒的亡靈，對此，《舊唐書．武則天后紀》這樣評斷：「武后奪嫡之謀也，扼喉絕襁褓之兒，菹醢醉椒塗之骨，其不道也甚矣。」趙翼在《廿二史箚記》特立《武后之忍》條，抨擊她殺女以奪冠：「絕毛裏之愛，奪燕暱之私，固已非復人理。」如果說，王皇后最初的嫉妒還可從人之常情給予批評與理解的話，那麼，武則天在奪取鳳冠過程中的所作所為，就絕對是令人髮指的天良淪喪，喪心病狂的人性泯滅。宋人在《鶴林玉露．貓捕鼠》中甚至這樣說：「予自讀唐史此段，每見貓得鼠，未嘗不為之稱快。人心之公憤，有千萬年而不可磨滅者。」歷史的流光已逝去一千多年，當你聽完這段故事，對其間的人性惡不是依然有抑制不住的公憤嗎？

五　姊妹花

姊妹同嫁一夫，在娣媵制下是古老婚俗的孑遺。儘管秦漢以後，這一婚俗逐漸淡出，但歷代後宮仍有姐妹同侍一位帝王的情況。

姊妹不妒

十國前蜀主徐賢妃與徐淑妃就是姊妹倆，俱以姿色入宮，專擅房寵。兩人都喜歡遊山玩水，每有登臨，就賦詩唱和。「同尋僻境思攜手，暗指遙山學畫眉」，小徐妃的詩句說明姊妹倆不但不互妒，手足之情還挺真摯的。楊貴妃的姊姊虢國夫人與韓國夫人，雖然沒在後宮取得名位，也都出入宮掖，受過唐玄宗的御幸。杜甫詩云：

> 虢國夫人承主恩，平明騎馬入宮門。
> 卻嫌脂粉涴顏色，淡掃蛾眉朝至尊。

也不見楊貴妃有嫉妒。箇中原因，似乎不能僅僅以姊妹情來解釋，恐怕還與共同利害關係交相作用，雙方有意抑制了感情嫉妒。

金代王氏姊妹的例子，也可以印證這點。金宣宗即位之時，冊立的皇后原是他做翼王時的王妃，姓氏已失傳。即位之際，王皇后入宮，宣宗見其姊也姿色端麗，一併納入宮掖，妹妹封為元妃，姊姊封為淑妃。姊妹倆入宮後，便聯手謀劃，與那位皇后爭寵。不到一年，皇后寵衰，落髮為尼，妹妹元妃冊立為后，姊姊則升為元妃，王氏姊妹攜手把持了後宮。

有毒的姊妹花

趙飛燕姊妹聯手出擊，專擅後宮，這對姊妹並蒂花可就蘊含著毒素。

趙飛燕原是陽阿公主家專習歌舞的官婢。一天，成帝到姊姊家聚會作樂，一見到飛燕，就被她的姿色舞態迷住了，召入後宮。見她的妹妹豐肌弱骨，與她的纖腰玉肌相對照，別有風韻，也同時召入，一併拜為婕妤。

漢成帝先後寵愛過許皇后與班婕妤。許皇后由皇太子妃正位中宮，成帝即位初，深受眷寵，其他妃嬪很少能進幸。隨後，成帝移情別戀班婕妤，許皇后漸遭冷落。趙飛燕姊妹入宮，見成帝舊寵眾多，出於共同的利害，姊妹聯袂，利用新寵的優勢，一一誣陷傾害其對手，以期達到並擅後宮的目的。

鴻嘉三年（西元前18年），她們看準了執政的外戚大將軍王鳳對許皇后的不滿，趁機誣告許皇后與其姊姊許謁，說她倆以媚道祝詛後宮懷孕的王美人以及王鳳，也詈詛成帝。她們還順便把班婕妤也拉了進去，準備一網打盡。皇太后王政君是王鳳的妹妹，聞訊大怒，處死了許謁，廢黜了許皇后，幽居別宮。

拷訊之時，班婕妤答道：「我早聽說，死生有命，富貴在天。做好事，還沒好報；縱邪慾，還能指望什麼嗎？鬼神有靈，是不會接受邪佞之訴；鬼神無知，即使祝詛，也不會發揮作用的。我絕不會做那種事！」她應答得合情在理，成帝有點同情她，賜她黃金百斤。班婕妤躲過了這次陷害，見趙飛燕姐妹驕橫專妒，決心避開是非之地，主動要求離開成帝，去侍奉皇太后。

許皇后被廢后，趙飛燕做了皇后，她的妹妹冊封為昭儀，姊妹倆俱侍帷幄，權傾掖庭。其後，又殺害了懷孕生子的曹宮人與許美人，並殘忍虐殺了兩個無辜的嬰兒，並寵後宮達十餘年。

在進入一夫一妻制的文明時代後，性愛便具有排他的獨占性質。就性心理而言，即使同胞姊妹，在性愛上也往往互相嫉妒而不願共享。然而，嫉妒作為一種心理行為與倫理行為，在一定情況下，出於更重要的目的，也可以受理智的控制。趙飛燕姊妹的所作所為，表明她們對其他后妃的妒忌近乎瘋狂，姊妹之間之所以互不嫉妒，根本原因還是出於並擅後宮的利害考量。

並蒂蓮開各爭豔

南唐後主先後立過大小周后，她倆也是親姊妹，愛情上就表現出強烈的嫉妒之情。大周后立為皇后寵嬖專房，這時小周后並未入宮。後來，大周后臥病，後主儘管藥必親嘗、衣不解體地照顧她，畢竟耐不住寂寞，私下竟召小姨子入宮偷情。後主風流倜儻，模擬小周后口氣寫了一首香豔的詞，調寄《菩薩蠻》：

班婕妤

宮花寂寞紅

花明月暗籠輕霧，今宵好向郎邊去。
剗襪步香階，手提金縷鞋。
畫堂南畔見，一向偎人顫。
奴為出來難，教郎恣意憐。

李後主無愧一代詞家，把墜入愛河的小周后描繪得呼之欲出：為了幽會，她一手提著金縷鞋，雙襪著地，悄然無聲地行走在台階上。當她緊張而激動地依偎在情郎懷裡時，機會難得，任憑他百般撫愛。

小周后也不避嫌疑。一天，大周后在病榻上見到妹妹，驚問：「你什麼時候入宮的？」小周后回答：「已經好幾天了。」大周后看一眼後主，一切都明白了。怨憤地側身向壁，至死也不肯轉過臉來面對後主與妹妹。後主心虛理虧，大周后死後，他寫了不少悲悼詩文，什麼「執子之手，與子偕老」、「愛而不見，我心毀如」，來掩飾他的偷情行徑。

北魏孝文帝大小馮后都是馮熙的女兒。姊姊先選入宮，正值十四歲的荳蔻年華，又姿色媚人，頗見愛幸。不久因染痼疾，馮太皇太后把她送回家，當了比丘尼；同時揀選她的妹妹入宮，冊立為皇后。不久，馮太皇太后去世，大馮氏的病體痊癒，孝文帝也一直留戀著大馮氏，重迎其入宮，立為左昭儀，每夜專寢，獲寵超過當初，不但宮人很少進御，就連其妹馮皇后的禮愛也衰減了。

大馮自以為是姊姊，又入宮在前，一向受到孝文帝眷戀，對身為皇后的妹妹根本不執妃嬪之禮。小馮對姊姊的非禮，表面上似乎不在意，內心卻頗感憤恨。然而，大馮不滿鳳冠仍戴在妹妹頭上，便恃寵在孝文帝面前百般譖毀親妹妹。小馮終於被廢為庶人，失望不平之餘，出家做了瑤光寺的比丘尼。大馮再次被冊為皇后。在性愛與權位上，她都容不得同胞妹妹。

六　報復在君主死後施行

鑑於君主擁有生死予奪之權，出於對既得權位的貪戀，有些后妃儘管內心翻騰著性愛與權欲的雙重妒嫉，但在人君生前，卻不得不有所抑制與收斂。然而，一旦故主駕崩，有些后妃便倚仗著皇太后的身分，把壓抑多年的一腔嫉妒猶如放閘的洪水那樣傾瀉出來，殘酷的報復便以十倍的瘋狂與百倍的仇恨心在君主死後著手實施。

先說幾個小案例

王嬪原是北齊文宣帝的妃嬪，武成帝即位後，就將其兄文宣帝的妃嬪占為己有，王嬪與盧嬪、馬嬪一起大受寵幸。武成帝胡皇后奈何不得，看在眼裡，記在心裡。兒子後主即位，她貴為皇太后，就逼她們自殺。馬嬪上吊自縊，王、盧二嬪的悲哭感動了後主，就瞞著胡太后，讓她們出宮躲避，才倖免一死。

南唐烈祖種夫人風度嫻雅，姿貌秀麗，卻一直被冷落。宋皇后倒生性不妒，好幾次向烈祖薦引她，種夫人逐漸獲寵，服飾幾乎可與皇后抗衡。誰料種夫人竟恃寵專愛，連宋皇后也不讓經常進見。她還向烈祖譖訴宋皇后所生太子才具比不上她所生的兒子，遭到了烈祖的斥責，下令將其幽廢別室，不久又命她剃度為尼。

種夫人以怨報德，讓宋皇后失望之餘一腔怨恨。烈祖去世，種夫人憂懼涕泣道：「戚夫人為人彘，王皇后與蕭淑妃為骨醉，現在恐怕要輪到我了。」宋皇后也確實挾持舊怨多次意欲報復種夫人，並準備迫害種氏的兒子。繼位的南唐中主雖被種夫人譖毀過，卻深明大體，竭力保全她們母子，種氏才得以壽終正寢，她還算幸運。

宋高宗生前就傳位孝宗，當了太上皇。不過，他性好女色，李才人、王才人都是他晚年寵幸的妃嬪。這時，太上皇后吳氏已逾花甲，看著嬌媚明豔的李、王二才人，別提有多嫉妒，但又不便發作，落下個太上皇后與年輕妃嬪爭風吃醋的話柄。然而，當太上皇駕崩，她一見二位才人，就勾起舊日的妒情。吳太后示意孝宗，追還她倆的冊封誥命，讓她們出宮自便，做了一件踰越常制的事情，稍稍出了口氣。

慘絕人寰的人彘案

種夫人所說淪為人彘的戚夫人，是漢高祖的寵姬。在高祖生前，她與呂后爭寵奪嫡，呂后早就恨之入骨，只礙於劉邦健在，才遲遲沒下手。高祖一死，惠帝即位，她以皇太后的身分下令，以戚夫人為首，凡受高祖寵幸的妃姬都幽禁永巷，只有那些失意無寵的妃嬪才倖免報復。她選定的第一個復仇對象，就是戚夫人及其兒子趙王如意。

呂后派人髡了戚夫人的秀髮，在她臉上燙下囚犯的烙印。戚夫人穿上赭色的囚服，服著苦刑役，一邊舂米，一邊唱起自編的悲歌：

南唐後主

兒為諸王啊，母為囚徒，
終日舂米啊，舂到日暮。
死刑罪犯啊，常與為伍。
相隔千里啊，派誰告訴？

呂后聽到歌聲，勃然大怒說：「你還打算倚恃你的兒子嗎？」遣使召趙王入京。趙王的國相就是當初反對改立太子的鯁直大臣周昌，她知道太后的險惡用心，對使者說：「太后怨恨戚夫人，想把趙王召去一併殺害。我不能奉詔。」

呂后調虎離山，讓使者召周昌入朝，大罵道：「你難道不知道我最恨的是姓戚的嗎？卻不讓趙王來，你為什麼？」隨即再派使者往召趙王。惠帝生性慈仁，知道趙王上路，還沒抵京時，便親至霸上迎其同入宮中，與他同寢共食，防止母親加害。一個月後的一天，惠帝一大早出宮射獵。趙王還是個孩子，不慣早起。呂后聽說他獨處，便派人用毒酒鴆殺了趙王。據《西京雜記》說，趙王是被呂后所派力士在被衾中縊殺的。

不久，呂后下令砍去戚夫人的手腳，挖去其眼睛，用藥把她整得又聾又啞。讓她待在廁所裡，稱之為「人彘」。呂后還召來惠帝，一同去觀看。一見之下，惠帝毛骨悚然，問左右才知竟是原來姿色出眾的戚夫人，刺激之下，大哭發病，說：「這不是人幹得出的事。我作為太后之子，終不能治理天下。」自此以後，惠帝就以醇酒婦人代替朝政大計，卻為呂后臨朝稱制開啟了方便之門。呂后炮製的「人彘」與武后導演的「骨醉」，讓嫉妒孳生的人性惡登峰造極，留下了永世的罵名。

三十年後算舊賬

漢元帝時，傅昭儀有寵，生下了定陶恭王。後來，馮昭儀也受愛幸，生了中山孝王。兩昭儀爭寵奪愛，互不相讓。有一次，元帝與妃嬪一起觀看鬥獸，一隻狗熊從獸圈逃出，攀援欄杆，蹣跚走上殿來。傅昭儀等妃嬪宮婢大驚失色，奪路奔逃。只有馮昭儀向前，用身體擋住狗熊，保護身後的元帝。等衛士、太監們上來格殺了狗熊，元帝問馮昭儀：「別人都驚懼，你為什麼敢擋住熊？」

她說：「我聽說，猛獸得到食物就不會向前了。我唯恐熊走到陛下御座前，所以以身擋熊。」元帝十分感動，嗟嘆好久，對她更加敬重。傅昭儀在一邊既慚愧又嫉妒，對馮昭儀的怨恨卻越來越深。元帝死後，她倆都以王太后的身分出宮，移居到各自兒子的封國。

元帝之子劉驁直至晚年還沒子嗣，傅太后的孫子定陶王與馮太后的兒子中山孝王都入朝。傅太后賄賂了成帝寵妃趙昭儀與成帝的舅父驃騎將軍王根，在他們的協助下，定陶王被立為皇太子，就是哀帝。哀帝即位，傅太后作為皇祖母，地位今非昔比，甚至敢直呼元帝皇后（即漢成帝之母王政君）為「嫗」（老婦）。

傅太后千方百計找機會報復馮昭儀。其時，中山孝王已死，嗣中山王有

馮昭儀擋熊圖

點精神失常。傅太后偵伺到馮太后在嗣中山王幼時曾為他的病問神禱祠，便派人去恐嚇嗣中山王，讓這個精神失常者誣稱自己祖母馮太后祝詛哀帝與傅太后。於是，拘捕、誣陷、逼供，無所不用其極，誅殺馮氏外戚達十餘人。主事吏拷問馮太后，她仍拒絕承認。主審者譏諷道：「當初，熊上殿時何其勇敢，今天怎麼這麼膽怯，不敢承認呢？」馮太后對左右說：「這是宮中言語，何況還是前朝舊事，外朝吏怎麼知道的？我明白這一切究竟誰在陷害我的！」於是，服毒自殺了。傅太后倚恃權勢，發洩私憤，必置馮太后於死地而後快，時距兩昭儀爭寵已近三十年了。

無法無天法天后

有的君主也知道，自己身後，他的后妃之間因權位變化、勢力消長可能有一場惡鬥，便用心良苦地預作安排。然而，在嫉妒的凶焰前，這種苦心孤詣無異於杯水車薪。

遼聖宗蕭皇后小字菩薩哥，不僅聰慧美貌，還巧思過人，設計了遼宮清風、天祥、八方三大殿，製造過九龍輅、諸子車、白金塔。夏秋之交，北方山谷花木繁茂，她乘著自己設計的車輿，行賞其間，遠遠望去宛如天仙。她生過兩個皇子，卻都夭折了，就撫育宮人耨斤所生的皇子（即興宗），視如己出，興宗對她也很孝敬。耨斤見聖宗很寵愛皇后，一肚子不高興，暗中指使宦官趙安仁偵伺密報她的一舉一動。

耨斤打聽到菩薩哥愛聽琵琶，與琵琶樂工燕文顯、李睦文過從較密，便好幾次在聖宗面前讒毀蕭皇后與他們私通，聖宗不予置信。耨斤不死心，以契丹字寫了匿名信，投入皇帝寢帳，聖宗見後說：「這一定又是耨斤幹的。」把匿名信焚燬了。

臨終前，聖宗深知耨斤殘忍狠毒，囑咐興宗：「皇后跟我四十年，沒有兒子，我才讓你繼位。我死後，你們母子切記不能害她！」

耨斤聽了，更是惱怒，她知道報復機會終於等到了，詈罵皇后道：「老傢伙，你受寵也到頭了！」

聖宗遺詔以菩薩哥為齊天皇太后；以耨斤為皇太妃。耨斤卻隱匿詔書，自立為法天皇太后。聖宗屍骨未寒，她就命人誣告蕭皇后與她的兄弟北府宰相蕭浞卜、蕭匹敵謀逆。

　　興宗說：「皇后侍奉先帝四十年，對我有養育之恩。按遺詔應立她為太后，現在怎麼還忍心殺她呢！她沒有兒子，況且上了年紀，有什麼可擔心呢？」

　　耨斤說：「這人如在，必為後患。」便用小車把菩薩哥送至上京幽禁起來，誅殺其家族與左右達百餘人。不久，她唯恐興宗顧念撫養之德，趁他出獵的機會，派人馳奔上京去縊殺蕭皇后。使者到達上京，蕭皇后說：「天下都知道我是無辜的。你讓我洗淨身體再死，可以嗎？」使者退出後，她就自盡了。

　　呂后虐殺戚夫人，傅太后陷害馮太后，法天太后逼死齊天太后，都不能僅僅以性愛或權欲上的嫉妒來解釋，歸根到底，還是她們泯滅天良，放縱了人性之惡。

七　三釋后妃夢：不僅僅是性慾的渴求

前文詮釋的第一類后妃夢，其目的是自抬身價；第二類后妃夢，其用意則在標榜兒子的身價。這裡分析的第三類后妃夢，以佛洛伊德學說來看，倒是貨真價實的性夢。

以說夢的方式煽情

先從燕姞的蘭花夢說起。

據《史記．鄭世家》，春秋時，鄭文公有一個名叫燕姞的賤妾，一天，對他說了自己做的夢。她夢見一位天使給她一枝蘭花，說：「我是伯儵，是你的祖先；把蘭花作為你的兒子。蘭花是國色天香，別人就會像喜歡它那樣來喜歡你的。」文公聽後，對她饒有興趣，也給了她一枝蘭花，與她上了床。歡愛過後，燕姞說：「我地位低賤，僥倖應了吉夢，懷了孩子，請允許我用蘭花做今日之事的憑信吧！」文公答應了，燕姞生下的兒子就叫公子蘭，也就是後來的鄭穆公。

燕姞的蘭花夢，據《左傳》記載，是在鄭文公初次見到她以前做的，也有可能是燕姞向別人渲染夢境，傳到了鄭文公那裡，引起了他的興致。但燕姞說夢有兩層潛台詞：其一，希望以別人喜歡她來引起鄭文公對她的關注；其二，借助天使送子的神奇夢境，來煽起鄭文公的性趣，以達到與她做愛的目的。至於蘭花，只不過是她慧黠的小心眼中導演這齣戲的小道具而已。燕姞如願以償，鄭文公墜入轂中。

漢高祖薄姬原是魏王豹的妻子，劉邦擊敗魏王豹，見她略有姿色，便納入後宮，但一年多來並沒有想起召幸她。她與管夫人等其他妃嬪相約：誰先蒙召，不要忘了互相薦引。管夫人等兩人已先被「御幸」，一天正陪著劉邦閒話家常，相互嘲笑起薄姬的約言。劉邦問清了來龍去脈，倒有點同情薄姬。

當天，高祖就把她召來，薄姬見到他的第一句話就說：「我昨晚夢見蒼龍盤踞在我的肚子上。」她是否做過這個夢，大可懷疑；但把龍的象徵與性的暗示糅合起來，以夢的形式說出，煽情恰到好處。劉邦果然龍顏大悅：「這是大貴的徵兆，我來為你實現吧！」其後，薄姬很少有見到高祖的機會，但她已懷上了漢文帝，也算達到了目的。

後代妃嬪不止一次襲用薄姬的故技。據《建康實錄》，晉簡文帝的諸姬不孕，他為沒有兒子繼統而苦惱，先是請術士卜筮，繼而讓相士照面。相士閱盡後宮美色，唯獨相中了一個高大黝黑的李姓宮女。後宮都管她叫「崑崙」，這一稱呼當時專指那些來自西域的高個黑人。在術士卜筮後，這位「崑崙」向人說起過自己夢見雙龍枕膝，日月入懷，連簡文帝也聽到過這一說法。

儘管李氏其貌欠佳，簡文帝還是將就著召幸了她。她也果然生下了晉孝武帝與司馬道子，孝武帝即位，尊其為皇太后。李氏宮女預說雙龍枕膝，也許是她看到諸姬長期絕孕，卻相信自己有生育能力，因身分低下，姿色平常，這才假夢設套，讓皇帝「御幸」自己，改變織坊宮婢的卑微地位。至於雙龍枕膝是否渴求性生活的潛在欲望在夢中的顯相，倒是與薄姬蒼龍踞腹一樣無關緊要的。

幾乎雷同的情節

在后妃的性夢中，還有其他類型。據《蜀檮杌》，十國後蜀主孟知祥的李夫人原是後唐莊宗的嬪妃，作為瓊華長公主的媵婢由莊宗許配給孟知祥。長公主待她不薄，她的地位也不可能與長公主爭枕席。一天，她對長公主說，夢見太陽從天上墜下來，落入自己的懷中。長公主笑道：「小婢子有福相，會生貴子的。」就讓孟知祥「御幸」她，生下了孟昶，被立為貴妃。孟昶即位，她被尊為皇太后。她不露痕跡地以說夢的方式贏得了床笫權，確立了在後宮的地位。

《揮麈後錄》還記載了李宸妃說夢的故事。李氏原來只是侍奉宋真宗和劉皇后的宮婢，沒有名號，地位低賤。一次，真宗過閣，劉皇后恰巧不在，她服侍皇帝盥洗。真宗見她端盆的雙手倒也嫩如柔荑，白似凝脂，就與她攀談起來。她抓住機會奏稟自己昨夜做了一個吉祥夢，夢見一位羽衣仙人，跣著雙足，從空中飄然而降，對她說：「我來為你送兒子。」真宗還沒有兒子，喜出望外地對她說：「我來為你做成這好事吧！」當晚就召幸了她，次年她生下了宋仁宗，這才得到「縣君」這樣低微的名號。她說夢的用意就是要暗示真宗與她做愛，這個夢或許也是出於臨時的編派。

性夢背後的處心積慮

這些后妃的性夢，從顯相看，吞日夢、龍夢與神人送子夢等，似乎與前兩類后妃生子的異兆夢有共通之處。主要區別在於，前兩類后妃託夢說夢在她們懷孕之後或生育之際，是為即將誕生的兒子以及生了兒子的自己造輿論，爭地位；而后妃的性夢則託夢說夢在她們被帝王忽視之時或「御幸」之前。她們在做這類性夢前，地位都很卑微，不是賤妾，就是媵婢，或是名位低下的宮嬪，在後宮佳麗如雲的情況下，幾乎沒有親近帝王的可能。她們在做這些夢時還是女兒身，沒有體驗過做女人的滋味，而夢中的顯相也確在某種程度上有潛意識的性渴求。蘭花、蒼龍、太陽等，依照佛洛伊德學說，也未嘗不可以解釋為男性性器的象徵，而這些夢境也可以視為她們長期壓抑的性潛能藉以釋放的有力證據。

然而，這類后妃性夢的實際意義絕不是性所能涵蓋的。首先，這些性夢是否都是這些后妃真正做過的，就大可懷疑，尤其是那種今天見到君主就說昨夜做性夢的記載，破綻更是明顯。其次，即使有些性夢確是后妃做過的，她們在重述時也已經摻入了超出性慾的用意。即指望通過夢境的渲染，喚起帝王對她的青睞，促成她與君主的性生活，以改變自己低卑的處境。因此，她們一說出那個夢境，其中已加入了權益功利性的目的。作為妃嬪，她們要在後宮爭得一席之地，換取帝王的肯定與宮掖的承認，也必須以色與性為手段，以兒子為資本，儘管她對性對象可能既沒有情也沒有慾，卻仍有必要去投合與逢迎。

君主后妃制是一種畸變的政治婚姻制度，它吞噬著捲入這一怪圈的每個女性的真與善，只要她們不是心甘情願居於後宮金字塔的最底層，只要她們不願俯首帖耳安於被冷落、傾軋與虐待的命運，就必然會不自覺地改鑄自己，違心地扭曲自己，以性別角色去贏得君主的垂青與「臨幸」，從君主那裡討得「大紅燈籠高高掛」的特殊地位。詮釋后妃性夢絕不能僅僅侷限於她們的性壓抑與性渴求，還應該從君主后妃制上找尋深層的原因。

八 如此「御幸」制度

《史記・外戚世家序》指出，夫婦關係是人倫之大道，因為配偶之愛，君主不能在君臣關係中得到，父親也不能從父子關係中得到。男女之間的歡愛，只能從夫婦關係中獲得。不過，夫婦婚姻生活應該慎重追求陰陽和諧的理想境界。

「御幸」釋義

然而，在君主后妃制下，從根本上說，不存在和諧平等的性生活。不僅在制度規定中不存在，即就帝王性生活的專用術語來看，也是絕對不平等的。不妨且從字義衍變角度，來討論「御幸」這一術語。

顯而易見，「御」字沿襲駕御、控制、統治、統率、使用等一系列引申義，但用於男子與女性交合時，卻折射出這樣一種事實：男性對女性處於一種駕御、控制、統率、使用等第一性的角色地位。而女性則屈辱地居於一種被駕御、被控制、被統治、被使用等第二性的角色地位。「幸」字自君主制確立後，就專指帝王親臨某處（「御」也有類似用法），經進一步延伸，用以特指帝王與后妃等女子同房，反映出帝王對後宮女子性關係中一種屈尊紆貴、以高臨下的恩典與賜予，后妃則置於被恩賜而受寵若驚的地位上。

總之，「御幸」一詞，形象而深刻地凸顯出帝王與后妃在性關係上的不平等。這種用語不平等，既有進入文明社會後男性作為第一性對女性作為第二性的性別角色不平等，又有君主制下帝王對臣民的政治角色不平等。

先秦「御幸」蠡測

《禮記》、《周禮》都有所謂天子立后、三夫人、九嬪、二十七世婦、八十一御妻的記載，卻沒有具體的御幸之法。東漢經學家鄭玄在注《禮記・昏義》時認為，天子御幸之法，是八十一女嬪分作九夜，二十七世婦分作三夜，九嬪合為一夜，三夫人合作一夜，再加上皇后一夜，共十五夜，上半月先卑後尊，下半月先尊後卑，一月各輪兩次。這一註疏引來了後世學者的質疑與詬罵。宋代魏了翁《古今考》駁斥道：君主一夜要與九個女御、世婦或嬪過性生活，恐怕「金石之軀，不足支也。」明清之際，黃宗羲在《明夷侍訪錄・奄宦》中也譏諷道，倘如鄭玄所注，「則是《周禮》為誨淫之書也。」

記載先秦君王御幸制度的，還有《尚書大傳》與《韓詩章句》。孔穎達《詩・召南・小星》疏引《尚書大傳》說：「古者，后、夫人將侍君，前息燭，後舉燭，至於房中。釋朝服，襲燕服，然後入御於君。雞鳴，大師奏：雞鳴於階下。然（後）后、夫人鳴佩至於房中，告去。」《後漢書・明帝紀》注引《韓詩章句》說：「故人君退朝，入於私宮，后妃御見有度，應門擊柝，鼓人上堂，退反宴處，體安志明。」大師、應門、鼓人，應該都是後宮侍役，在人君與后妃做愛時各以雞鳴、擊柝、敲鼓來奏報時辰，提醒他們知時知節，「樂而不淫」。儘管這兩段文字不無虛飾之嫌，但似乎不會絕無根據，至於有些君主適制無度則另當別論。

漢代「御幸」管窺

漢代御幸制度，衛宏《漢舊儀》說：「掖庭令，晝漏未盡八刻，廬監以茵次上婕妤以下。至後庭，訪白錄所錄所推。當御見，刻盡，去簪珥，蒙被入宮中，五刻罷。即留女御長入，扶以出。御幸賜銀指環，令書得環數，計月日，無子罷廢，不得復御。」婕妤是西漢武帝以後的妃嬪名號，東漢光武帝時已省廢，故所說應是西漢中後期的舊儀。衛宏是東漢人，所記應該可信，卻有不少問題值得追究。

首先，這種御幸制度存在著明顯的等級差別。西漢后妃名號，除皇后以外，下分十四等級、十九位號，婕妤以上、皇后以下為昭儀。而《漢舊儀》載，只有婕妤以下被御幸，才須經掖庭令訪錄、稟白。而皇后、昭儀因為位居後宮等級金字塔的上端，便有聽憑皇帝直接決定的特權，也有更多親近皇帝的機會。婕妤以下的十三個等級，等級越低，人數越多，這些處於下層的妃嬪，被御幸的機率很小，甚至歸零。為數眾多的妃嬪宮女終生未識君王面，至死依然女兒身，就是這種制度造成的。有時候，專擅朝政的后家外戚為了讓自家的女兒、姊妹專寢固寵，還憑藉特權剝奪其他妃嬪的「進御」機會。漢昭帝時，大將軍霍光為了讓自己的外孫女上官皇后生子而擅寵，買通了御醫，進言只宜皇后專寢，「宮人使令皆為窮。」據記載，「窮袴」用很多的帶子繫住前後褲襠，使皇帝與她們無法完成性生活。皇后與宮人之間這種不平等已到侵犯人身、侮辱人格的地步。

其次，即使有幸被御幸的妃嬪，也不是以平等的性伴侶參與性生活的。她們一方面處在掖庭令與女御長的權力或耳目的監視之下，一方面必須蒙被送入帝王的寢處，純粹作為被御幸的性對象。所有這些，對女性敏感纖柔的性心理來說，顯然是肆無忌憚的蔑視、羞辱與折磨。

最後，在帝王眼中，被御幸的妃嬪只是生殖工具。她們被御幸後，帝王賜予指環，並不是他的感情信物，只是讓掖庭令便於計算屆時是否懷孕生子。如果懷不了身孕，生不出孩子，她們就將永遠剝奪再御幸的可能，在後宮寂寞度過餘生。

漢代以後，儘管御幸制度有所更改增益，但這種不平等與非人性的因素卻與后妃制相始終。

漢代賜環之制倒是承繼了先秦舊儀。《毛詩傳》說：「后妃群妾以禮御於君所，女史書其日月，授之以環，以進退之」，用意也是記下日期以驗孕育。這一做法，魏晉以後史書無徵。到後來，指環卻衍變為一般男女的定情物。據《雲仙雜記》，唐明皇開元初，「宮人被進御者，日印選以綢繆記印於臂上，文曰：風月長新。印畢，漬以桂紅膏，則水洗色不退。」這種「風月常新」的印記是否就是由漢代賜環衍變而來的，已不得而知。也許是風流帝王唐玄宗別出心裁，被御幸的宮人也樂意使其永不褪色，作為炫耀的憑據。處於聽人擺布的地位而不自覺，卻還以能聽人擺布為榮耀，這種做穩了奴才的心理，正是后妃制下婦女人格扭曲的表現。

宋明「御幸制」一瞥

宋、金、元三代的御幸之法，在《草木子・雜制篇》中有所記載：「（元代）自正后之下，復立兩宮，其稱亦曰二宮皇后、三宮皇后，三日一輪。幸即書宣以召之，苟有子則為驗。遵大金之遺制也，與趙宋之法不同。宋後宮無三日之制，但遇幸者皆內朝之，時則所幸者具禮服謝恩。掌宮者即書其姓名，他日有子以為驗。」元代三宮皇后有皇帝輪番住宮的特權，其他妃子則必須經君主宣召才能被御幸，等級的不平等不言而喻。宋、金、元三代對被御幸的妃嬪都記姓名時日，作為有子之驗，她們只是生育龍子皇嗣的產婆。

明代對御幸的宮嬪、年月仍沿用宋元之制。據《明史・后妃傳》，「故事，宮中承寵，必有賞賚，文書房內侍記年月及所賜，以為驗」。《明武宗外紀》也有類似記載。據《思陵典禮記》，明代規定，皇帝第一次臨幸某妃嬪住處，稱為「鋪宮」。《全史宮詞》說，「料理珠璫綰玉釵，鋪宮有例宴新排」，似乎還要為盛飾珠釵的妃嬪排宴。

倘若已非第一次臨幸，據王譽昌在《崇禎宮詞》注裡所記：「每日暮，各宮門掛紅紗燈二，聖駕臨幸某宮，則宮門之燈先卸。東西巡街者，即傳各宮俱卸燈寢息。」皇帝御幸的那位妃嬪，宮中自然是燈火通明，而其他宮院則蕭條冷落，活脫脫一幅大紅燈籠高高掛的歷史圖卷。唯其如此，後宮有幾人不希望先卸下自家宮門前的大紅燈籠，證明自己受寵恃愛的地位呢？唯其如此，後宮女性之間又怎麼能夠避免鉤心鬥角的爭寵奪愛呢？

清代「御幸」制度

在清代御幸制度中，皇后擁有更大的特權。據《宮女談往錄》說，宮廷立有規矩：在臘月三十晚上、正月初一、初二這三天，皇后有特權陪伴皇帝就寢，過了這三天，才許皇帝召幸其他妃嬪。不僅

明代春宮畫《帝王臨幸圖》，右上角大臣表示不滿

如此，據《清朝野史大觀．清宮遺聞》，「宮禁故事，天子欲行幸諸妃嬪宮，先時由皇后傳諭某妃嬪，賜令伺候，然後大駕始遷往。諭必鈐皇后璽，若未傳諭，或有諭而未鈐璽，大駕雖至，諸妃嬪得拒弗納」。據說，這是清襲明制，明世宗自從嘉靖宮變後為防止不測，做出了這一規定。《清稗類鈔．宮闈類》有記載可以補證這一規制：「故事，帝宿某處，御某人，有冊籍報后，不合格者，杖斥內監之承伺者。屆時，於寢門外誦祖訓，帝必披衣，起而跪聽，出朝乃止。」這樣一來，清代皇后便有權利用這一祖訓與故事，順理成章地打壓與她爭寵或不和的妃嬪。

清文宗（咸豐帝）一度迷上懿嬪（即後來的西太后），好幾天不上朝。皇后鈕祜祿氏（即後來的東太后）就頭頂祖訓，到懿嬪宮前正跪，讓太監請咸豐帝出來聽訓。文宗也怕丟醜，匆匆出宮上朝去了。不一會兒，他就退朝，問皇后在哪裡，有人說在坤寧宮。這是清代中宮所在，皇后行大賞罰的地方。咸豐帝知道不妙，趕往那裡。只見皇后正坐在上，憤憤數落著跪拜在下的懿嬪，正欲杖責羞辱她。他趕忙大喊：「請皇后不要打她，她已懷孕了。」皇后這才手下留情，饒了她一頓杖責。

在受御幸時，底層宮女處在屈辱的地位上。清宮規定，宮女一律梳辮，必須經過召幸，封賜位號後才能夠上頭。相對有位號的妃嬪，她們被召幸的可能微乎其微。當然，也有例外，清宮規定，皇帝大婚前，必須先選稍年長的宮女八名進幸。她們只是作為皇帝性生活的操練對象被送上御床的，這無疑是對她們人格的侮辱與自尊的蹂躪。

在進御方式上，有名位的妃嬪與無位號的宮女，更有著截然不同的等級之分。首先，表現在所謂「走宮」與「背宮」的區別上。受到寵愛、名位較高的妃嬪，受皇帝召幸時，是走到皇帝寢宮裡去的。皇帝有興致時，她還可以一起談古論今，論詩陪棋，這就是所謂「走宮」。

另有《清宮詞》則說：

但傳官家一紙書，何須插竹引羊車。
紅羅十丈人如玉，紙醉金迷進御初。

《宮女談往錄》有一段晚清宮女的回憶，恰可印證與補充這首宮詞：

相傳皇帝晚上召幸妃子的時候，為了保證皇上的安全，妃嬪須把自己的衣服脫光。用斗篷圍著，讓太監背進皇帝的寢殿，這就叫「背宮」。

背宮進御的妃嬪因其地位、身分比「走宮」的妃嬪低卑，只能以被侮辱被傷害的方式送入寢殿。「紅羅十丈」是用來包裹背宮進御的「如玉」妃嬪。在這幅圖景中，她們絕不是一個將去體驗性愛歡悅的女性形象，倒好像是一頭被劊子手送上刀俎的牲口。

清代「御幸」逸聞

《清代野史大觀・清宮遺聞》，還有一段關於御幸的文字：

敬事房太監者，專司皇帝交媾之事者也。帝與后交，敬事房則第記其年月日時於冊，以便受孕之證而已。

若幸妃之例則不然。每日晚膳時，凡妃子之備幸者，皆有一綠頭牌，書姓名於牌面。式與京外官引見之牌同。或十餘牌，或數十牌。敬事房太監舉而置之大銀盤中，備晚膳時呈進，亦謂之膳牌。

帝食畢，太監舉盤跪帝前，若無所幸，則曰「去」；若有屬意，則取牌翻轉之，以背向上。太監下，則摘取此牌，又交一太監，乃專以馱妃子入帝榻者。居時，帝先臥，被不復腳。馱妃者脫妃上下衣皆淨，以大氅裹之，背至帝榻前，去氅，妃子赤身由被腳逆爬而上，與帝交焉。敬事房總管與馱妃之太監，皆立候於窗外，如時過久，則總管必高唱曰：「是時候了。」帝不應，則再唱，如是者再三。帝命之入，則妃子從帝腳後拖而出，馱妃者仍以氅裹之，馱而去。

去後，總管必跪而請命曰：「留不留？」帝曰「不留」，則總管至妃子後股穴道微按之，則龍精皆流出矣。曰「留」，則筆之於冊曰：「某月某日某時皇帝幸某妃。」亦所以備受孕之證也。

這段野史說明，一方面，清代皇帝把御幸的后妃都視為誕育龍種的生產工具，把御幸的年月時日登錄在案，以為驗證；另一方面，在性生活上，皇后與背宮御幸的妃嬪之間形成強烈的不平等，後者完全處於被侮辱的地位上。在酒足飯飽後，皇帝確定御幸對象時，就像隨手挑選一件不經意的物件。她們不但由太監背進背出，在整個性過程中也始終處於敬事房總管與馱妃太監的控制催督之下，甚至事成之後，還要受到太監的凌辱。她們進御的全過程，與其說做愛，還不如說是送去與種畜交配更恰當些。這種御幸，不僅罔顧女性纖細敏感的性心理與性感情，更是對其人格尊嚴的踐踏。

有了月事怎麼辦

在月經期間，後宮女性不能受「御幸」，卻羞於言說。據《釋名》載，也有約定之法：

天子諸侯群妾以次進御，有月事者止不御，更不口說，故以丹注面目的的為識，令女史見之。

這種用朱紅顏色點在面上作為標點，也稱「注的」，意在讓女史知道後不再把她的姓名報上去。據《史記．五宗世家》，一天，漢景帝喝醉了酒，準備召幸程姬，正好她有月事，不能應召，便盛飾打扮貼身侍者唐兒，代她前去。醉眼矇矓中，景帝以為還是程姬，做愛後才發覺移花接木，李代桃僵，但唐兒倒因此懷孕，生下了劉發。由於唐兒地位低卑，她的兒子只封在貧困低濕的長沙國。從這段故事看來，似乎漢代後宮月事還未實行以丹注面的慣例。

在雙頰上對稱精緻地點上紅點，頗能平添女性的嫵媚。至遲魏晉之際，據傅玄〈鏡賦〉，這已經成為婦女妝飾的流行樣式，所謂「點雙的以發姿」。在唐代後宮，女性有月事則密奏。王建有〈宮詞〉記及此事：

御池水色春來好，處處分流白玉渠。
密奏君王知入月，喚人相伴洗裙裾。

御池的春水似乎風光旖旎，但真能洗盡後宮女性在性事上的屈辱與悲楚嗎？

九　君王：性的放縱與享樂

中國古代房中術，其發達也許走在世界前列，僅《漢書．藝文志》，就列有八家一百八十六卷。其間不乏對性的合理認識，例如：「樂而有節，則和平壽考；及迷者弗顧，以生疾而隕性命」。然而，其中也頗有視女性為玩物的男權偏見與偽科學的糟粕。為了滿足性放縱與性享樂，頗有君主專取糟粕，奉為圭臬。

帝王採陰補陽術

成書六朝的《素女經》公然主張，君主應「幸多後宮」，「多御少女」，並傳授名目繁多、花樣百出的「交接之法」。陰陽和諧的性理論被採陰補陽的性觀念所代替，各種專為帝王提供性快樂的房中術也應運而生。

《漢武故事》說，漢武帝「不能一日無婦人，善行導養術，故體常壯悅」。後蜀主孟昶嗜好方士房中之術，無數良家女子採入後宮，任其玩弄。據《十國春秋》，南漢後主劉鋹「荒縱無度，益求方士媚藥，為淫褻之戲」。那些人格卑汙的臣下，千方百計迎合帝王這種需要。金章宗還在做太子時，尚書右丞胥持國知道他好這一手，就偷獻祕術作為進身的敲門磚。

明代首輔萬安為明憲宗配製過春藥，得到了寵遇；孝宗即位，他又呈進房中術的工筆抄本。嘉靖時，原已罷官的朱隆禧進房中之術而官至侍郎，明世宗表面上裝出專志修道的模樣，骨子裡卻熱衷女色。他在嘉靖二十六年（西元1547年）、三十一年、三十四年、四十三年，先後四次選進八到十四歲幼女一千零八十人，其中三十四年所選一百六十名都在十歲以下。他深信禮部尚書、道士陶仲文所獻「先天丹鉛藥」的神效，認為可以賴此長生不老。所謂「先天丹鉛藥」，就是用這些幼小宮女的月經初潮煉製成的。王世貞有宮詞揭露這一醜聞：

> 兩角雅青雙結紅，靈犀一點未曾通。
> 自緣身作延年藥，憔悴春風雨露中。

這些掖庭少女往往只經過一次性生活，就被視為失效的藥渣而拋棄遺忘，在寂寞後宮度過一生。在歷代宮闈中，有多少妃嬪宮女就這樣被帝王當洩慾的玩物、採補的藥材與生育的工具。

春宮畫、大喜樂與歡喜佛

為讓性享樂更富刺激性，歷代帝王對房中術的花樣翻新可謂不遺餘力，費盡心機。春宮畫借助壁畫與圖卷的形式，通過視覺刺激來挑動性慾。

西漢時，廣川王劉越就在宮中繪上男女裸交的壁畫。南齊東昏侯在後宮芳樂苑建造了紫閣等跨水樓觀，壁上都是男女做愛的圖畫。在隋煬帝御女的寢殿四壁，也懸掛有數十幅男女交合的春畫。唐宋春畫亦叫「祕戲圖」，唐代畫家周昉畫過一幅《春宵祕戲圖》。明代中期後，春宮畫更是與帝王肉慾橫流息息相關的。

元代，密教盛行宮廷，及至元末，皇帝完全沉溺在密教房中術的修煉中。哈麻是元順帝寵臣，西域康城人，《元史．哈麻傳》說：

哈麻嘗陰進西天僧，以運氣術媚帝（順帝），帝習為之，號演揲兒法。演揲兒，華言「大喜樂」也。……其僧善祕密法，謂帝曰：「陛下雖尊居萬乘，富有四海，不過保有現世而已。人生能幾何，當受此祕密大喜樂禪定。」帝又習之，其法亦名雙修法。曰演揲兒，曰祕密，皆房中術也。乃詔以西天僧為習徒，西蕃僧為大元國師。其徒皆取良家女，或四人，或三人奉之，謂之供養。於是帝日從事於其法，廣取女婦，唯淫戲是樂。

據《庚申外史》，元順帝不但讓妃嬪百餘人受所謂「大喜樂佛戒」，而且經常把王公大臣與市井庶民中有姿色的妻室，召入宮中，供其「大喜樂」時恣意玩弄。他還在上都建造了連綿數百間的穆清閣，徵召大量婦女充實其間行「大喜樂」。為了增加御幸縱慾時的刺激，順帝每次挑選受過密戒的妙齡多姿的十六個宮女，跳節奏癲狂、性感強烈的「十六天魔舞」給他助興。直到明武宗，還因番僧進這種密教祕戲而縱情聲色。

與此同時，為了滿足觀感上的性刺激，密教「歡喜佛」也被元、明、清三代帝王視為

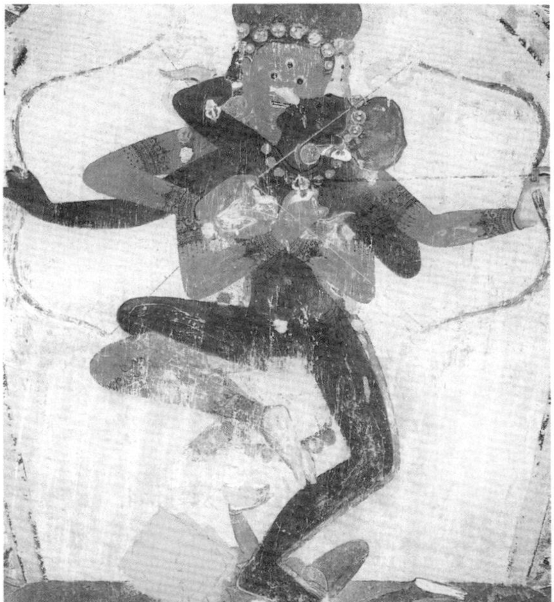

五代敦煌壁畫中的歡喜佛

祕藏。據《元史・后妃傳》，元成宗卜魯罕皇后見到這種狀貌醜怪、形象淫穢的佛像，曾又羞又怕用手帕捣住眼睛。《心史・大義略敘》說，這種歡喜佛男女裸體，抱頸交接，纖毫畢現，不堪入目。

據《萬曆野獲編・春畫》，明代沈德符親見內庭有「歡喜佛」，說是從外國進口，又說是故元所遺。兩佛各瓔珞嚴妝，互相抱持，兩根湊合，有機可動。他聽大太監說：「帝王大婚時，必先導入此殿，禮拜畢，令撫揣隱處，默會交接之法，然後行合巹。」

清代紫禁城的雨華閣、寶相樓、養心殿與避暑山莊，到處都供有歡喜佛。在避暑山莊銅佛殿內，塑有百餘尊銅佛像，都是盡態極欲的裸形祕戲。

歷代帝王「御幸」圖

那些帝王醉心於房中術，沉迷於春宮畫與歡喜佛，只是為了自己的性放縱與性享樂，所謂「萬人之軀，奉此一人」，而不是追求雙方的和諧歡悅。他們縱慾無度，進御無序，不但將有益的訓誡置之腦後，而且不把本朝御幸制度放在眼中。

春秋時，晉平公夜以繼日地御幸姬妾，以致痼疾纏身，請醫和診治。這位名醫表示已無可救藥，他說：「君子親近妻室，須由禮義節度來控制，不能超過平正和諧的限度。你現在沒有節制，不分晝夜，能不心蕩神煩，蠱惑罹病嗎？」

然而，歷代獨多晉平公那樣的君主。在佳麗如雲、脂粉如雨的後宮，他們一味沉湎其中，朝政可以不理，民生可以不問，不僅無視女性的人格尊嚴，甚至不顧自己的壽夭生死。據《迷樓記》說，隋煬帝營造好迷樓，選後宮與良家女子數千人居住其間，他一入迷樓，經月不出，服了大丹（實即春藥），放任淫念，一晝夜竟御幸女子達數十名。

如果說《迷樓記》屬小說家言，那麼，可信史料足以印證這類記載並非荒誕不經。據《青宮譯語》說，宋徽宗每五到七天，一定要玩弄一位處女，到其退位時，宮女已達六千人。按宋代御幸制，妃嬪進御，次晨即須到門謝恩，主事者記下月日。宋度宗一向迷溺酒色，即位之初，每日謝恩入冊的妃嬪常達三十餘人，讓隋煬帝日御數十的記錄不能專美於前。元順帝行「大喜樂」，也進御無度，據《庚申外史》，他愛登龍舟遊幸，兩岸用盛裝的采女拉縴，「一時興有所屬，輒呼而幸之」。

在歷史上，隋煬帝、宋徽宗素以荒淫著稱，而朱元璋這種平民出身的開國之君，一當上皇帝也恣意遊幸，卻忌諱別人指責他。朱元璋看到翰林院編修高啟〈宮女圖〉詩說：

女奴扶醉踏蒼苔，明月西園侍宴回。
小犬隔花空吠影，夜深宮禁有誰來。

心虛理虧地認定在諷刺他，找個碴子把高啟給殺了。

明代規定，皇帝御幸，由文書房內官記錄夜宿宮嬪的姓名與日期。明武宗感到，這種規矩對他壓根兒是束縛，乾脆「悉令除卻省注，掣去尚寢諸所司事，遂遍遊宮中」，廢除了相關成規，率性為所欲為。他不僅在宮中恣意遊幸，還欲壑未饜，走出宮去，隨心所欲地獵取臣下與庶民的妻女，演出了一場游龍戲鳳的鬧劇。

明代無封號的宮女一經御幸，次日就要報名謝恩，後宮改用較高禮儀規格對待她，皇帝也要為她改裝鋪飾居室，賜給封號。但據《野獲編．封妃名典》，嘉靖帝晚年在西苑修道，因過量服飲熱補藥劑，性慾妄動，對身邊宮女稍有注意，就召來洩慾。有一天，他在修煉時擊磬誦經，因心不在焉，磬槌誤擊他處，其他宮女都不敢仰視，年僅十三的尚美人卻忍不住失聲大笑，大家都認為她命在旦夕。不料世宗卻對她發生了興趣，誦經完畢，迫不及待召幸了她，封為壽妃。她冊立百餘天後，嘉靖帝就在色慾與丹藥的夾攻下一命嗚呼。由於他「御幸」的密集度太高，那些宮女都還來不及冊封，不少宮女在其本人死後才胡亂給個封號，有的死在世宗之後，連封號都撈不上，以致稱為「未封妃嬪」。

隋煬帝與金廢帝

歷代帝王的性放縱，不僅表現在「御幸」人數與次數上，還暴露在於性方式上。為追求新奇刺激，他們可以不知羞恥與不擇手段。《迷樓記》、《山海記》、《隋遺錄》、《大業拾遺記》等，集中保存了隋煬帝放蕩淫穢的記錄。

據說，隋煬帝營建迷樓後，鑄造了八扇烏銅屏風，高五尺，闊三尺，磨成光亮的銅鏡，環立在寢宮臥榻四周，光可鑑人。煬帝在其中御幸宮女，纖毫畢現，喜滋滋道：「繪畫只畫出圖像，這東西照得出真容，遠勝過春畫萬倍。」

大夫何稠打造了御女車，車廂絕小，只容臥一人，所設裝置讓入臥其中的女性手足絲毫動彈不得，供煬帝在其中恣意姦淫處女。何稠還設計了一種轉關車，在車上「御幸」時，被御女子的身體會自動顛搖。煬帝問車名，何稠說是任意造成，尚未取名。煬帝大讚其巧思，說：「你任憑巧思造車，我任憑意欲取樂，就叫任意車吧！」在汴都出巡江都途中，御女車與任意車就成為隋煬帝專用御車，車上雜綴玉飾鈴鐺，用來遮掩車輛行進中的蕩語淫笑。由於沉湎色慾，煬帝到江都宮中，竟然一定要所御之女以全身與四肢顛搖著他，才能勉強入睡；而侍兒韓俊娥顛搖得法，最能使他入夢，故而每睡必召幸她，賜名為「來夢兒」。

儘管《迷樓記》等多為小說家言，所述或有失實；但從可信史料記載其他帝王性生活的放蕩，《迷樓記》似乎也有事實的影子。《骨董瑣記》錄有明末書畫家張丑的一篇畫跋，介紹了唐代畫家周昉的《春宮秘戲圖》，畫帝王與妃子在做愛，這位妃子一說是天后（即武則天），一說是太真妃（即楊貴妃），未有定論。畫面「以一男御一女，兩小鬟扶持之，一侍姬當前，力抵御女之坐具，而又一侍姬尾其後，手推男背以就之，五女一男嬲戲不休。」其淫蕩絕不比隋煬帝遜色。

有一首〈十國宮詞〉描寫了五代閩主放浪淫狎的性生活場景：

大床長枕暖生春，殢雨尤雲雜笑顰。
更向水晶屏下望，分明玉體看橫陳。

據徐熥《陳金鳳外傳》，閩主延鈞「封金鳳為皇后，築長春宮以居之，延鈞數於其中為長夜之宴。……酒酣，張長枕大床，擁金鳳及諸宮女裸臥，隨意幸之。又遣使於日南，造水晶屏風，周圍四丈二尺，延鈞與金鳳淫狎其內，令宮女隔屏窺之，嬉笑為樂」。

金廢帝完顏亮的荒淫無恥，在歷史上臭名昭著。他不僅濫殺宗室，把他們的妻女籍沒入宮，占為已有；還肆無忌憚地與同姓同宗的宗婦、妃主淫通。凡被他霸占的宗室妻女都分屬後宮諸妃位下，應召自由出入宮闈。

莎里古真是近侍局直宿撒速之妻，少艾淫蕩，最受眷顧。完顏亮對撒速說：「你的妻子年少，你直宿時，不能讓她睡在家中，可讓她住在貴妃那裡。」完顏亮就乘機與莎里古真淫亂，累了，就坐在其他妃嬪的膝蓋上，

隋煬帝下江南

說：「我一向以為天子之位易取，這種機會難得。」他經常在臥殿內鋪上地氈，讓應召入宮的同姓堂姊妹或堂侄女等裸體戲逐，供其淫樂。

當完顏亮聽說莎里古真還在宮外縱慾行樂，怒不可遏，怒氣咽得說不上話。緩過氣來，對莎里古真說了一番話：「你愛貴官，有貴如天子的嗎？你愛人才，有才兼文武像我這樣的嗎？你愛快樂，有昂藏偉岸超過我的嗎？」暫且不論完顏亮是否才兼文武與昂藏偉岸，卻和盤托出了歷代君主的共同心態：既然貴為天子，就可以為所欲為追求性放縱與性享樂。

在歷代帝王中，宮闈床笫之間恣狂淫蕩的當然遠不止隋煬帝、金廢帝之流。他們失去了正常人的人性與理性，其淫邪的心態與醜惡的行為，甚至比之動物還不如。

人君恆不壽

清代唐甄說過：「自秦以來，人君恆不壽。五十、六十為上壽，四十為中壽，三十為下壽。上壽十一，中下十九。」顯而易見，正是帝王的縱慾無度，讓性慾之火很快燃盡了自己。明仁宗在位僅十個月，就一命嗚呼，傳說不一，但都與其性放縱有關：一說因服用春藥過量而亡；一說是因縱慾後著涼，得上「陰症」而一病不起。

不少帝王因縱慾過度而導致性功能喪失。南朝後梁宣帝「一幸姬媵，病臥累旬。」遼穆宗也有類似病症，「嬪御滿前，並不一顧。」《朝野遺記》說，建炎三年（西元1129年），宋高宗南逃途中，駐蹕揚州，仍樂此不疲。一天，正在「御幸」時，忽有諜報說金騎前鋒已經不遠，他大驚失色，就此陽痿，致使後宮絕孕，再沒有人為他生子。儘管如此，在這些皇帝的宮闈中，仍是宮女充盈，嬪御羅列，她們只能將青春埋葬在這座活墳墓與活地獄中。

十　妃嬪：性的屈辱與壓抑

食色，性也。滿足食欲的飲食可以公之於眾，滿足性慾的房事卻是當事人的私密行為，這是人類文明與文化傳統積澱的結果。就性心理與性倫理而言，歷史文化的長期沉澱會形成一種心理定勢與倫理規範。對女性來說，這點尤為突出。現代性科學的調查表明，在性生活時，女性對情緒或環境的干擾尤其敏感。然而，不少帝王為了滿足變態性心理，不僅完全無視女性這種性心理，反而把她們當成可以公開褻玩的對象。她們不但在性愛心理上得不到尊重，而且在人格尊嚴上也備受侮辱。

性倒錯的受辱者

《史記．殷本紀》說，商紂王在沙丘營造酒池肉林，命後宮婦女裸體與男子相逐其間，以為取樂。自紂王后，這種性變態式侮辱後宮女性的場景，一再被歷代淫亂君主所仿效。據《拾遺記》，漢靈帝造了上千間裸遊館，靈帝避暑其間，飲宴縱慾，還命「宮人年二七以上，三六以下，皆靚妝，解其上衣，惟著內服，或其裸體」。

南朝宋前廢帝也曾逼後宮婦女裸體相逐，有一女子不從命，無辜被殺。不久，前廢帝夢見一女子罵他：「悖虐不道，活不到明年。」醒後，他從宮掖中找一個容貌相似的宮人殘加殺害。沒過多久，前廢帝就因荒淫無道而遭到廢黜。

不料，繼位的宋明帝不改前任之惡。據《宋書．后妃傳》：

> 上嘗宮內大集，而裸婦人觀之，以為歡笑。後以扇障面，獨無所言。帝怒曰：「外舍家寒乞，今共為笑樂，何獨不視？」
>
> 后曰：「為樂之事。其方自多。豈有姑姊妹集聚，而裸婦人形體，以此為樂？外舍之為歡適，實與此不同。」帝大怒，遣后令起。

北齊文宣帝在公眾場合有性裸露癖，《北齊書》說他「帝裸裎為樂，雜以婦女，又作狐掉尾戲」。《北史．齊本紀》說他征集後宮婦女，「悉去衣裳，分付從官，朝夕臨視。或聚棘為馬，紐草為索，逼遣乘騎，牽引來去，流血灑地，以為娛樂」。他曾微服行市，問一個婦女：「天子何如？」回答道：「顛顛痴痴，何成天子！」他就把這個婦女給殺了。

宋前廢帝宮人的抗命，宋明帝王皇后的抗議，北齊文宣帝時無名婦女的斥責，表明女性對這種性侮辱的深惡痛絕。

然而，有的君主還不止於此，甚至逼使她們在大庭廣眾之下展示性交過程。前秦主苻生的性錯亂程度令人髮指。有一次，他在路上見兄妹兩人同行，就逼他們做非禮之事，兩兄妹至死不肯，苻生就把他們給殺了。在宮中，他更強令宮女與男子在殿前裸交，還召來群臣圍觀。隋煬帝也曾召來無賴少年，逼著宮人與他交媾。

五代南漢後宮有位波斯女，黝黑而慧豔，床笫之間善於迎合，後主很嬖倖她，給取了個「媚豬」的外號。後主感到與她淫狎還不夠刺激，命雛幼的宮人脫衣露體，與他所選的惡少年相配，他與波斯女觀覽縱樂，還把這種淫穢的遊戲叫作「大體雙」。

金廢帝時，妃嬪們對這種公然的性交媾深感奇恥大辱。據《金史．后妃傳》，完顏亮「每幸婦人，必使奏樂，撤其幃帳，或使人說淫穢語於其前。嘗幸室女不得遂，使元妃以手左右之。或妃嬪列坐，輒率意淫亂，使共觀，或令人效其形狀以為笑」。「女使闢懶有夫在外，海陵封以縣君，欲幸之，惡其有娠，飲以麝香水，躬自揉拉其腹，欲墮其胎。闢懶乞哀，欲全生命，苟得乳娩，當不舉。海陵不顧，欲墮其胎。」

對宮廷女性的性倒錯，竟成為商紂王、隋煬帝、金廢帝這批衣冠禽獸性變態的快感源泉，而君主制正是這種性肆虐的罪惡根源。

在舊君主去世後，宮廷女性常常被新主自己或者派人強姦，她們不僅在身心上深受摧殘，而且還在道德上背上了亂倫的十字架。

據《宋書．文九王傳》，南朝宋前廢帝即位，多次命左右姦淫他祖父宋文帝的妃子楊修儀，其他人不得已而遵命，右衛將軍劉道隆竟以為樂事，極盡醜態。更令人髮指的是，這種衣冠禽獸的輪姦行徑，竟當著楊修儀親生兒子建安王劉休仁的面。

北齊一代，文宣帝姦汙了他哥哥高澄的妻子文襄皇后元氏，而文宣帝李皇后等妃嬪又被其弟武成帝逼淫。北周宣帝即位，其父周武帝靈柩未葬，「即閱視先帝宮人，逼為淫亂」。五代楚主馬希范，也對「先王妾媵，多加無禮」。這種悖亂

海陵王縱慾身亡

倫常的性行為，即使被逼無奈，對任何略具人性的女性來說，都是奇恥大辱。儘管有的后妃抗命而殞身，但大多數只能懷恥含垢，忍辱偷生。在君主制下，她們連生命都在君主掌握之中，在性問題上，哪裡還談得上捍衛人格尊嚴呢？

宮詞折射的性渴求

在部分妃嬪遭受帝王性變態與性倒錯時，絕大多數後宮女性卻只能在性飢渴與性壓抑中消磨年華。後宮嬪嬙如雲，能成為帝王直接性對象的比例畢竟有限；縱使偶爾臨幸一次，也可能就此被終生遺棄。然而，就宮掖妙齡女子而言，正常的性心理與朦朧的性渴求也必然會在她們年輕的心靈與青春的身軀中萌動。在后妃制下，性並不具有純粹生物學上的功能，還有著更重要的政治學與社會學上的內涵。

唐代施肩吾《帝宮詞》說：「十年宮裡無人問，一日承恩天下知。」從字面看，似乎只是「十年寒窗無人問，一登金榜天下知」的平庸套用，卻道出了后妃制下的特有現象：正如科舉入仕是士子主要的進身之階，性恩賜是後宮婦女獲得權位的唯一手段。於是，希望君王召幸自己，竭力維繫住這種性關係，就使後宮性問題塗抹上君主政治的強烈色彩。這裡，不妨探討其潛意識本能的那一側面。

性學家靄理士指出：「性慾的滿足有恃乎另一人的反應與合作——這些也未始不是它所又能喚起多量注意的原因。」眾多妃嬪宮女的性慾滿足只能取決於帝王一人的反應，這種性合作在數量上的巨大反差，正是君主后妃制在生物學意義上非人性的表現之一。於是，希冀自己被「御幸」，並為能經常召幸而施展姿色的魅力與心計的狡黠，希幸與爭寵就這樣成為後宮主題曲。

不應該輕率地把這種希幸心理指為女性的輕薄，把所有爭寵鬧劇斥為人性的淪落——確實不排除這種情況存在——殊不知，這是一種生物學意義上的生存競爭。問題癥結在於，這種殘酷的競爭純粹由君主制人為地造成。總之，無論基於性慾本能的驅動，還是出於權欲異化的追逐，妃嬪希望召幸是歷代宮詞的一大主題。

唐王建有〈宮詞〉說，「眾裡遙拋新橘子，在前收得便承恩」，說眾妃嬪聚在一起，做拋新橘子的遊戲，由於橘子諧音「結子」（懷兒子），誰能接到橘子，就是將被君王御幸的吉兆。

還有一首宮詞，毫不掩飾其迫不及待：「忽地下階裙帶解，非時應得見君王。」裙帶沒繫緊而鬆開了，痴想也許是御幸的預兆吧！明代朱權〈宮詞〉云：

> 雕檐蟾魄度罘罳，蛛網呈祥墜喜絲。
> 知是昭陽有恩澤，燈花昨夜結紅芝。

描寫嬪嬙以喜蛛、燈花卜算自己能否進御的宮掖一景。另有〈前清宮詞〉說：「錦帳未懸呼內史，叮嚀莫折並頭花。」一大早妃嬪醒來，錦帳未掛，就叮囑宮中內史不要去攀折並頭而開的花朵，這可是能進幸皇帝的瑞兆啊！再看明代朱讓栩〈擬古宮詞〉：

> 向暖嬉遊笑語歡，宮官忽道過金鑾。
> 傳呼聲急人皆避，盡閉窗櫺紙隙看。

刻畫的還是妃嬪們羞怯地關心誰能被召幸的情態。這些宮詞的作者都是男性，其主旨是對后妃制的粉飾與獵奇；但後人換一種視角，還是能夠讀出廣大宮女雖被壓抑而仍渴望的性要求。

羊車決幸及其他

由於性對象的懸殊比例，再加上「被御幸」蘊藏著權欲因素，後宮女性千方百計爭取這種機會，出現了羊車決幸的咄咄怪事。晉武帝是其始作俑者。《晉書．后妃傳》說：

自此掖庭殆將萬人，而並寵者甚眾。帝莫知所適，常乘羊車，恣其所之，至便宴寢。宮人乃取竹葉插戶，以鹽汁灑地，而引帝車。

晉武帝因寵愛的宮嬪多得他沒法選擇，乾脆聽憑駕幸的羊車走到哪兒，就吃睡在那妃嬪處。羊愛吃略有鹽分的竹葉，宮嬪就想出了鹽汁引誘羊車的方法。羊車是皇帝專用的輦車，《晉書．輿服志》記有其形制。

據《南齊書．輿服志》，南朝大概已不用羊車牽引，但這個名稱卻仍然沿用。後蜀花蕊夫人〈宮詞〉就說：「諸院各分娘子位，羊車到處不教知。」歷代宮詞中頗多妃嬪盼羊車的吟詠，描摹出她們性壓抑與性渴求的幽怨心態。元楊維楨〈宮詞〉說：

十二璚樓浸月華，桐花移影上窗紗。
簷前不插鹽枝竹，臥聽金羊引小車。

無名氏〈前清宮詞〉說：

羊車望斷又黃昏，懶卸新妝掩苑門。
風逗樂聲歌燕喜，不知誰氏已承恩！

儘管朝代不同，場景彷彿相似：黃昏以後，月光如水，瓊樓紗窗上掩映著梧桐樹影，秋波望斷，惆悵地掩上門扉，慵懶得都不想卸新妝。輾轉反側中，還豎起耳朵，靜聽著羊車駕幸哪個宮院了。風聲中，遠遠傳來歡歌笑語，唉，不知誰有幸了！

唐玄宗隨蝶所幸，堪稱是羊車決幸的大唐版。《開元天寶遺事》說：

開元末，明皇每至春時，旦暮宴於宮中，使嬪妃爭插豔花，帝親捉粉蝶放之，隨蝶所止幸之。

作為風流皇帝，唐明皇顯然以此為雅事，但風流雅事背後，卻是多少後宮女性在性壓抑下的強顏歡笑。

開元時，妃嬪還用擲骰子方法來賭侍寢權，宦官則乘機在骰子裡做手腳。據《清異錄．彩局兒》條說：

開元中，後宮繁眾，侍御寢者難於取捨，為彩局兒以定之。集宮嬪，用骰子擲，最勝一人，

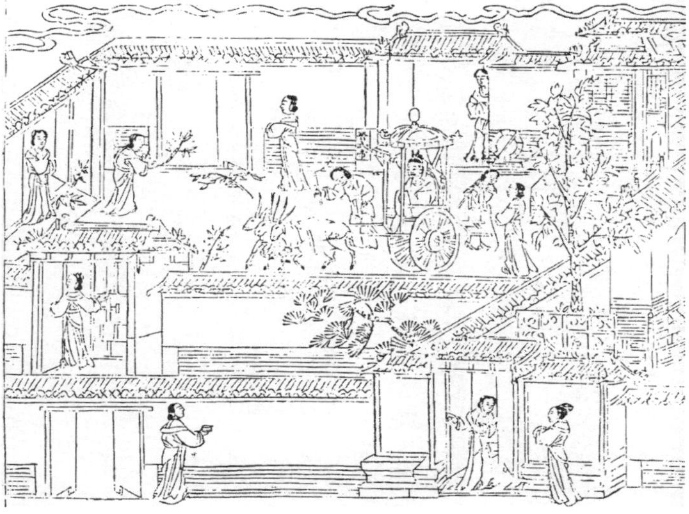

羊車遊幸

乃得專夜。宦璫私號骰子為「銼骨媒人」。

羊車決幸也罷，粉蝶決幸也罷，骰子決幸也罷，被召幸的妃嬪自然心安意得，元人迺賢有〈宮詞〉刻畫了這種意態：

太液池頭新月生，瑤階最喜晚來情。
貴人忽被西宮召，騎得驊騮款款行。

然而，後宮佳麗如雲、脂粉如雨，被召幸者在人數與次數上畢竟都是少數。據蔣之翹〈天啟宮詞〉所注，明熹宗即使對三宮皇后、貴妃及有名號的妃嬪，一年也不過御幸一二次，至於那些沒有位號的宮女，更是可想而知。有一首宮詞這樣說：

靜掩朱扉已二更，金輿忽地照前楹。
上房莫漫忙供奉，只索階前一送迎。

時過二更，御車聲忽然傳到某個妃嬪的宮中，上房宮婢們以為皇帝駕幸，忙著準備。那個妃嬪經歷多了，知道皇帝只是經過而已，冷靜地說，你們只須在階前迎送一下御駕吧。冷靜背後飽含著多少心酸與失望！

宮何必守

除了皇帝與太監，後宮女性與其他男性處於完全隔絕的狀態中，但帝王對她們仍不放心。有一次，梁皇后在樓上看見外貌俊偉的尚書僕射賈玄石，就問前秦主苻生：「這是何人？」苻生說：「你看上他了吧！」就殺了賈玄石。

據《西京雜記》，秦宮有一面方鏡，「女子有邪心，則膽張心動。秦始皇常以照宮人，膽張心動者則殺之」。這當然是小說家言，但秦代起，歷代帝王都深信守宮能夠檢驗妃嬪的操守貞潔與否。對此，馬王堆漢墓出土的《養生方》已有提及，《神農本草經集注》、《唐本草》也都有記載。

守宮，即壁虎，因常守伏宮牆邊，故而得名。唐代顏師古指出：

> 術家云：以器養之，食以丹砂，滿七斤，搗治萬杵，以點女人體，終身不滅。若有房室之事，則滅矣。言可以防閑淫逸，故謂之守宮也。今俗稱為辟宮，辟，亦御捍之義耳！

據說，用丹砂與草脂餵飼守宮，其身體會變紅，待其死後，乾燥研碎後，點在處女身上，如未經過性生活，其色澤始終殷紅。這種方法，以現代醫學論，毫無科學根據，但帝王卻奉為至寶。「巴西夜市紅守宮，後房點臂斑斑紅」，這兩句唐詩殘句表明這一陋規為秦漢以後宮掖所奉行，也暴露出專制帝王對後宮佳麗在性問題上疑心生暗鬼的猜防心理。詩人杜牧曾抨擊道：「深宮鎖閉猶疑惑，更取丹沙試辟宮」。這一陋規，也凸顯了後宮女性所遭受的性管制是多麼不人道。那些久閉深宮的宮嬪，垂老之際凝視著點臂殷紅，心中浮起的將是怎樣的感嘆呢？

明孝宗曾給女宮官出過一道策論，題目就是《守宮論》。有一位名叫沈瓊蓮的選侍，慨然提筆，憤然疾書：「甚矣，秦之無道也！宮何必守哉？」在毫不人道的君主制下，卻讓宮廷婦女為那樣的制度去守宮，替那樣的君主去守節。《守宮論》不啻一篇討伐君主后妃制的檄文，為歷代後宮女性喊出了強烈的抗議。

一召豈能來

對有自尊人格的後宮女子來說，性要求雖然正常，但畢竟不是她們最高的追求，這是真正的人區別於動物的表現。她們恥於接受屈辱的性關係，在媚道求寵與潔身自尊上，寧可選擇後者而維護人格尊嚴。

南朝陳後主因寵幸張貴妃，往往半年不到沈皇后處寢宿。有一次，他剛到中宮，就顯出馬上要走的樣子，問沈皇后說：「你為什麼不留我？」並當場哼詩一首：

> 留人不留人，不留人也去。
> 此處不留人，自有留人處。

他自以為妃嬪眾多，你應該婉求我才是，滿不在乎地擺出恩賜的架勢。不料工於詞翰的沈皇后也回贈一詩：

> 誰言不相憶，見罷倒成羞。
> 情知不肯住，教我若為留？

你根本不把我放在心上，反要我低聲下氣來求你，雖然舊情難忘，但這樣相見無異羞辱，教我怎麼留你住呢！

沈皇后對陳後主是有感情的。據《陳書．后妃傳》，陳亡，她與後主入隋，後主死後，她寫過一篇文辭痛切的哀辭。但在當時，對後主這種心不在焉、以上凌下的性賜予，她深感屈辱，不卑不亢，以詩句維護了自尊。

據《唐語林．賢媛》，有一次，唐太宗召幸徐賢妃，卻未見其來，太宗怒氣衝衝，過了一會兒，她送來了一首詩：

> 朝來臨妝台，妝罷且徘徊。
> 千金始一笑，一召豈能來？

性生活必須是雙方當事人的傾心相與，然而，宮廷女性卻只能召之即來，揮之即去，充當帝王單方面發洩性慾的工具，毫無愛的平等與人的自尊可言。在歷代后妃中，徐賢妃「一召豈能來」，堪稱維護人格尊嚴的空谷足音。

從根本上說，君主制不能容忍後宮女性高揚這種自尊意識。《聞見雜錄》記載了一件觸目驚心的事：

陳後主後庭花

宮花寂寞紅

（宋）太祖一日幸後苑賞牡丹，召宮妃，將置酒，得幸者以疾辭。再召，復不至。上乃親折一枝，過其舍而簪於髻上。上還，輒取花擲地。上顧之曰：「我辛勤得天下，乃欲以一婦人敗之邪？」即引佩刀截其腕而去。

宋太祖道出了歷代君主的真實內心：整個天下都是我的，你一個婦人竟敢不屈意奉迎我嗎？如果說，宋太祖試圖以佩刀截腕來威脅那個宮妃的自主意識，那麼，對後宮女性來說，整個君主制就是扼殺她們人格獨立的絞索。

十一　如此「人道之大倫」

《史記・外戚世家序》指出：「夫婦之際，人道之大倫也。」那麼，在日常生活中，帝王與后妃表現出怎樣的「人道大倫」呢？

枕上片時春夢

據《揮塵後錄》，向皇后對自己與宋神宗的關係有一段自白：「自家那裡更惹他煩惱。然是他神宗亦會做得，於夫婦間極周旋，二十年夫婦不曾面赤。」儼然一幅琴瑟和鳴圖。事實是否如此，已難究其實。但帝王也是有血有肉的人，在歷史上，也確有感情篤摯的帝王后妃關係。

清世祖奪其同父異母弟襄親王博穆博果爾之妻入宮，是為董鄂妃。他倆在此前似乎就墜入愛河，在短短的婚姻生活中，兩人愛戀倒是熾烈深篤的。董鄂妃每天慇勤照顧世祖的飲食起居，當皇帝料理朝政晚歸時，她總是迎問寒暖；世祖心情不佳時，她就體貼入微地問：「還宮太晚，也許勞累了吧。」並親自端上晚餐。即使在不侍寢的夜裡，她總預先關照太監：「炕別燒得太熱。」有時半夜還擔心他們做事不可靠，親至寢殿，安排停當，這才退出。董鄂妃原來不信佛，世祖給她講禪宗參悟。她聰慧穎悟，不久，就能以「一口氣不來，向何處安身立命」的禪機，來慰解世祖，兩人心有靈犀地相視一笑。

入宮次年，董鄂妃生下了兒子，但小生命不到百日就夭折了。她悲痛欲絕，疾病染身，入宮僅四年就去世了，年僅二十二歲。董鄂妃美麗慧敏，溫柔體貼，對她的華年早逝，順治帝痛不欲生。四年朝夕相處的每一細節，都令這位鍾情的皇帝刻骨銘心，他親撰了一篇長達四千言的行狀，一往情深地縷敘其德、貌、才、情，以「一朝崩逝」，「五中摧痛」，表達自己的傷悼之情。這倒並非矯飾之語。董鄂妃死後，當年冬天，世祖手書岑參〈春夢〉詩，贈天童寺名僧道忞：

洞房昨夜春風起，遙憶美人湘江水。
枕上片時春夢中，行盡江南數千里。

史家陳垣指出：「唐詩多矣，何獨書此以賜僧人？蓋是時董妃已卒，多情天子，念念不忘美人枕上，不覺遂於老和尚發之。」揭示了世祖當時的心態情愫。因美人隔世，篤情難遣，這位皇帝還一度削髮，準備出家，並自取「行痴」的法名，只因生母孝莊太后的勸阻，才打消了這念頭，沒做出痴行來。不過，時僅四個月，他就在鬱鬱的追念中去世了。

李夫人與大周后

帝王后妃之間，不僅僅是夫婦關係，君主制還為之附加上不平等的君臣關係。如何在君臣夫婦的雙重變奏中，維持獨立人格與美好形象，對後宮女性而言，是必須對待的難題。

李夫人妙曼善舞，入宮後深受漢武帝愛寵。但生下昌邑王不久，她就纏綿病榻，原先的傾國傾城貌被折磨得形鎖骨立。武帝最後一次去探望，她蒙被不見，說：「我久染疾病，容貌毀壞，不便相見。我把兒子和兄弟都託付給皇帝了！」武帝說：「你病將不起，就見我一面，再以兒子、兄弟相托，不很好嗎？你只讓我見上一面，我會賜你千金，給你兄弟封上顯官的。」

李夫人說：「封顯官，權在你皇帝，不在見我這一面。」說完側身不語，唏噓淚下，武帝不悅而出。有人責怪她，為什麼不見武帝最後一面。李夫人說：「我之所以如此，就是為了托兄弟。我因美貌才以微賤之身而受寵愛，皇帝之所以還拳拳顧戀我，也是我平生姿色給他留下好感。我如讓他見到我形容枯槁，準會產生厭惡唾棄之心，怎麼還會因懷念憐憫我，而厚待我的兄弟呢？以色事君，色衰而愛馳，愛馳而恩絕，見得還少嗎？」李夫人這樣做固然是別有心計，但也維護了自身的姣好形象與人格尊嚴。

大周后因愛子夭殤而憂傷染病，自知沉痾難愈，仍舉止冷靜。病危之際，她取來平時彈奏的琴瑟和佩戴的約臂玉環，與南唐後主訣別說：「我有幸隨從你，枉受愛寵十年，作為一個女人，幸福莫過於此。無以報德，就此永訣別。」她寫下遺書，請求薄葬。三天後，她支撐著病體，沐浴梳妝，按飯含的葬儀，梳好了高髻，穿上了纖裳，化了首翹鬢朵妝，這都是她生前首創而流行後宮的妝飾。然後，口含白玉，沉靜離世。大周后自尊自愛，不媚不諂，維護自己的人格與形象。

李夫人與大周后沒有完全放棄自身的獨立性，才使君主不敢輕鄙她們。女性的形象並不僅僅依賴她委身的男性來塑造的，只有自覺意識並有效維護自身的尊嚴與人格，才不至於在男性面前喪失自我。

變態與虛情

帝王與后妃間儘管也有篤摯真誠的愛情生活，但數量上或程度上都不宜估計過高。相反，這種「人道之大倫」，在君主制下獨多變態畸形、虛情假意乃至仇恨殺戮的記載。

苻皇后死後，後燕主慕容熙抱著她氣絕僵仆，後人也許認為他入情太深。但苻皇后已大殮入棺，他卻還打開棺木，與苻氏的屍體交媾，這顯然是性變態。慕容熙見自家嫂嫂姿容出眾，巧思過人，找個罪名將其殺死，為苻皇后殉葬，這一做法更令人髮指。哭臨儀式時，他派人檢查在場官員，沒有眼淚的，一律以不忠不孝處死，嚇得群臣都準備了辣椒水來大催其淚，為慕容熙的「人道大倫」上演了一場諷刺劇。

類似的鬧劇，南朝宋孝武帝也再次搬演。殷淑儀原是劉義宣的女兒，孝武帝與她是堂兄妹，卻穢亂宮廷，逼反了堂叔義宣。義宣兵敗後，孝武帝乾脆將她密迎入宮，改姓殷氏，寵傾後宮。他警告左右，如有洩密，立即處死，企圖一手遮盡天下人耳目。但沒幾年殷淑儀就死了，孝武帝追冊她為貴妃，「痛愛不已」還想常見她，就特製狀如抽屜的「通替棺」，想念了就拉出棺木，瞧上一眼屍體。下葬後，孝武帝悲不自勝，還多次率領群臣到她墓上去，對群臣說：「你們如能悲慟地哭貴妃，就有厚賞。」秦郡太守劉德願應聲大哭，擂胸頓足，涕泗交流，孝武帝很高興，升他做豫州刺史。醫術人羊志也嗚咽淚下，後來有人問他：「你從哪裡擠出這副眼淚？」回答令人絕倒：「我那天在哭自己新亡的愛妻呀！」真是一幕絕妙諷刺劇。

至於明憲宗，戀慕的萬貴妃比他年長近二十歲，用情倒也堪稱持久而執著。《野獲編．萬貴妃》說：

萬氏豐豔有肌，每上出遊，必戎服佩刀侍立左右。上每顧之，輒為色飛。其後撻一宮婢，怒極，氣咽痰湧不復甦。急以訃聞，上不語久之，但長嘆曰：「萬侍長去了，我亦將去矣！」於是悒悒無聊，日以不豫，至於上賓。

萬貴妃去世當年，憲宗也撒手歸天，以致沈德符半帶嘲諷道：「情之所鍾，遂甘棄臣民不復顧。」然而，明憲宗這種戀慕之情，絕不是一種正常的愛，而是一種畸戀的愛，是戀母情結在萬貴妃身上的位移。

中宮虛位與攀折嫩枝

為了掩飾性放縱，有些帝王有意給自己婚姻編織上情深恩重的光環。靖康之變中，邢皇后被俘北上。曹勳受徽宗派遣潛歸江南時，她脫下了隨身佩戴的金釵，讓內侍交給曹勳說：「請代我對大王（指康王，後為宋高宗）說，但願像這光環一樣，能早日團圓相見。」高宗即位，遙冊她為皇后。紹興九年（西元1139年），邢皇后在金人凌辱下去世，做了十三年徒有虛名的皇后。金人沒把訃聞及時告知南宋，直到紹興十三年高宗才冊封了吳皇后。

《宋史．后妃傳》說高宗中宮虛位以待邢皇后達十六年之久，似乎最重結髮情義。然而，早在建炎中（西元1127～1130年），高宗就把絕色佳人大小劉妃納入宮中，拜大劉妃為貴妃，小劉妃為婉儀，宮中分別稱大、小劉娘子。小劉娘子入宮時年尚幼小，高宗有豔詞〈望江南〉相贈：

> 江南柳，嫩綠未成陰。
> 攀折尚憐枝葉小，黃鸝飛上力難禁，
> 留取待春深。

宋高宗就這樣利用帝后夫婦關係來欺世盜名，既博得中宮虛位不忘寇仇的美名，又無妨後庭藏嬌及時行樂的豔福。

血淚悲悼的幕後故事

乾隆十三年（西元1748年）春天，東巡途中的一個深夜，乾隆帝御船由濟南行至京杭大運河德州附近，隨巡的富察皇后在船上忽然去世。御船兼程返京，皇后殯棺於長春宮，高宗親著縞素十二日，還寫了一篇情文並茂的〈述悲賦〉，最後說：

乾隆帝孝賢皇后

嗚呼！悲莫悲兮生別離，
失內位兮孰予隨？
入椒房兮闃寂，披鳳幄兮空垂。
春風秋月兮盡於此已，
夏日冬夜知復何時？

也稱得上是相思文章，血淚詞賦。又有《悼皇后》詩云：「廿載同心成逝水，兩眶血淚灑東風。」

據說，其後多次南巡，路過濟南，都是繞城而行。乾隆三十年，富察氏去世已十七年，高宗第四次南巡，仍不入濟南城，有詩道：

濟南四度不入城，恐防一入百悲生。
春三月昔分偏劇，十七年過恨未平。

對已故皇后的愛情似乎還那麼深摯而持久。然而，有一則筆記卻披露了內幕：

乾隆孝賢皇后，傅文忠公恆之妹也。相傳，傅恆夫人與高宗通，后屢反目，高宗積不能平。南巡還，至直隸境，同宿御舟中，偶論及舊事，后誚讓備至，高宗大怒，逼之墜水。還京後，以病殂告。終覺疚心，謚後號孝賢。

聯繫乾隆帝在富察後喪期暴怒無常，既以「無哀慕之忱」為由，斥責皇長子永璜與皇三子永璋，宣布他們「斷不可承續大統」；又以皇后百日期內違制剃髮，大肆貶殺滿漢大臣，不禁令人懷疑高宗這種矯情的哀思，包括那些「可謂情愛諄摯」的文辭，也許都在掩飾自己曖昧的行徑與私心的內疚。

絕情怨偶：光緒與隆裕

對西太后硬塞給他的隆裕皇后，光緒帝從來就沒好感，夫婦之間更是形同寇仇，動輒劍拔弩張。據《德宗遺事錄》，早在甲午戰爭前，隆裕皇后「即不禮皇上，雖年節亦無虛文，十五六年中皆然。」按清代慣例，帝后夫婦同桌會餐，一年只有兩次，那就是他們各自的生日；而大年三十、正月初一、初二，皇后有權陪伴皇帝就寢。但據晚清宮女回憶，光緒帝與隆裕后「你不遷就我，我更不遷就你。隆裕又處處表示滿不在乎，可光緒呢，你不在乎，我偏不理你。所以，當著人裝著像和好夫妻的樣子，背著人彼此一天不說話。就是一起睡覺，也是同寢不同衾」。

戊戌政變後，光緒帝被慈禧太后幽禁瀛台，隆裕后奉命前去侍奉。光緒帝本來就討厭她，這次更把對慈禧的一腔怨怒都發洩到她的身上，盛怒拉扯之下把她的發簪都擲碎了，這還是乾隆的遺物。隆裕向慈禧哭訴，西太后默然無語，讓她移居別室，自此兩人隔絕。

直到光緒帝去世前十幾天，皇后才再次奉命，前往侍疾，但光緒帝對她的仇恨至死也沒有解開。據《宮女談往錄》說：

皇后常來問候，光緒帝依然像往常一樣，除去請老太后萬安以外，冷冰冰地沒有一句閒話。彼此都心照，皇后來是另有使命，是來察考監視皇帝的喜怒哀樂，一言一行，都要報告給太后。所以皇后一來，就引起了皇帝的不安，甚至憤懣。

一天，皇后進見完畢，皇帝吩咐她：「請跪安吧！」那就是請她退下。皇帝的寢宮，不願意誰在一旁，是完全有權力讓誰退下的，何況在病中。光緒連說兩次，皇后裝著沒聽見，大概是銜命而來有所仗恃吧。於是光緒暴怒了，奮起身來，用手一抻皇后的發髻，讓她出去，把一只玉簪子都摔在地下了。

據說，慈禧太后有個心結，自己不是正宮出身，就一心讓娘家侄女過一次皇后癮。但勉強沒有好結果，光緒帝與隆裕后自始至終都處在敵視狀態中。僅就夫婦生活而論，隆裕皇后了無生趣可言，完全淪為政治聯姻的犧牲品。

君不死勢不重

《韓非子》裡有一個故事。戰國後期，衛嗣君寵愛如耳與世姬，唯恐她倆恃寵聯手來欺矇自己，便抬高薄疑與如耳抗衡，尊崇魏姬與世姬匹敵。衛君自以為得計說：「這樣，就讓她們互相牽制了。」君主專制下，帝王后妃關係往往是刻薄寡恩的箝制猜防。

據《晉書》，前秦主苻生「所幸妻妾，小有忤旨，便殺之，流其屍於渭水」。明嘉靖帝生性暴烈，舉止乖張，一天，他與陳皇后閒居同坐，張、方二貴妃端茶進來，他拉過一位纖白的手，細細端詳了又打量，接著又拿起另一位的纖手。實在受不住那副狎邪的嘴臉，陳皇后憤然投杯而起。不料嘉靖帝暴跳如雷，火發得比她還大，一腳朝她踢去。陳皇后正懷著身孕，挨了這一腳，再加上驚嚇憂憤，胎兒流產，她也一命歸天。

帝王后妃之間少有夫婦真情。只要稍不順意，暴戾無道的君主就會對妃嬪痛下毒手；而一旦危及利權，貌似柔弱的后妃也會下手殺死帝王的。

晉孝武帝嗜酒成性，昏醉沉睡之時居多，清醒理政之時為少。張貴人年近三十，寵冠後宮，其他妃嬪都畏懼她。一天，孝武帝在後宮羅列妓樂，張設筵席。微醺之際與她開了個玩笑：「以你的年齡也該廢黜了，我屬意更少艾的。」

貴人恨得咬牙切齒，當場卻不發作。到了晚上，孝武帝醉臥在清暑殿裡。張貴人向所有宦官勸了酒，把他們打發走；再命宮婢用被衾矇住了孝武帝的臉，活活將他悶死。而後，她重賄左右，說皇帝是睡眠中因氣窒心亂而暴卒的。

後代也有類似案例。韋皇后為了步武則

清光緒帝

天垂簾聽政的後塵，不惜毒殺自己的丈夫唐中宗；而在宦官殺害唐憲宗的陰謀中，郭皇后似乎也有參與其間的蛛絲馬跡。

作為最諳君主專制的思想家，韓非子說過一段知機之言：

萬乘之主，千乘之君，后妃夫人嫡子為太子者，或有欲其君之早死者。何以知其然？夫妻者，非有骨肉之恩也，愛則親，不愛則疏。語曰：其母好者其子抱。然則其為之反也：其母惡者其子釋。丈夫年五十而好色未解也，婦人年三十而美色衰矣。以衰美之婦人，事好色之丈夫，則身疑見疏賤，子疑不為後，此后妃夫人之所以冀其君之死者也。唯母為后而子為主，則令無不行，禁無不止，男女之樂不滅於先君，而擅萬乘不疑，此鴆毒扼昧之所以用也。（《韓非子．備內》）

這段話說得很透闢明白。正是畸形的非人性的君主后妃制度，造成了畸形的非人性夫婦人倫關係。對君主而言，唯恐「其愛重以壅己」；對后妃而言，惦念「君不死勢不重」。於是，輕者猜疑仇視，重者鴆毒扼昧（意即下毒縊殺），交匯成帝王后妃之間「人道之大倫」的主旋律。

十二　伴君如伴虎

莫名施暴與無辜賜死

綜觀中國君主，即以傳統觀念論，也是明哲之君少，而昏暴之君多。對荒淫殘暴的君主，君主制完全缺乏制約機制，帝王得以隨心所欲地倒行逆施。「伴君如伴虎」，這句古諺語深刻揭露了君主專制的吃人本質，也如實道出了后妃們的悲劇命運。與外朝群臣相比，後宮妃嬪與君主朝夕相處，帝王喜怒哀樂更容易吞沒她們生命的小舟。

三國時，魏明帝寵幸郭夫人，毛皇后則愛寵日衰。有一次，明帝在後園遊宴，才人以上妃嬪都來了，唯獨不召毛皇后。郭夫人說：「應該把皇后也叫來。」明帝不同意，並警告宮女宦官，不許把今日之遊告訴毛皇后。次日，毛皇后見到明帝，問了一句：「昨天遊宴北園，快樂嗎？」明帝一下就來氣，認定左右洩露了消息，不僅殺了十餘人，還賜毛皇后自盡。一言喪命，她是怎麼也料想不到的。

據《周書．宣帝紀》，北周宣帝「每笞捶人皆以百二十為度，名曰天杖。宮人內職亦如之。后妃嬪御，雖被寵嬖，亦多被杖背。於是內外恐懼，人不自安，皆求苟免，莫有固志，重足累息」。周宣帝儘管暴虐，畢竟只是捶杖；南朝宋文帝更草菅人命。據《宋書．后妃傳》，沈美人即將無辜賜死，從已故袁皇后居住的徽音殿前經過。自皇后死後，這座宮殿就關閉不用。沈美人到殿前痛哭流涕，悲憤疾呼：「我沒罪，今天卻要被處死，先皇后，你有靈嗎？你應該知道！」也許氣浪的緣故，宮殿各扇門窗應聲橐然開啟。接報以後，文帝吃驚往驗，免其一死。

薛嬪與童妃的悲慘結局

這種奇蹟畢竟少見，不知有多少妃嬪成為哀告無門的冤魂。北齊文宣帝「好捶撻宮御，乃至有殺戮者。」鄴下薛氏姊妹雖是倡家女子，卻都姿色絕倫，歌舞並擅，被清阿王高岳召入府邸。後來，父親把姊妹倆送入宮中，大受寵嬖，妹妹封為薛嬪。

但文宣帝寵極生忿，想起高岳倒比自己先占有了姊妹倆，滿肚子窩囊氣沒處出。恰巧她倆正為父親乞求官爵，他大怒之下，先把姊姊吊起來鋸殺了；薛嬪正有孕，生產後也被殺了，還將其頭顱藏在懷裡。據《北齊書．齊本紀》說：

（齊文宣帝）藏之以懷，於東山宴，勸酬始合，忽探其頭，投於柈上。支解其屍，弄其髀為琵琶。一座驚怖，莫不喪膽。帝方收取，對之流淚云：「佳人難再得，甚可惜也。」載屍以出，被髮步哭而隨之。

先殘忍虐殺，再披髮流淚，喜怒無常之間，卻虐殺了兩條鮮活的生命。

南明弘光元年（西元1645年），一位姓童的女子被護送至南京小朝廷，自稱是福王原王邸的元妃。誰知福王一口認定「童氏妖婦，冒認結髮」，連見都不見，就將她投入錦衣衛獄。這位童妃知書能文，在獄中把來龍去脈寫成疏狀。

原來，張獻忠攻下河南，弘光帝時為嗣福王，狼狽逃亡到尉氏縣一家酒店。童妃原是店主的女兒，弘光帝便對她說：「我身邊無人，李妃也倉皇走失，你相貌好，就侍奉我吧！」童氏就成為福王妃。

時當九州幅裂，先有李自成起義軍縱橫馳突，繼而滿族鐵騎入關南下。童妃隨著福王顛沛流離將近一年，曾生下一子，未滿月就夭折了。其後，流亡途中遭土賊襲擊，夫婦失散。福王在南京建立南明弘光政權，不恤國難，縱情聲色，早把童妃拋諸腦後。童妃間關輾轉，找到了福王，卻落了個拒絕承認、投入大牢的下場。

她邊寫訴狀，邊呼天大哭：「天啊！這短命人免不了死在我眼前。」並對錦衣官馮可宗說：「求你代我把訴狀呈遞上去，看他怎麼回答我！」馮可宗見其寫得有板有眼，出於同情，送呈給福王。福王看了訴狀，面紅耳赤，憤怒地往地上一拋，咬牙切齒地下令嚴審。

主審者連施三天酷刑，童妃因鬱憤、拷掠，又斷了飲食，餓病成疾，庾死獄中。對童妃案，連福王的佞臣馬士英都認為是冤案，說：「苟非至情所關，誰敢與陛下稱敵體！」對福王喪盡天良的行徑，南明臣僚都上疏說：「上為群臣所欺，將使天倫絕滅！」

慘遭虐殺的無名宮嬪

類似童妃這樣的冤魂，后妃史上不可勝數，許多妃嬪宮婢甚至連姓名位號都沒保存下來。

據《世說新語．忿狷》，魏武帝曹操有一個歌伎，歌喉清越高亢，其動聽迷人為其他歌伎難望項背。但她性情酷烈，曹操想殺她，卻愛聽她的歌聲；想留她，又不堪她的脾氣，就選了一百個歌女跟她學。過了一階段，有一人的音色已堪與媲美，曹操就把那個使性子的歌伎給殺了。這事是否小說，不得而知，卻折射出帝王為一己之好惡，殺戮宮人的陰狠心態。

比曹操略晚的吳末主孫皓，殺戮手段之殘忍，令人慘不忍睹。《三國志》說他，「後宮數千，而採擇無已。又激水入宮，宮人有不合意者，輒殺流之。或剝人之面，或鑿人之眼」。

南朝宋明帝肥胖臃腫，晚年因陽痿不能過性生活，就把諸王兄弟懷孕的姬妾偷偷納入後宮。她們只要生下兒子，就幽閉別室，慘遭殺害，前後多達十餘人。自己生不出兒子，奪其子而殺其母，企圖遮盡天下人耳目，這就是宋明帝的陰暗心理與狠毒伎倆。

據《唐語林》載：

（唐）宣宗時，越守進女樂，有絕色。上初悅之，數日，賜予盈積。忽晨興不樂，曰：「明皇帝（指唐玄宗）只一楊妃，天下至今未平，我豈敢忘？」召詣前曰：「應留汝不得。」左右奏：「可以放還。」上曰：「放還，我必思之，可賜鴆一杯。」

這位欲做明君卻無政績的唐宣宗，有鑑於前車之轍，卻割不斷放不下對「越女天下白」的思渴之情，竟把鴆殺女樂作為解脫之策，以草菅人命來博取「賢明」，真令人發一浩嘆。也難怪歐陽修說他「以察為明，無復仁恩之慧」。在中國歷史上，這樣「無復仁恩」的君主，絕非個例，被他們虐殺的後宮冤魂不知有多少！

道光年間某夜，乾清宮內，道光帝暴跳如雷，厲聲呵斥。他召來值班侍衛，授以寶刀，命太監帶侍衛到某宮第幾室，在床上取一宮女頭顱回來覆命。有一首《清宮詞》即說此事：「龍顏一怒蛾眉死，御劍封還帶血花！」不僅執行侍衛與導從太監，不明白為什麼要處死那個宮眷；即便那個宮眷，也至死都不知曉自己因何獲罪。

下泉須吊孟才人

帝王在世時，妃嬪可能無辜遭到殘殺；而君主駕崩後，她們其中一些人還可能為死去的君主殉葬。

據《西京雜記》，西漢中期，廣川王劉去曾召集一幫無賴子，去盜掘一座古墓。打開後，只見唯有一具男屍，周圍都是女屍，既有躺著的，也有坐著的，還有立著的。後經查證，才知道這是周幽王的陵墓，那些衣著完好、姿態各異的女屍都是活埋殉葬的後宮妃嬪。

一代暴君秦始皇死後，繼位的秦二世說：「先帝後宮非有子者，出焉不宜，皆令從死。」據司馬遷說，「死者甚眾」。至於究竟多少人，也許有朝一日，秦始皇陵發掘時，才會大白於天下。如果說，周幽王以妃嬪殉葬還是奴隸社會人殉的餘風，那麼，秦代後宮殉葬則凸顯了君主專制的殘暴本性。後宮殉葬制滅絕人性，自漢代以後，作為制度，實際上已經廢止。

儘管如此，歷史上似乎仍有妃嬪殉情從葬的事件。然而，是否自願殉情，卻大有究說的餘地。其中，王才人殉死的真相頗有故事性。

十三歲上，王才人因能歌善舞入選宮中。唐武宗能順利嗣位，她暗中出過不少點子，因而備受寵愛，差點立為皇后。武宗晚年性喜丹藥，藥性發作時，好惡無常，但仍樂此不疲。終於折騰得容貌枯槁，一病不起。

據《新唐書．后妃傳》，垂死之際，武宗與她有段對話：

> 俄而疾侵，才人侍左右，帝熟視曰：「吾氣奄奄，情慮耗盡，顧與汝辭。」
> 答曰：「陛下大福未艾，安語不祥？」
> 帝曰：「脫如我言，奈何？」

對曰：「陛下萬歲後，妾得以殉。」帝不復言。及大漸，才人悉取所常貯散遺宮中。審帝已崩，即自經幄下。

似乎王才人是自願殉死的。然而，綜合其他史料，事實卻截然不同。

武宗即位前夕，曾親見受文宗寵溺的楊賢妃被宦官仇士良等活活處死，出於前車之鑑，一方面，他唯恐所愛幸的王才人也會步此後塵，一方面可能是藥性發作，喜怒莫測，這才有了那段對話，示意王才人自盡免禍。如此看來，王才人的自殉還是被逼的。自盡前，她濃妝潔服，對病榻上的武宗哀懇說：「我曾習曲，願對皇上歌一曲，以洩心中鬱憤。」於是，她唱了一曲流行的《何滿子》：

孟才人殉死

故國三千里，
深宮二十年。
一聲《何滿子》，
雙淚落君前。

聲調淒咽，在旁的宮人無不垂淚流涕。而後，她手持武宗所賜長巾自縊而死，這時，武宗尚在彌留之間。

王才人，有的記載作孟才人，對勘其事蹟，實際上同為一人。詩人張祜，也就是那首《何滿子》的作者，另有〈孟才人嘆〉云：

偶因歌態詠嬌顰，
傳唱宮中十二春。
卻為一聲何滿子，
下泉須弔孟才人。

這首詩對孟才人既嘆又弔，卻不去讚頌她殉情盡節，似乎也印證了孟才人之殉武宗，是出自被迫。

後宮殉葬的沉渣泛起

然而，後宮殉葬制在明代前期卻死灰復燃。皇帝去世，除去在世的皇后，還有生育過子女或父祖輩有勳舊特恩的妃嬪可以倖免，其他沒有生育的宮嬪就得殉葬。

明太祖朱元璋駕崩後，曾用四十個妃嬪殉葬。建文帝即位，這些殉葬宮人的父兄，都授錦衣衛千戶或百戶，官位世襲，以示皇恩浩蕩，稱為「朝天女戶」。為明成祖殉葬的妃嬪也有十六人。明宣宗時，仍有何嬪等十人隨殉，此外還有無名號的宮女，其數量絕不會少於此數。

為明宣宗殉葬的宮嬪中，有兩位最令人憐憫。一位已失其名，宣宗生前到一大臣家，見其幼女明麗，便賜了納采禮，讓她長大後入宮。誰知進宮沒幾天，就趕上了大喪。就這樣，她以荳蔻年華，絕色佳麗，一點光也沒有沾上，反成了殉葬品。

另一位即郭國嬪。她聰慧穎悟，能詩擅文，宣宗聞知，納入為嬪。可憐她入宮才二十日，就遭厄運。懸樑自盡前，她手捧賜帛，悲憤地寫了一首騷體詩：

修短有數兮，不足較也。
生而如夢兮，死則覺也。
先吾親而歸兮，慚予之失孝也。
心淒淒而不能已兮，是則可悼也。

聲聲淚，字字血，喊出了她的絕望與抗議。

據記載，殉葬那天，這些宮嬪在庭院裡吃完最後一餐，來到一間殿閣，橫樑上已預先懸好一個個繩索圈，樑下放了好多小木床。目睹這一情景，短暫靜默後，眾宮女迸發出一陣陣撕心裂肺的慟哭聲。然後，她們被逼著登上木床，把繩圈套住頭，一旁的人便撤掉木床。這種滅絕人性的虐殺，對外卻宣稱是「自殺殉葬」。

景泰帝死後，仍有唐妃等殉葬。直到英宗病危，才在遺詔裡明確宣布：「用人殉葬，吾不忍也。此事宜自我止，後世勿復為。」明初以來慘絕人寰的後宮殉葬制才告廢止。

清初，這種人殉制再度沉渣泛起。清太祖去世時，三十七歲的大妃烏拉納喇氏與庶妃阿吉根、代音察也隨同殉葬。清世祖順治帝死後，也有貞妃為之殉葬。《清史稿．后妃傳》只說她與董鄂妃同姓，「殉世祖」，其「貞妃」的名號是康熙帝追贈的，旨在表彰她的從殉之舉。她的殉葬究竟是自願，還是被迫，史傳語焉不詳，只能存而不論。值得一提的是，順治帝生前就強令後宮女官為董鄂妃殉葬。

對愛妃去世，清世祖悲慟欲絕，在尋死覓活被勸阻後，他竟將三十名太監與女官悉行賜死，免得寵妃在另一世界缺少服侍者。順治帝對董鄂妃的愛可謂一往情深，但殘忍地扼殺了其他宮婢女官初綻的花蕾，卻是令人髮指的。由他敕撰的《董鄂妃行狀》竟宣稱：「今宮中人哀痛甚篤，至欲身殉者數人。」倘若沒有《湯若望回憶錄》記載，後人也許以為這些宮人都是哀慕董鄂妃而自願殉葬的，而世祖留給後世的形象，便只是一個篤愛有情的君主，而遮掩了他的另一側面。

從秦始皇陵中的從死宮人到清董鄂妃陵中的殉葬女官，令人在既嘆又弔之後，認清了君主制非人性的本質。

十三　鳳冠落地：廢后大觀

頭戴鳳冠，端坐中宮，向來以「母儀天下」被視為天下第一女性，比起其他妃嬪，皇后可謂風光無限。然而，后妃制只是君主制的附庸。皇后的地位，說到底，還是君主給的，他可以為你戴上鳳冠，也可以根據一己的喜怒好惡，把你頭上的鳳冠摘下來。

對兩個故事的解讀

后妃與君主雖有夫婦名分，實際上只是其臣妾。唯其如此，縱使貴為皇后，也隨時擔心不要惹惱君主，落得個廢黜的下場。唐宋兩代各有一個故事，透露出在廢后問題上帝后截然不同的真實心態。

張貴妃倚仗溺幸，在宋仁宗前大肆譖毀曹皇后。一天，仁宗對二府大臣表示要廢后：「我居宮中，左右前後都是皇后之黨。」宰相陳執中請交付執行，另一宰相梁適卻說：「市井老百姓，今天出一妻，明天又出一妻，尚且不忍心，何況天子呢？」仁宗此前廢黜過郭皇后，知道梁適忠心進諫，默不作聲，廢后之事就此作罷。

有一次，仁宗與曹皇后閒聊：「我曾打算廢你，多虧梁適直諫，你才躲過被廢。」曹皇后內心十分感激。後來，梁適去世，她以太皇太后的個人身分，為梁適出錢五百萬，在大相國寺飯僧作醮以為祭奠，作為報答。這則故事，既說明皇后對廢黜的憂懼感，也表明廢后牽動一朝大政，皇帝也須慎重行事。

不過，也不要把後者估計過高。有宋一代，一意孤行的皇帝儘管不多，卻仍有宋仁宗廢了郭皇后，宋哲宗廢了孟皇后。其他朝代，被廢的皇后遠不止一二人；整個后妃史上，廢后之數當以百計。唐高宗打算廢黜王皇后，改立武則天。大臣許敬宗表示贊同：「田舍翁多收十斛麥子，還想換個新媳婦，何況天子家有四海，想要廢立皇后呢！」李勣卻持滑頭態度：「此陛下家事，何必要問外人。」如果說，許敬宗道出了君主廢后改立的普遍心態，李勣卻說出了制度原因。君主后妃制，既然是家國一體，君主富有天下而至高無上，廢去一個皇后，新立一個皇后，無非家內之事，小菜一碟。

但問題並不如此簡單。儘管田舍翁出妻，也有夫權凌駕妻權的因素在內，但畢竟故夫失去了對出妻的支配權與統治權。然而，比起出妻來，廢后的命運卻更悲慘和不人道。在君主直接統治與嚴密掌控之下，她仍須閉居深宮，人身自由反而更喪失。如果說，後宮是一座大牢籠，皇后倘若廢黜，移居冷宮，就無異於關進那相對自由的大牢籠中另一間禁閉室，獨自去過慢性死的日子。更何況，廢黜以後，隨之而來的往往是賜死與虐殺。

長門怨

自漢武帝將陳皇后阿嬌黜居長門宮，長門怨幾乎成為后妃廢居冷宮的代名詞。歷代遭此運命的后妃不知有多少。唐代李端〈妾薄命〉詩云，「從來閉在長門者，必是宮中第一人」，說得並不準確。其中固然有位居第一的皇后與曾獲殊寵的愛妃，卻也有一入後宮就遭冷遇的一般妃嬪，她們未必一定要接受明文的廢黜。

明穆宗一即位，就沉溺聲色。陳皇后經常直諫，惹惱了穆宗，就命她出居別宮，對外朝則藉口「無子多疾，移居別宮，好舒心暢意地養病」。一年後，陳皇后真的抑鬱成疾，而且十分嚴重，身邊卻連照顧的宮女都沒有。臣僚紛紛上疏，請正位中宮，有奏疏指責說：「難道有夫婦隔絕，舒心養病的？」穆宗卻訓斥道：「待皇后疾愈還宮，不許妄言多語。」直到穆宗去世，陳皇后始終幽居別宮。清代有〈勝國宮闈詞〉云：

幽貞閑靜愛偏衰，蘭夢難徵病自知。
夫婦睽違云暢意，秋風銀鑰別宮移。

明代陳皇后黜居冷宮的遭遇，比起阿嬌來更令人憤憤不平。

天啟帝在位，其乳母客氏與魏忠賢狼狽勾結，勢焰囂張。張皇后生性耿直，在熹宗前多次揭露過二人。客氏千方百計地離間帝后關係。張皇后懷孕時，客氏派親信宮女前去「侍奉」，使她流了產。

張皇后不僅對客、魏嫉惡如仇，對熹宗也直言進諫。有一次，熹宗心血來潮，準備來一次「內操」演習。他以龍為旗幟，召集了三百宦官居於左列，由他統率；又挑選了三百個宮女居於右列，以鳳為旗幟，興沖沖地把張皇后召來，讓她率領。張皇后到場，一見情景，就說身體不舒服，不能帶領宮人列隊操練。熹宗感到大煞風景，滿臉不高興。又一次，熹宗月夜徒步到坤寧宮，張皇后出於萬乘之主的安全考慮，略加勸諫，惹得熹宗又是一肚子不愉快。

一次宮廷宴席上，熹宗借酒使性，張皇后也在座。不一會兒，他醉醺醺地打盹兒，朦朧中聽到宮人的笑語喧嘩聲，就懷疑張皇后在嘲笑他的醉態，於是好幾個月都不到中宮露面。張皇后表面上不露怨望，以文史自娛，內心卻十分痛苦，經常獨自靜坐，自言自語。有一首〈天啟宮詞〉描寫其失寵的情景：

坤寧花落砌痕斑，書卷爐香伴玉顏。
境裡尋思燈畔語，承恩端不在幽閒。

勉強沒有好結果

君主冊后並非都出於自己的意願，尤其少年天子，只要皇太后健在，出於政治聯姻的需要，皇后往往是母后硬塞的禮物。對這樣的餽贈，在皇太后身後或自己親政後，皇帝往往會做出廢后之舉。

清世祖第一位皇后叫博爾濟吉特氏，既是孝莊皇太后（清太宗後）的侄女，又是多爾衮的親戚。順治親政前，由攝政王多爾衮為他訂的婚，顯然有政治聯姻的色彩。多爾衮謀逆事敗露，順治帝仍在皇太后主持下完了大婚。儘管博爾濟吉特氏容止端麗，生性巧慧，但因是皇太后與攝政王硬塞的，世祖「於心終不悅也，故合巹之夕意志即不協，隱謫冷宮者凡三年。」世祖自稱「朕故別居，不與相見。」大婚後的第三年，世祖終於將其廢黜，降為「靜妃」，改居側宮。至於列舉她嫉刻猜防、僻嗜奢侈等，都是廢后藉口，以至群臣進諫時，世祖竟以「無能當廢」作為搪塞。

廢了第一后，世祖冊立的第二后是由妃升后的。她是孝莊太后的侄孫女，

陳皇后娓幽閉長門

仍有政治聯姻的動機在。這位皇后「秉性淳樸」，世祖卻認為她「又乏長才」，對她依舊很疏遠，總是找碴，想將她廢黜。順治十五年（西元1658年），孝莊太后生病，世祖譴責她「禮節疏闕」，「有違孝道」，奏出了廢后的序曲。只因孝莊太后堅決反對，第二次廢后才沒有成功。

以色事他人，能得幾時好

在歷代廢后中，移愛失寵的比例最高。她們昔日寵傾後宮，曾有令人炫目的過去，但流光催她美色，新愛奪其寵幸，皇帝便把鳳冠從她的頭上摘下，捧給了新寵。漢武帝的陳皇后、漢光武帝的郭皇后、漢桓帝的鄧皇后、晉簡文帝的王皇后、北魏孝文帝的小馮后、唐玄宗的王皇后、後蜀主王衍的高皇后、清高宗皇后那拉氏，都先後嚥下同樣的苦酒，有的還因此殞命喪生。其中最著名的，就數以金屋藏嬌始，以長門買賦終的陳皇后。

陳皇后有一個姣好的乳名，叫作阿嬌。她是漢武帝的姑表姐妹，母親館陶長公主就是景帝的姐姐、武帝的姑媽。那時，武帝還只是膠東王，館陶長公主把這個侄兒抱在膝蓋上，逗道：「你想要媳婦嗎？」邊說邊指著周圍的宮女，他都一一搖頭。當指到阿嬌，問他：「阿嬌好嗎？」他竟答道：「好！如果阿嬌給我做媳婦，我會造一座金屋把她藏起來。」長公主開懷大笑。其後，譖毀栗姬，剝奪其子的太子地位，改立膠東王為皇太子，冊封其母王夫人為皇后，作為長公主，在弟弟景帝面前發揮了舉足輕重的作用。武帝在做太子時，就聘納阿嬌為太子妃。即位之後，就冊立她為皇后。憑藉著特殊的身分，倚仗金屋藏嬌的許諾，陳皇后擅寵驕妒無以復加。但婚後好多年，她仍沒生下兒子。武帝給她求醫錢共九千萬，希望她能求醫生子，卻毫無結果。長公主以姑媽兼丈母的雙重身分躺在當年功勞簿上，欲求無饜，讓武帝倍感棘手。

這時，漢武帝新戀上姐姐平陽公主家的歌姬衛子夫，對陳皇后的寵愛大打折扣。母親王太后告誡說：「沒有長公主，你做不上皇帝。」他這才對阿嬌寵幸如初。陳皇后專寵十餘年之久，已經三十歲左右，在爭寵奪愛上，相比能謳善舞多姿多藝的衛子夫，顯然不是強勁的對手。她想起舊盟，忿恚不平，好幾次尋死覓活，反更引起武帝的反感。

舊盟難恃，舊情將斷，失望怨憤之餘，陳皇后聽從了女巫楚服的主張，讓她代削了小木偶人，鼓搗起祝詛厭勝的巫蠱之術，夢想以此擊敗情敵衛子夫。然而，沒有不透風的牆，元光五年（西元前１３０年），陳皇后巫蠱事發。漢武帝早就移情別戀到衛子夫身上，對阿嬌的嫉妒不堪忍受，正想找她的碴，便抓住這一把柄窮追嚴治。他一方面以大逆無道罪將捲入巫蠱案的三百餘人全部梟首；一方面收回陳皇后璽綬，將她廢黜，退居長門宮。不久，就改立衛子夫為皇后。

幽閉長門宮，陳皇后抑鬱悲思。儘管供饋不乏，她卻從不一顧。阿嬌還想挽回舊情，拿出黃金百斤，請來大詞賦家司馬相如，寫了〈長門賦〉上呈給武帝，指望發過山盟海誓的君主能回心轉意。詞賦當然出色動人，卻沒能打動漢武帝的鐵石心腸。阿嬌大約在長門宮度過了最後二十年，在孤寂怨望中默默離世。連她究竟死在哪一年，史書都沒有確切的記載。

李白有一首〈妾薄命〉，吟詠了陳皇后由金屋藏嬌到長門終老的曲折遭遇，最後這麼說：

寵極愛還歇，妒深情卻疏。
長門一步地，不肯暫回車。
雨落不上天，水覆難再收。
君情與妾意，各自東西流。
昔日芙蓉花，今成斷腸草。
以色事他人，能得幾時好？

既刻畫了所有后妃貶居冷宮的淒涼處境與幽怨心態，也揭示了她們以色事君，必遭遺棄的無奈命運。陳皇后阿嬌充其量只是最具知名度的個案而已，其前其後都不乏其例。

乾隆二十年（西元１７５５年）正月，清高宗率后妃、大臣千餘人，浩浩蕩蕩開始第四次南巡。富察后死後，乾隆帝冊立烏喇那拉氏作為第二任皇后。閏二月，南巡到達杭州，這月十八日，皇后突然被提前送回北京，而高宗領著南巡隊伍遲至四月才迴鑾。一回到北京，高宗就以有病為由廢黜烏喇那拉皇后。刑部侍郎阿永阿覺羅進諫，被謫戍黑龍江。一年半後，烏喇那拉皇后鬱鬱去世，時年四十九歲。高宗接到訃聞，依舊在熱河木蘭圍場行獵，卻下令喪儀照皇貴妃規格操辦。有御史李玉鳴進諫，又被放逐新疆伊犁。

據《清鑑輯覽》說，在杭州，高宗「嘗深夜微服登岸遊，后為諫止，至於泣下。帝謂其病瘋，令先程回京」。十餘年後，高宗在一篇上諭中透露，當時烏喇那拉後不顧滿人的忌諱，悍然剪髮，激怒了高宗，這才把她先期送回北京，並決定廢黜。但是，即使諫止人君微服出遊，也不必激憤到絞去鬢雲，常人不難看出其中蹊蹺。有一份《軍機處檔》揭露真正內幕，原來南巡杭州後，「人家都說皇上在江南要立一個妃子，皇后不依，因此挺觸，將頭髮剪去」。原來，乾隆帝第二次廢后，還是他移愛別戀造成的深宮悲劇。

政治風濤打落鳳冠

政治因素是歷代廢后的一大原因。其中，有的確實事關大政，例如，漢宣帝因霍氏謀反而廢黜了霍皇后；有的只是以政治因素為導火線與總決算的由頭。

漢武帝立衛皇后取代陳皇后，衛子夫也著實風光了一陣子。她生的兒子劉據立為太子，衛家親族五人封為列侯。然而，流光催人，衛皇后年老色衰，漢武帝又走馬燈似的先後移寵於王夫人、李夫人與鉤弋夫人等。

漢武帝每有出巡，就把朝政託付給衛太子劉據，把後宮交給衛皇后，回宮後向他報告大事。衛太子為政寬厚，那些用法深酷的大臣對其深致不滿，衛皇后經常告誡他不要自作主張，有些事應稟告父皇裁決。這時，衛青已死，有些朝臣見衛皇后娘家大勢已去，便準備搆陷衛太子。

衛皇后已少有機會見到武帝。有一次，太子去見母后，在宮中陪伴的時間長了些，黃門蘇文就在武帝前譖毀說：「太子與宮人嬉戲。」類似添油加醋的誹謗，蘇文與其他小黃門幹過不止一次。衛皇后知道，氣得直咬牙，讓太子去奏明武帝，請誅殺蘇文。衛太子卻說：「只要自己不出差錯，何必怕蘇文這樣的小人呢？」衛皇后也善自防閒，遠避嫌疑，雖然失寵，卻仍受皇后的禮遇，保住鳳冠三十八年之久，實屬不易。然而，政治風濤險惡，衛皇后即使委曲求全，最終未能倖免劫難。

漢武帝年邁多疑，總覺得身邊有人試圖以巫蠱來傾害他。征和元年（西元前９２年），有人告發丞相公孫賀的兒子公孫敬聲與衛皇后的女兒陽石公主，說他們在武帝經過的馳道上埋偶人祝詛。公孫賀是衛皇后的姐夫，公孫敬聲與陽石公主這對姨表兄妹勾結謀逆，那還了得？於是，公孫父子死於獄中，公孫家族誅滅；衛皇后的女兒諸邑公主與陽石公主牽連其中，儘管都是武帝的女兒，也不寬貸，一律處死。其時，方士與神巫活動猖獗，女巫更是出入宮禁，危言聳聽，教唆後宮美人在屋內埋木人祭祀，以期度災消厄。於是，捕風捉影，妒忌告訐，都以巫蠱治罪，殺後宮嬪婢與牽連的大臣達數百人。

在夢魘中，武帝見有木偶數千持杖追擊他，驚醒後體乏健忘，更是疑心生暗鬼。幸臣江充別有用心對他宣稱：你的病根在巫蠱。武帝就命他專治巫蠱之獄。江充帶著蘇文等在宮禁各處挖地三尺，尋找巫蠱。後宮、京城、三輔之人轉相誣告，瓜蔓牽連，前後誅殺達數萬人。

江充與衛太子有點小怨隙，唯恐其即位後會誅殺自己，便把巫蠱的禍水引向太子。他倚仗著武帝特許的尚方寶劍，到衛皇后與太子宮中到處挖掘小木人，連安放一張床的地方都沒有，竟然在太子宮中也找出了小木人。但有確切記載說，這是為了陷害太子，江充讓胡巫削了桐木人，做了手腳，預埋在太子宮中的。衛皇后深知武帝最忌恨巫蠱，即便親生子女，也絕不放過，諸邑、陽石之死就是先例。她與衛太子商量，親赴甘泉宮面見武帝，辯明心跡，誰料請見的要求也遭拒絕。

這下，衛太子自知百口難辯，便鋌而走險，毅然收捕江充，怒斥道：「你竟然要挑撥我們父子關係！」將其斬首後，衛太子派人夜見母后。見事已至此，衛皇后只能與兒子共命運，同意調發天子內廄與武庫兵器，徵調長樂宮衛卒。長安城內頓時大亂。儘管衛太子以「江充欲作亂」向百官解釋，漢武帝卻接到了太子欲謀反的報告，一方面下令丞相劉屈氂率兵平亂，另一方面命宗正、執金吾前往中宮收回皇后璽綬。衛皇后被迫自殺，以一具小棺草草瘞葬在長安城南桐柏亭旁。衛太子兵敗出逃，被追兵圍捕，也自經而死。

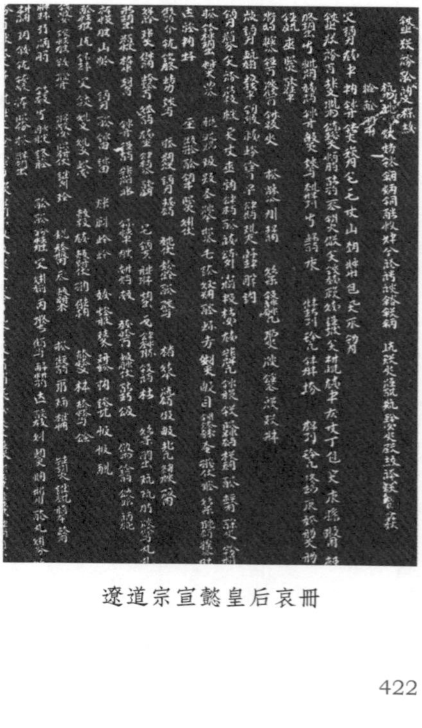
遼道宗宣懿皇后哀冊

漢武帝晚年疑神疑鬼，其個人性格是導致這場災難的根本原因，儘管後來他也知道巫蠱之禍純粹出於江充的誣陷，但衛皇后母子卻在這場風波中成為無端冤死的犧牲品。

確實，再怎樣善自防閒，最終卻無濟於事，衛皇后絕非僅有的個例。她們豈能逆料，皇帝在什麼時候借什麼理由把你給吞噬了呢？

嘉靖七年（西元１５２８年），陳皇后驚懼而死，明世宗又冊立了張皇后。僅過六年，張皇后被廢，其中原因，《明史．后妃傳》無一語道及，所幸《湧幢小品．中宮廢立》與《萬曆野獲編．世宗廢后》透露些內幕。

嘉靖以外藩入繼皇位，當時健在的張太后是孝宗皇后，並不是世宗的生母。孝宗、武宗兩朝，張太后兩個兄弟胡作非為，早就激起朝野公憤。世宗即位後，也想繩之以法，既打擊張太后外家的勢焰，也報復張太后曾傲慢對待自己生母蔣太后的積怨，就將張氏兄弟鶴齡、延齡逮捕入獄。張太后試圖借世宗生子的機會入賀說情，也被拒之門外，吃了閉門羹。她一邊託人帶話，請嘉靖帝高抬貴手，一邊又試圖通過張皇后代他求情，因其時張皇后正有寵於世宗。

世宗聽到張太后的傳話，與閣臣說起這事，已經十分惱怒。這天，張皇后趁著人日迎春前侍宴的機會，提起了張氏兄弟之事。誰知才一開口，嘉靖帝就怒不可遏，即刻下令褫奪她的皇后冠服，給予杖笞，斥居別宮。第二天，正式下詔廢后。兩年後，張皇后抑鬱而死。從表面看，張皇后因事涉朝政而遭廢黜，實際上，在君主制下，這類請託說情，還不是家常便飯，即使嘉靖一朝恐怕也不止這一次。問題癥結在於，張皇后的說情違逆了世宗的好惡，便以「不敬不遜」的政治理由奪下了她的鳳冠。

何處冷箭射鳳冠

看似封閉平靜的後宮，實際上潛伏著各種傾軋的暗流。其間既有后妃間的明爭暗鬥，還有宮女、宦官對后妃的傾陷誣害，而外朝的權力鬥爭也不時推波助瀾。身處這種險惡的環境，后妃殊難逆料何時何處會射來冷箭，激怒了君主，危及了性命。漢靈帝宋皇后、北齊後主胡皇后、唐睿宗劉皇后、宋哲宗孟皇后等等，都因受誣陷而被廢黜，宋皇后、劉皇后還因此喪命。在歷代受誣致死的皇后中，遼道宗皇后蕭觀音的命運最令人扼腕痛惜，灑一掬同情之淚。

據《焚椒錄》，蕭觀音是南院樞密使蕭惠的幼女，姿色絕代，端莊美麗宛如觀音轉世，故以觀音作為小字。她多才多藝，擅長詩詞，能自擬歌辭，尤善彈琵琶。有一次，她率後宮妃嬪隨駕秋獵，行至伏虎林，道宗命其賦詩，她應聲吟道：

威風萬里壓南邦，東去能翻鴨綠江。
靈怪大千俱破膽，那教猛虎不投降。

叱咤山河的詩句展現了北方民族英武雄邁的氣概，道宗讚不絕口：「皇后可謂女中才子。」

清寧四年（西元１０５８年），蕭觀音生下了皇太子耶律濬，更有專房之寵。這年，皇太叔重元的妻子入賀，她素以豔冶自詡，入賀時也搔首弄姿，流目送媚。蕭觀音對她說：「貴家婦應該莊重些，何必如此！」重元的妻子歸家後將丈夫一頓臭罵：「你是聖宗（道宗祖父）的兒子，自家妻子卻讓教坊婢教訓！」這番話激成重元父子的反叛。耶律乙辛因平叛有功，進南院樞密使，權傾一時。但蕭觀音娘家卻以后族不肯相下，耶律乙辛處心積慮尋找打擊的機會。

蕭觀音一向心儀徐賢妃規諫唐太宗的行事，對道宗沉迷田獵時有諫正。道宗雖然聽納，內心卻好生厭煩，自咸雍（西元１０６５～１０７４年）末年後，對她逐漸疏遠。蕭觀音自擬了十首《回心院》，其第六首說：

疊錦茵，重重空自陳。
只願身當白玉體，不願伊當薄命人。
疊錦茵，待君臨。

歌詞寄寓著希望道宗與她恩愛如初的心願。十首歌詞譜上曲後，後宮伶人只有趙惟一能管弦出色地演奏。

蕭觀音身邊有一宮女名單登，原是重元的家婢，也擅長彈箏與琵琶，經常暗地與趙惟一比試高低，怨望蕭觀音不賞識自己。有一次，蕭觀音召她對彈，單登不能不服皇后技藝比她高明。不久，道宗也召單登彈箏，蕭觀音諫道：「這是叛臣家婢，怎能輕易接近御前呢？」就把單登打發去外院當直，單登嫉恨在心，處心積慮準備報復。

單登有個妹妹叫清子，嫁給教坊樂工朱頂鶴，朱頂鶴是權臣耶律乙辛跟前的大紅人。在妹妹面前，單登不止一次散布蕭皇后與趙惟一私通的謠言，這正投合耶律乙辛傾陷後家的需要。不過，他感到僅憑宮婢之語難以達到誣害目的，便命人寫了一組〈十香詞〉，讓單登拿去請皇后手書，因為蕭觀音的書法也馳名宮禁內外。

單登好不容易見到蕭觀音，就拿出〈十香詞〉的底稿說：「這是宋朝皇后所作，如能得到你皇后的親筆手書，就可以並稱雙絕了。」蕭觀音雖覺其內容香豔，但文辭尚稱可誦，況且她素好詩詞，聽說這是宋朝皇后的作品，便揮毫走翰，抄錄一遍。抄畢，見紙尾尚有空白，她興猶未盡，把自己的〈懷古〉舊作也抄在紙尾：

遼道宗懿德皇后蕭觀音

宮中只數趙家妝，敗雨殘雲誤漢王，
惟有知情一片月，曾窺飛燕入昭陽。

對趙飛燕始而寵傾後宮終而身敗名裂發出了感慨。

單登得到蕭觀音手書，就拿給妹妹，惡狠狠咒道：「老婢子的淫案已經到手。皇帝生性疑忌，等著瞧白練子吊她的粉頸吧！」耶律乙辛拿到這份手跡，立即密呈了一道〈奏懿德皇后私伶官疏〉。疏中謊稱，據宮婢單登與教坊朱頂鶴自首，咸雍六年（西元1070年）道宗出巡木葉山時，伶官趙惟一應皇后之召，入宮彈箏，皇后命他將自擬《回心院》歌詞譜成曲子，自辰時至酉時曲成，兩人隔簾對彈。上燈後，皇后命惟一去官服，著便飾，召入內帳，時而對彈，時而對酌。三鼓後，內侍出帳，即不聞帳內彈飲聲，唯聞歡聲笑語。這夜正是單登當直，故在帳外偷聽得兩人做愛時床笫之語。院鼓四下後，皇后命單登叫醒趙惟一，匆匆出宮。其後，雖時召見，卻不敢入帳。皇后思戀舊歡，故作〈十香詞〉偷偷賜給趙惟一。趙惟一拿出來向同官朱頂鶴誇耀，被其奪得。朱頂鶴讓妻子清子問單登，單登怕事發連坐，泣諫皇后，誰知皇后大怒之下痛笞她一頓，還找藉口將她斥為外直。如今朱頂鶴、單登兩人唯恐事敗株連，不敢久隱不白，乞代轉奏，並附手書〈十香詞〉一紙。

遼道宗見奏，再一看〈十香詞〉確是皇后手跡，其中第二首：「紅綃一幅強，輕闌白玉光。試開胸探取，尤比顫酥香。」第九首：「解帶色已戰，觸手心愈忙。那識羅裙內，消魂別有香。」分明寫男女床帷私歡的場景。道宗怒不可遏，召皇后對詰私通事。蕭觀音失聲痛哭，申辯道：「我已經位至婦人的最高位，況且兒女繞膝，怎會去做那種淫佚之事呢？」道宗拿出〈十香詞〉書跡，蕭觀音這才明白中了單登等設下的圈套。她還欲分辯，被道宗抄起鐵骨朵猛擊一下，砸得半死。

道宗將蕭觀音下獄，又拘押了趙惟一，命耶律乙辛與參知政事張孝傑審訊。他們用燒紅的鐵釘烙漫趙惟一，濫施酷刑，迫使招供。這時，有大臣認為不能偏信叛家仇婢的一人之詞而鑄成冤案。然而，耶律乙辛與張孝傑卻迫不及待地結案，呈報給道宗。道宗似乎仍有猶豫，指著紙尾的〈懷古〉詩說：「這分明是皇后在罵趙飛燕，怎麼還會作〈十香詞〉呢？」張孝傑卻說：「這首詩正是皇后懷戀趙惟一的，四句詩內嵌藏著趙惟一三字。」道宗這才下令誅殺趙惟一，賜皇后自盡。

蕭觀音所生的皇太子與諸公主都披髮流淚，長跪在道宗面前，請求代母去死。蕭觀音臨死，目睹這一情狀，要求再與道宗說句話，也未獲准，便作了一首〈絕命詞〉，其中兩句說「將剖心兮自陳，冀迴照兮白日」，喊出了她一腔怨憤。隨後，她向道宗居所拜了一拜，關上宮門用白練自盡了。這年，她才三十六歲。道宗餘怒未消，下令將其裸屍，裹以葦席，送還給后家，作為侮辱性的報復。

蕭觀音的慘死是中國后妃史上一大奇冤，難怪人們要用伴君如伴虎來比喻后妃命運。然而，負冤屈死的后妃，歷史上又豈止蕭觀音一人呢！

冷宮難溫鳳冠夢

對入居中宮的皇后來說，廢后無疑是最致命的打擊。廢黜以後，即便不「賜死」，她也將貶居冷宮，孤苦餘生。與賜死相比，這也許是更痛苦長久的凌遲。

許皇后因左道祝詛而遭漢成帝廢黜。移居長定宮後，幽閉的滋味讓她難以忍受。她有一個寡居的姊姊，與衛尉侍中淳于長私通。淳于長是成帝母親王太后的外甥，正大受信任而權傾公卿。許皇后通過姊姊賄賂他，謀求再度立為婕妤。

淳于長先後受賄達千餘萬，假意許諾在成帝面前代為說情，立她為左皇后。姊姊每次入宮探望妹妹，淳于長就在投進給情婦的書函裡捎帶著也對許皇后調戲上幾句。為了東山再起，對這種無禮與輕侮，許皇后只得忍氣吞聲，還與他通函致謝。

在王太后的外戚圈子裡，對淳于長勢焰熏天深為忌諱。探知此事後，王氏外戚就以戲侮廢皇后、謀立左皇后的大逆罪，瘐斃了淳于長。成帝命廷尉持節賜許皇后毒藥。她非但舊夢難圓，反而牽連進大逆案而性命不保。

宋仁宗原來寵愛張美人，打算立為皇后，劉太后正垂簾聽政，堅決反對，不得已，才冊立了郭皇后。婚後對她十分疏遠，不久就溺愛上了尚美人與楊美人。據《涑水紀聞》說，「二美人方有寵，每夕並侍上寢，上體為之蔽。或累日不進食。中外憂懼，皆歸罪二美人」。二美人倚恃並寵，根本不把郭皇后放在眼中，經常與她忿爭不已。有一天，當著皇帝的面，尚美人與郭皇后唇槍舌劍鬥了起來，用語咄咄逼人。郭皇后不勝憤怒，走過去打尚美人的嘴巴，仁宗上前回護，郭皇后一巴掌打在仁宗的頭頸上，指甲還抓破了他的皮膚。貴為天子，居然挨巴掌，仁宗惱羞成怒，執意廢黜郭皇后。

仁宗命內侍閻文應頒讀詔敕，改封廢后為淨妃，賜號金庭教主，授與道衣。郭皇后恚怒不已，對仁宗也沒有好話，閻文應不管一切，驅車把她送進了瑤華宮。這是一座道教宮觀，郭皇后就在這裡出家。廢后事件立即引起軒然大波，御史中丞孔道輔、諫官范仲淹等伏闕進諫，仍未能挽回大局。不過，尚、楊二美人也未能從廢后風波中得到好處。迫於輿論，仁宗不得不把她倆也送往別宮。

郭皇后被廢後，有一次，仁宗漫步後園，看到她用過的肩輿，忽起傷感，便寫了一首《慶金枝》詞，命宦官送給已廢的郭皇后。仁宗讓人傳話：「我會再召你回來的。」她也辭意悵婉地和了一首。不久，仁宗偷偷派人去準備接她入宮。郭皇后卻說：「如要再召我，必須百官立班，重新冊立我才行。」

恰巧郭皇后生了小疾，宋仁宗再派閻文應帶御醫去為她診治，不久就傳來郭皇后暴死的消息。關於她的死因，一說閻文應讓翰林醫官故意用藥使其小疾加劇，還沒施救，就以回天乏術奏聞，急匆匆斂以棺槨；一說閻文應借御賜藥酒之機，將其置毒鴆殺。有朝臣要求追究廢后死因，唯恐臉上無光，仁宗沒有同意，卻追復她為皇后，葬以皇后之禮。不過，這頂重新戴上的鳳冠，對已死的郭皇后還有什麼意義呢？

在君主制下，戴上鳳冠，成為國母，被視為女性最尊貴榮耀的地位。然而，君主制下，即便貴為皇后，也不過是君主的玩偶。君主可以隨時用種種理由冷落、拋棄甚至砸碎你這個玩偶，在他看來，後宮乃至整個天下，這種玩偶不愁沒有。珠光寶氣的鳳冠，歷來是皇后的象徵。戴上鳳冠，對君主制下的女性並不意味著幸福與光榮，但被摘下鳳冠，對後宮女性卻無疑是一場劫難。每一頂被摘下的鳳冠，都有一個不堪回望的悲催故事，讓人們看到了珠光寶氣下的淚水與血痕。

宮花寂寞紅：不忍細說的後宮血淚史

作　　者　虞雲國

發 行 人　林敬彬
主　　編　楊安瑜
編　　輯　黃谷光、鄒宜庭
特約編輯　林奕慈
封面設計　陳膺正
編輯協力　陳于雯、林裕強

出　　版　大旗出版社
發　　行　大都會文化事業有限公司
11051台北市信義區基隆路一段432號4樓之9
讀者服務專線：(02)27235216
讀者服務傳真：(02)27235220
電子郵件信箱：metro@ms21.hinet.net
網　　　址：www.metrobook.com.tw

郵政劃撥　14050529 大都會文化事業有限公司
出版日期　2015年06月初版一刷 • 2019年12月修訂初版一刷
定　　價　420元
ISBN　978-986-95983-4-7
書　　號　History-118

國家圖書館出版品預行編目（CIP）資料

宮花寂寞紅：不忍細說的後宮血淚史／虞雲國 著.
-- 修訂初版. -- 臺北市：大旗出版社：大都會文化發行 2019.12
432面；17×23公分
ISBN 978-986-95983-4-7 (平裝)

1.中國政治制度　2.后妃
573.513　　107004197

大都會文化
METROPOLITAN CULTURE